子藏工程

诸子研究丛书

《淮南子》许高二注研究

李秀华 著

学苑出版社

图书在版编目（CIP）数据

《淮南子》许高二注研究／李秀华著．－北京：学苑出版社，2011.7（诸子研究丛书）

ISBN 978-7-5077-3829-2

Ⅰ．①淮… Ⅱ．①李… Ⅲ．①杂家－中国－西汉时代 ②淮南子－研究 Ⅳ．①B234.45

中国版本图书馆CIP数据核字（2011）第158261号

责任编辑：战葆红
封面设计：徐道会
出版发行：学苑出版社
社　　址：北京市丰台区南方庄2号院1号楼
邮政编码：100079
网　　址：www.book001.com
电子信箱：xueyuan@public.bta.net.cn
销售电话：010-67675512　67678944　67601101（邮购）
经　　销：新华书店
印 刷 厂：北京欣睿虹彩印刷有限公司
开本尺寸：880×1230　1/32
印　　张：15.75
字　　数：361千字
版　　次：2011年10月第1版
印　　次：2011年10月第1次印刷
定　　价：60.00元

学术顾问

（依姓氏笔划为序）

李学勤　陈鼓应　陆永品
饶宗颐　卿希泰　傅璇琮

总序

春秋战国时期，王官失守，学术下倾，师徒授受蔚成风气，个人著述随之云涌而出。相较于《诗》、《书》、《礼》、《乐》、《易》诸经，私人著述思想自由，内容丰富，体式多样。老聃清静无为而作《道德》，庄周幻梦逍遥而作《庄子》，墨翟兼爱、尚同而作《墨子》，孟轲称美性善而作《孟子》，荀卿看透性恶而作《荀子》，邹衍广猎怪谈而作《邹子》，韩非痴迷法治而作《韩子》。此皆当时著述之英华，学海之太液，载万世而流芳。西汉刘向、刘歆父子董理群书而为《别录》、《七略》，单列“诸子”一类；东汉班固《汉书·艺文志》效仿刘氏，揽括诸子群英，归为九流十家。至是，子学有名，诸家定称。刘勰《文心雕龙·诸子》曰：“诸子者，入道见志之书。”纪昀《四库总目提要·子部总叙》云：“自六经以外立说者，皆子书也。”子书立说见志，实为中华传统文化之源头活水。

然两千五百余年来，诸子之学或盛或衰，各个时期呈现出了不同的发展态势。战国之际诸子活力劲健，生机勃勃，《庄子·天下》列百家之学，《荀子·非十二子》论十二家之失。两文虽语含刺讥，亦足以窥见春秋战国子学花烂映发、自由挥洒之盛貌。吕氏不韦，招抚宾客，结连辩士，揉合诸说，混成一统，故“循其理，平其私”（《吕氏春秋·序意》），实暗启子学衰败之势。秦皇暴政，黜文任法；汉武尊儒，排斥众议。此间虽有淮南作《鸿烈》，欲“统天下，理万物”（《淮南子·要略》)，备帝王之道，然争鸣之风已逝，子学气韵式微。汉元、成以降，扬雄《法言》、《太玄》，王充《论衡》，勇抒独见，略溢芬芳。更至东汉，经学失宠，诸子容光再闪。而王符《潜夫》，荀悦《申鉴》，虽踵武前修，亦时有创见。

魏晋乱世，士人惮祸，慕玄风而尚清谈，以期全生保真。何晏、王弼、郭象诠释《老》、《庄》，新意迭起；葛洪著《抱朴子》内外篇，屡多创获。然斯风独盛，诸家皆成附庸矣。而自南北悬隔，文辞鼓荡，吟赏之心渐炽，百家之气日衰。惟梁元帝《金楼子》、北齐颜之推《颜氏家训》、无名氏《刘子》，隋王通《文中子》，稍拾余芬，聊慰人心。

李唐开科举而振世象，奉佛老而推贝典丹书，韩、柳又述儒家之道统。士人桎梏，难觅振聋发聩之音，诸子之学欲有所推深，不亦难乎！宋哲宗元祐中，吕公著上书请禁："主司不得出题老庄书，举子不得以申韩佛书为学。"明神宗万历间，李廷机以子书盛行，不利孔孟之道，上疏请求禁止。二子之行，实以政治强压，而子学积衰，难挽濒弱之势。然自明中叶以后，王阳明、杨慎、朱得之、罗汝芳、焦竑、杨起元诸人，重以老庄佛道推盛心学，子学亦随之渐张。明末傅山倡导"经子不分"，曰"有子而后有作经者也"(《杂记三》)，且身体力行，评注《老》、《庄》、《墨》、《荀》、《淮南》等，开近代诸子研究之先声。

有清一代，文字惹祸，屡见不鲜。较之前朝，士人更不敢放言高论，遂扎堆故纸，提倡朴学，集中对周秦汉魏残缺子书加以考订辑校，补苴修葺。其保存子书，复兴子学之功，可谓至高至伟。子学至此别开生面，遂有复兴之势。及入近世，政体更制，禁网松弛，加之西学冲击，学者奋智，瞩目诸子之书，子学于是彬彬复盛。钱穆、刘文典、冯友兰、于省吾、严灵峰、王叔岷、陈奇猷诸君，皆是子书考究与子学推深之能手，其他学者的文章著作亦不可胜数，且有以兼爱附平等，以孔学效耶教，以《淮南》列电力，子学已与西学渐趋融合。

今恭逢国家富强，文运昭回，为子书整理与子学繁荣复兴提供了极佳机遇。且地下文献沉藏千年而陆续出土，其中多有重要子书，为学者弘扬子学贡献了新资料，亦提出了新问题，创造了新空间。子学之复兴，其在今日乎？

子学之复兴，当以文献搜集整理为先。《四库全书》子部收书930余种，《四库全书存目丛书》子部共收书1250余种，《续修四库全书》子部收书1640余种。虽称浩博，实为庞杂。譬如《四库全书》子部，“儒家之外有兵家，有法家，有农家，有医家，有天文算法，有术数，有艺术，有谱录，有杂家，有类书，有小说家，其别教则有释家，有道家，叙而次之，凡十四类”（《四库总目提要·子部总叙》），此乃“经史子集”之子，为图书分类之学，非“诸子百家”之子，已失立说见志之意。且一子只收一种或数种，名家著述、珍希善本、手稿札记，所遗尚多，难副“全书”之名，实为憾事。有鉴于此，为响应国家关于进一步加强古籍保护工作的倡议，充分发挥传统子学在现代文化建设中的作用，华东师范大学决定由先秦诸子研究中心领衔，整合各方资源，启动《子藏》超大型子学图书编纂工程。

《子藏》编纂将分两步展开：第一步，搜集自周秦至民国末期所有海内外存世和出土的诸子学之著作，择取最佳版本予以影印；第二步，为每一种子学著作撰写提要。预计完成后的《子藏》，可涵盖《论语》、《孟子》、《老子》、《庄子》、《管子》、《墨子》、《荀子》、《韩非子》、《吕氏春秋》、《淮南子》等50余个系列，约5000种著述。如今，《子藏》工程已正式启动，将陆续影印发行。吾人相信，《子藏》必将成为一座宏大的传世经典文库，为海内外学者的子学研究提供扎实的文献基础，从而进一步传播和阐发中华民族的优秀文明成果。

子学之复兴，不仅仅在于文献资料的建设，更包括子学研究的深入拓展。作为有一定影响的诸子学研究机构，华东师范大学先秦诸子研究中心以全面复兴子学为己任，于2007年创办了国内外第一份专业的大型诸子研究刊物——《诸子学刊》，现已连续出版五辑，在中外学界颇有影响。现又决定有计划地出版《诸子研究丛书》，以此作为《子藏》工程之一部分，提升《子藏》的学术品位，使之成为资料库建设和学术理论研究相结合的精品工程。

该丛书海纳百川，包容并蓄，凡与子学有关之论著均在欢迎、吸纳之列。或总论子学之概要，或分论一家之特点；或专论一书，钩玄提要；或独论一题，探隐发微。凡斯种种，论内容：或学派，或专书，或专题，或作家，不拘一格；论方法：或考据，或义理，或阐释，或中或西，百花齐放。凡言之成理，持之有据，有创造，有突破，自成一家之言者，均可入选。

《子藏》之编纂，为子学研究提供完备丰富的资料库；《诸子学刊》之编辑，为子学研究搭建了交流平台，提供了前沿信息；而今《诸子研究丛书》正式启动，出版有关子学研究之专门著作，又必将推动子学研究朝纵深方向发展。"三驾马车"，或资料，或论文，或专著，齐头并进，已然构成了子学研究的完整系统。

当仁不让，圣人之言；舍我其谁，亚圣之论。值此昌明之世，学术转型之际，我辈同仁当竭尽心智，戮力古学，留意百家，复兴子学，章华夏文明之本，延绵中华数千年优秀文化之传统！

古语云："同好相留，同情相求，同欲相趋。"（《汉书·吴王濞传》）得天下好子学之人，共襄复兴之盛事，岂不快哉！如此，子学全盛之日，可以预卜矣！

方勇

2011年8月18日

目 录

导 言

作为汉代学术统制前夜的最后一片海洋,《淮南子》汇聚了自天地开辟以来的百家异说和诸子群议,上至天文,下达地理,中通人事,无一不有,实是窥探中国上古文化的一面镜子。关于《淮南子》的学术地位,毋庸笔者置言,博学君子、硕儒雅士皆有至评。就当代治汉学者而言,《淮南子》也是一部难以跨越的典籍。张舜徽在《汉书艺文志通释·自序》中坦言:"余平生诱诲新进及所以自励,恒谓读汉人之书,必须精熟数种以为之纲。一曰《太史公记》,二曰《淮南王书》,三曰《汉书·艺文志》,四曰王充《论衡》,五曰许慎《说文》。以为不精绎《太史公记》,则无以探史学之源;不详究《淮南王书》,则无以知道论之要;不通《论衡》,则不能广智;不治《说文》,则莫由识字。又必以《汉书·艺文志》溯学术之流派,明簿录之体例。精熟此五家之书以立其基,而后可以博涉广营,汇为通学。"①是以精熟《淮南子》为治学通博的基础。感佩斯言,笔者选取《淮南子》作为自己研治先秦两汉文学之始。

淮南王刘安博善诗文,尤长辞赋,其《淮南子》镕铸古文和辞赋之法于一体,可谓沉博绝丽之书。对于《淮南子》文学特质的感悟与鉴赏,自东汉时期就开始了。许慎时人鲍彦即以《淮南子》"多才

① 张舜徽《张舜徽集》(第一辑),华中师范大学出版社 2004 年版,第 165 页。

辞”,“读之令人断气”,[1]高诱亦称善“其义也著,其文也富”。[2] 此后,南朝刘勰将《淮南子》的文学特征概括为:“泛采而文丽:斯则得百氏之华采,而辞气之大略也。”[3]置论颇高。明代文人也爱读《淮南子》,尤其关乎此书文辞。汪一鸾评论说:“色尚玄素,而目犹羡黼黻之观,音首洞越,而耳不厌激楚之调,势之所必造也。《鸿烈》虽摭合群书乎,要以布法崔嵬,命旨泓奥,编珠贯玉,吐葩振藻,寸楮并为云章,辟之游金谷中,花鸟呈奇,甍榈标异,二八递舞,笙镛迭奏,令人骤以目听而亦骤以耳视。文章之巨丽,所可□原。”[4]把《淮南子》布局宏大、立意广奥、辞采华茂、韵律合节的文学特点用优美的语言描述出来。除了上述特点外,《淮南子》一书还广纳神话传说和寓言故事,又多用楚语,瑰丽奇特,句式趋向骈体化,而文风直追《庄子》。由此观之,《淮南子》在汉初文坛乃至整个中国文学史中,当居于不可忽视的地位。但正是这种“命旨泓奥”、“吐葩振藻”的写法,导致《淮南子》体大失调,辞藻玄奇,文意飘忽,殊难究读。有鉴于这种情况,大约在该书问世250年后,许慎、马融、延笃、高诱等东汉名儒相继为之注解,从此揭开了古人研读《淮南子》文本的热潮。惜马融和延笃注本如今片瓦不存,许慎和高诱注本也已残垣断壁。许、高二君去淮南王未远,已有为《淮南子》作注的必要,就如《离骚》去西汉

① 孔鲋《孔丛子》,上海古籍出版社1990年影印杭州叶氏藏明翻宋本,第71页。

② 《淮南子·叙目》。本书所引《淮南子》正文及许、高注文均是出自何宁《淮南子集释》,中华书局1998年版。并参阅张双棣《淮南子校释》,北京大学出版社1997年版,以及四部丛刊本。

③ 杨明照《增订文心雕龙校注》,中华书局2000年版,第230页。

④ 汪一鸾《校鸿烈内书序》,转自何宁《淮南子集释》,中华书局1998年版,第1517页。

未远，而刘安为之作传；《楚辞》去东汉未远，而王逸为之章句。对于研学者来说，这类注疏著作皆是渡河之舟楫、登山之阶梯。现在仅存的许注8篇和高注13篇，同样是精熟《淮南子》的必由门径。利用《淮南子》许高二注，我们能够更好地探寻原著的思想内涵和文学特征，窥探汉代学术的面貌。故此二注本身又具有十分重要的研究价值。许、高二人的注释传至于今，出现了很多复杂的问题，亟待系统考察和研究。故而，笔者又把许高二注作为自己研治《淮南子》之始。

一、研究文献综述

注疏是为理解原著服务的，注文之于正文犹如下级从属上级之关系，故其得到的关注和研究程度远远比不上原著。两汉传世注书中，《淮南子》许高二注尤其如此。据笔者粗略统计，两千年来内地、港台及海外学者研究《淮南子》的著作（包括考校作品）有300余种，而专门针对注文的只有10余种；发表的学术论文有600余篇，而专门针对注文的只有20余篇。再通观这些研究著作和论文，内容不外乎版本校勘、注文的清理与辑佚、注文的辨误与补正、注文的训诂成就等几个方面。以下就这四个方面作一综述：

（一）版本校勘

注文之于正文虽然为附属关系，但同时又血肉相连，从未见有注文单独刊行的现象。因此，所谓许高二注的版本校勘，多是由校勘正文而下及之，很少出现只针对注文的。胡适说："《淮南王书》折衷周、秦诸子，'弃其畛挈，斟其淑静，非循一迹之路，守一隅之指'，其自身亦可谓结古代思想之总账者也。其书作于汉代，时尚修辞，今观许慎、高诱之注，知当汉世已有注释之必要。历年久远，文义变迁，传写讹夺，此书遂更难读。中世儒者排斥异己，忽略百家，坐令此绝代奇书，沉埋不显。迄乎近世，经师旁求故训，博览者始稍稍整治秦、汉诸子，而《淮南王书》治之者尤众。……计两百年来，补苴校注之功，已令此书稍稍可读矣。”①这段话固是针对《淮南子》版本校勘的情况而发，然于描述其注文亦很适宜。

自北宋中期苏颂校理《淮南子》迄今近千年，有案可查的校勘作品约 70 余种。两宋时期，有苏颂《校淮南子》、谭叔端《新刊淮南鸿烈解》两种。有明一代，出现了茅一桂《淮南鸿烈校订》、刘莲台《鼎镌注释淮南鸿烈解》、叶近山《删订淮南鸿烈集解》、汪一鸾《校订淮南鸿烈解》、张维城《翻刻淮南鸿烈解》、何允中《鸿烈解》、刘宗器《重刊淮南鸿烈解》、王元宾《校刊淮南鸿烈解》、张象贤《翻刻淮南鸿烈解》、张烒如《淮南鸿烈解集评》、汪氏《删刻淮南鸿烈解》等 11 种。有清一代，诞生了何焯《淮南鸿烈校本》、萧江声《校刘注本淮南鸿烈》、沈大成《校淮南子》、无名氏《校宋本淮南鸿烈解》、赵曦明《淮南子校语》、庄逵吉《淮南子校定》、梁玉绳《手校庄本淮南子》、黄丕烈《重校旧抄本淮南子》、黄锡禧《点校淮南鸿烈解》、卢文弨《校道藏本淮南鸿烈解》、梁履绳《庄本淮南子校语》、周广业《淮南子校本》、江声《手校茅坤本淮南鸿烈解》、孙冯翼《淮南子校本》、孙志祖《校庄本淮南子》、钱大昕《注本淮南鸿烈解批校》、钱玷《手校淮南子》、袁廷梼《校道藏本淮南子》、王念孙《校中立四子本淮南子》、翁方纲《校淮南子》、许宗彦《精校庄刻淮南子》、顾广圻《校庄本淮南子》和《校读北宋本淮南鸿烈解》、蒋元庭《校刻道藏本淮南鸿烈解》、劳格《淮南子校本》、顾逵《庄本淮南子校语》、陈奂《校宋

① 胡适《淮南鸿烈集解序》，转自刘文典《淮南鸿烈集解》，中华书局 1989 年版。

小字本淮南子》、吕贤基《校淮南子高注本》、陶方琦《手校宋本淮南子》、赵之谦《手校道藏本淮南子》、吴汝纶《淮南子点勘》、王仁俊《淮南子诸家校语》、许克勤《淮南子校本》、许在衡《校录淮南子》、张鸣珂《校淮南子》、诸可宝《淮南子校本》、唐百川《淮南鸿烈注笺校》、吴广霈《淮南鸿烈解校本》等 38 种。民国时期,有朱邦衡《校录淮南子注》、单不厂《校淮南子》、赵熙《批校淮南子》、缪荃孙《校庄本淮南子》、王秉恩《校异本淮南子》、朱孝臧《王秦淮南子校语》、王国维《校淮南鸿烈解》和《校刘泖生钞本淮南子》、刘文典《淮南鸿烈集解》、邵瑞彭《淮南子校本》等 10 种。新中国成立以后,内地有吴则虞《淮南子集释》、张双棣《淮南子校释》、何宁《淮南子集释》等 3 种,港台有郑良树《淮南子斠理》、于大成《淮南鸿烈集释》和《淮南鸿烈解定本》等 3 种。日本学者也热衷校刊《淮南子》,有根逊志《手校淮南鸿烈解》、冈本保孝《校淮南子》、涩谷启藏《新刊淮南子笺释》、服部定之吉《校订眉评淮南子》、竹添光鸿《淮南子笺释》等 5 种。另外,又有一些"仅举断句,不载全文"的校勘著作,如傅山《淮南子评注手稿》、王念孙《淮南子杂志》、刘台拱《淮南子补校》、俞樾《淮南内篇平议》、杨树达《淮南子证闻》、吴承仕《淮南旧注校理》及《淮南旧注校理之余》、何志华《〈淮南子〉高诱注校释》等 8 种。

上述校勘作品有很大一部分已经不存于世,而且也不能悉数归为《淮南子》注文的校勘之作。客观地说,除钱大昕的《注本淮南鸿烈解批校》、唐百川的《淮南鸿烈注笺校》、朱邦衡的《校录淮南子注》、吴承仕的《淮南旧注校理》和《淮南旧注校理之余》、何志华的《〈淮南子〉高诱注校释》以校理注文为主外,其余作品均是以校勘正文为主,可能或多或少会延及其注文,当然也有可能很多根本不涉及注文,但由于难以考详,兹列于上,以备学者之查。在这些文献当中,以吴承仕二书和何志华一文的校勘之功最大。吴氏自言:"前人勤治本文，于训说未皇厝意也。……往时辑录经籍音切，尝取《淮南》旧读，疏通证明之，得四十七事。今观刘氏《集解》，于注文沿误，显白可知者，多未发正。颇以暇日，从事校雠。寻庄逵吉刊本，自谓依据《道藏》，昔人已讥其妄有删易，未足保信。庄本既世所行用，《集解》又因而不革，惧其诖误后学，故今一依庄本，而以异本勘之。"①他针对庄本，并依据道藏辑要本，共校理旧注达 460 余条。何氏亦言："试以三书高注为据，再考版本所见异同，以及类书征引有别者，比勘斠证，考释今本《淮南子》高注。"②其文考校高注 40 余条，甚有理据。同时，今人张双棣《淮南子校释》和何宁《淮南子集释》尽管也以诠释正文为务，但汇集了千年以来学者的校勘成果，并且多及许高二注，为笔者展开研究提供了坚实的版本基础。

（二）注文的清理与辑佚

《淮南子》许高二注的命运，犹如淮南王刘安的命运一样充满传奇色彩：两者先发生残缺，后又相杂一书，文人学者引述常见张冠李戴，但最终为研究者所识别。我们这里所说的清理，是针对许高二注的区分而言。这也是研究《淮南子》注文者不可回避的一个问题。由于此问题的高度隐蔽性，千百年来相关的研究文献只有苏颂的《校淮南子题序》，劳格的《淮南子许高二注》，陆心源的《淮南子高许二注考》，陶方琦的《淮南许注异同诂序》、《淮南许注八篇征序》、《许注淮南存疑叙》，王仁俊《淮南许注考证》（未完稿）及今人王明春的《〈淮南子〉高诱注与许慎注的区分》等 8 篇专论文章。其中，以苏氏之文最为关键，可谓区分许高二注的直接依据。如果没有此

---

① 吴承仕《淮南旧注校理·叙》，北京师范大学出版社 1985 年版。

② 何志华《〈淮南子〉高诱注校释·前言》，转自何志华《高诱注解发微：从〈吕氏春秋〉到〈淮南子〉》，香港中文大学出版社 2007 年版，第 187 页。

文，就没有后来清代学者比较完善的区分结果。就在许高二注被区分不久，当时即有蜀中绩学之士分别将其抄出，一本十三卷，卷首题“淮南鸿烈解经，高氏注”；一本八卷，卷首题“淮南鸿烈间诂，太尉祭酒臣许慎记上”①，可惜都未能刊行流传。王明春氏一文基本是复述陶氏的成果，未能举出更多有价值的证据，不尽如人意。故而，有关《淮南子》注文清理这一问题，仍存在不少亟须深入探讨的地方。

同存一书的许高二注被清理出来后，知许注已经失传十三篇，高注已经失传八篇。而历代文人著述中，散见着他们征引《淮南子》注文的记录。其中有许多为今传《淮南子注》所无，盖可确定是许高二注的佚文。恰逢清代朴学兴盛，辑佚之风尤盛，这无疑给清代研究者留下了绝佳的空间。故针对《淮南子》注文的辑佚群蜂而起，先后诞生了孙冯翼的《许慎淮南子注》，黄奭的《许慎淮南子注》，陶方琦的《淮南许注异同诂》、《淮南许注异同诂补遗》、《淮南许注异同诂续补》、《淮南许注八篇征》、《许注淮南存疑》，蒋曰豫的《许叔重淮南子注》，易顺鼎的《淮南子许注钩沉》，叶德辉的《淮南鸿烈间诂》，王仁俊的《淮南许注异同诂校》、《淮南许注异同三诂》等12种著作。在众多作品中，以陶氏所辑最胜，共得许注佚文500余条。今之学者蒋礼鸿亦有《〈文选〉注引许慎〈淮南子注〉辑录》一文，完全不出清人辑录的范围。略观这些研究文献，可知全部是专注于《淮南子》许慎注文，而无一专注于高诱注文的。即使就陶方琦的辑佚之作而言，仍存在一些漏网之鱼，其《许注淮南存疑》也没有刊刻于世，嘉惠学林。由此言之，清人对《淮南子》许高二注的辑佚工作仍不完善，亦有待吾人继续推进。

---

① 吴则虞《淮南子书录》，《文史》第二辑，中华书局1963年版，第295页。

（三）注文的辨误与补正

或者训解不同，或者认识所限，没有任何一部注疏著作是无懈可击的。当一部注疏作品问世以后，总要不停地接受学者的驳正。此也是学术研究能够前进的动力之一。许慎、高诱二人尽管为当时经学名家，但其所注《淮南子》也不可避免会出现疏漏。后世学者比较注重这个问题，他们有的对其辨误，有的对其疏补，目的都是为了使《淮南子》注文更加完善，使《淮南子》能够更好地被理解和传播。不过，这一研究工作起步较晚，大约自 20 世纪初期开始。近百年来，关于许高二注辨误与疏补的研究文献，主要有孙诒让《淮南子许慎高诱注》、李哲明《淮南训义疏补》、吴承仕《淮南子许慎高诱注音辨正》、刘盼遂《淮南子许注汉语疏》、马宗霍《淮南旧注参正》，何志华《〈淮南子〉高诱注斠证》、罗国强《〈淮南子〉高诱注析疑》和《〈淮南子〉释义辨正》、唐莉《〈淮南子〉高诱注献疑》、许匡一《〈淮南子〉许、高注辨正》、郑莉《王念孙对〈淮南子〉高诱注质疑之探析》等著述。另外，于省吾的《淮南子新证》对许高二注也多有驳正，罗国强的硕士学位论文《〈淮南子〉高诱注训诂研究》亦用很大篇幅辨析高注之失误。在这些文献中，以马宗霍一书用功最勤，成果最丰。《淮南旧注参正》二十一卷，马氏于此书自序云："余因循绎本文，玩其词义，或当注而旧注未及者则径为之补作，或旧注虽有而艰涩难明者则更为之发挥，亦有私意以为失允或疑其传写讹误之处则为一一辨订之。凡所参正八百一十五条。"今观马氏之书，旁征博引，辨驳切实，屡见创获，于许高二注之补充、校正不无裨益，足可沾溉后学。

此外，有一类著作虽然不是直接指陈许高二注的失误，也不是以驳正二注为要务，但可能有部分是基于许高二注之不足或者许高二注之未及者而作。这类文献可与许高二注并参而行，对明其辨误和疏补也具有一定的价值，诚可为研究者之资用。据查考，明代有刘绩《淮南鸿烈解补注》、张登云《淮南鸿烈解参补》、王宗沐《评注淮南鸿烈解》、韦际明《淮南子注》、仙作舟《淮南鸿烈补注》、叶绍泰《增定淮南鸿烈解别解》等 6 种，清代有王夫之《淮南子注》、钱塘《淮南子天文训补注》、罗士林《淮南天文训存疑》、丁杰《淮南朝夕力图解》、唐咏裳《淮南修务训补注》等 5 种，民国时期有张之纯《淮南子评注》、沈雁冰《淮南子选注》、方元《淮南子要略篇释》、胡怀琛《淮南子集解补正》、杨昭俊《淮南子补注》等 5 种，新中国成立以来有王维庭《淮南子译注》、陈广忠《淮南子译注》、祝融《淮南子兵略训译注》、陈一平《淮南子校注译》、阮青《淮南子注释》、刘康德《淮南子直解》、赵宗乙《淮南子译注》等 7 种，港台地区有冯大纶《淮南子译注》、于大成《淮南子今注今译》2 种，日本也出现了鹈饲信之的《淮南鸿烈集解训点》、宇野东山的《标注淮南鸿烈集解》和《标注改正淮南鸿烈集解》、诸葛晃的《增注淮南子》和《淮南鸿烈解摘注》等 5 种，总共 30 余种。

（四）注文的训诂成就

近世治《淮南》注文者，基本局限在文献学范围，对于其训诂成就，诸如训诂的体例、术语及注文中所包含的音读、方言、词汇等方面均很少涉及，未见有专著或专论文章出现。直至 20 世纪八九十年代，有关许高二注训诂成就的研究工作才开始启动起来，已有不少文章问世。具体说来，大致分为以下几类：

1. 关于诂训释义方面的研究

诂训释义乃注疏著作的核心内容，训义如何，直接反映着注家的知识素养和诠释能力。展开训义方面的研究，有助于加深对注家的深层认识。目前，何志华撰有《〈淮南子〉、〈吕氏春秋〉、〈战国策〉

三书高注互异集证》一文,[①]通过高诱释义前后相异这一现象来揭示其训诂的发展变化。黔容《高诱"臧获"之注》以札记的形式探寻高诱对"臧获"训义的文化内涵,邬文清《高诱巧注〈淮南子〉之"禽"》则专从高诱释"禽"之例探寻高注的训诂技巧。郭向敏罗列《泰族训》和《要略》篇的部分许注与《说文解字》的相关释义,撰成《〈淮南子〉许注与〈说文解字〉字义之比较(一)》一文,篇籍尽管有限,立意却甚好。

2. 关于训诂体例及术语方面的研究

一定训诂体例和训诂术语的运用,乃是注家注疏风格的体现。今之学者重视对这方面的研究,应是得益于现代训诂学理论的成熟和发展。他们的研究工作全部集中在高诱注文之上。由于体例和术语的运用具有一贯性,故又不全独以《淮南子》高注为对象。何志华的《高诱注解体例探微——兼论高注于群经考据之用》,[②]即以高诱三书注文为据,详细总结了高注中的称引师说、互文、阙疑、声训、考文等体例。罗国强的硕士学位论文《〈淮南子〉高诱注训诂研究》亦用较小篇幅论及了高注的训诂条例和手段。至于训诂术语,王明春的硕士学位论文《高诱训诂术语研究》作了较为集中的探讨。而后,王明春氏又从其学位论文中抽出若干内容,略加修葺,分别撰成《高诱注阙疑例述略》、《高诱注中的"读曰……为……"和"读如……若……"》、《高诱注中的"犹"字》、《高诱注中的注音术语》等文,发表在相关刊物上。

3. 关于注文中音读及方言方面的研究

高诱为博识多才者,他注书非常重视标举音读和解释方言。对

① 收录在《高诱注解发微:从〈吕氏春秋〉到〈淮南子〉》一书中。
② 收录在《高诱注解发微:从〈吕氏春秋〉到〈淮南子〉》一书中。

于高注这方面的内容，北齐颜之推、清人洪亮吉和杭世骏、近人周祖谟皆注意过，也时有一些真知灼见，但都未形成专门的著作或文章。时至当下，学者之研究渐成气候。在音读方面，日本学者平山久雄撰《高诱注〈淮南子〉〈吕氏春秋〉的“急气言”与“缓气言”》一文，以现代音韵理论析分高注古音，可谓创见斐然。翟思成的硕士学位论文《高诱音注材料测查与分析》把许注 8 篇的音读（或为后人所掺）也归入高注，有所冒失，然亦足可观，为学者进一步研究提供了相对集中的材料。吴先文的《〈淮南子〉高诱注之注音研究》则对高诱标音的形式和方法作了比较精细的论述。在方言方面，华学诚合《淮南》、《吕氏》高注，撰《论高诱的方言研究》一文，主要从地域分属上加以讨论，同时兼及方音的考证。杨蓉蓉的《高诱注所存古方音疏证》则纯从方言读音入手，而周俊勋的《高诱注方言词研究》又以考析方言词汇为主。其实，今传许注八篇也有不少方言载录，学者轻视不论，是其所缺。

4. 关于注文词汇及语法方面的研究

许高二注已去今久远，能够反映上古时代汉语词汇和语法发展的某种状态，具有极其珍贵的史料价值。专注于汉语史研究的学者自然不会等闲视之。赵奇栋的硕士学位论文虽然题作《〈淮南子〉东汉注研究》，但基本上是以旧注中的双音节新词为对象，重点考察其来源和特点。后来，赵氏又加以提炼、润色，发表了《〈淮南子〉许慎注、高诱注中的双音节新词》一文。周俊勋的《从高诱注看东汉北方代词系统的调整》，以小见大，显示出高注的独特作用。张以仁的《淮南高注“私钘头”唐解试议》切入点更小，选择特殊的三字词语展开训考。何志华则以高诱注解为据，对《汉词大词典》所收《淮南子》词汇提出异议，撰成《〈汉语大词典〉收录〈淮南子〉罕用词汇义例献疑——兼论高诱注解之参考作用》[1]一文。关于语法方面的研究，显得十分单薄，至今只有孙良明《高诱注中的语义结构和语法结构描写》一篇文章。

除了上述四个方面的研究文献外，史建桥撰《高诱与古籍整理》，讨论高诱的文献整理贡献；丁原明撰《高诱思想述要》，王军撰《从〈淮南子〉注谈高诱的自然观》，注重其思想的总结，但文章立论及材料运用皆值得商榷；金前文撰《赵岐、高诱〈诗经〉学渊源再考》，欲以别出新意。

综观本论题历代相关的研究文献，我们发现，治《淮南》者研究的重心聚集在文献学和训诂学领域。虽然取得的成果足称丰盛，但仍然存在许多未尽之处，有待更系统、更深入的探讨。同时，将许高二注的研究置身在汉代学术史和思想史的视野之下，则是历来研究者所欠缺的。对于这方面成果的填补，也有待学者们的进一步努力。

二、研究意义、方法及进路

由上面的文献综述可知，关于《淮南子》注文的研究还存在很大空间，也很有意义。笔者以"《淮南子》许高二注研究"为题，绝非重复前人的劳动，而是决意要在前人成果的基础上向前有所推进，并且网集文学、文献学、训诂学、学术史、思想史等各个研究角度，从而达成一部较为系统、较为全面的专论著作。笔者深知，要完成这样一个目标，就必须依托合适的研究方法和合理的研究进路。

（一）研究意义

历史悠久的中国传统注疏之学，用现代术语称之，可谓"经典诠

---

① 收录在《高诱注解发微：从〈吕氏春秋〉到〈淮南子〉》一书中。

释学”。绵延不断的诠释之诠释,跨过了几千年的时空悬隔,以今语释古语的形式消除了语言变迁所带来的理解障碍,为古代典籍重拾精神生命,为人们沟连传统与现代,提供了一条十分重要的途径。汉儒注书,实分两途:一途所谓“六经注我”,为今文派所用;一途所谓“我注六经”,为古文派所用。后来魏晋玄学和宋明理学的学者注书接近于前者,而清代朴学的学者注书接近于后者。从诠释方法上看,《淮南子》许高二注无疑属于古文一派。清人戴震在论及此派宗旨时说:“故训明则古经明,古经明则贤人圣人之理义明,而我心之所同然者,乃因之而明。贤人圣人之理非它,存乎典章制度者是也。”①又说:“宋儒讥训诂之学,轻语言文字,是犹渡江河而弃舟楫,欲登高而无阶梯也。”②由此言之,笔者研究《淮南子》许高二注,实有进一步寻绎原著义理,加深对原著认识的意义。但自客观上说,诠释之学又不受戴震所言之限制,无论是“六经注我”还是“我注六经”,尽管对于诠释应该忠实文本这条原则的执行程度不同,但都植入了诠释者自己的思想意志和他那个时代的风貌则是不可否认的。《淮南子》许高二注也能不例外。推此而言,许注八篇在一定程度上无疑成为许慎思想意志和学术水平的载体,高注十三篇亦在很大程度反映了高诱的思想意志、学术水平和当时的社会风尚。笔者研究许高二注,就要借此而探寻许慎、高诱二人的经学思想、学术传承以及他们的诠释能力。这对于仅立足在二人训诂方面的研究者来说,不啻具有一种突破和开拓的意义。

本论题之所以以“《淮南子》许高二注”为名,是因为许慎注与

---

① 戴震《戴东原集》卷十一《题惠定宇先生授经图》,清乾隆五十七年(1792)段玉裁刻本。《续修四库全书》第1434册有影印本。

② 《丁酉正月与段若膺书》,见段玉裁《戴东原先生年谱》。

高诱注实存在胶着难分的关系。此乃中国学术史上不折不扣的千年疑案。二注由于残缺，被宋初的校书者或刻书者互取有无，补成一书，相依流传，历经近千年而不为学者所熟知。直至清代晚期，劳格、陆心源、陶方琦等人依靠宋人苏颂的《校淮南子题序》才将许高二注从一书中辨识出来，得许注《缪称》以次 8 篇和高注《原道》以次 13 篇。自此之后，劳氏始有"《淮南子》许高二注"一称，陆氏亦有"《淮南子》高许二注"之称。这种称法，表明他们对自己分辨二注的结果深信不疑，期望学者也能够信以传信。但由于长久以来形成的许注佚而高注全的认识观念，今之学者大多不敢加以确信，而又重新回到二注未被区分的认识状态，即认为今所存《淮南子》注文全部为高诱所有，如宗福邦编《故训汇纂》引用《淮南子注》，邹华清编《汉语大字典》引用《淮南子注》时就是持此种观点。本论题旗帜鲜明地以"《淮南子》许高二注"为名，不仅在当代学术界尚属首次，而且还表明吾人有志于将清代学者的这一学术成果进一步推广，要在他们研究成果的基础上以更加翔实的材料、更有说服力的证据证明许高二注之区分经得起历史的检验。从这一方面说，笔者研究《淮南子》许高二注，实有延续清人校理《淮南子》注文，推进其研究成果的意义。

虽然同存一书，但许注八篇和高注十三篇的行文风格却泾渭分明。作为《淮南子》文本研究的开山之作，许注略显疏阔，不但注文简省，而且训诂也粗略。而高注是《淮南子》文本研究的集大成者，既继承先师遗训，又采纳许注入援，不但注文翔实，而且内容涵盖了名物典章训释、汉字注音审读、文字校勘、版本勘查、义理阐发等多个方面。许高二注的变化，实际上体现了学术渐进的规律。所谓前人拓荒，后人种粮，同样适合描述学术发展的现象。吾人研究《淮南子》许高二注，即有志于将两者放在汉代学术大环境下，对其写作背景、注释体例、诂训释义、地位价值等进行对比研究。通过对比研究,努力揭示许高二注之间存在的关联及差异,努力揭示二者在两汉《淮南子》文本诠释过程中各自所扮演的角色和各自所起到的作用。这对于梳理《淮南子》自其诞生至东汉末年三个半世纪中所受到的关注和解读,以及此书所发生的学术影响,皆具有莫大的帮助。由此说来,笔者研究《淮南子》许高二注,实有为两千多年的《淮南子》接受历史正本清源,为认识两汉学术史乃至文化史提供可以资鉴的材料和观点之意义。

(二)研究方法

中国几千年的学术活动,造就了许多行之有效的传统式的研究方法。同时,西方学术的传入亦不断催生着新式的研究方法。胡适之治学素重实证,即受传统与现代方法结合的影响。吾人取法,既不丢弃传统,也不轻视现代。具体说来,本论题的研究主要施用以下几种方法:

1. 考据学的方法

“实事求是”,“无证不信”,没有调查就没有发言权,没有依据就不成结论。此便是我们所谓考据学方法的精髓所在。注疏作品有别于一般著述,表现得特别琐细无序,汉世古文派作品更是如此,其本身又朴实无华,去绝浮言。笔者运用考据学方法,并非仅仅针对《淮南子》许高二注的梳理、校勘、辑佚等工作,而是一以贯之到其他很多方面。许高二注何时相杂一书,缘何相杂,许慎何时完成《淮南子注》,许注与《说文解字》到底有什么关系,高诱的生平事迹、著述如何,许高二注的诂训释义又有何异同等都是本论题研究过程中悬而未决的问题。这些问题若非经过一番调查、深究,断然不能清楚明白。考据学方法于此能够发挥出很大的威力,追求以实证的面貌来呈现某个问题的来龙去脉。

2. 统计与比较的方法

统计方法常常用在自然科学研究中，统计数据是其核心要件。通过多次观察或试验得到的大量统计数据，利用统计方法可以探索出其内在的数量规律性。如今，这种方法也已经被广泛地应用到社会科学研究领域。注疏作品的内容虽琐细无序，但其间存有内在关联则是毋庸置疑的。运用恰当的统计方法，正好可以揭示出某些内在的关联。比如，通过数据统计的方法，我们能够进一步确定关于许高二注的区分结论，能够在一定程度上反映许慎、高诱二人的注疏风格及知识结构，能够显示许注与《说文解字》以及高注与高诱其他注书之间的关系，等等。

比较研究，就是指根据一定的标准，把彼此有某种联系的事物放在一起进行考察，寻找其异同，用以把握研究对象所持有的规律性。我们现在所说的比较研究法，虽然是舶来品，但古人很早就懂得使用了，南宋学者倪思即编有《班马异同》一书。《淮南子》许高二注因缘杂处一书，为笔者展开比较研究提供了天然的条件。通过比较研究的方法，我们能够照见许高二注产生的背景异同，许高二注注解体例的异同，许、高二注常用训义体系的异同，许高二注学术价值的异同等，由此而推进研究的深度。

3. “因世知人”、“因书究学”的方法

一个人著书立说，必然脱离不了他那个时代的社会形态、政治经济以及学术思想等各个方面的浸润。因而，通过考察作者所处社会的各种情况，必定有助于加深对作者本人学术的研究。这便是我们所谓的“因世知人”之法。此法古已有之，孟子说：“颂其诗，读其书，不知其人，可乎？是以论其世也，是尚友也。”①一部书籍虽然不

① 阮元校刻《十三经注疏》，中华书局 1980 年版，第 2746 页。

能代表作者的学术全部,但无疑承载了作者的思想意志和治学路数。因而,通过考察一部书的撰作宗旨、结构组成、观点学说等,完全能够探测作者学术的整体轮廓。这即是我们所谓的"因书究学"之法,章学诚说:"盖部次流别,申明大道,叙列九流百氏之学,使之绳贯珠联,无少缺逸,欲人即类求书,因书究学。"[1]亦含此理。对于注疏著作的研究,历代学人大都固守文献整理与训诂辨正之途,容易落入孤离、断层的研究视角,不利于揭示注疏者其人其书的全貌。笔者研究《淮南子》许高二注,就是要力图避开这种研究的局限,做到"因世知人"、"因书究学",以增加注疏作品研究的力度和广度。比如,汉世重视师法家学,由此而知许、高二人治学皆有渊源所自;许慎处东汉中期,高诱处末期,社会和学术的背景截然不同,由此而知许、高二人注书用意之不同;许注八篇包含对经传、诸子之训说,由此而窥知许慎经学思想及诸子认识之一斑;高注十三篇广引儒家经传之言,又反复申述诸经之用,由此而窥知高诱的群经之学;等等。可以这样说,"因世知人"、"因书究学"不仅是本论题所要采用的研究方法,也是笔者意欲创新研究的指导原则。

(三)研究进路

许慎的《淮南子注》和高诱的《淮南子注》原来是独立并行流传,后来皆成残本,又由于某种机缘巧合而被抄刻成一书,而最终为学者所发现。这一特殊的学术现象,使得本论题研究面临着许多复杂、纠结的问题。要把握和驾驭这些问题,就得具备比较明确的研究进路。鉴于《淮南子》许高二注的特殊情况,本论题研究遵循"总→分→总"式的路线。

首先,从文献学角度展开对许高二注的总体式研究。笔者相

---

① 章学诚《校雠通义》,古籍出版社 1956 年版,第 5 页。

信,古籍研究的先决条件乃是做好文献的整理工作。一旦所用文献材料不牢靠,就很容易导致论文的整体坍塌。张舜徽说:“在中外古今著名学者中,我们可以清楚地看到,凡是想在人类历史上作出总结性的工作写出一部伟大著述的,都是穷年累月,从研究、整理历史文献着手,再结合实际调查考察,才能取得成功。”①足见文献研究的重要性。今本许高二注相杂在一起,决定了其文献研究必须采取“总合”的趋势。前文已经指出,前贤硕儒在《淮南子》注文的清理、校勘、辑佚等方面取得了很大成果,但仍有许多未尽之处。关于许高二注文献的再研究,将依次从二注的相杂及其区分、许注的流传与保存、高注的流传与保存、二注版本差异及流变等问题入手。

其次,针对许注八篇和高注十三篇,有必要作出分体式研究,毕竟二注不同属一家之说,而是各自联成一个有机体。许慎注解《淮南子》的时间要远早于高诱,故以许注八篇居前,高注十三篇随后。关于前者的研究,将依次从许注的问世时间、许注的训诂特征、许注所体现的思想、许注与《说文解字》的关系等问题入手。关于后者的研究,将依次从高诱的生平和著述、高注的主要内容及训释特色、高注所具有的思想性、高注引书与高诱之经学等问题入手。这些问题之间也并非胡乱排列,而是有着内在的逻辑层次。

最后,在分别对许注八篇和高注十三篇作出更具体、细致的研究之后,又很有必要从比较的角度再次进行合体式研究。关于许高二注的比较研究,将依次从二注的学术背景对比、二注的注解体例对比、二注的诂训释义对比、二注的学术地位与价值等方面展开。通过比较与综合性的研究,能够帮助我们在更深的层面和更宽阔的视野来进一步认识《淮南子》许高二注。

---

① 张舜徽《中国文献学》,上海古籍出版社 2005 年版,第 4 页。

第一章 《淮南子》许高二注文献学考察

《淮南子》许高二注历经近二千年的流传，出现了散佚、错乱、讹误、混杂等严重现象，幸赖前辈先贤苦心搜集，整理考订，稍复旧貌，卒至可读，然犹有许多未尽之处。本章立于文献学的角度，从许高二注的相杂及区分、流传与保存、版本差异及流变等方面作出系统考察，期望在前人成果的基础上继续推进一步。

第一节 许高二注的相杂及其区分

一、许高二注相杂一书之历史探源

与其他古籍旧注不同，今传《淮南子》注文实为东汉许慎注、高诱注的一个混合品。许高二注何时相混？缘何相混？这是十分有趣而亟待考究的问题。

《隋书·经籍志》（简称《隋志》）著录许高二注分别为"《淮南子》二十一卷，汉淮南王刘安撰，许慎注"；"《淮南子》二十一卷，高诱注"，[①]说明自《淮南子》高注诞生到《隋志》撰成这四个半世纪的时间里，两者完全是各自独立并且完整传行的。不过，《隋志》是否为实录，还需进一步讨论。《隋志序》云："今考见存，分为四部，合

① 魏征《隋书》，中华书局 1973 年版，第 1006 页。

条为一万四千四百六十六部,有八万九千六百六十六卷。其旧录所取,文义浅俗、无益教理者,并删去之。其旧录所遗,辞义可采,有所弘益者,咸附入之。"[①]关于这段描述,学者有不同理解。清人姚振宗说:"其纂修《经籍志》也,以隋代官私书目所谓见存者类次为长编,附以梁代之所有。"[②]认为《隋志》的编撰只是依据隋人书目,并不是一一亲见其书而著录之。近人陈垣则说:"《隋经籍志》所据,皆唐初现存之书。"[③]陈氏的说法殆近事实。《隋志》虽然取材于梁、陈、北周、北齐、隋等五朝官私书目,但并非照单全录,而是将官私书目所录与当时图书存亡的实际做了比照,所谓"今考见存"者是也。对于亡佚和残缺的图书,《隋志》均进行了标识,或称"亡"、"今亡",或称"残缺"、"今残缺"。依此而言,《隋志》所录许高二注即是当时流传状况的真实反映。另外,同时代文人著述征引《淮南子》许高二注的情况也为我们提供了一条可资证明的途径。《隋志》成书于唐高宗显庆元年(656),以此为时间点,我们考察发现,欧阳询《艺文类聚》、[④]魏征《群书治要》、[⑤]《汉书》颜师古注、[⑥]孔颖达《毛诗正义》、[⑦]

---

① 魏征《隋书》,中华书局 1973 年版,第 908 页。

② 姚振宗《隋书经籍志考证・后序》,民国开明书局铅印师石山房丛书本。《续修四库全书》第 915 ~ 916 册有影印本。

③ 陈垣《陈垣史源学杂文》,人民出版社 1980 年版,第 28 页。

④ 此书是唐开国初年由欧阳询、裴矩、陈树达等人奉敕编修,于武德七年(624)成书。

⑤ 此书于唐贞观五年(631)编辑完成。其中卷四十一为《淮南子治要》,所引许注来自《原道》、《本经》、《主术》、《齐俗》、《道应》、《氾论》、《诠言》、《说山》、《人间》、《泰族》等 10 篇。

⑥ 此书自唐贞观十一年(637)开始撰写,至贞观十五年(641)完成。

⑦ 此书是唐贞观十六年(642)孔颖达等人奉唐太宗诏命所作《五经正义》之一。

《文选》李善注、[①]《后汉书》李贤注[②]等文献明确引用的许注涉及了除《要略》篇以外的其他全部篇目，可以表明此时许注二十一卷保持完整。同时，这些典籍明确引用的高注同样遍及了《淮南子》的所有篇目，仅《文选》李善注征引的高注就有来自《淮南子》各篇的，足以表明此时高注二十一卷也保持完整。再将诸书所引用的许注与高注两相对照，两者划然有别，不存在互相淆乱的情形。这无疑证明了《隋志》著录的真实性，许高二注在当时确是以完本面貌各自并行流传的。

大约 300 年后，后晋刘昫等人于开运二年（945）修成《旧唐书》，其中《经籍志》著录为“《淮南商诂》二十一卷，刘安撰；《淮南子注解》二十一卷，高诱撰”。[③] 相对《隋志》，不但书名变了，而且许注好像亦不见载录。但叶德辉认为“商诂”是“间诂”之讹，《淮南商诂》即《淮南间诂》，并非异名，属于许慎注本。[④]《旧唐书》修成后一百年，北宋欧阳修等人于嘉祐五年（1060）又撰成《新唐书》一书，其中《艺文志》著录为“许慎注《淮南子》二十一卷，淮南王安；高诱注《淮南子》二十一卷”。[⑤] 这似乎表明，自《隋志》至《新唐志》400 年间，许注和高注也是以完本面貌而并行不悖的。

然而，新旧《唐志》的可靠性遭到了不少学者的质疑。陈垣即

① 此书成于唐高宗显庆三年（658），并进呈朝廷。其引用的许注涉及了除《诠言》、《说山》、《人间》、《泰族》、《要略》之外的其他 18 篇。

② 此书由唐章怀太子李贤令张大安、刘讷言等人于上元二年（675）启笔撰著，仪凤元年（676）书成。

③ 刘昫《旧唐书》，中华书局 1975 年版，第 2032 页。

④ 见叶德辉《辑淮南鸿烈间诂序》，清光绪二十一年（1895）叶氏郎园刻本。《续修四库全书》第 1121 册有影印本。

⑤ 欧阳修《新唐书》，中华书局 1975 年版，第 1533 ~ 1534 页。

说:“《旧唐志》据开元时毋煚《古今书录》,《新唐志》据《旧志》而续增天宝以后书。论唐初所存晋史,自应引《隋志》,不应引《唐志》,更不应引《新唐志》也。”[①]言外之意,新旧《唐志》都不如《隋志》著录真实。余嘉锡也说:“《旧唐书·经籍志》全抄自《古今书录》,但去其小序论释耳。”[②]两人所言不无依据。《旧唐志序》云:“今录开元盛时四部诸书,以表艺文之盛。”[③]又云:“天宝已后,名公各著文章,儒者多有撰述,……臣以后出之书,在开元四部之外,不欲杂其本部,今据所闻,附撰人等传。其诸公文集,亦见本传,此并不录。”[④]明白无误地告诉我们,其著录的仅是唐玄宗开元中(713~741)所存图书。就连这些图书到后晋之时存亡与否,刘昫之流也未加以考见。因此,《旧唐志》传达的只是许高二注在唐开元时期的流传情况。这个时期,许高二注依然保持独立完本的形态。瞿昙悉达《开元占经》、[⑤]徐坚《初学记》、[⑥]司马贞《史记索隐》[⑦]等同时代文献

① 陈垣《陈垣史源学杂文》,人民出版社1980年版,第28~29页。

② 余嘉锡《目录学发微》,中国人民大学出版社2004年版,第119页。

③ 刘昫《旧唐书》,中华书局1975年版,第1963页。

④ 刘昫《旧唐书》,中华书局1975年版,第1966页。

⑤ 此书作于公元718至728年(参见江晓原《〈开元占经〉:三百八十年前的“出土文物”》,《中国典籍与文化》1998年第3期,第93~96页)。叶德辉认为,《开元占经》或称《淮南间诂》,或上称《淮南子》下称“记曰”,自是许注(见《辑淮南鸿烈间诂序》),其引用的许注来自《天文》、《览冥》、《本经》、《泰族》等4篇。

⑥ 钱易《南部新书》卷九:“开元十三年(725)五月,集贤学士徐坚等纂经史文章之要,以类相从,上制曰《初学记》。”其引用的许注来自《天文》、《地形》、《览冥》、《人间》、《要略》等5篇。

⑦ 此书当成于开元九年(721)《群书四部录》编成之后,大概在开元二十年(732)。李梅训《司马贞生平著述考》,《安徽师范大学学报》(人文社会科学版)2000年第1期,第109~111页。其引用的许注来自《俶真》、《时则》、《主术》、《缪称》、《道应》、《兵略》、《说山》等7篇。

所引许注涉及《淮南子》十四篇，从一侧面说明《古今书录》应为实录。相比《旧唐志》，《新唐志》最大的变化就是增加了天宝以来的唐人著述，天宝以前的书目则基本上承袭《旧唐志》、《群书四部录》和《古今书录》。尽管《新唐志》著录《淮南子》许高二注之名与《旧唐志》不同，但仍然无法确定欧阳修等人是否考见过其存亡残缺的情况。由此言之，新《唐志》所录也不能确切反映唐天宝以来到北宋前期许高二注流传的真实情形。

撇开新旧《唐志》，我们可以依靠一些文献的征引情况以及其他一些书目，来探寻许高二注自天宝而后的流传面貌。

慧琳（737～820）《一切经音义》成书于唐宪宗元和二年（807），[①]该书所引《淮南子》注文全部是许注，涉及除《时则》、《氾论》以外的其他十九篇。《一切经音义》未引《淮南子》高注，仅引用了《吕氏春秋》高注。所引许注与今本《缪称训》以次八篇相同，而与《原道训》以次十三篇相异。这一情况说明，慧琳所见到的《淮南子》注本当属完整的许慎注本，同时也说明此时许高二注并未出现杂乱现象。此亦可从马总《意林》、[②]殷敬顺《列子释文》、[③]段成式

① 或说成书于元和五年（810）。参见文亦武《慧琳〈一切经音义〉成书年代考实及其他》，《古籍整理研究学刊》2000年第4期，第18页。

② 据《意林·戴叔伦序》所记，此书成于唐贞元二年（786）之前。叶德辉认为，《意林》虽未明称许注，而证以他书同引者可以类推，且唐人所见时许高二本尚未羼合，则其异于高注者，可灼知其为许注矣。见《辑淮南鸿烈间诂序》。其引用的许注来自《俶真》、《地形》、《本经》、《主术》、《缪称》、《齐俗》、《氾论》、《说山》、《修务》、《泰族》等10篇。

③ 殷敬顺生卒年不详，其书引有《荀子》杨倞注，当是生活在唐宪宗执政（806～821）前后。此书中，许高二注均见引用，许注来自《精神》、《览冥》、《齐俗》、《道应》等4篇，高注来自《俶真》、《览冥》等2篇。

《酉阳杂俎》[①]等同时期文献引用的许高二注中得到佐证。并且，日本学者藤原佐世（820～898）在宽平年间奉敕编撰《本朝现在书目录》一书，其中《子部·杂家》著录《淮南子》的情况为"《淮南子》三十一卷，汉淮南王刘安撰，高诱注"；"《淮南子》二十一卷，许慎注"。[②] 藤氏是见其书而录，由此可知，唐末传至日本的《淮南子》许高二注仍然保持独立、完本之形态。

但唐末以来，经黄巢起义，五代十国战乱相寻，图籍散亡极其严重，后唐、汉、周、北宋的统治者不得不常从民间募书。鉴于图籍谬滥不全，宋仁宗景祐元年（1034）诏命王尧臣等人仿效《开元四部录》编撰《崇文总目》，主要任务便是"将馆阁正副本书看详，定其存废，伪谬重复并从删去，内有差漏者令补写校对"。[③] 从这一方面说，《崇文总目》是对当时所存图书的大清理，其著录的书目应该合乎客观实际。此书原本已佚，清人钱东垣辑有《崇文总目》五卷，其中杂家类载录"《淮南子》二十一卷，许慎注"、"《淮南子》二十一卷，高诱注"。[④] 若依此看，许高二注在《崇文总目》撰成之时（1041）依旧保持独立完整的面貌。但是，原本《崇文总目》六十六卷，每类前有小序，书目下亦有解题，记录存亡残缺情况。这个原本，有学者谓

---

① 段成式（约803～863），字柯古，临淄（今山东淄博东北）人。此书《续集》卷四引有高注1条，来自《齐俗》篇。

② 《丛书集成新编》第1册，台北新文丰公司1985年版，第377页。《本朝现在书目录》今称《日本国见在书目》，清人黎庶昌有影旧抄本，收入《古逸丛书》之十九。此文中"三十"原写作"卅"，"二十"原写作"廿"。"卅"、"廿"易误，故疑"三十一卷"当作"二十一卷"。

③ 王应麟《玉海》，江苏古籍出版社、上海书店1987年版，第996页。

④ 钱东垣《崇文总目辑释》，清嘉庆刻汗筠斋丛书本。《续修四库全书》第916册有影印本。

之繁本系统。[①] 南宋以后，被删削改造，直至亡佚。晁公武著录《淮南子》时说："《李氏书目》亦云第七、十九亡，《崇文目》则云存者十八篇。"[②]《崇文目》即《崇文总目》，可知《总目》虽题许高二注各为二十一卷，实则对其残缺情况作了说明。欧阳修曾参与《总目》的编撰，其《新唐志》可能只录了《总目》书题，而未录其解题。由此说来，今本《崇文总目》所录因为缺失了解题，传达出来的信息就截然不同。实际上，这个时期许高二注的流传开始出现问题。

苏颂(1020～1101)在《校淮南子题序》中最早也最明确地描述了许高二注相杂于一书的情形：

> 是书有后汉太尉祭酒许慎、东郡濮阳令高诱二家之注，隋唐目录皆别传行。今校崇文旧书与蜀川印本暨臣某家书凡七部，并题曰《淮南子》，二注相参，不复可辨。惟集贤本卷末有前贤题载云："许标其首皆曰'间诂'，鸿烈之下谓之'记上'，高题卷首皆谓之'鸿烈解经'，'解经'之下曰'高氏注'，每篇之下皆曰'训'，又分数篇为上下，以此为异。"《崇文总目》亦云如此。又谓："高注详于许氏，本书文句亦有小异。"然今此七本皆有高氏训叙，题卷仍各不同，或于"解经"下云"许慎记上"，或于"间诂"上云"高氏"，或但云"鸿烈解"，或不言"高氏注"，或以《人间》篇为第七，或以《精神》篇为第十八，参差不齐，非复昔时

① 罗凌《〈崇文总目〉繁本系统散佚探源》，《图书与情报》2004 年第 5 期，第 48～50 页。

② 孙猛《郡斋读书志校证》，上海古籍出版社 1990 年版，第 509～510 页。

之体。①

苏颂是北宋名僚,《宋史》有传。该序文提及“集贤本”,可知与苏氏任职集贤院有很大关系。考《宋史》本传及相关材料,苏颂曾两次任职集贤院:第一次在公元 1053 至 1061 年,皇祐五年(1053)任馆阁校勘,嘉祐二年(1057)迁为集贤校理,主要工作便是校理和编定书籍;第二次在熙宁七年(1074),加集贤院学士。② 集贤院学士已经不再担负具体的校勘工作,主要负责监管。所以,这篇序文定必撰于公元 1053 ~ 1061 年。根据文中所述,苏颂见到了包括崇文旧书本、蜀川印本、集贤本、家藏本在内的七个不同版本,而且这些版本的许注和高注当时已经相互混杂,不复有原来的面貌。所谓“崇文旧书”非指古本,而是指太平兴国三年(978)设立崇文院之后搜集或刻写的本子。所谓“蜀川印本”,当属宋代蜀刻本。蜀刻技术自中唐以后逐渐兴起,多存于民间,主要用来雕印通俗图书,五代之时发展较快,开始用于印刷经、史书籍。至北宋扫平诸国,局势趋向稳定,经济渐渐复苏,蜀刻业也因之繁荣起来,官刻、家刻、坊刻三管齐下,经、史、子、集等图书靡不所至。③ 苏颂所见蜀本极有可能就是

---

① 苏颂《苏魏公文集》,中华书局 1988 年版,第 1007 ~ 1008 页。

② 《宋史》卷三百四十《苏颂列传》:“皇祐五年,召试馆阁校勘,同知太常礼院。”又云:“迁集贤校理,编定书籍。颂在馆下九年,奉祖母及母,养姑姊妹与外族数十人,甘旨融怡,昏嫁以时。”邹浩《道乡集》卷三十九《故观文殿大学士苏公行状》:“嘉祐二年改集贤校理,编定集贤院书集。”嘉祐六年(1061)知颍州,至此在馆阁共九年时间。又《故观文殿大学士苏公行状》:“[熙宁]七年召还勾当三班院。是岁用郊祀恩,复集贤院学士,加护军。八年,出知应天府兼南京留守司事。”可知苏颂在集贤院学士任上仅一年时间。

③ 刘少泉《唐宋蜀刻版本述略》,《四川大学学报》(哲学社会科学版)1989 年第 4 期,第 104 ~ 109 页。

北宋建国以后所刻。所谓“集贤本”，当是集贤院校理编定的写本。其卷末所载前贤题识，可以从两个方面理解：一是，前贤鉴于《淮南子》许高二注长期并行流传，容易混淆，故明其区别，以防后人错乱；二是，前贤即为《淮南子》校定者，当时许高二注已经残缺，不得已互取有无，补为一书，故题写此语，明示后人。苏颂这篇序文表明，到宋仁宗后期，许高二注相杂一书的现象已经相当普遍，基本上不存在各自独立的完本了，其相杂的时间或许可由苏序写成之时上推近百年。

在苏颂之前，北宋类书《太平御览》和《事类赋》均存在大量引用许高二注的情况。《太平御览》开始编撰于太平兴国二年(977)，在太平兴国八年(983)成书。编撰队伍也比较庞大，包括李昉、李穆、汤悦、徐铉、张洎、李克勤等十几人。《御览》引用许高二注大致有明引和暗引两种方式：明引即标明引自某注；暗引即引用《淮南子》原文之后又附有注释，但不标明注者。明引者有的抄自唐代类书，如《初学记》卷一引《淮南子》“虎啸而谷风至”，下又引高注：“虎，阳兽，与风同类。”[①]根据《文选》李善注所引，这条注文本来应属许注，但《御览》卷九照抄为高注；有的不见于前代文献，当是编者自己从原书引出。暗引的情形就更加复杂，编撰者很有可能对一些奇字、难字加入了反切注音。但有一点可以完全肯定，《御览》中出现的不标明注者的注释，绝对是来自许注或高注，而非编者自注，因为这些不标明注者的注释有相当一部分与今存许注或高注相同。经过笔者详细比勘，《御览》所引注文除掉那些与今存许注八篇和高注十三篇相同的以外，还有许多与此二者不相同，并且遍及了《淮南子》二十一篇。这种情况说明，编撰者在当时肯定是见到了不曾缺

① 徐坚《初学记》，中华书局1962年版，第17页。

失的许注本和高注本。几乎同时编成的《事类赋》引用许高二注约有 40 例,其中明引仅 2 例,其余均为暗引,以“注”、“注云”、“注曰”标识。[①] 所引注文除去见于今本者,不见者则涉及《天文》、《地形》、《览冥》、《主术》、《缪称》、《齐俗》、《氾论》、《说林》、《泰族》等 9 篇,此亦可佐证上面的说法。但《御览》的编撰借助了前代文献,清人杨守敬即说:“余以为此书本于北齐《修文殿御览》及唐代《艺文类聚》、《文思博要》等书,而尤以《修文》为蓝本。”[②]那《御览》所引注文会不会全部是转引自这些书籍呢?可是《御览》引用《淮南子》本文及注释几达原书的 1/4,全部转录他书的可能性非常小,况且在《太平御览经史图书纲目》中也赫然列有《淮南子》一书。到苏颂这时,高注仅存十三篇,许注存十八篇,可知《御览》的编撰者见到的注本与苏颂所见本完全不同。由此也表明,自太平兴国八年(983)《御览》完稿至苏序写成最晚一年(1061)近百年间,许注和高注不但发生了散佚,而且相杂在同一书里。

在这百年间,究竟是什么使许高二注混而为一?《宋史·艺文志》有一段叙述应该引起注意:

> 宋初,有书万余卷。其后削平诸国,收其图籍,及下诏遣使购求散亡,三馆之书,稍复增益。……真宗时,命三馆写四部书二本,置禁中之龙图阁及后苑之太清楼,而玉宸殿、四门殿亦各有书万余卷。又以秘阁地隘,分内藏西库

---

① 此书由吴淑编撰并自注,于宋太宗淳化年间(990 ~ 994)进呈朝廷。统计是以文渊阁四库全书本为准。

② 杨守敬《日本访书志》卷十一,清光绪二十三年(1897)杨氏邻苏园刻本。《续修四库全书》第 930 册有影印本。

> 以广之,其右文之意,亦云至矣。已而王宫火,延及崇文、秘阁,书多煨烬。其仅存者,迁于右掖门外,谓之崇文外院,命重写书籍。选官详覆校勘,常以参知政事一人领之,书成,归于太清楼。①

崇文院作为北宋三馆总称,是全国图书的主要聚集之所,秘阁所藏皆属珍善本。这次王宫失火,延及崇文、秘阁,致使千方百计搜集到的万余卷书几乎毁于一旦。《宋史·王旦传》同样提到了这次火灾的严重后果,真宗感叹:“两朝所积,朕不妄费,一朝殆尽,诚可惜也。”②后来查明崇文院的火灾是由荣王宫火殃及。《宋史·真宗本纪》载,大中祥符八年(1015)夏四月壬申,荣王元俨宫中失火,并延及殿阁内库。此次宫廷大火,所藏《淮南子》很有可能未免于难,亦有可能被焚至残缺。当崇文院官员重写书籍时,只好取其有无,因而形成一种杂有许高二注的《淮南子》版本。这或许就是苏颂所指的“崇文旧书”、“集贤本”,集贤本卷末的前贤题载也有可能就是基于此种情况而写。

古时藏书一般分为官府和民间两类,而官府实际上主导了图书的流传,民间藏书亦主要集中在士大夫家庭。由于民间所藏图书多用于日常阅读,又缺乏保护意识,故而容易散亡。这样说来,即使民间藏有许高二注各自独立的完本,若干年后在官方许高二注相杂本的压迫下也会自然消亡。所以,苏颂所见的七个版本全部都杂乱就不足为奇了。当然,图书的存亡残缺也有自身种种偶然因素,难以探其规律。由于没有令人信服的证据,上述说法亦只能算是一种推

---

① 脱脱《宋史》,中华书局 1977 年版,第 5032 页。

② 脱脱《宋史》,中华书局 1977 年版,第 9546 页。

想。然而,许高二注相杂一书发生在《太平御览》开始编撰至苏序写成期间应是不争的事实。

目前,日本东京国立博物馆藏有所谓唐抄本《淮南鸿烈兵略间诂第廿》残卷,卷下题"高氏注",而注文与今本《兵略训》许注基本相同,这就对笔者的结论形成了严峻挑战。倘若此残卷真是唐代的抄本,那么无疑说明许高二注在唐代即已相混。但细审残卷,疑点重重,略有以下数端:①残卷文字是写在日本书法名作秋萩帖第二段纸以下各纸的背面。[①] 据传,第一段纸正面的书写者为小野道风(894~966),第二纸以下各纸正面的书写者为藤原行成(971~1027),也有人认为是平安时代后期(公元11~12世纪)的作品。显然,秋萩帖属连缀起来的书法帖,并非由一人书写完成,诞生时间是在五代、北宋以后。藤原行成等人将其翰墨挥洒在距离当时已有三四百年历史的唐钞本的背面,于情于理都说不通。②按照苏序中集贤本前贤题识的说法,开元十三年(725)以后的唐代《淮南子》注本,[②]若是许注本,卷首应题"间诂",其下标名"许慎记上";若是高注本,卷首应题"鸿烈解经",其下标名"高氏注"。但残卷卷首既题"间诂",下又标为"高氏注",明显不符合这一说法,反而与苏颂见到的混杂之本相合。[③] ③《淮南子》古传本不外乎二十一卷和二十八卷两大版本体系,而皆源出于宋代。《隋志》、新旧《唐志》均只录

① 据东京国立博物馆的描述,此帖乃彩笺墨书,大小24.0cm×842.4cm,纸背即有《淮南鸿烈兵略间诂第廿》残卷,编号B-2532。仅凭文字的书写风格,被认为是唐代7~8世纪的抄本。

② 唐开元十三年(725),丽正修书院改名集贤殿书院,通称集贤院。所谓集贤本,最早可以追溯到这个时期。

③ 苏颂《校淮南子题序》所谓或于"间诂"上云"高氏",而残卷于"高氏注"之下又题"兵略间诂",正与此同。

二十一卷本，但《兵略》篇残卷为第二十卷，按理此抄本总卷数应该会超出二十一卷，这似乎在唐代很难出现。当然，也应考虑篇目次数错乱的可能。苏颂所见本即有将《精神》篇与《人间》篇对调的现象，此正好说明残卷可能就是宋初的错乱版本之一。④假设残卷确属唐代真迹，那么许高二注在 7～8 世纪即杂于一书，此后的唐代学者不容不见到相杂之本，其引述《兵略》篇的注文时必定会出现张冠李戴的局面。然而，事实并未如此。《史记索隐》"斥候"下司马贞引许慎注《淮南子》云："斥度，候视也。"残卷作："斥，斥发，候视也。"[①]慧琳《一切经音义》卷八十四引许叔重注《淮南子》云："鬮鬮，鼓鼙声也。"残卷作："軡，鞁鞞声也。"排除讹误和假借字的因素，两者几乎类同，皆与今本许注相一致。若从残卷所题，这些注文应归属高诱，显然无法与司马贞、慧琳的引述相契合。基于上述种种疑点，笔者判断，日本所藏《淮南鸿烈兵略间诂》残卷不当是唐代 7～8 世纪的抄本，而可能是北宋时期（公元 10～12 世纪）的抄本，正与秋萩帖诞生的时间相吻合。如果这个判断正确，那么古残卷的存在不但不会动摇笔者的结论，反而会成为支撑笔者结论的一个最有力的文献依据。

对于许高二注何时相杂，前人也偶有提及。清人陆心源、叶德辉等一方面认为许高二注相杂大致发生在北宋之际；另一方面又提出不同看法，自相冲突。陆心源在《淮南子高许二注考》一文中先指出"至宋而高许二注相混"，后又推测"魏晋以后，因高书不全，遂以许书补之，犹范晔书无《志》，以司马彪补之也，故隋唐《志》皆云二

---

① 此注前有"发，有所发见"之句，疑引文中"发"字是涉此而误，当作"度"。

十一卷”。[①] 叶德辉亦是如此,先认为“唐人所见时许高二本尚未羼合”,[②]后又根据《蒙求注》所引许注提出异议:“按唐李瀚《蒙求注》引许慎曰‘庶贱之女,……冤结告天’,与今本高诱注同。盖许高二注混乱久矣。”[③]根据我们前面的论述,陆说显然站不住脚。至于叶德辉的说法,则有必要作出申辩。《蒙求》现存版本包括敦研本、[④]日本古钞本、[⑤]《佚存丛书》本、[⑥]徐子光本,[⑦]各本之间文字差异甚大。叶氏所引当出自《佚存》本,敦研本最近古,可惜不存此文。然今有一条文字,可以见出这四个版本的差异:

> 翟子悲丝,杨朱泣岐。《淮南子》曰:“翟墨子见练丝而泣之,为其可以黄可以黑。杨朱见歧路而泣哭之,为其可以南可以北。”高诱曰:“悯其别也。”[⑧](敦研本)
>
> 墨子悲丝,杨朱泣岐。《淮南子》曰:“墨子见练丝而

① 陆心源《仪顾堂集》卷二,清光绪戊戌年(1898)刻本。《续修四库全书》第1560册有影印本。

② 叶德辉《辑淮南鸿烈间诂序》,清光绪二十一年(1895)叶氏郎园刻本。

③ 叶德辉《淮南鸿烈间诂》卷上《览冥训》,清光绪二十一年(1895)叶氏郎园刻本。

④ 敦煌藏经洞先后发现三件《蒙求》:前两件现藏于法国国家图书馆,编号分别为p.2710和p.4877;后一件藏甘肃敦煌研究院,编号为敦研95号。

⑤ 杨守敬出访日本,得上卷《古钞蒙求》,以为唐宋间钞本。见《日本访书志》卷十一。

⑥ 为日本人林衡所辑。《丛书集成三编》第22册有影印本,题名《古本蒙求》。

⑦ 余嘉锡认为,《蒙求注》乃唐代宗朝(762~779)翰林学士李翰所作并自注,徐子光补注。见《四库提要辨正》,中华书局1980年版,第960~975页。《四库全书》所收的本子即是徐子光本。

⑧ 段文杰《甘肃藏敦煌文献》第一卷,甘肃人民出版社1999年版,第102页。

泣之,为其可以黄可以黑。杨朱见歧路而哭之,为其可以南可以北。"高诱曰:"悯其本同末异。"①(古抄本)

墨子悲丝,杨朱泣岐。《淮南子》:"墨子见练丝而泣之,为其可以黄可以黑。杨朱见歧路而哭之,为其可以南可以北。"②(《佚存》本)

墨子悲丝,杨朱泣岐。《淮南子》:"杨子见逵路而哭之,为其可以南可以北。墨子见练丝而泣之,为其可以黄可以墨。"高诱曰:"悯其本同而末异。"③(徐子光本)

从引述的高注看,仅敦研本同于今本《淮南子·说林训注》,其余删改严重。又《佚存》本引许注:"苍颉视鸟迹之文造书契,则诈伪萌生,天知其将饿,故雨粟;鬼恐为文书所刻,故夜哭。"④与今本《淮南子·本经训》高注近同。但几乎同时的文献《意林》引许注为:"苍颉,黄帝史臣也,造文字则诈伪生,故鬼哭也。"⑤可知《蒙求》此书在辗转抄刻之中发生了很大变异,因而不能作为许高二注在唐代即已相混的证据,叶说显然难以成立。近人吴承仕、马宗霍等均认为许高二注相混是发生在五代、北宋之间。吴承仕说:"《淮南》旧注有许高二家,自全宋以来已掍不可理。"⑥马宗霍也说:"《淮南

① 张丽娜《敦煌研究院藏李翰〈蒙求〉试解与日藏古抄本之比较》,《敦煌研究》2002年第5期,第91页。

② 《丛书集成三编》第22册,台北新文丰出版公司1997年版,第716页。

③ 《蒙求集注》,丛书集成初编本,商务印书馆1940年版,第9页。

④ 《古本蒙求》,《丛书集成三编》第22册,台北新文丰出版社公司1997年版,第737页。

⑤ 马总《意林》,《丛书集成新编》第10册,台北新文丰出版公司1985年版,第709页。

⑥ 吴承仕《淮南旧注校理·叙》,北京师范大学出版社1985年版。

子》旧有许慎、高诱二家注，书本分行，迨五季北宋之间始参乱，遂至掍而为一。"①二人以史志载录为据，虽不大违离事实，但未能探究其中是非曲直。

二、今本许高二注的区分及笔者补证

依照前文所论，许高二注相杂一书大概是发生在北宋最初的100年间。二注杂于一书后不久，即被供职集贤院的学者们发现。时任集贤校理的苏颂最早以序文形式描述了这一现象，并详细记录了他分辨许高二注的情形和结果。可惜的是，苏氏的成果既没有传播出去，也没有保留下来。自苏颂校理《淮南子》之时到19世纪中叶，近800年中，几乎所有学者对于许高二注相杂一书的事实仍然茫无所知。直到苏颂的《校淮南子题序》一文被重新发现，劳格、陆心源、陶方琦等清代学者才据此将相杂的许高二注分辨出来。覆盖在许高二注之上的千年阴霾最终得以清扫，许慎和高诱在九泉之下亦可以相视而笑了。

（一）清代学者对今本许高二注的区分

我们所指今本，其实是《淮南子》的传世古本，即北宋本和道藏本，它们成为后来一切版本的源头。有清一代，对《淮南子》的关注和研究超过了以往任何时期。根据严灵峰《周秦汉魏诸子知见书目》著录，研究《淮南子》的著述数量达到了惊人的102种，成果多是体现在文献考订、文字注疏等方面。其中许高二注重新被甄别，可以视为重大的研究成果之一，这主要由劳格、陆心源、陶方琦等人完成。他们区分许高二注最直接的依据，便是苏颂《校淮南子题序》

① 马宗霍《淮南旧注参正·序》，齐鲁书社1984年版。

中的一段记述：

> 臣某据文推次，颇见端绪。高注篇名皆有“故曰因以题篇”之语，其间奇字并载音读。许于篇下粗论大意，卷内或有假借用字，以“周”为“舟”，以“楯”为“循”，以“而”为“如”，以“恬”为“惔”，如此非一。又其详略不同，诚如《总目》之说。互相考正，去其重复，共得高注十三篇，许注十八篇。①

这是苏氏对七种不同版本中的《淮南子》注文所做的厘定，提供了分辨许高二注的四个关键特征：①高注的解题中均有“故曰因以题篇”字样，而且对于文中奇字均标举了音读。高诱所谓“悉载本文，并举音读”，②可为证明。②许注于每篇之下粗论全文大意，没有“故曰因以题篇”之语，而且文中多见假借字。③许高二注详略不一。根据苏氏见到的集贤本前贤题载，高注详于许注。④至宋仁宗朝，高注仅存十三篇，而许注也只存十八篇。此外，集贤本前贤题识所说的“许标其首皆曰‘间诂’，鸿烈之下谓之‘记上’”也成为另一个重要特征。今传北宋本刊于仁宗年间（1022～1064），③苏颂本人极有可能见到过这个本子。因此，清代学者依据上述五个特征来区分今本许高二注，具有难以撼动的准确性。而且，他们还把这个问题的研究推向深入。

劳格（1820～1864），字季言，仁和（今浙江杭州余杭区）人。在

---

① 苏颂《苏魏公文集》，中华书局 1988 年版，第 1008 页。

② 《淮南子·叙目》。

③ 确定其刊行时间是根据此书的避讳情况，详见本章第四节。

他死后十年，友人丁葆书搜其遗稿，得《读书杂识》十二卷，于光绪四年(1878)刊行，其中卷二收录了《淮南子许高二注》一文。其兄劳检为他作传时说："居丧，尽发先人所藏书遍读之，于是其学益邃矣。其平居阅书时，每置空册于案，间遇有疑义，辄笔诸上方。暇时翻阅诸书，互相考证，必至精审而后已。阅十余年，而其册已成巨帙。"①劳格的父亲劳经元约卒于道光二十九年(1849)前后，据此可知，劳氏作《淮南子许高二注》一文大约是在公元1849至1859年。劳格于此文中称：

> 格按，今道藏题"许慎记上"，与陈氏所见正同。据苏序，高注篇名皆有"因以题篇"之语，定正今本，知高注仅存十三篇。其《缪称》、《齐俗》、《道应》、《诠言》、《兵略》、《人间》、《泰族》、《要略》八篇注，皆无是句，又注文简约，与高注颇殊，与诸书所引许注相合，当是许注无疑。②

很显然，他是通过苏序来区分道藏本中相杂的许高二注。劳格重点考察了没有"因以题篇"字样的《缪称训》等八篇注，认为其文不但简约，而且"与诸书所引许注相合"。这些看法可以得到足够的文献支撑。观篇题皆有"因以题篇"之语的《原道训》等十三篇注文，不仅解释字词、名物、典章，还经常串讲文句大意，又时时引经据典，并对其间奇字怪字举以音读，故详细；而《缪称训》等9篇注文着

---

① 劳检《亡弟季言司训事略》，收录在《读书杂识》，清光绪四年(1878)月河精舍丛钞本。

② 劳格《读书杂识》卷二，清光绪四年月河精舍丛钞本。

重于解释字词、名物，较少串讲文句大意，且极少引经据典，故简约。[①] 若以陶方琦《淮南许注异同诂》辑出的许注来对照这八篇注文，很容易就发现两者相合的比例在90%以上，足证劳氏所言不虚。劳格是继苏颂之后第一个拨开这层迷雾的清代学者。

陆心源（1834～1894），字刚甫，归安（今浙江湖州）人。陆氏倾慕顾炎武之学，将其文集冠名为《仪顾堂集》。此书国家图书馆藏有八卷、十二卷、十六卷、二十卷四个版本，其中八卷本刊行最早，在同治五年（1866）以后[②]，二十卷本卷二载有《淮南子高许二注考》一文。陆心源撰著此文，要略晚于劳格作《淮南子许高二注》。其文曰：

> 余初读《淮南子》，颇怪《原道》、《俶真》、《天文》、《地形》、《时则》、《览冥》、《精神》、《本经》、《主术》、《氾论》、《说山》、《说林》、《修务》十三篇注，何以详且有句读？其余八篇注，何以略且无音读？截然如出两手。及读《苏魏公集》，且细绎高氏序，而千载之疑乃释。案《原道》、《俶真》、《天文》、《地形》、《时则》、《览冥》、《精神》、《本经》、《主术》、《氾论》、《说山》、《说林》、《修务》十三篇，每篇名注皆有"因以题篇"四字，注中载音读，如"滑读曰骨"、"哥读曰讴歌"之类甚夥，则此十三篇乃高注也。《缪称》、《齐俗》、《道应》、《诠言》、《兵略》、《人间》、《泰族》、《要略》

---

① 此中明显体现了许高二家注疏风格的不同，本书第二章、第三章、第四章的相关论述皆可见证。

② 张燕婴《陆心源〈仪顾堂集〉的版本》，《浙江大学学报》（人文社会科学版）2009年第1期，第149～151页。

> 八篇，篇下无“因以题篇”四字，注皆粗解大意，且无音读，则此八篇乃许注也。①

可知陆心源也是见到苏序之后，才最终解开他以前对《淮南子》注文的疑惑，其结论与劳格相同。除了考察有无“因以题篇”之语和两注详略不同外，陆心源更加强调二注有无音读这一特征。陆氏称其余八篇注无音读，说明他并未见过北宋本和道藏本，因为这两个本子仍存在少量音读。② 但注音方法与汉人不类，可能为后人添加。③ 若从音读这一特征看，高注十三篇与许注八篇确实如陆心源所说的“截然如出两手”。

陶方琦（1845～1884），字子珍，会稽（今浙江绍兴）人。《清史稿·文苑传》称扬他“治淮南王书，力以推究经训，蒐采许注，拾补高诱。再三属草，矻矻十年，实事求是”。④ 实际上，陶方琦致力《淮南子》研究二十载，尤其专注于搜罗许注，取得了丰硕的成果。他自言：“方琦校读《淮南》有年，曾为《许注异同诂》四卷、《许注存疑》二卷、《许注八篇征》四卷，又《淮南参正》二十余卷。”⑤其中《淮南许注异同诂》最见功力，撰成于同治辛未（1871），后又作《淮南许注异同诂补遗》和《淮南许注异同诂续补》各一卷。此书不但广辑许慎逸注，而且将其与高注相对照，以辨其异同，别为剖判，使许高二注之区分信而有征。陶方琦在此书自叙中详细记述了他分辨许高二

① 陆心源《仪顾堂集》卷二，清光绪戊戌年（1898）刻本。

② 其他版本如庄逵吉本、刘文典集解本已经将这八篇中的音读删除。

③ 详见本书第四章第二节的相关内容。

④ 赵尔巽《清史稿》，中华书局1977年版，第13441页。

⑤ 陶方琦《汉孳室文钞》卷二《淮南宋本道藏本校正序》，清光绪十八年（1892）徐氏铸学斋刻本。《续修四库全书》第1567册有影印本。

注的过程：

> 旧传道藏本有许注羼入，相沿累代，畴能厘析？尝疑《原道》以次十三篇多详，《缪称》以次八篇多略，详者当是许高注杂，略者必係一家之言，解故简埆，尤近许氏。后读宋《苏魏公文集》，内有《校淮南子题叙》。……此与方琦旧说相吻合。《原道》以次十三篇皆有“故曰因以题篇”字，高注本也。《缪称》以次八篇皆无“故曰因以题篇”等字，许注本也。遂取旧辑许氏逸注，比而勘之，《原道》以次十三篇许注与高注文义多异，《缪称》以次八篇许注与今注文义多同。其异者正见二注之并参，其同者益见许注之不谬。……方琦又读宋本《淮南》，其《缪称》篇题首有“淮南鸿烈间诂”，于《要略》篇亦题“间诂”二字。间诂，许注本也，知《缪称》至《要略》八篇，确为许注旧本无疑，而前人志别之苦心，不绝如缕矣。①

据此可知，陶方琦尽管早期就对道藏本的注文有所怀疑，但还是直到遇见苏颂的《校淮南子题序》，心中疑惑才完全释然。陶氏自称：“方琦于癸亥之岁侍宦闽中，从苏观察得其家刻《苏魏公集》，见其集中有《校淮南子题叙》一篇。”②这表明他是在同治二年（1863）读到苏序，由此而证实了过去的猜测。后来，陶方琦又从友人谭献

---

① 陶方琦《淮南许注异同诂·自叙》，清光绪七年（1881）刻本。《续修四库全书》第1121册有影印本。

② 陶方琦《汉孳室文钞》卷二《淮南许诂八篇征序》，清光绪十八年（1892）徐氏铸学斋刻本。

那里亲睹宋本《淮南子》,注意到《缪称》、《要略》两篇卷首均标有“间诂”字样,与苏颂所说若合符节。这就更加坚定了他关于辨别许高二注的判断。与陆心源一样,陶氏也发现了两注音读的差别,他说:“十三篇中音读最详,与高注《吕览》正合。八篇中音读甚鲜,注义又简,其为许诂无疑。”[①]若从区分二注的依据看,陶方琦并未比劳格、陆心源二人展示多少新的东西。但从区分的力度和方法看,陶方琦显然更加翔实和系统。另外,陶氏还提出了一个值得讨论的观点:即高注十三篇并非纯正,其中掺杂了少量许注。他认为高注中“有言某或作某者,有言一曰某某者,多为许说”。[②] 此说未必尽然,但许注掺入高注的现象是客观存在的。[③] 总之,陶方琦不愧是区分许高二注的集大成者,其《淮南许注异同诂》以无可争辩的事实证明了他的结论,故谭献赞其“独取宋苏氏之说,精为厘别,卓识博闻,旷世无两”。[④]

陶方琦之后,民国学者刘文典继续巩固了他们的成果。刘文典(1889~1958),字叔雅,安徽合肥人。他以专治《淮南子》、《庄子》而闻名学界,其《淮南鸿烈集解》成为轰动当时的学术名作。刘文典此书完全接受了陶方琦等人区分许高二注的观点,凡是属于许注篇目的,其下都加以标明,例如《缪称训》篇下:“文典谨按:此篇序目,无‘因以题篇’字,又宋本此篇与《要略》并题作‘淮南鸿烈间诂’,其

① 陶方琦《汉孳室文钞》卷二《淮南许诂八篇征序》,清光绪十八年(1892)徐氏铸学斋刻本。

② 陶方琦《淮南许注异同诂·自叙》,清光绪七年(1881)刻本。

③ 详见本节“今本许高二注互有羼入情况辨析”内容。

④ 《淮南许注异同诂·谭献跋》,何宁《淮南子集释》,中华书局1998年版,第1545页。

为许慎注本无疑。”[①]这样，一般读者也能通过阅读《淮南鸿烈集解》而了解许高二注混杂一书的事实。此即是广泛流布陶方琦等人的研究成果，贡献莫大焉。

（二）笔者的补证

清代学者区分许高二注，基本立足于苏颂的《校淮南子题序》，即从许、高两家的注疏风格和用语特征入手，诸如有无“因以题篇”之语、有无音读、注文是详细还是简略、篇题是“鸿烈解”还是“鸿烈间诂”，等等。这些证据无疑极具说服力，但均属于注文形式方面，没有延及注文的内容。笔者细审高注十三篇和许注八篇的内容，同时参照高诱的《吕氏春秋注》、《战国策注》和许慎的《说文解字》，发现仍有不少材料可以作为甄别二注的新证据，希望能够略补前贤之所阙。

古代史官叙事，为避免重复，常常使用互见法，如司马迁著《史记》、班固撰《汉书》多称“语在某某”。这种方法也被移用到了汉人的注疏著作之中。高诱就经常使用，他的《吕氏春秋注》多次称“说在某某”、“说见某某”、“已说在某某”[②]。《淮南子》不少篇目的注文也存在类似方法，姑且称为互见法。互见法有时用于避免不同篇目之间的重复，有时用于避免同一篇目内不同章节之间的重复。前者明显可以反映出各篇目相关注文的对应关系，从而判断这些篇目的注文是否为同一人所作。针对《淮南子》注文的互文现象及其对应关系，笔者作了如下考察：

1.《地形训》“六合之间”，注云：“六合，已说在《原道》。”查《原

---

① 刘文典《淮南鸿烈集解》，中华书局 1989 年版，第 318 页。

② 据笔者统计，称“说在某某”10 例，称“说见某某”2 例，称“已说在某某”1 例。

道训》,关于"六合"已有解释,①正相对应。

2.《览冥训》"阳燧取火于日,方诸取露于月",注云:"已说在上。"查前面的篇目,唯《天文训》中有相关解释,②正相对应。

3.《精神训》"人大怒破阴,大喜坠阳",注云:"已说在《原道》也。"查《原道训》,此文已有解释,③正相对应。

4.《主术训》"明堂之制,有盖而无四方,风雨不能袭,寒暑不能伤",注云:"已说在《本经》也。"查《本经训》,关于"明堂之制"说解甚详,④正相对应。

5.《氾论训》"苏秦,匹夫徒步之人也,……然不能自免于车裂之患",注云:"不自免于车裂之患,说在《诠言》之篇。"查《诠言训》,并无苏秦车裂的相关解说,⑤不能对应。

6.《氾论训》"宁戚之商歌",注云:"其歌曲在《道应》说也。"查

---

① 《原道训》"舒之幎于六合",注云:"孟春与孟秋为合,仲春与仲秋为合,季秋与季春为合,孟夏与孟冬为合,仲夏与仲冬为合,季夏与季冬为合,故曰六合,言满天地间也。一曰:四方上下为六合。"

② 《天文训》"阳燧见日则燃而为火",注云:"阳燧,金也。取金杯无缘者,熟摩令热,日中时以当日下,以艾承之,则燃得火也。"又此篇"方诸见月则津而为水",注云:"方诸,阴燧,大蛤也。熟磨令热,月盛时以向月下则水生,以铜盘受之,下水数滴。"

③ 《原道训》"人大怒破阴,大喜坠阳",注云:"怒者,阴气也。阴为坚冰,积阴相薄,故破阴。喜者,阳气。阳气升于上,积阳相薄,故曰阳坠也。"

④ 《本经训》"古者明堂之制,下之润湿弗能及,上之雾露弗能入,四方之风弗能袭",注云:"明堂,王者布政之堂。上圆下方,堂四出,各有左右房,谓之个,凡十二门。王者月居其房,告朔朝历,颁宣其令,谓之明堂。其中可以序昭穆,谓之太庙。其上可以望氛祥,书云物,谓之灵台。其外圆,似辟雍。诸侯之制半天子,谓之泮宫,《诗》云'矫矫虎臣,在泮献馘'是也。"

⑤ 《诠言训》"苏秦死于口",注云:"苏秦好说,为齐所杀。"又此篇"苏秦善说而亡",注云:"苏秦死于齐也。"皆非苏秦车裂之说。

《道应训》，并无宁戚所唱歌曲的任何说明，[1]不能对应。

7.《说山训》“汉出嶓冢”，注云：“已说在《地形》也。”查《地形训》，此文已有解释，[2]正相对应。

8.《说林训》“晋以垂棘之璧得虞虢”，注云：“说在《齐俗》篇也。”查《齐俗训》，并无这一历史事件的详细解释，[3]不能对应。

凭借这些考察，我们能够轻易地判断出《原道》、《天文》、《地形》、《览冥》、《精神》、《本经》、《主术》、《氾论》、《说山》、《说林》等十篇注确是一人所为，而《齐俗》、《道应》、《诠言》等三篇注则不与之同列。再者，《淮南子注》中使用的互见法与《吕氏春秋注》如出一辙。故知《原道》等十篇注文必为高诱之作，《齐俗》等三篇注文属许注无疑。这可以作为区分许高二注的一个本证。

《淮南子》成于众手，重复文句不在少数，互见法显然不能兼具。同时，训诂家又往往会具备一套自己常用的训义体系，故而同一释文重复出现也在所难免。这就为我们区分许高二注提供了另一条途径。笔者从今本《淮南子注》中把重复出现的释文辑出，罗列如下：

---

① 《道应训》“击牛角而疾商歌”，今本无注。而《吕氏·离俗览·举难》“宁戚饭牛……击牛角疾歌”，高注云：“歌《硕鼠》也。”可知高诱所说的歌曲乃《诗经·魏风》中《硕鼠》之篇。

② 《地形训》“汉出嶓冢”，注云：“嶓冢山，汉阳县西界，汉水所出，南入广汉，东南至雍州入江。”

③ 《齐俗训》“厘负羁之壶餐，愈于晋献公之垂棘”，注云：“献公以垂棘灭虞虢。”使用互见法，一般为避免详细注文的重复。该注太过简略，且没有对这一历史事件作出具体描述。《精神训》“虞君利垂棘之璧而擒其身”，注云：“晋大夫荀息谋于献公，以屈产之马、垂棘之璧假道于虞以伐虢。虞公贪璧、马，假晋道。既灭虢，还馆于虞，遂袭虞，灭之。”又《吕氏·慎大览·权勋》高注：“垂棘，美璧所出之地，因以为名也。”盖以此知《齐俗训》对应注文的大致面貌。

1. 原,本也*(原道、地形)[①];
2. 八极,八方之极也(原道、地形、精神、氾论);
3. 植,立也*(原道、俶真);
4. 塞,满也(原道、说林);
5. 施,用也(原道、修务);
6. 舒,散也(原道、本经);
7. 四方上下为六合*(原道、本经);
8. 四方上下曰宇,古往今来曰宙*(原道、天文、说山);
9. 章,明也*(原道、诠言);
10. 三光,日、月、星(原道、氾论);
11. 以,用也*(原道、俶真、修务);
12. 运,行也(原道、览冥);
13. 滞,止也(原道、时则);
14. 总,合(原道、精神、本经);
15. 五行,金、木、水、火、土也(原道、精神、本经);
16. 无父曰孤(原道、时则、修务);
17. 屈,竭也*(原道、精神);
18. 游,行也(原道、俶真、览冥、精神);
19. 沦,入也(原道、精神、本经);
20. 劲,强也*(原道、时则、说林);
21. 造化,天地也(原道、本经);
22. 损,减也*(原道、精神、本经);
23. 推,求也(原道、本经、主术);

① 注文右上方带*号,表示此文亦在高诱的《吕氏春秋注》中出现。括弧内表示所在篇目。以下皆同。

24. 物,事也*(原道、本经、修务);
25. 形,见也*(原道、俶真、览冥、主术、缪称);
26. 数,术也*(原道、主术、氾论);
27. 乌号,柘桑也(原道、俶真);
28. 事,治也*(原道、俶真、精神、主术);
29. 号,呼也(原道、说山);
30. 竞,逐也(原道、俶真);
31. 怀,来也(原道、缪称);①
32. 八风,八卦之风声也*(原道、俶真、天文);
33. 跖,足也(原道、氾论、修务);
34. 蛟,其皮有珠,世人以为刀剑之口是也(原道、说山);
35. 灭,没也*(原道、览冥);
36. 循,随也(原道、氾论、说山);
37. 为,治也*(原道、俶真、精神);
38. 已,止也*(原道、精神、修务);
39. 玄,天也(原道、览冥、本经、说山);
40.《传》曰肃慎、燕亳,吾北土也(原道、地形);
41. 眩,惑也(原道、精神、本经);
42. 当,合也*(原道、览冥、本经、氾论);
43. 感,动*(原道、天文、说山);
44. 应,和(原道、主术);
45. 徒,众也(原道、览冥);

---

① 《诗经·周颂·时迈》毛传云:"怀,来。"《诗经·齐风·南山》郑笺、《周礼·夏官司马》郑注皆云:"怀,来也。"《楚辞·天问》王逸注:"怀,来也。"可知这是当时常见的训义。

46. 伯玉,卫大夫蘧瑗也*(原道、主术、说山);
47. 发,动也(原道、缪称);
48. 流,行*(原道、时则、说山);
49. 测,尽也*(原道、主术);
50. 赡,足也*(原道、齐俗);①
51. 既,尽也(原道、俶真、精神);
52. 遁,逸也(原道、本经);
53. 鸿,大也*(原道、高叙、要略);
54. 纱,转也(原道、精神);
55. 要,约也*(原道、本经);
56. 勤,劳也*(原道、主术、氾论);
57. 实,财也(原道、本经);
58. 名,爵号之名也(原道、精神);
59. 非常曰观(原道、修务);
60. 理,道也*(原道、本经、主术、氾论、说林、修务);
61. 公,正*(原道、主术);
62. 一,齐也(原道、俶真);
63. 变,更也*(原道、本经);
64. 粹,纯*(原道、说山、说林);
65. 中,心也(原道、说山);
66. 辚,折(原道、本经);
67. 在小能小*(原道、氾论);
68. 在大能大*(原道、氾论);

---

① 《孟子·公孙丑上》赵岐注:"赡,足也。"《孔丛子·小尔雅·广言》:"赡,足也。"亦属常见训义。

69. 娆，烦娆也（原道、俶真）；
70. 遗，失也*（原道、主术、说山）；
71. 几，近也*（原道、说林）；
72. 云梦，在南郡华容也*（原道、地形）；
73. 夷，平也*（原道、本经、说林）；
74. 极，亦至也*（原道、说林）；
75. 管，箫也（原道、主术）；
76. 弦，琴瑟也（原道、主术）；
77. 营，惑*（原道、俶真、精神、本经）；
78. 许由，阳城人也*（原道、俶真、氾论）；
79. 耀，明也（原道、说山）；
80. 裔，边也（原道、览冥）；
81. 掉羽，羽舞（原道、本经）；
82. 武象，周武王之乐也（原道、本经）；
83. 深草曰薄（原道、俶真）；
84. 浸，渍也（原道、修务）；
85. 宗，本*（原道、天文、时则、览冥、精神、主术、说山）；
86. 康，安也*（原道、主术）；
87. 贞虫，细要之属也（原道、地形、说山）；
88. 蹪，蹶也（原道、人间、修务）；
89. 知，犹觉也*（原道、修务）；
90. 逾，益也*（原道、主术）；
91. 亟，疾也*（原道、主术）；
92. 畅，达也（俶真、说林）；
93. 循，顺也（俶真、本经）；
94. 大冥之中谓道也（俶真、本经）；

95. 趋，走*（俶真、修务）；

96. 代，更也*（俶真、地形）；

97. 鼓，击也*（俶真、地形）；

98. 熙，戏也（俶真、地形、说山、人间、修务）；①

99. 尤，过也（俶真、说山）；

100. 光，明也（俶真、本经）；

101. 滑，乱（俶真、精神）；

102. 和，适也（俶真、精神）；

103. 设，施也（俶真、本经、修务）；

104. 芦，苇也（俶真、览冥）；

105. 道贵无形（俶真、主术）；

106. 晓，明也（俶真、修务）；

107. 载，行也（俶真、说山）；

108. 钧，等*（俶真、时则、缪称）；②

109. 越，散也（俶真、主术）；

110. 风，化也*（俶真、本经、主术）；

111. 委，弃也（俶真、精神）；

112. 离，去也（俶真、主术）；

113. 烦，多也（俶真、主术、缪称）；

114. 领，理也（俶真、本经）；

115. 袭，因也（俶真、氾论）；

116. 杂，糅（俶真、本经）；

---

① “熙”与“嬉”通。慧琳《一切经音义》卷八十八引《苍颉篇》：“嬉，戏也。”当是古之常义。

② 《礼记·投壶》郑玄注：“钧，犹等也。”亦为常见训义。

117. 沫,雨潦上沫起覆瓯也(俶真、说山);
118. 翣,扇也*(俶真、说林);
119. 极,至(俶真、主术);
120. 察,见*(俶真、修务);
121. 肆,极也*(俶真、本经、修务);
122. 精,气也(天文、氾论);
123. 薄,迫也*(天文、精神、本经);
124. 减,少也(天文、精神);
125. 坠,陨也*(天文、兵略);①
126. 食心曰螟*(天文、时则);
127. 赤地,旱也(天文、览冥);
128. 五星,岁星、荧惑、镇星、太白、辰星也(天文、精神、本经);
129. 角,木也*(天文、时则);
130. 黄帝,少典之子也,以土德王天下,号曰轩辕氏,死托于中央之帝*(天文、时则);
131. 宫,土*(天文、时则);
132. 商,金也*(天文、时则);
133. 颛顼,黄帝之孙,以水德王天下,号曰高阳氏,死托祀北方之帝也*(天文、时则);
134. 司空,主土*(天文、时则);
135. 谷不熟为饥也*(天文、说林);
136. 绳,直*(天文、本经);
137. 半夏,药草*(天文、时则);

① 《诗经·豳风·七月》毛传:"陨,坠也。"《楚辞·离骚》王逸注同。亦是常见训义。

138. 阴应于阳,转成其功,万物应时聚藏,故曰应钟*(天文、时则);

139. 阴气上升,阳气下降,万物随阳而藏,无有射出见也,故曰无射*(天文、时则);

140. 夷,伤。则,法也。言阳衰阴发,万物雕伤,应法成性,故曰夷则也(天文、时则);

141. 阳在外,阴在中,所以吕中于阳,助成功也,故曰仲吕也*(天文、时则);

142. 姑,故也。洗,新也。阳气养生,去故就新,故曰姑洗也*(天文、时则);

143. 济,止(天文、时则、览冥);

144. 万物去阴,夹阳地而生,故曰夹钟也(天文、时则);

145. 阴衰阳发,万物蔟地而生,故曰太蔟也(天文、时则);

146. 十,从甲至癸(天文、地形);

147. 登,成也*(天文、主术);

148. 荒,大也(天文、说林);

149. 掩,蔽(天文、氾论);

150. 滔,大(地形、精神);

151. 增,重也(地形、览冥);

152. 绝,犹过也(地形、时则、主术);

153. 纯,缘也(地形、本经);

154. 珠,阴中之阳(地形、说山);

155. 玉,阳中之阴也(地形、说山);

156. 介,甲,龟鳖之属也*(地形、时则、说山);

157. 菽,豆也*(地形、主术);

158. 修,长也*(地形、说林、修务);

159. 三危，西极之山名也*（地形、主术、修务）；
160. 振，动（时则、本经）；
161. 服，佩也*（时则、说山）；
162. 人神曰鬼*（时则、精神）；
163. 天神曰神*（时则、精神）；
164. 麋子曰夭，鹿子曰麛（时则、主术）；
165. 百二十斤为石*（时则、说林）；
166. 更，代也*（时则、兵略）①；
167. 不荣而实曰秀*（时则、本经）；
168. 马五尺以下曰驹也（时则、修务）；
169. 干，盾也。戚，斧也*（时则、汜论）；
170. 有核曰果，无核曰蓏*（时则、主术）；
171. 心，土也（时则、精神）；
172. 白与黑为黼，青与赤为黻*（时则、主术、说林）；
173. 枉，曲也（时则、本经、汜论）；
174. 挠，弱也（时则、说山、修务）；
175. 反，还*（时则、主术）；
176. 御，止也*（时则、汜论）；
177. 遂，成也*（时则、汜论、修务）；
178. 虚，北方玄武之宿（时则、主术）；
179. 玺，印也*（时则、齐俗）；
180. 贯，通也（时则、主术）；

① 《楚辞·九章·悲回风》王逸注："更，代也。"《说文·人部》："代，更也。"《周礼·夏官·挈壶氏》郑玄注："代，亦更也。"是常见训义。

181. 自，从也*①（时则、缪称、修务）；

182. 赢，长也。缩，短也（时则、本经）；

183. 绳，正*（时则、主术）；

184. 阳侯，陵阳国侯也（览冥、氾论）；

185. 武，士也（览冥、修务）；

186. 七尺曰仞*（览冥、说林）；

187. 将，送②（览冥、诠言）；

188. 素，白也（览冥、说山）；

189. 扶风，疾风也（览冥、修务）；

190. 一，同也*（览冥、精神、本经、说山、说林、修务）；

191. 怀，思也（览冥、主术）；

192. 甲，铠也*③（览冥、人间）；

193. 在车曰士，步曰卒*（览冥、本经、修务）；

194. 虐，害（览冥、氾论、修务）；

195. 息，止④（精神、诠言）；

196. 识，知也*（精神、本经）；

197. 性，生也（精神、主术）；

198. 业，事也*（精神、主术、氾论）；

---

① 《老子》二十一章河上公注："自，从也。"《礼记·王制》郑玄注同。亦是常义。

② 《诗经·召南·鹊巢》毛传："将，送也。"《公羊传·文公十五年》何休注、《周礼·天官·小宰》郑玄注同。属古之常训。

③ 《尚书·说命中》孔安国传、《诗经·郑风·叔于田序》郑玄笺、《公羊春秋·成公元年》何休注同。亦属常训无疑。

④ 《诗经·唐风·葛生》、《诗经·曹风·蜉蝣》、《诗经·大雅·民劳》毛传皆云："息，止也。"当是常见训义。

199. 炀，炙也(精神、齐俗)；
200. 充，实*(精神、主术)；
201. 齐，等*(精神、修务)；
202. 加木曰榭(精神、本经)；
203. 在男曰觋，在女曰巫(精神、说山)；
204. 征，应也*(精神、修务)；
205. 赣，赐也(精神、主术、要略)；
206. 竭，尽*(精神、本经、说林、修务)；
207. 纵，放也(精神、汜论)；
208. 肆，缓也(精神、本经)；
209. 太一，天之形神也(精神、本经)；
210. 经，常也(本经、汜论)；
211. 质，性也(本经、说林)；
212. 动，行也(本经、说山)；
213. 便，利也*(本经、说林)；
214. 符，验也(本经、修务)；
215. 殊，异也*(本经、主术、修务)；
216. 沮，败也(本经、修务)；
217. 愈，益也*(本经、说山、说林)；
218. 倕，尧之巧工也*(本经、说山)；
219. 或，有也*(本经、说林)；
220. 龙舟，大舟也(本经、修务)；
221. 南巢，今庐江巢县是也(本经、修务)；
222. 表，正也(本经、主术)；
223. 私，邪也*(本经、主术)；
224. 矜，自大也(本经、汜论)；

225. 流，放也*（本经、说山）；

226. 拂，戾也（本经、主术）；

227. 兕，兽名（本经、说山）；

228. 处，居也*（本经、氾论）；

229. 贼，败也（主术、说林）；

230. 考，成[①]（主术、人间）；

231. 楚人谓之倮（主术、说山、说林）；

232. 诚，实*（主术、说林）；

233. 权，谋（主术、氾论）；

234. 蒙，冒也（主术、氾论、修务）；

235. 君所谓可臣亦曰可，君所谓否臣亦曰否（主术、说山）；

236. 推，行（主术、说山）；

237. 察，明也*（主术、修务）；

238. 匮，乏[②]（主术、要略）；

239. 大路，上路（主术、氾论）；

240. 怀，归也（主术、氾论）；

241. 鉴，镜也[③]（主术、诠言、修务）；

242. 资，用也*（主术、氾论）；

243. 举，用*（主术、氾论）；

244. 孟贲，勇士也（主术、说林）；

245. 忤，逆（主术、氾论）；

---

① 《诗经·卫风·考槃》毛传："考，成也。"《尚书·洪范》郑玄注、《公羊传·隐公五年》何休注皆同。属常见训义。

② 《礼记·坊记》郑玄注："匮，乏也。"又《礼记·月令》郑玄注："匮，亦乏也。"应属常训。

③ 《周礼·考工记·辀人》郑玄注："鉴，亦镜也。"应属常义。

246. 尊，酒器也（缪称、诠言）；

247. 羸，劣（缪称、诠言）；

248. 逾，越（缪称、道应）；

249. 防，堤*①（齐俗、修务）；

250. 密子，子贱者也（齐俗、道应）；

251. 先轸，晋大夫也（道应、人间）；

252. 复，白*②（氾论、人间）；

253. 体，行*（氾论、修务）；

254. 磬，石也*（氾论、说山）；

255. 尾生，鲁人，与妇人期于梁下（氾论、说山）；

256. 訾，毁也*（氾论、说林）；

257. 殚，尽（说山、说林）；

258. 庆忌，吴王僚之子也*（说山、说林）；

259. 跖，至（说山、齐俗、说林）；

260. 黂，麻之有实者（说山、说林）；

261. 芳，香（说山、说林）；

262. 顾，反*（说山、说林）；

263. 蹝，履（说山、说林、修务）；

264. 郢，楚都*（说山、修务）；

265. 礛诸，治玉之石（说林、修务）；

266. 奉，助也（说林、修务）；

---

① 《说文·𨸏部》："防，隄也。"《周礼·地官·稻人》郑玄注："防，豬旁隄也。"当属古之常训。

② 《孟子·梁惠王上》赵岐注："复，白也。"《礼记·曲礼上》郑玄注同。亦属古之常训。

267. 堕，废也（说林、修务）；
268. 辍，止*（说林、修务）；
269. 澄，清也（泰族、要略）；
270. 霔读翟氏之翟（原道、俶真）；
271. 霄读绡绡之绡（原道、俶真）；
272. 距读距守之距也（原道、本经）；
273. 粹读祸祟之祟也（原道、时则）；
274. 蚑读车蚑辙之蚑（俶真、修务）；
275. 剞读技尺之技（俶真、本经）；
276. 炀读供养之养也（俶真、精神）；
277. 苑读南阳之宛也（俶真、本经）；
278. 劂读诗蹶角之蹶也（俶真、本经）；
279. 螫读解释之释（俶真、说山）；
280. 镂读娄数之娄（俶真、本经）；
281. 洞读挺挏之挏（天文、氾论）；
282. 垆读纑绳之纑也（地形、览冥）；
283. 樊读如麦饭之饭（地形、精神）；
284. 渔读论语之语*（时则、说林）；
285. 歙读胁也（精神、本经）；
286. 蠯读传曰有蜚不为灾之蜚（说山、说林）；
287. 嫫读模范之模（说山、修务）；
288. 磏读廉氏之廉（说林、修务）。

依靠上面的材料，我们可以通过数据统计来说明问题。全书共有 288 条不同的释文被重复使用，《原道训》从中使用 95 条，《俶真训》54 条，《天文训》33 条，《地形训》21 条，《时则训》50 条，《览冥训》25 条，《精神训》45 条，《本经训》69 条，《主术训》60 条，《氾论训》38 条,《说山训》47 条,《说林训》40 条,《修务训》50 条,《缪称训》9 条,《齐俗训》6 条,《道应训》3 条,《诠言训》6 条,《兵略训》2 条,《人间训》6 条,《泰族训》1 条,《要略》4 条。由此可以看出明显的两极分化,高注十三篇重复出现同一释文的总数达 627 条,[①]平均每篇约有 48 条注释与其他篇目相同,而许注八篇仅有 37 条,平均每篇仅有 4 条与其他篇目相同。并且,这 288 条被重复使用的释文中,有 268 条在高注篇目之间展开,占 93.1%;仅有 6 条在许注篇目之间展开,占 2.1%;另有 14 条在许慎、高诱所注篇目之间展开,占 4.8%。再考许高二注这 14 条相同的释文,绝大部分属于古之常训,其中有 7 条就在《吕氏春秋》高注中出现过。[②] 上述数据充分说明,在释文重复使用方面,高注十三篇与许注八篇也是泾渭分明的,高诱注书形成了一套常用和稳定的训义体系,许慎则要相对薄弱许多。倘若再考察许注八篇与高注十三篇中有关相同文句的解释,两者绝大多数存在差异。[③] 这些无疑可以视为区分许高二注的又一本证。

除了本证之外,我们还能从《吕氏春秋注》、《战国策注》、《说文解字》找到区分许高二注的许多旁证。仅以前面所列重复释文为例,其中就有 119 条也同样出现在高诱的《吕氏春秋注》中,占了

---

① 除了重复使用同一释文外,这十三篇中还大量出现相似的释文,如《精神训》“其魄不抑,其魂不腾”,高注:“魄,阴神。魂,阳神。”《说山训》“魄问于魂”,高注:“魄,人阴神也。魂,人阳神也。”两注实为同一。诸如此类,不可遍举。

② 如《吕氏·审分览·勿躬》高注:“章,明也。”与《诠言训》许注同。《孟冬纪·异用》篇高注:“坠,陨也。”与《兵略训》许注同。《离俗览·高义》篇高注:“复,白也。”与《人间训》许注同。

③ 详见本书第四章第三节。

41.2%，而无一例是来自许注八篇之间的重复释文。这不仅有力地说明了高诱注解《吕氏春秋》时大量借鉴《淮南子注》的成果，而且表明高注十三篇与许注八篇确属两个不同的训义体系。就连残存的《战国策注》也能找出与高注十三篇相合之处。例如，高诱注《战国策》引《左传》曰："天生五材，民并用之，废一不可，谁能去兵？兵之设久矣。圣人以兴，乱人以废，废兴存亡，皆兵之由也。"①此文并见于《本经训》高注。若将许注八篇与《说文解字》相比照，同样能够发现许多千丝万缕的联系。②

总之，清代学者把同存一书的许高二注分辨出来，得高注十三篇，许注八篇，完全合乎历史事实。这一成果在《淮南子》研究史上具有里程碑的意义。虽然首先由苏颂开启，但其后200年，宋人对此仍浑然不分，如《事物纪原》、《靖康缃素杂记》、《楚辞补注》、《渔隐丛话》、《东坡诗集注》、《尔雅翼》、《韩集举正》、《容斋随笔》、《六书故》、《玉海》等书称引许高二注时均显得混乱不堪，③多夺"高"属"许"。元明以来，这种状况也没有得到改观。明弘治年间(1488～

① 刘向辑录《战国策》，上海古籍出版社1985年版，第85页。

② 详见本书第二章第四节。

③ 高承为宋神宗元丰(1078～1085)中人，其《事物纪原》亦当成书于此间。黄朝英生卒年不详，宋哲宗绍圣(1094～1098)后举子，其《靖康缃素杂记》应成于两宋之交。洪兴祖(1090～1155)，其《楚辞补注》成于南宋初期。胡仔(1110～1170)，其《渔隐丛话》成于1148年。《东坡诗集注》旧题王十朋(1112～1171)，大概成于宋孝宗之时。罗愿(1136～1184)，其《尔雅翼》成于1174年。方崧卿(1135～1194)，其《韩集举正》刊于1189年。洪迈(1123～1202)，其《容斋随笔》最后成于1202年。戴侗生卒年不详，淳祐元年(1241)中进士，其《六书故》约成于南宋末年。王应麟(1223～1296)，其《玉海》当成于宋末元初之际。这些著作在引用许高二注时经常张冠李戴，如《东坡诗集注》卷十一所谓许慎《淮南鸿烈解序》"安与苏飞、李尚、左吴"云云，显然出自高序，表明200年来宋代学者对许高二注相杂一书终未觉晓。

1505)，芦泉人刘绩开始重新审视注书者，认为许慎并没有注解《淮南子》。刘氏不知道许高二注混同一书的事实，干脆否定许注，从而走向夺“许”属“高”的另一极端。进入清代，在相当长的一段时期内学者对于许高二注的相杂依然懵懂不清。顾炎武因为不了解两注杂合一书的真相，所以对高诱注解“桃棓”感到迷惑。[①] 即使王念孙也未能完全洞悉这一真相，其《读书杂志》就把注者统归为高诱。唯庄逵吉对此有远见卓识，他指出：“公武谓许注题‘记上’，陈振孙谓今本皆云许注，而详叙文即是高诱。逵吉以为，此乃后人误合两家为一，故溷而不分也。”[②]在没有见到苏颂《校淮南子题序》的前提下能有这样的认识，确属可贵。直至中叶以后，陶方琦等人才最终完成对许高二注的区分。千年疑虑，一朝豁然，他们自是兴奋异常，并且希望后人能够以确信的姿态传递这一成果。陶方琦动情地说：“千古沉惑，重相剖晰，所望同志，信以传信。”[③]陆心源也直言：“后有校正《淮南子》者，于《缪称》八篇宜题曰‘许慎记上’，于《原道》等十三篇宜题曰‘高诱注’，斯乃高、许之功臣矣。”[④]然而，一个多世纪过去了，许高二注的相杂和区分却不为当今学者所熟知。流传甚广的《故训汇纂》、《汉语大字典》等大型辞书引用《淮南子》注文皆称高诱注。这种做法值得商榷，对《缪称》等八篇注文不可径直标为高注，否则将贻误后学。许高二注的重新剖判，纠正了明清以来认

① 《日知录》卷二十七：“《淮南子·诠言训》‘羿死于棓’，注云：‘棓，大杖，以桃木为之，以击杀羿。自是以来鬼畏桃也。’《说山训》‘羿死桃部不给射’，注云：‘桃部，地名。’按‘部’即‘棓’字，一人注书而前往不同若此。”

② 刘文典《淮南鸿烈集解·庄序》，中华书局1989年版。

③ 陶方琦《淮南许注异同诂·自叙》，清光绪七年(1881)刻本。

④ 陆心源《仪顾堂集》卷二《淮南子高许二注考》，清光绪戊戌年(1898)刻本。

为高注全而许注佚的定式看法。许注八篇的发现也为进一步研究许慎这位大学者补充了新的材料,万不可忽而不置。

三、今本许高二注互有羼入情况辨析

今本《淮南子》许高二注不但相杂在一起,而且脱文、讹误、窜乱、羼入的情况时有出现,尤其是羼入这一情况,微妙难识。在二注未区分之前,王念孙、王引之、钱塘等学者以为后人把部分许注移植到了高注二十一篇之中,遂造成一种许注羼入高注的注本。陶方琦一方面坚信自己对许高二注的区分;另一方面又认为高注十三篇羼入了许注,而许注八篇完全没有高注羼入。今人于大成则进一步指出,八篇许注中也可能羼入了少量高注。由此言之,今本《淮南子》就存在许高二注互有羼入的现象。然而,在笔者看来,他们过分夸大了这种现象。下面将逐次作出辨析。

王念孙父子是清代朴学的代表人物,校理《淮南子》十分精当,后之学者难以企及。由于没有见到苏颂的《校淮南子题序》,他们相信许注已经失传,而高注独存。王念孙说:"《淮南内篇》旧有许氏、高氏注,其存于今者则高注,非许注也。"①随着研治的深入,王念孙发现所存高注中附入了许注:"自唐以前诸书所引许注,有与今本同者,乃后人取许注附入,非高氏原文也。"②王引之同意其父的说法,他在校正"四守"一条时认为:"《初学记》、《太平御览》并引许慎注曰'四守,紫宫、轩辕、咸池、天阿也',然则此乃许注,后人移入高本,而前后遂相矛盾矣。"③王念孙又说:"凡注内称'一曰'云云者,多係

① 王念孙《读书杂志》,江苏古籍出版社1985年版,第962页。

② 王念孙《读书杂志》,江苏古籍出版社1985年版,第962页。

③ 王念孙《读书杂志》,江苏古籍出版社1985年版,第784页。

许注,则其为后人附入可知。"[①]把高注中的"一曰"之说基本视为后人移入的许注。据统计,《淮南子》注文以"一曰"、"一说"、"或曰"、"或说"等术语来表述另一种说法,共出现133例,几乎全部集中在高注十三篇。[②] 若如王氏所言,那为何后人在其他八篇中移入的许注怎么会如此之少?依笔者看,由于许慎首次为《淮南子》作注,无他人成果可借鉴,使用"一曰"、"一说"等术语自然很少,而高诱之时,许慎、马融等人皆有《淮南子注》传世,高氏采纳良多,所以就频繁地使用这类术语。细绎王念孙所谓"后人",应是指唐代以后的人。然《玉烛宝典》引《时则训》高注曰:"季夏,中央也。剑有两刃,谕无所主也。一曰:谕无所不主,皆主人也。"[③]与今本高注完全相同,说明高注中"一曰"之说者并非后人移植,绝大部分仍可以肯定是高注原文。因此,王氏认为高注中"一曰"之说多是后人移入的许注不符合客观事实。

钱塘也是乾嘉时期著名的学者,精通音韵、文字、律吕、天文之学,因不满高注简略而撰《淮南天文训补注》三卷。[④] 对于高注中杂有许注,钱塘的看法与王氏父子近似,不同的是他确定为宋人羼入:

> 观陈氏《书录解题》有曰"既题许慎记上,而序文则用高诱",然则许注既佚,宋人以其零落仅存者羼入高注,遂

① 王念孙《读书杂志》,江苏古籍出版社1985年版,第962页。

② 许注八篇中,仅《缪称》、《道应》两篇以"一曰"形式出现4例,《兵略》、《人间》两篇以"或曰"形式出现3例。

③ 杜台卿《玉烛宝典》卷六《六月季夏》,清光绪十年(1884)黎庶昌日本东京使署刻《古逸丛书》本。《续修四库全书》第885册有影印本。

④ 钱塘于此书自序中称:"其注亦遂简略,盖此篇决出于诱之所注,而诱于术数未谙,遂不能详其义耳。"不满之意溢于言表。

> 题许慎之名，而其未羼入者，仍名高注可知也。要其冠以高诱之序，则高注为多矣。今世传高氏训解，已非全书，而明正统十年道藏刊本，首有高诱之序，内则题“太尉祭酒臣许慎记上”，一如陈氏所云，是即宋时羼入之本，以校高注，增多十三四，其间当有许注也。[①]

钱塘所谓“世传高氏训解”，即当时的俗本，注文被刊行者随意删削。与之相较，道藏本当然会多出三四成，并非是宋人羼入许注所致。虽然他认为高注中已有羼入的许注，但并未揭示许高二注混同一书的真相。

继王念孙、钱塘之后，陶方琦对高注羼有许注这一情况作了更为集中而具体的考察。由于能够将杂于一书的许高二注区分开来，陶方琦在判断某注文是否为羼入时就显得很有针对性了。通过十几年的积累和研究，陶方琦认定高注十三篇必定羼入了许注，许注八篇则纯正不杂。他说：“高注篇内必杂附许氏残注，故宋本及道藏本并题为汉太尉祭酒许慎记上，而《缪称》以下八篇全无高注，斯尽存许氏残说，故注独简质，并无‘故曰因以题篇’等字。”[②]陶方琦同意王氏父子关于高注“一曰”之说多为许注的观点，亦称“有言一曰某某者，多为许说”，[③]只是没有明确表示由后人羼入所致。陶氏又注意到高注中存在不少校勘之语，以为“高注中云某或作某者多是许本，虽为后人校别之处，亦许高注文之异也”，[④]意谓“某或作某”

① 钱塘《淮南天文训补注·自序》，清道光八年(1828)刻本。《续修四库全书》第1121册有影印本。

② 陶方琦《淮南许注异同诂·自叙》，清光绪七年(1881)刻本。

③ 同上。

④ 陶方琦《淮南许注异同诂》卷一《原道训》，清光绪七年刻本。

之文乃后人参照许本所做的校补,并添加到高注中。这一认识严重失实。考今本《淮南子》,注文共出现“某或作某”之文约66例,全部来自高注十三篇,许注八篇无一例。再考《吕氏春秋》高注,也频繁出现“某或作某”之文,约26例。两者还有1例重合,《时则训》高注云:“井或作行。行,门内地。冬守在内,故祀也。”《吕氏·孟冬纪·十月纪》高注亦云:“行,门内地也,冬守在内,故祀之。行或作井。”①只是将“井”与“行”的位置互换了一下,意思完全一样。这足以说明“某或作某”乃高诱一贯的注释风格,他一方面为原文作注,另一方面又对原文做了精心的校勘。因此,“某或作某”者应是高诱自己依据其他版本所做的校勘,并非陶方琦所说的“后人校别之处”。

对于许注羼入高注的现象,陶方琦不只是从整体上加以考察,同时也具体到个案的层面。他通过比照许慎逸注与原书注文,指出今本高注中存在近30条羼入的许注:

1. 八尺曰仞。陶氏云:“今在高注中,乃许注羼入之故也。《览冥训》高注云‘百仞,七百尺也’,又《说林训》高注云‘七尺曰仞。……’此云八尺,乃许义也。《说文》‘仞’字下云‘伸臂一寻八尺’,知许君注《淮南》说必同。”(《淮南许注异同诂》卷一《原道训》)

2. 魏阙,王者门外阙也,所以县教象之书于象魏也。巍巍高大,故曰魏阙。陶氏云:“高注前一说,《文选注》所引许注相同,当是许说羼入高注。……且高注内作两说,多係许高之异。”(《淮南许注异同诂》卷一《俶真训》)

3. 效,见。陶氏云:“此许注羼入高注中者,故同。”(《淮南许注

① 本书所引《吕氏春秋》正文及高注均出自陈奇猷《吕氏春秋新校释》,上海古籍出版社2002年版。

异同诂》卷二《天文训》）

4. 四宫，紫宫、轩辕、咸池、天阿。陶氏云："王氏《淮南杂志》曰'……矛盾若此，盖后人以许注羼入高注中，遂至于此'，王说是也。"（同上）

5. 纮，维也。陶氏云："此许高并用旧训，故同，或即羼入之说。"（《淮南许注异同诂》卷二《地形训》）

6. 汤遭旱，作土龙以象龙，云从龙，故致雨也。陶氏云："此亦疑许说羼入高注本，故同。"（同上）

7. 在木曰果，在地曰蓏。陶氏云："当是许注羼入高注中，不然高注《地形》与注《时则》，一人之注何先后歧说也？"（《淮南许注异同诂》卷二《时则训》）

8. 东风，木风也。酒湛，清酒也。米物下湛，故曰湛。木味酸，酸风入酒，故酒酢而湛者沸溢，物类相感也。陶氏云："《太平广记》引许注后又引高注云'酒汎，为米麫麹之汎者，风至而沸动'，此乃高注，故与许注文异。益知今高注本中羼入许注不少，惜无明证厘出之也。"（《淮南许注异同诂》卷二《览冥训》）

9. 运者，军也，将有军事相围守，则月运出也。以芦草灰随牖下月光中，令圜画缺其一面，则月运亦阙于上也。陶氏云："'运者，军也'以下，或即许注羼入高注中者。"（同上）

10. 飞黄，乘黄也，出西方，状如狐，背上有角，寿千岁。陶氏云："《占经》引皆许注，虽高注多同，或即羼入之义也。"（同上）

11. 洿水，犹澮水也。陶氏云："此高承许说，或即羼入之许注。"（《淮南许注异同诂》卷三《精神训》）

12. 蛩，蝉，蚈蠓之属也。陶氏云："高注'蛩蝉'下'蠛蠓之属'四字乃许注羼入。"（《淮南许注异同诂》卷三《本经训》）

13. 大风，风伯也，能坏人屋舍。陶氏云："此许注羼入高注本者。高注当作'大风,鸷鸟也',《御览》九百二十七引《淮南注》曰:'大风,鸷鸟也,在东方。一云:大风,风伯也。'今本高注当有脱文,所谓一曰乃许说也。"(同上)

14.(芒烦纷挐)皆屋饰也。陶氏云:"疑即许氏旧注羼入。"(同上)

15. 天子不灭国,诸侯不灭同姓,古之政也。陶氏云:"此许注羼入高注中者。"(同上)

16. 堁,尘塺也,楚人谓之堁。陶氏云:"此许注羼入高注本者,《说文》'塺,尘也'。"(《淮南许注异同诂》卷三《主术训》)

17. 言甚易也。陶氏云:"此许注羼入高注本者,'其'即'甚'字之讹。"(同上)

18. 商容,殷之贤人,老子师,故表显其里。陶氏云:"此许注羼入高注中,故同。"(同上)

19. 要裦,马名也,日行万里。陶氏云:"《原道训》'驷要裦'注亦当是许注羼入高注者。"(《淮南许注异同诂》卷三《齐俗篇》)

20. 夜光之珠,有似月光,故曰明月。陶氏云:"此许注羼入高注本者,故同。"(《淮南许注异同诂》卷四《氾论训》)

21. 柳下惠,鲁大夫展无骇之子,名获,字禽,家有大柳树,惠德,因号柳下惠。一曰:柳下,邑名。陶氏云:"二注文略异,然乃许注羼入高注中者。"(《淮南许注异同诂》卷四《说林训》)

22. 聚木曰榛。陶氏云:"此许注羼入高注中者。"(《淮南许注异同诂补遗·原道训》)

23. 木味酸,酸之为言钻也,万物钻地而生。陶氏云:"二注文异,'酸之言钻'十二字,疑许注羼入高注中者。"(《淮南许注异同诂补遗·时则训》)

24. 才过千人为俊。陶氏云:"此皆本之本书《泰族训》,然亦许

注之羼入者，故同。”（《淮南许注异同诂补遗·氾论训》）

25. 衰杀，皆喻俭也。《传》曰：“上之所好，下尤甚焉。”故有九杀也。陶氏云：“此许注羼入高注者，《治要》引皆许注本，故可凭也。”（《淮南许注异同诂补遗·说林训》）

26. 措，置也。陶氏云：“此许注羼入高注中者。《说文》‘措，置也’，训正同。”（同上）

27. 妪伏，以气剖卵也。陶氏云：“此许注羼入高注中者。《玉烛宝典》为隋时人著，所引许注必可征信。”（《淮南许注异同诂续补·原道训》）

28. 辀，推也。陶氏云：“此亦许注羼入高注中。”（《淮南许注异同诂续补·览冥训》）

29. 百舌，鸟名也，能易其舌，效百鸟之声，故曰百舌也。陶氏云：“此许注羼入高注中，故同。非有杜氏明引，乌能别而出之?”（《淮南许注异同诂续补·说山训》）

从前面所列内容来看，陶方琦在判断高注中某注文是否为羼入时，多次使用“当是”、“或即”、“疑”等词，表明他自己也无法做出肯定。这些所谓羼入的许注，其实只有很小一部分合乎情理，如第1条和第4条，其他绝大部分明显值得争议。今略举几例，加以辨析。第7条，除陶氏所引外，《吕氏·离俗览·贵信》高注亦谓：“在木曰果，在地曰蓏。”故陶说不能服人。第16条，《说山训》高注又云：“堁，土尘也，楚人谓之堁也。”《说林训》高注亦云：“堁，土尘，楚人谓之堁。”很难说这些都是羼入所致。第19条，《吕氏·离俗览·离俗》高注云：“飞兔、要裹，皆马名也，日行万里。”与《原道训》高注正同，而《齐俗训》许注曰：“騕褭，良马。飞兔，其子。褭、兔走，盖皆一日万里也。”与高注正异，何来羼入之说? 第24条，《修务训》高注曰：“才千人为俊。”《吕氏·孟夏纪·四月纪》高注亦曰:“千人为俊,万人为杰。”《吕氏·孟秋纪·七月纪》高注并曰:“材过万人曰桀,千人曰俊。”虽与《一切经音义》引许注相同,但确系高注无疑。第26条,《吕氏·孟春纪·正月纪》高注云:“措,置也。”亦与许氏《说文》同,当是古义旧训或高承许说,为何一定要说成是羼入?

陶方琦所认定羼入的许注,之所以有很多值得商榷,是因为他在处理材料时存在两大误区:一是,只要许慎逸注中有与今本十三篇高注相同或相近者,即以为羼入所致;二是,从不怀疑其他文献所引许注的真实性。关于前者,陶氏虽然也承认许高二注相同或相近可能出于同用旧训或者高承许说的结果,但其意识里明显倾向于许高二注应该完全互异,否则即为羼入。古人注疏同用一说者甚多,许高二注亦当有此情况。如《原道训》高注云:“夷,平也。”《玉烛宝典》引《天文训》许注亦云:“夷,平也。”[①]故不可全部视作羼入。关于后者,陶氏过分依赖他书所引许注,从不加任何辨别,这样就可能会犯下一些错误。例如第29条,《玉烛宝典》虽引作许注,但又引高注曰:“反舌,百舌也,变易其声,效百鸟之鸣,故谓之百舌也。”[②]两注基本相同,而《吕氏·仲夏纪·五月纪》高注亦曰:“反舌,伯舌也,能辨反其舌,变易其声,效百鸟之鸣,故谓之百舌。”说明杜台卿引用时发生错乱,误将此条高注引作许注。再如第10条,《开元占经》所引未标明是许注,而《文选》卷十四李善注《赭白马赋》又引高

① 杜台卿《玉烛宝典》卷五《五月仲夏第五》,清光绪遵义黎昌庶影旧钞卷子本。《说文·大部》云:“夷,平也。”《吕氏·先职览·察微》、《贵直论·知化》、《似顺论·似顺》篇高注皆云:“夷,平也。”

② 杜台卿《玉烛宝典》卷五《五月仲夏第五》,清光绪遵义黎昌庶影旧钞卷子本。

注曰:“飞黄如狐,背上有角,乘之寿三千岁也。”[1]近似于今注,应是高注约文,陶说显然未顾及这则材料。

综上所述,陶方琦宣称:“有题篇者十三篇中甚多许注,安能别而识之?”[2]是夸大了许注羼入高注的数量,并不符合实际情况。余嘉锡对陶氏的说法也表示了不认可:“盖高在许后,不容不见其书,则从之采获,增损入注,亦属事理所有,未必定是后人羼入高注。”[3]

由于陶方琦把主要精力用在辑校许慎逸注上,未能关注高诱逸注与许注八篇的异同,故而片面地以为许注八篇纯正不杂。事实上,若将两者对比,就可以发现其中也有部分注释相同或相近。台湾学者于大成指出,许注八篇中也可能羼入了高注。他在校理《泰族训》许注时说:“《恨赋注》引高注‘山木之呕,歌曲也’,与今注同,故疑今注是高注阑入。”[4]除此之外,笔者也注意到诸书所引高注中还有一些与许注八篇相同或相近者。《文选》卷十五李善注《思玄赋》引高注曰:“禾穗向根,故君子不忘本也。”[5]与《缪称训》许注几乎全同。又卷二十三李善注《出郡传舍哭范仆射》引高注:“所鉴者玄德,故为狂生。”[6]而《诠言训》许注:“所鉴者非元德,故谓狂生。”两注相较,盖今本避唐玄宗帝号,改“玄”为“元”,根据注文原意,李善注引当脱一“非”字,所以二注实同。又卷二十九李善注《杂诗十

① 萧统《文选》,中华书局1977年版,第204页。

② 陶方琦《淮南许注异同诂》卷四《氾论训》,清光绪七年(1881)刻本。

③ 余嘉锡《四库提要辨正》,中华书局1980年版,第833页。

④ 转引自张双棣《淮南子校释》,北京大学出版社1997年版,第2108页。

⑤ 萧统《文选》,中华书局1977年版,第220页。《后汉书》卷五十九《张衡传》李贤注亦引高注曰:“禾穟向根,君子不忘本也。”

⑥ 萧统《文选》,中华书局1977年版,第333页。

首》引高注:“黑�,黑虵也,潜于神泉,能致云雨。”[1]而《齐俗训》许注:“黑蜧,神蛇也,潜于神渊,盖能兴云雨。”两注大同小异。《太平御览》卷三百五十七引高注:“栝,翦栝也。淇卫箘簬,箭所出也。戴,饰也,饰翦以银锡。”[2]与《兵略训》许注几乎全同。这些与许注八篇相同或相近的注文,由于缺乏足够的依据,很难断定全部是羼入所致。以《文选》卷二十九所引高注为例,卷十二李善注《江赋》又引作许注:“黑蜧,神蛇也,潜于神泉。”[3]一书同引而注者互异。由此观之,他书引用也未必可以尽信。然今本注文由许高二注相拼而成,又有传刻之误,因此少数高注羼入许注八篇之中亦属正常现象。

总之,今本许高二注互有羼入是客观存在的事实,但陶方琦等人过分夸大了这一事实,给学者造成错误的导向。高步瀛即称:“陶氏考其异同,用力尤勤,而终不能悉为剖别。辟畺甄录旧注,不复标为某氏者,殆以此欤?”[4]但是,我们前面的辨析表明,许高二注互有羼入只是极少数,基本保持着各自独立的面貌。

① 萧统《文选》,中华书局 1977 年版,第 423 页。

② 李昉《太平御览》,中华书局 1960 年版,第1641 页。

③ 陶方琦对此条注文作了辨析:“张景阳《杂诗》注引作高诱,误也。其‘能致云雨’四字据以补入。《说文·虫部》:‘蜦,蛇属也,潜于神渊之中,能兴致云雨。蜦,或从戾作蜧。’许氏《说文》即采用《淮南注》。《初学记》引《淮南注》:‘蜧,神蛇,潜渊而居,将雨则跃。’此即许说而引文稍异。《御览》九百三十三引此注:‘黑蜧,黑色,蛇属也。蜧潜于水,神象,能致雨也。’文又小异,或即许高之别。然《江赋》注引许注,文正同今注,与《说文》符合,确为许说无疑。‘神渊’作‘神泉’,乃唐人避讳而改。”见《淮南许注异同诂》卷三《齐俗篇》。

④ 《吴挚父淮南子点评本跋》,转自何宁《淮南子集释》,中华书局 1998 年版,第 1532 页。

第二节　许注的流传与保存

一、许注的流传历史

许慎注解《淮南子》，远不如他撰作《说文解字》和《五经异义》的影响大，范晔《后汉书》本传竟无一语提及，魏晋以来也不过只言片语，至魏征等人编撰《隋书》才正式载录史志。许注自问世至今，有1900余年的流传历史。套用文学术语来说，其命运可谓是悲剧性的。先是散失，后又与高注相杂，直至被学者视为全部亡佚。这种悲剧性的流传命运反映出许注流传的复杂性，因此疏通和勾勒其流传脉络就显得很有必要。

淮南王刘安借助宾客的力量，大约在建元元年（前140）完成了《淮南子》一书的编撰。书成之后，他便急急忙忙献给汉武帝，被武帝藏之秘府，一般人难睹其真容。不久，刘安又因涉嫌叛逆，自刭于淮南国，《淮南子》一书更是遭到封锁，被束之高阁①。直至汉成帝时才被解禁，由此而得到广泛流布。东汉前期，皇帝已经公开把《淮南子》赏赐给臣下。在这样的背景下，许慎率先为《淮南子》作注，

① 针对刘安事件，汉武帝于《遣谒者巡行天下诏》中说："日者，淮南、衡山修文学，流货赂，两国接壤，怵于邪说，而造篡弑，此朕之不德。"（严可均辑《全上古三代秦汉三国六朝文》，中华书局1958年版，第143页）明显是视《淮南子》为邪说。昭帝时，御史大夫桑弘羊等掌权者对《淮南子》也不认同，他们说："日者，淮南、衡山修文学，招四方游士，山东儒、墨咸聚于江淮之间，讲议集论，著书数十篇。然卒于背义不臣，使谋叛逆，诛及宗族。"（王利器《盐铁论校注》，中华书局1992年版，第113页）由这种态度可以推知，《淮南子》一书自刘安自杀至刘向校理这百年间是被禁于深宫的。《史记》根本不提及《淮南子》即是明证。

揭开了东汉士人系统研究《淮南子》的序幕。

许慎何时撰成《淮南子注》，因其生平难以确考而变得扑朔迷离，一直以来没有定论。但有一点可以肯定，许慎是在担任太尉南阁祭酒期间向朝廷进献《淮南子注》的。[①] 许慎曾校书东观，《淮南子注》上呈后最有可能藏身于此。《淮南子》本名《鸿烈》，经刘向校理并改称《淮南》，当时还未尊为子书，[②]所谓《淮南子注》也只是后起之名。由于时人推崇许学，《淮南子》经许慎校注，学术地位得到提升，许注也以《淮南子》为载体而流布于士人之间。马融（79～166）于永初四年（110）拜为校书郎中，与许慎同事东观，并且非常推敬许君。据《后汉书》本传，马融注解过《淮南子》，想必当时参见了许慎的《淮南子注》。此后100多年，兵灾战火频发，许注的传播程度十分有限。建安十年（205），高诱继许慎、马融之后又一次为《淮南子》作注，他大量借鉴了许注。许注在学术研究中开始显露其作用。

魏晋之际，社会仍动乱不止。时老庄方兴，士人沉溺艺文，不好训诂。许注的流传延续了汉末状况，受到明显抑制。直到东晋末年，才见改观。《史记集解》两次引徐广曰："许氏说《淮南》以为滋润钟于明珠，致令岸枯也"、"许氏说《淮南》云蚗龙，龙属也。"[③]这是传世文献对许慎注解《淮南子》的最早记录。虽然东汉人和范晔的《后汉书》不置一语，但由徐广之言则可以确证许君著有《淮南子注》一书无疑。徐广（351～425）生活在东晋后期，卒于南朝宋初，

① 其详细考证，参见本书第二章第一节。

② 拙作《〈淮南子〉书名演变考论》，《西南交通大学学报》（社会科学版）2009年第5期，第27～28页。

③ 司马迁《史记》，中华书局1959年版，第3227页。

著述丰富，主要有《晋纪》、《史记音义》、《屠仪注》、《毛诗背隐义》、《礼论答问》等。从徐氏引述许注看，他的《史记音义》可能利用了许慎很多的训义。

南朝以来，许注的传播面逐渐扩大，并在训诂学领域体现出重要价值。宋南中郎参军裴骃注《史记》即引用许说不少，多出自《说文解字》和《淮南子注》。[①] 梁顾野王（519～581）编撰《玉篇》更是大量采纳许注。《玉篇》成书以后，几经大规模的修订，不复原本旧貌。幸赖清人黎昌庶、杨守敬出使日本，寻访散佚古书，得原本《玉篇》残卷。[②] 仅残卷所引许注，就涉及除《天文》、《地形》、《时则》、《精神》之外的其他 17 篇，约有 36 条。由此推知，若是足本《玉篇》，其征引的许注将相当可观。这表明，许注二十一篇流传至此时不仅保存完好，而且成为南朝士人的常用典籍。南朝四代重视编撰书目，宋有谢灵运造《四部目录》、王俭造《七志》，齐有王亮造《四部书目》，梁有任昉造《四部书录》、阮孝绪造《七录》等。这些书目均设有诸子一类，许注无疑被载录在册，惜其亡佚不见。北魏贾思勰约与顾野王同时，大概于公元 532～544 年撰成《齐民要术》。此书注文比较复杂，但有相当一部分是作者自注，[③]其中亦引用了少量许注。这种现象反映出，许注的流传不只局限在长江以南区域，同时

---

① 如《史记集解·苏秦列传》引许慎云："南方谿子蛮夷柘弩，皆善材。"此注出于《俶真》篇。

② 此书成于梁武帝大同九年(543)。原本《玉篇》残卷今存：卷八心部残卷、卷九言部－幸部、卷十八之后分放部－方部、卷十九水部残卷、卷二十二山部－厽部、卷二十四鱼部残卷、卷二十七糸部－索部等。朱葆华《原本玉篇文字研究》，齐鲁书社 2004 年版，第 23 页。黎氏《古逸丛书》收录，《续修四库全书》第 228 册又影印此本。

③ 梁家勉《〈齐民要术〉的撰者、注者和撰期》，《华南农业科学》1957 年第 3 期。

又在北方学者之间传播。

隋朝实现了全国的政权统一,南学北学泯合为一,客观上给典籍的流通创造了条件。有隋一代,统治者皆注意搜求珍本和保护图书,虽国祚不长,但典藏书籍几达九万卷,即使盛唐时期也不能过之。许注的流传受此惠泽,不断扩大对文士的影响。杜台卿撰《玉烛宝典》,①陆德明撰《经典释文》,②萧吉撰《五行大义》,③虞世南编《北堂书钞》,④皆常援引许注,以助其成书立说。

唐取代隋后,许注受到的关注要远大于高注,文人引述多为许注。唐初文献诸如《群书治要》、《文选》李善注等书频繁引用许注,几乎遍及全部篇目,折射出许注二十一篇的完整,故《隋志》录为二

---

① 《北史》卷五十五《杜台卿列传》:“隋开皇初,被征入朝。台卿采《月令》,触类广之,为书名《玉烛宝典》十二卷,至是奏之,赐帛二百疋。”可知《玉烛宝典》在隋前就基本成形,这里暂且记以隋代文献。该书大概宋后失传,由黎昌庶等人在日本寻访得之。原本十二卷,今缺第九卷。《玉烛宝典》明引许注约有 9 例,来自《原道》、《天文》、《主术》、《说山》等 4 篇。

② 《经典释文》始撰于陈后主至德元年(583),而关于成书时间,学者分歧不断。有的认为成于隋大业三年(607)至李唐建国之前(王弘治《〈经典释文〉成书年代释疑》,《语言研究》2004 年第 2 期,第 105 ~ 106 页);有的认为是成于王世充篡位期间(孙玉文《〈经典释文〉成书年代新考》,《中国语文》1998 年第 4 期,第 309 ~ 312 页);宋人李焘、清人桂馥则认为成于入唐以后。笔者以为,王、孙两先生以地名建置沿革为证颇有说服力,《经典释文》一书当是在隋朝完成。其明引许注约有 6 例,来自《原道》、《地形》、《主术》、《缪称》、《兵略》等 5 篇。

③ 此书为萧氏未定稿,唐宋时曾在一定范围内流传过,后国内失传。钱杭《萧吉与〈五行大义〉》,《史林》1999 年第 2 期,第 42 页。日本天瀑山人林衡有辑存本,《续修四库全书》第 1060 册又影印此本。其明引许注约有 9 例,来自《天文》、《地形》等 2 篇。

④ 此书是虞世南任隋秘书郎时所编。《五行大义》明引许注 6 例,暗引 7 例,出自《原道》、《天文》、《览冥》、《精神》、《本经》、《齐俗》、《说山》、《修务》、《要略》等 9 篇。

十一卷。开元以来，国力日盛，藏书亦日丰。殷践猷、毋煚等人重修成《群书四部录》二百卷，自后毋煚又略为四十卷，名为《古今书录》，大凡五万余卷。[①] 据《旧唐志》而推知，《群书四部录》和《古今书录》应是以《淮南间诂》之名著录许注的。《唐开元占经》卷六十七引《淮南鸿烈间诂》曰“斗杓为小岁”，下引注云：“岁之言越历十二辰而行。”[②]此书引用《淮南子》注文大都直称“许慎曰”，再据苏颂所谓“许标其首皆曰‘间诂’，鸿烈之下谓之‘记上’”，可判定《淮南鸿烈间诂》即是唐时许本之名。《淮南鸿烈》乃《淮南子》另一个常用书名，传世文献中最早见于葛洪的《抱朴子外篇・喻蔽》：“故《淮南鸿烈》始于《原道》、《俶真》，而亦有《兵略》、《主术》。”[③]大概许慎向汉廷进献《淮南子注》时，卷首均标为《淮南间诂》，魏晋之后可能被添加“鸿烈”二字，所以又称作《淮南鸿烈间诂》。中唐时期，许注的影响依然不减，文人著述如《意林》、《一切经音义》、《列子释文》、《白氏六帖》也常引许注，尤其是《一切经音义》广纳许说，足可映见当时许注之完整。自黄巢起兵至赵匡胤稳定中原，近百年间战乱不休，无数图书遭遇灭顶之灾，许注的流传亦步履维艰，文人雅士绝少顾及。

宋初统治者虽然施行崇文偃武的政策，出版业也渐见起色，但积重难返的局面使书籍散亡依旧严重。许注即在北宋最初百年之

---

① 刘昫《旧唐书》卷四十六《经籍志》，中华书局 1975 年版，第1962 页。

② 瞿昙悉达《唐开元占经》，文渊阁《四库全书》本。此书卷三十又引《淮南天文间诂鸿烈》曰：“南方火也，其帝祝融，其佐朱明，执衡而治夏。”下引注文：“衡，平也。”这一称呼与苏序描述完全相符，确为许本之名无疑。日本藏有古抄本《淮南鸿烈兵略间诂第廿》残卷也进一步证实了此点。

③ 杨明照《抱朴子外篇校笺》（下），中华书局 1997 年版，第 437 ~ 438 页。

间发生残缺,并与高注相杂一书的。苏颂曾把七个版本中杂乱的许高二注清理出来,得许注十八篇,最后缮写成书,创造了一个新的许注版本。他说:

> 外所阙卷,但载《淮南》本书,仍于篇下题曰"注今亡",许注仍不录叙,并以黄纸缮写,藏之馆阁。[①]

由此可知,这个写本没有收录高诱的叙文,对缺了注文的三篇仅载其正文,并在篇下标明"注今亡"。苏氏所分出的十八篇许注,除今存八篇外,其余十篇已经不能确考。有学者为附会今本所传八篇许注,认为苏颂所谓"十八篇"中"十"字为衍文。陶方琦即言:"宋苏氏云'互相考证,去其重复,共得高注十三篇,许注十八篇',十字疑衍文,盖高注十三篇,许注八篇,正合二十一篇。"[②]吴则虞引以为同调:"原作十八篇,'十'字衍文,故删。"[③]此说遭到余嘉锡的驳斥:

> 陶氏乃谓许注十八篇十字为衍文,考《玉海》卷五十五云:"汉《淮南鸿烈》,《隋志》二十一篇,许慎、高诱注,《唐

---

① 苏颂《苏魏公文集》,中华书局1988年版,第1008页。此本断句有误,原文云:"仍于篇下题曰'注',今亡许注,仍不录叙。"造成文意不明,文中引文为笔者重新标点。又,余嘉锡所见本"录叙"作"叙录",致使他以为苏校本中无许注,亦误。据苏氏所说"今此七本皆有高氏训叙"可知,他自己缮写许本时不录高诱叙文,不蹈前七本之旧。

② 陶方琦《淮南许注异同诂·自叙》,清光绪七年(1881)刻本。

③ 吴则虞《淮南子书录》,《文史》(第二辑),中华书局1963年版,第291页。

志》、《中兴书目》同，苏颂去其重复，共得高注十三篇，许注十八篇。”此即是引苏氏叙，亦作十八篇，则安得谓十字为衍文？①

陶、吴二君之说固不可信。陶方琦又假设，其余十篇可能淆入高注十三篇之中，不可复识。② 此说亦不能成立，前文多有辨析。另外，北宋本问世当在苏颂校理之先，如果发生许注淆入高注的情况，他应该会有所指出。总之，苏氏写本虽题二十一卷，但注文实际上仅有十八卷。由于苏颂只是缮写，并未付诸雕刻印行，所以他的写本没有传播开来，致使许高二注的混杂本依然“横行”。到苏颂这时，许注已决无完本，其后若干年，就连其余十篇也消亡殆尽。

宋廷南渡，图书出版并未受到多大影响，官刻、坊刻等书业异常繁盛，私人藏书及编制目录也日趋增多。然而，许注已经无可挽回地部分缺失，并与高注杂处一书，在这个时期被不断翻刻而流传。此可以从南宋士大夫的自编书录中得到证明。生活在绍兴十四年(1144)前后的晁公武依自家藏书编有《郡斋读书志》，其中卷十二记录了《淮南子》的情况：

《淮南子》二十一卷。右汉刘安撰。淮南厉王长子也，袭封，招致诸儒方士，讲论道德，总统仁义，著《内书》二十一篇，号曰《鸿烈》。鸿，大也，烈，明也。以为大明道之言也。避父讳，以“长”为“修”。后汉许慎注，慎自名注曰“记上”。今存《原道》、《俶真》、《天文》、《地形》、《时则》、《览冥》、

① 余嘉锡《四库提要辨正》，中华书局1980年版，第832页。

② 陶方琦《淮南许注异同诂·自叙》，清光绪七年(1881)刻本。

《精神》、《本经》、《主术》、《缪称》、《齐俗》、《道应》、《氾论》、《诠言》、《兵略》、《说山》、《说林》等十七篇。李氏《书目》亦云第七、第十九亡，《崇文目》则云存者十八篇。盖李氏亡二篇，崇文亡三篇，家本又少其一，俟求善本是正之。①

晁氏虽然只称许慎注，但所谓“讲论道德，总统仁义”云云，明显是出自高诱的叙文。由这一特征可知，晁氏家本亦属二注相杂之本，只是公武不晓。晁氏家本所缺《人间》、《修务》、《泰族》、《要略》四篇，也与今存许注篇目明显不符，益知其非许慎独注本。值得指出的是，晁氏提及《崇文总目》存十八篇，与苏颂校出的许注篇数相同，苏序也有“《崇文总目》亦云如此”之类的话。以此推见，王尧臣等人对许注存佚作了调查，说明许注在庆历元年(1041)之前就已发生残缺，仅存十八篇了。约与晁公武同时的郑樵(1104～1162)以一己之力撰成宏伟巨著《通志》，其中卷六十八《艺文略》录为“《淮南子》二十一卷，汉淮南王刘安撰、许慎注”。② 郑氏出身山林穷儒，

---

① 孙猛《郡斋读书志校证》，上海古籍出版社 1990 年版，第 509～510 页。此文出自衢本，另有袁本，其文与之颇异：“《淮南子》二十一卷，右汉刘安撰。安，淮南厉王子也，袭封，招致儒士宾客，讲论道德，总统仁义，作为《内书》二十一篇。后汉许慎注，慎标其首皆曰‘间诂’，次曰‘淮南鸿烈’，自名注曰‘记上’。第七、十九阙。”

② 郑樵《通志二十略》，中华书局 1995 年版，第 1653 页。又《通志》卷六十七《艺文略第五·道家一·诸子》录为“《淮南鸿烈解》二十卷，许慎注”，不录高注。笔者认为，今传北宋本前有《淮南鸿烈解叙》，可知当时通行本中亦有以《淮南鸿烈解》为名的。可能因为序文把《淮南子》的思想归结为“近老子之旨”，又未指明是高诱所作，卷首却题“许慎记上”，所以郑樵未审其实，不但将其列入道家类，并且署名“许慎注”。由此观之，郑樵亲见的这个《淮南子》版本当同于晁氏家本，仍然是二注相杂之本。

没有足够的财力和精力查遍天下群书，只能“因取历朝著录，略其鱼鲁豕亥之细，而特以部次条别，疏通伦类，考其得失之故，而为之校雠”，①可知《通志》并非实录，是抄自各朝史志书目。又有陈骙《中兴馆阁书目》，著录情况与《新唐志》同，或为抄录，或下有解题，因其早佚，今不得而知。近百年后，南宋另一位著名的文献家陈振孙以毕生精力埋头于书籍的收集和整理，藏书达五万余卷，足可富敌官府。他仿晁氏《郡斋读书志》撰《直斋书录解题》，其中卷十著录其家本：

> 《淮南鸿烈解》二十一卷。汉淮南王刘安与宾客撰，后汉太尉许慎叔重注。案《唐志》又有高诱注。今本既题“许慎记上”，而详序文则是高诱，不可晓也。②

陈氏藏本毫无疑问又是二注相参之本。振孙虽默认为许注，但已流露疑惑之情。振孙既称“今本”，可知他还见到了当时其他版本，却无一例外如其家本。由此言之，自王尧臣等人发现许注残佚、苏颂发现二注相混至宋元兴替之际，独立完整的许本基本绝迹了，都是以与高注混同一书的形式流传，或八篇，或十八篇，篇数难定。这种现象也可从同时期文人著述所引许注的情况旁证一二。

蒙古人入主中原，在一定程度上破坏了汉民族固有文化的进程。尽管如此，汉文化依然占据了绝对主流，统治者施政也不得不

---

① 章学诚《校雠通义·叙》，古籍出版社1956年版。

② 陈振孙《直斋书录解题》，上海古籍出版社1987年版，第301页。笔者按，许慎未任太尉一职，陈氏误，应是太尉祭酒。

顺应这一主流。因此，对于文化典籍的态度，元朝亦未大异于前代。马端临（1254～1323）撰《文献通考》，其中卷二百十三《经籍考》有对《淮南子》的考证。所谓考证，不过是罗列晁公武、洪迈、高似孙、陈振孙等人的说法，无法表明许注在元初的流传状况。修撰于元后期的《宋史·艺文志》著录“许慎注《淮南子》二十一卷”。[①]《宋志》主要在宋代官修书目的基础上删削而成，所录许注既不符合宋朝史实，也未考察其在元后期的实际存佚情况。大德年间，徐天祐《吴越春秋音注》引许注：“大章、竖亥，善行人，皆禹臣。”[②]却与今本高注同，可知徐氏所见本也只是卷首题“许慎记上”，实际上仍属许高二注相杂之本。许注在元代的流传于此可见一斑。

有明一代，许注依旧混同高注而流布。嘉靖间，高儒《百川书志》著录“《淮南子鸿烈解》二十八卷，汉淮南王刘安著、太尉祭酒许慎记上”，[③]《天一阁书目》著录范钦藏《淮南子》本亦同。二十八卷本，世称道藏本，篇数仍为二十一篇，只是数篇分为上、下两卷。此本之祖当是高氏注本，在明代颇为流行，虽题“许慎记上”，但注文实际上仍是许高二注的合成品。同时期文献如陈士元《孟子杂记》、刘允鹏注《龙筋凤髓判》、陈耀文《天中记》、董说《七国考》等书，常把高注当作许注来引用，即是这一情况的反映。当时《淮南子》刊行既多，学者自然会留意其注文。刘绩首次对卷首题“许慎记上”提出了不同的解释，进而认为许慎不曾注解《淮南子》。刘氏之说略显幼

① 脱脱《宋史》，中华书局 1977 年版，第 5207 页。

② 《吴越春秋》卷六，四部丛刊本。

③ 高儒《百川书志》，《丛书集成续编》第 3 册，台北新文丰出版公司 1989 年版，第 511 页。

稚,《四库提要》已有辩驳。[①] 其后,学者有表示接受者,如中立四子本郭子章《淮南子题辞》:"其书当汉世已盛行,刘向为之校定,许慎为记上,高诱为注释,毕矣。"[②]也有不接受者,如祁承爜《澹生堂藏书目》录其藏本为"《淮南鸿烈解》二十一卷,六册,许慎注"。[③] 尽管清代学者反对刘绩的说法,但又认为许注已经全部失传。钱塘即说:"宋时安得复有许注,而修史志者犹采入之欤?"[④]陶澍、王念孙父子等人皆持此观点。因之,清代《淮南子》刊本绝少题"许慎注",仅承认高注存世。直至清代晚期,劳格、陆心源、陶方琦等学者区分了许高二注,使许注八篇如拨云见日,重新归属原注者。刘文典刊行《淮南鸿烈集解》,针对许注篇目予以标明,使其以一种奇特的形式继续流传于现世。

二、清人许注辑佚及笔者补遗

经过清代学者的努力,原以为全部亡佚的二十一篇许注,被幸运地发现还保存了《缪称》、《齐俗》、《道应》、《诠言》、《兵略》、《人间》、《泰族》、《要略》等八篇。这八篇许注相对比较完整,使我们能够窥测许慎《淮南子注》的大致特征。清人流行辑佚之学,鉴于许慎

① 《四库全书总目提要》卷一百十七:"芦泉刘绩又谓记上犹言标题进呈,并非慎为之注。然《隋志》、《唐志》、《宋志》皆许氏、高氏二注并列。陆德明《庄子释文》引《淮南子》注称许慎,李善《文选注》、殷敬顺《列子释文》引《淮南子》,注或称高诱,或称许慎,是原有二注之明证。……慎则和帝永元中人,远在其前,何由记上诱注? 刘绩之说,盖徒附会其文而未详考时代也。"

② 何宁《淮南子集释》,中华书局1998年版,第1511页。

③ 祁承爜《澹生堂藏书目·子部一》,清宋氏漫堂钞本。《续修四库全书》第919册有影印本。

④ 钱塘《淮南天文训补注·自序》,清道光八年(1828)刻本。

的影响，他们投入很大精力对许注佚文加以钩沉，先后出现了孙冯翼的《许慎淮南子注》、黄奭的《许慎淮南子注》、蒋曰豫的《许叔重淮南子注》、陶方琦的《淮南许注异同诂》、易顺鼎的《淮南许注钩沉》、叶德辉的《淮南鸿烈间诂》等著作。尽管辑出的这些许注大多只是原注约文，但在一定程度上仍体现了许注的水平，具有较高的学术价值。因此，追寻许注的保存情况亦不能忽略这些辑佚之作。

孙冯翼长于辑佚，除《许慎淮南子注》外，另辑有《世本》、《神农本草经》。孙氏辑出的许注均为文人著述所明引，主要来自《北堂书钞》、《经典释文》、《北史》、《文选》李善注、《华严经音义》、《史记索隐》、《史记正义》、《后汉书》李贤注、《初学记》、《列子释文》、《一切经音义》、《尔雅正义》、《太平广记》、《太平御览》等十余种文献，共有 113 条。黄奭（1809？～1853），江苏甘泉人，平生以辑刊古逸书为务，总数近 300 种。黄氏基本上是重复孙冯翼的工作，或者说参考了孙氏的辑佚成果，①共辑得许注 111 条。陶方琦则花费半生精力专注于许注的搜求，其《淮南许注异同诂》、《补遗》及《续补》所辑许注之数远远超过孙、黄二君，可谓网罗殆尽。据笔者统计，《异同诂》辑得许注 396 条，其中有文无注者 5 条；《补遗》辑得 111 条，其中与前重复者 30 条；《续补》辑得 51 条，其中与前重复者 20 条。除去有文无注和重复者，陶氏共辑得许注 503 条，着实令人叹为观止。除孙冯翼所用文献外，陶方琦又增加了《说文解字》、《世说新语》、《玉篇》残卷、《史记集解》、《齐民要术》、《玉烛宝典》、《五行大义》、《群书治要》、《汉书》颜师古注、《意林》、《白氏六帖》、《开元占经》、《大藏经音义》、《事类赋》、《续博物志》等十几种。陶氏辑出的这些

---

① 不同的是，黄氏书中并引了今本注文。黄奭均称高注云云，可知他不晓许高二注相杂的真相。

许注并非全是明引,有相当一部分得于类推,这样可能会导致某些佚文不够牢靠。不过,陶氏在辑佚的同时又加之以自己的分析、考证,故其书乃是许注辑佚著作中最有分量者。易顺鼎(1858~1920)原本也有辑佚许注的打算,后来见到陶氏辑本便放弃了。[①] 他独取慧琳《一切经音义》所引许注 81 条,附之以详细的考校,结成《淮南许注钩沉》一书。是书所辑许注基本不出陶书范围,然其考校之精似胜于陶氏。稍后叶德辉又有《淮南鸿烈间诂》,辑得许注 353 条,有文无注者 32 条,共 385 条。与《淮南许注异同诂》相比,此书未有出彩之处,甚至存在明显的疏漏。由于叶氏没有考虑许高二注发生相杂的具体时间,竟辑录了《事物纪原》所引许注,故而多有同于今本高注者。[②] 他自称"皆明题许注,确然可据者也",[③]未免有失精审。

陶方琦等人的辑佚工作使失传的十三篇许注露出冰山一角,为全面研究许注提供了更加翔实的材料。然而,面对浩如烟海的典籍,他们难免有所疏漏。陶氏亦注意到了这个问题,为此他还编有《许注淮南存疑》四卷,欲"更以高氏《吕览注》及本书中注文前后互异者,判擘一是,归之洨长,名曰《存疑》,存其真也",[④]可惜此书已不传于世。近人王仁俊又对《淮南许注异同诂》做了校补,并续写了九卷,但均是

---

① 易顺鼎《淮南许注钩沉 · 自叙》,清光绪十六年(1890)《琴志楼丛书》刊本。

② 《事物纪原》所据《淮南子》为二注相杂之本。叶氏《淮南鸿烈间诂》共辑入《事物纪原》所引许注 10 条,其中有 7 条与今本高注同,出自《地形》、《主术》、《氾论》、《说林》等 4 篇。

③ 叶德辉《辑淮南鸿烈间诂 · 序》,清光绪二十一年(1895)叶氏郎园刻本。

④ 陶方琦《汉孳室文钞》卷二《许注淮南存疑叙》,清光绪十八年(1892)徐氏铸学斋刻本。

未完稿，没有公诸学界。笔者有志承续前辈之愿，尽力从历代文献中把被遗漏的不同于今本高注者或部分脱文辑录出来。因为此中大多数注文没有明确是何人所作，为谨慎起见，姑且命之曰补遗存疑。

（一）原道训

1. 禽兽有机。注文：机，兽蓐。①

按：《北堂书钞》卷一百五十八引许注。《说文·蓐部》："蓐，陈草复生也。"②《广韵·脂韵》："机，木名，似榆。"知"机"无有草类之义，疑《书钞》"艽"讹作"机"。

2. 越人薰而出之，遂不得已。注文：薰，以火烟薰之也，遂不得已立为王。③

按：《北堂书钞》卷一百五十八引许注。《说文·屮部》："熏，火烟上出也。"与此训近同。

3. 冠挂而不顾。注文：冠有所挂著，去不暇顾视。④

按：《太平御览》卷八十二引。《御览》所引注文大多不标明注者。与今本高注异者，暂志之于此，以示许注存疑。

（二）俶真训

1. 不知其且为虎也。注文：且，犹将也。⑤

① 虞世南《北堂书钞》，天津古籍出版社 1988 年影印光绪十四年南海孔氏刊本，第 733 页。今本《淮南》"机"作"艽"，高注作"艽，蓐"。王念孙谓"艽"当作"艽"。见《读书杂志》第 767 页。

② 本书所引《说文解字》之文本，全部出自上海古籍出版社 1981 年影印经韵楼原刻本。

③ 虞世南《北堂书钞》，天津古籍出版社 1988 年版，第 733 页。

④ 李昉《太平御览》，中华书局 1960 年版，第 382 页。今本《淮南》"不"作"弗"，无注。

⑤ 李昉《太平御览》，中华书局 1960 年版，第 3959 页。今本《淮南》无注。

按:《太平御览》卷八百九十一引。《时则训》高注亦云:"且,犹将也。"《吕氏·季夏纪·音律》、《仲秋纪·爱士》篇高注皆曰:"且,将也。"《庄子·逍遥游》成玄英疏、《汉书·郊祀志》颜师古注均用此义,盖是古之常训。

2. 马之死也,剥之若橐。注文:橐,治橐也,虽含气而形不能摇。①

按:《太平御览》卷九百五引。吴承仕说:"治橐当作冶橐,形近而误。"②《齐俗训》许注:"炉、橐、埵,皆冶具也。"故刘文典疑此文当属许注。③

3. 狡狗之死也,割之犹蠕。注文:狡,少也。蠕,动也。④

按:《太平御览》卷九百五引。《说文·犬部》:"狡,少狗也。"玄应《一切经音义》卷九"蠕动"条引《说文》:"蠕,亦动也,《淮南》'蜫虫蠕动'是也。"⑤此佚文与之相近,视为许注应无疑问。

4. 牛蹄之踵,无盈尺之鲤。注文:踵,牛践处。⑥

按:《太平御览》卷九百三十六引,四库本"牛蹄之踵"作"牛蹄之涔",注文作"蹄中践处"。

---

① 李昉《太平御览》,中华书局1960年版,第4012页。今本《淮南》"橐"作"槁",高注作"罢老气力竭尽,故若槁也"。

② 吴承仕《淮南旧注校理》,北京师范大学出版社1985年版,第13页。

③ 刘文典《淮南鸿烈集解》,中华书局1989年版,第48页。

④ 李昉《太平御览》,中华书局1960年版,第4012页。今本《淮南》"蠕"作"濡",高注作"狡,少也。濡,濡湿,气力未尽"。

⑤ 玄应《一切经音义》,清道光乙巳年(1845)《海山仙馆丛书》本。《续修四库全书》第198册有影印本。

⑥ 李昉《太平御鉴》,中华书局1960年版,第4159页。今本《淮南》"踵"作"涔",无"盈"字,高注作"涔,潦水也"。

5. 至德之世。注文:谓太古三皇之时。①

按:《太平御览》卷七十七引。《原道训》:"泰古二皇,得道之柄,立于中央。"应是以此为训。

6. 袭九空,重九望。注文:九空,九天也。九望,九地也。②

按:《太平御览》卷七十八引。郑玄曰:"望者,祭山川之名也,谓海也,岱也,淮也,非其疆界则不祭。"③"望"指祭地,故"九望"当有"九地"之义。古人常谓天虚而地实,虚即空,故"九空"可训作"九天"。

7. 蝨虻噆肤。注文:噆,啮也。④

按:《太平御览》卷九百四十五引。《庄子音义》引司马云:"噆,啮也。"⑤应是本之于此。

8. 九鼎重。注文:王者之德休明则鼎重,奸回淫乱则鼎轻也。⑥

按:《太平御览》卷七十七引。《左氏春秋·宣公三年》:"商纣暴虐,鼎迁于周。德之休明,虽小,重也。其奸回昏乱,虽大,轻也。"⑦许慎师从贾逵受古学,精通《左传》,当以此为训。

---

① 李昉《太平御览》,中华书局 1960 年版,第 359 页。今本《淮南》无注。

② 李昉《太平御览》,中华书局 1960 年版,第 366 页。今本《淮南》作"袭九窾,重九垠('垠'据王念孙校改)",高注作"窾,法也。垠,形也"。

③ 阮元校刻《十三经注疏》,中华书局 1980 年版,第 2403 页。

④ 李昉《太平御览》,中华书局 1960 年版,第 4195 页。今本高注作"噆,噬,犹穿"。

⑤ 陆德明《经典释文》,上海古籍出版社 1985 年影印宋元递修本,第 1491 页。

⑥ 李昉《太平御览》,中华书局 1960 年版,第 360 页。今本《淮南》作"九鼎重味",高注作"九鼎,九州贡金所铸也。一曰:象九德,故曰九鼎也。重,厚也"。

⑦ 阮元校刻《十三经注疏》,中华书局 1980 年版,第 1868 页。

9. 紫芝与萧艾俱死。注文:萧,蒿也。①

按:《太平御览》卷八百六十九引。《说文·艸部》:“萧,艾蒿也。”与此佚注正同。

(三)天文训

1. ①蚕饵丝而商弦绝。注文:商弦,金声也。春蚕吐丝,金死,故绝。②骈星坠而渤海决。注文:骈星,流星也。勃海,水之勃怒也。②

按:以上属连引,出自《太平御览》卷八百二十五《资产部五·蚕》。《开元占经》卷七十六引许注曰:“奔星,流星也。”③可知这两条佚文属许注无疑。

2. ①女夷鼓歌。注文:女夷,天帝之女,下司时,和春阳,喜乐鼓歌也。②雄鸠长谷。注文:雄鸠,养长谷之鸟也。④

按:以上属连引,出自《太平御览》卷八百三十七《百谷部一·谷》。《初学记》卷三引《淮南子》曰:“二月之夕,女夷鼓歌,以司天和。”下引注文:“女夷,神名。”应是该佚注的脱文。又《天文训》高注:“雄鸠,盖布谷也。”而该佚注称“养长谷之鸟”,其义不明,疑有讹误。

3. ①帝张四维。注文:帝,天帝也。②运之以斗。注文:运,提。③万物螾螾也。注文:螾,虫也。④太蔟者,湊而未出也。注文:太蔟,

---

① 李昉《太平御览》,中华书局1960年版,第3852页。今本高注作“萧、艾,贱草,皆谕不肖”。

② 李昉《太平御览》,中华书局1960年版,第3676页。第①条,《事类赋注》卷十、《太平御览》卷八百一十四引同。今本《淮南》“饵”作“珥”,高注作“商音清,弦细而急,故先绝也”。第②条,今本《淮南》“骈”作“贲”,高注作“贲,客星也,又作孛星。勃,大也”。

③ 瞿昙悉达《唐开元占经》,文渊阁《四库全书》本。

④ 李昉《太平御览》,中华书局1960年版,第3740页。第①条,今本高注作“女夷,主春夏长养之神也”。第②条,今本高注作“雄鸠,盖布谷也”。

正月律。⑤夹钟者,钟始夹也。注文:夹钟,二月律。⑥沽洗者,陈去而新来也。注文:沽洗,三月律。⑦中吕者,中充大也。注文:中吕,四月也。⑧蕤宾者,安而服也。注文:蕤宾,五月律。⑨林钟者,引而止之也。注文:林钟,六月律。⑩夷则,易其则也,德去矣。注文:夷则,七月律也。德以去,生气尽也。⑪南吕者,任苞大也。注文:南吕,八月律。⑫无射者,人之无厌也。注文:无射,九月律。⑬应钟者,应其钟也。注文:应钟,十月律。⑭黄钟者,已钟也。注文:黄钟,十一月律。⑮大吕者,旅旅而去也。注文:大吕,十二月律。[①]

按:以上属连引,出自《太平御览》卷十六《时序部十六·律》。关于十二月律,《吕氏春秋·十二纪》、《淮南子·天文训》、《淮南子·时则训》、《礼记·月令》、《白虎通义》等文献均有详细描述,应是古人天文学常识。

4. 其为岁伺也。注文:伺,候也。[②]

按:《太平御览》卷二十八引。《说文·人部》:"伺,候望也。"又《人部》:"候,伺望也。"《吕氏·孟夏纪·尊师》高注:"司,候。"古"司"与"伺"通,盖此义乃古之常训。

(四)地形训

1. 沙棠、琅玕、绛树并在曾城。注文:沙棠、琅玕,珠类矣。[③]

按:《太平御览》卷八百三引。《说文·玉部》:"琅,琅玕,似珠

① 李昉《太平御览》,中华书局1960年版,第80页。第②条,今本高注作"运,施也"。第③条,今本高注作"蝡,动生貌"。其余今本无注。

② 李昉《太平御览》,中华书局1960年版,第132页。今本《淮南》"伺"作"司",无注。

③ 李昉《太平御览》,中华书局1960年版,第3565页,四库本"矣"作"也",当从。今本《淮南》作"沙棠、琅玕在其东",高注作"皆玉名也,在木禾之东也。一说:沙棠,木名也"。

者。"与佚注训义近同。

2. 扶桑在阳州，日所拂。注文：此东方十日所出。扶桑，在旸谷中。九日无下枝，一日君上枝也。[①]

按：《太平御览》卷九百五十五引。《道应训》许注："扶桑，日所出之木也。"含义相合。

3. ①纯方千里。注文：纯，缘，边也。②九州之外，乃有八寅。注文：一曰：不温曰寅泽。③自东北方曰大泽。注文：无渐茄曰泽也。④八寅之外，乃有八纮。注文：纮，维纮也。⑤东南方曰大穷，曰众女。注文：民少男多女也。⑥南方曰都广，曰反户。注文：在日之南，为北向户。⑦西南方曰焦侥，曰炎土。注文：焦侥人长三尺，衣冠带剑。⑧西方曰金丘，曰沃野。注文：金丘，金所出也。⑨西北方曰一目，曰少所。注文：其人一目。⑩北方曰积冰，曰委羽。注文：积冰，至寒也。委羽，山名。委羽之北盖不见日也。[②]

按：以上属连引，出自《太平御览》卷三十六《地部一·地上》。《说文·糸部》："缘，衣纯也。"又《说文·人部》："南方有焦侥，人长三尺，短之极。"《御览》所引皆与之相合，疑是许注。其他注文亦与今本高注相异，亦当同属许注。

4. 云母来水。注文：云母石可致水。[③]

---

① 李昉《太平御览》，中华书局 1960 年版，第 4241 页。四库本"无"、"君"均作"居"，且《事类赋注》卷二十五引为"十日所出，九日居下枝，一日居上枝"，故应从四库本所引。今本《淮南》"扶桑"作"扶木"，高注作"扶木，扶桑也，在汤谷之南"。

② 李昉《太平御览》，中华书局 1960 年版，第 172 页。第②条，四库本又引作"一曰：八埏曰寅泽"。第③条，四库本又引作"以渐加曰泽也"。第④条，四库本又引作"纮，维也"。

③ 李昉《太平御览》，中华书局 1960 年版，第 3593 页。今本《淮南》无注。

按:《太平御览》卷八百八引。

5. ①无角者膏而兑前。注文:豕马之属前小。②有角者脂而兑后。注文:牛羊后小。[①]

按:以上属连引,出自《太平御览》卷八百九十九《兽部十一·牛中》。吴承仕说:“此文盖有二本,许本作兑前兑后,高本作先前先后。”[②]又《说文·肉部》:“戴角者脂,无角者膏。”故吴说可从。

6. ①正土之气仰乎埃天。注文:正土,中也,其气上水。埃天,中央也。②埃天五百岁生缺。注文:缺,石名也。中央数五天,故五岁而一化。③缺五百岁生黄澒。注文:黄澒英,水银也。④黄澒五百岁生黄金。注文:黄澒英五百岁化而为黄金也。⑤黄金千岁生黄龙。注文:黄金之精为黄龙也。⑥黄龙入藏生黄泉。注文:黄泉,黄龙之精汋也。⑦黄泉之埃上为黄云。注文:其气上至天也。⑧阴阳相薄为雷,激扬为电。注文:言黄气之相激薄也。⑨上者就下。注文:其气伤,复于天下也。⑩流水就通而合乎黄海。注文:言水从天下,则通流入于海也。⑪偏土之气仰乎青天。注文:偏土,方土也。⑫青天八百岁生青增。注文:青增,青石也。东方数八,故八百岁而一化。⑬壮土之气仰于赤天。注文:壮土,南方土也。⑭赤天七百岁生赤丹。注文:赤丹,沙也。南方数七,故七百岁而一化也。⑮赤丹七百岁生赤金。注文:丹沙不化为沙而可以为金,故气赤澒也。⑯弱土之气仰乎白天。注文:弱土,西方土也。⑰白天九百岁生白礜。注文:白礜,礜石也。西方数九,故九百岁而一化也。⑱牝土之气仰乎玄天。注文:牝土,北方土也。⑲玄天六百岁生玄磁。注文:

① 李昉《太平御览》,中华书局 1960 年版,第 3991 页。第②条,疑“牛羊”后脱“之属”二字。

② 吴承仕《淮南旧注校理》,北京师范大学 1985 年版,第 33 页。

磁,石也。北方数六,故六百岁而一化也。[①]

按:以上属连引,出自《太平御览》卷七十《地部三十五·泉水》。《说文·水部》:"澒,丹沙所化为水银也。"与第③条佚文训义相合。不过,这些佚注虽不少为今本所无,其余亦小异,但错讹之处较多,故无法判定是许注或是高注。

(五)时则训

1. 天子始乘舟,荐鲔于寝庙。注文:鲔,豆瞢鱼也。天子乘舟捕鱼者,以荐进庙也。[②]

按:《太平御览》卷九百三十六引,四库本无此文。《史记·司马相如列传》裴骃集解引郭璞曰:"鲠鳍,鲔也。"[③]疑佚注中"豆瞢鱼"当作"鳍鱼"。

2. 乘赤骝。注文:骝,赤马黑髦也。[④]

按:《太平御览》卷八百四十一引。《说文·马部》:"骝,赤马黑毛尾也。"训义亦同。

3. 草为蚈。注文:草得阴而死,极阴中反阳,故化为蚈。蚈,马蠸也。蠸音权。[⑤]

---

① 李昉《太平御览》,中华书局1960年版,第332页。第②条讹误颇多,四库本引作"蚗,石名也。中央数五,故五百岁而一化",当从之。然"蚗"疑作"砄"。第⑨条,四库本引作"其气遍流于天下也"。第⑮条,四库本引作"丹,砂也,化为砂而可以为金,故气赤澒也"。第⑰条,四库本引作"白礜,白石也"。

② 李昉《太平御览》,中华书局1960年版,第4161页。今本高注作"鲔鱼似鲤而大。进此鱼于寝庙,祈于宗祖,求麦实"。

③ 司马迁《史记》,中华书局1959年版,第3021页。

④ 李昉《太平御览》,中华书局1960年版,第3759页。今本《淮南》无注。

⑤ 李昉《太平御览》,中华书局1960年版,第4208页。今本高注作"蚈,马蚿也,幽冀谓之秦渠"。

按:《太平御览》卷九百四十八引。《兵略训》许注:“蚈,马蠸也。”可知此佚文应属许注。

4. 寒蝉鸣。注文:寒蝉,青蝉也。虫,阴类,感气鸣也。①

按:《太平御览》卷九百四十四引,四库本无此文。

5. ①乘玄骆。注文:玄骆,黑马白氂。②食黍与彘。注文:黍、彘,水类,时宜也。②

按:以上属连引,出自《太平御览》卷八百四十二《百谷部六·黍》。《说文·马部》:“骆,马白色黑鬣尾也。”玄骆是以黑色为主,故两者训义相反。

6. 雉入大水为蜃。注文:雉,阳鸟也,三岁而死,极阳切阴,故随阴气入水为蜃。蜃,大蛤也。③

按:《太平御览》卷九百四十一引。《说文·虫部》:“雉入海化为蜃。”

7. ①自碣石过朝鲜。注文:碣石山,在东北海中。朝鲜,东夷。②贯大人之国。注文:东方有大人之国也。③东至日出之次、扶木之池、青土树木之野。注文:皆日所出之地。④自北户乌孙之界,贯颛顼之国。注文:北户,日在其北,向以为户。南方有颛顼之国也。⑤赤帝、祝融之所司者。注文:赤帝,著明审谡也。祝,属也。融,工也。万物盛长,属续而工也。⑥自昆仑东绝恒山。注文:昆仑在西方。恒山,北岳也。⑦日月之所道。注文:谓二十八宿舍在地之分

---

① 李昉《太平御览》,中华书局1960年版,第4193页。今本《淮南》无注。

② 李昉《太平御览》,中华书局1960年版,第3763页。今本《淮南》无注。

③ 李昉《太平御览》,中华书局1960年版,第4182页。今本高注作“蜃,蛤也。大水,淮也。《传》曰‘雉入于淮为蜃’”。

野。⑧以息壤堙鸿水之州。注文:禹以息土堙洪水,以为中国九洲。洲,水中可居也。⑨黄帝、后土之所司者。注文:黄,中色。帝道谩,地道载物,故称后也。⑩自昆仑绝流沙、沉羽。注文:沉羽,弱水也,其弱至沉毛羽也。⑪少皞、蓐收之所司者。注文:少皞,白帝之号。少皞阴用事,物浩成也。蓐,茂也。万物茂,可收用之。⑫北方之极自九泽穷夏海之极,北至令止之俗。注文:九泽,北方之泽也。夏海,大海也。令止,丁令,北海胡地。⑬颛顼、玄冥所司者。注文:颛顼,黑帝之号。顼,大。言大阴用事,振翕而寒也。阴闭不见,故神为玄冥也。⑭节已几。注文:几,终也。[①]

按:以上属连引,出自《太平御览》卷三十七《地部二·地下》。上列注文多与今本高注相异。《说文·川部》:"水中可居曰州。"《缪称训》许注:"几,终也。"与《御览》所引相同。依此言之,这些佚文当属许注。

(六)览冥训

1. 方诸取露于月。注文:方诸,阴极者。[②]

按:《北堂书钞》卷一百五十二引。《说文·月部》:"月,阙也,大阴之精。""方诸"与"月"同类相应,故训作"阴极者"。

2. 是王孙绰之欲倍偏枯之药而欲以生殊死之人。注文:王孙绰,鲁人也。[③]

按:《太平御览》卷九百八十四引。高注云:"王孙绰,盖周人。一曰:卫人,王孙贾之后也。"而此佚注和《吕氏·似顺论·别类》篇皆以为鲁人,未知孰是。

---

① 李昉《太平御览》,中华书局1960年版,第174页。

② 虞世南《北堂书钞》,天津古籍出版社1988年版,第692页。

③ 李昉《太平御览》,中华书局1960年版,第4356页。

3. ①女娲杀黑龙以济冀州。注文:黑龙为冀州害。②积卢灰以止淫水。注文:卢,黑也,一曰苇灰也。[①]

按:以上属连引,出自《太平御览》卷八百七十一《火部四·炭》。《尚书·文侯之命》孔安国传:"卢,黑也。"[②]亦与此佚注中的释义相一致。

4. 甘之于猫豢牛羊。注文:猫,牛肉。豢,豕肉。[③]

按:《太平御览》卷三百三十九引。不闻"猫"训"牛肉"之说,引文疑有讹误。

(七)精神训

1. 采椽不斲,斥题不枅。注文:言梁柱相斥距,不著枅栌。[④]

按:《艺文类聚》卷十一引。《说文·木部》:"枅,屋栌也。"又《一切经音义》引许注:"枅,栌也。"[⑤]可知该佚文乃许注一部分。

2. 非直越下之休也。注文:楚谓两树交会,其阴曰越。[⑥]

按:《北堂书钞》卷一百五十八引许注。古"越"、"樾"通。《人间训》作"樾下",许注:"众树之虚也。"含义相近。《玉篇·木部》:"楚谓两树交阴之下曰樾。"即本之于此。

---

① 李昉《太平御览》,中华书局 1960 年版,第 3862 页。今本《淮南》"卢"作"芦"。

② 阮元校刻《十三经注疏》,中华书局 1980 年版,第 254 页。

③ 李昉《太平御览》,中华书局 1960 年版,第 1555 页。今本《淮南》作"甘之于刍豢"。

④ 欧阳询《艺文类聚》,上海古籍出版社 1982 年版,第 213 页。《太平御览》卷八十亦引此文。

⑤ 慧琳《一切经音义》卷六十二,日本元文二年(1737)洛东狮谷白莲社刻本。《续修四库全书》第 196 ~ 197 册有影印本。

⑥ 虞世南《北堂书钞》,天津古籍出版社 1988 年版,第 733 页。今本《淮南》无注。

（八）本经训

1. 竹实盈。注文：竹实，凤皇食。①

按：《太平御览》卷九百六十二引。《毛诗》郑笺：“凤皇之性，非梧桐不栖，非竹实不食。”②古人以凤凰为神鸟，其饮食行为自是异于寻常之物。

2. 共工振滔鸿水。注文：滔，漫也。共工，炎帝之后，随高堙下，壅百川以为民害。③

按：《太平御览》卷八十一引。《说文·水部》：“滔，水漫漫大貌。”与此佚注相合，当属许注。

3. 古者明堂之制。注文：明堂，太庙正室。④

按：《太平御览》卷五百三十三引。《兵略训》许注：“庙之中，谓之明堂也。”训义亦一致。

（九）主术训

1. ①剔觡伸钩。注文：觡，角。②椎移大戏。注文：大戏，军之大旗。③困之鸣条。注文：鸣条，今陈州平丘地。⑤

按：以上属连引，出自《太平御览》卷八十二《皇王部七·帝桀》。《说文·角部》：“觡，骨角之名也。”又《说文·戈部》：“戏，三军之偏也。”《史记》张守节正义并引许注：“戏，大旗也。”⑥由此可

① 李昉《太平御览》，中华书局1960年版，第4270页。今本《淮南》“盈”作“满”，无注。

② 阮元校刻《十三经注疏》，中华书局1980年版，第547页。

③ 李昉《太平御览》，中华书局1960年版，第379页。注文中“也”原作“之”，据四库本改。

④ 李昉《太平御览》，中华书局1960年版，第2420页。

⑤ 李昉《太平御览》，中华书局1960年版，第386～387页。第③条，陈州乃梁武帝萧衍改置，“陈州”当为“陈留”，疑是后人窜改。

⑥ 司马迁《史记》，中华书局1959年版，第367页。

知，这些佚文必属许注。

2. 岂其人事不至哉？其势不可也。注文：春生、夏长、秋收、冬藏，四时不可易也。①

按：《齐民要术·种谷注》引。《逸周书》云："万物春生、夏长、秋收、冬藏，天地之正，四时之极，不易之道。"②亦如此佚文之意。

3. ①大路不画。注文：大路，天子车也。②越席不缘。注文：越席，東蒲席也。③大羹不和。注文：无五味也。③

按：《太平御览》卷八十引。《齐俗训》许注："大路，天子车也。"又《泰族训》许注："大羹不和五味。"可证上述佚文属许注无疑。

4. 马反自恣。注文：恣，却行也。④

按：《太平御览》卷七百四十六引。"却"犹"退"，"却行"即"退行"。

（十）氾论训

1. 古者民泽处腹穴。注文：凿崖岸之腹以为密室。⑤

按：《太平御览》卷一百七十四引。高诱引一说云："穴，毁隄防崖岸之中以为窟室也。"此佚文与之近同，疑是许注。

2. 景阳淫酒披发。注文：景阳，楚相也。⑥

按：《北堂书钞》卷四十九引。高诱以为楚国将军，与此佚注正

---

① 缪启愉《齐民要术校释》，中国农业出版社 1998 年版，第 75 页。今本《淮南》无注。

② 黄怀信《逸周书汇校集注》，上海古籍出版社 1995 年版，第 619 页。

③ 李昉《太平御览》，中华书局 1960 年版，第 375 页。第②条，注文中"席"原作"序"，据四库本改。

④ 李昉《太平御览》，中华书局 1960 年版，第 3313 页。今本《淮南》无注。

⑤ 李昉《太平御览》，中华书局 1960 年版，第 851 页。

⑥ 虞世南《北堂书钞》，天津古籍出版社 1988 年版，第 174 页。

异，应是许高二注之别。

（十一）兵略训

无焚积聚，无捕虏民，无收六畜。注文：无聚所征国民以为採取，无收其六畜以自饶利。①

按：《太平御览》卷二百七十一引。《御览》在此文前后又引“热，烧也”、“淅，渍”②，与今本许注相同。可知此佚注应为许注的脱文。

（十二）说山训

1. 啄木愈龋。注文：啄木，食龋虫也。③

按：《太平御览》卷七百四十引。《说文·牙部》：“龋，齿蠹也。”所谓龋虫，是指树上的蠹虫。

2. 狸头止瘺。注文：瘺，寒热病也。④

按：《太平御览》卷九百一十二引。此卷又引《淮南子》曰：“狸头似鼠，以类推也。”下引许注：“貍食鼠。”知该佚注应属许注之脱文。

3. 故叶落而长年悲。注文：长年人忌木黄落时。⑤

按：《艺文类聚》卷八十八引。

---

① 李昉《太平御览》，中华书局1960年版，第1267页。

② 原作“淅，清”。考“淅”字，无有训“清”之例，且“淅”亦未有训“清”之例，应是《御览》传写之误，当从今本。

③ 李昉《太平御览》，中华书局1960年版，第3285页。今本《淮南》作“斲木”，无注。

④ 李昉《太平御览》，中华书局1960年版，第4040页。今本《淮南》作“愈鼠”，高注作“鼠啮人创，狸愈之”。

⑤ 欧阳询《艺文类聚》，上海古籍出版社1982年版，第1507页。“落”原作“善”，今据《御定渊鉴类函》卷四百十二所引校改。

（十三）说林训

1. 畜者欲岁之荒饥。注文：谓将取厚利。[①]

按：《太平御览》卷三十五引。

2. 盖非橑不能蔽日。注文：橑，盖骨也。[②]

按：《太平御览》卷七百二引。《说文・木部》："橑，椽也。"此处当是指支撑车盖的圆木条，即所谓"盖骨也"。

3. 芝兰以芳，未尝见霜。注文：先霜刈之。[③]

按：《太平御览》卷十四引。

（十四）修务训

公输，天下之巧士，作为云梯之械，设以攻宋。注文：公输，鲁般也。[④]

按：《古本蒙求》卷上引。今本高注作"公输，鲁班号"。又《本经训》高注："公输，巧者，一曰鲁班之号也。"《战国策》卷三十二高注："公输般，鲁班之号也。"[⑤]皆与《蒙求》所引微异，疑是许高二注之别。"班"、"般"一声之转，古时通用。

---

① 李昉《太平御览》，中华书局1960年版，第166页。今本《淮南》作"畜粟者"，无注。

② 李昉《太平御览》，中华书局1960年版，第3134页。"橑"原作"撩"，据今本《淮南》校改。

③ 李昉《太平御览》，中华书局1960年版，第69页。

④ 李瀚《古本蒙求》，《丛书集成三编》第22册，台北新文丰出版公司1997年，第730页。

⑤ 刘向集录《战国策》，上海古籍出版社1985年版，第1146页。

第三节　高注的流传与保存

一、高注的流传历史

高注作为《淮南子》汉人注疏的双璧之一，其流传过程复杂多变，并不亚于许注。由于高注不仅比许注详细，而且在很多方面胜过许注，所以它的影响实际上超过了许注。后来与许注并杂一书，流传千年却不为人知，确是古书文献史上的奇观。因此，勾勒和疏理高注的流传历史同样很有必要。

汉末持续的战乱造成图书严重亡失，《淮南子》也岌岌可危。高诱有鉴于此，欲通过校注的形式使其继续留存下去。根据高氏序文，高诱校注《淮南子》自建安十年(205)开始，建安十七年(212)方告完成，历时八年之久。本来高诱撰成《淮南子注》并未花费这么长的时间，只因其间发生了不可预料的事情。其序文云："典农中郎将弁楫借八卷刺之，会楫身丧，遂亡不得。至十七年，迁监河东，复更补足。"显然，在弁楫借阅之前高诱便已完成二十一卷的注释，而弁氏借去其中八卷研读后，遭其身故，最终丢失未还，高诱不得已又在公务繁忙之暇补足了这八卷。这件事情一方面说明高注在问世之初即引起了士人的注目，另一方面又可以视作高注流传过程中遭遇的第一次不幸。好在高诱生前便作了修复，才使它继续保持完整。然而，后之学者对此却随意曲解，有的认为高注原本就只有十三篇，如陆心源说："高氏自序云'弁楫借八篇刺之，会楫身丧，遂亡不得'，是诱在时已亡八篇矣。隋唐之后，何以反得二十一篇乎？此高注原本有十三篇,无二十一篇之明证也。"①有的认为高诱没有重作新注,只是以许注补足所阙八篇,如吴则虞说:"《缪称》八卷,悉为许诂旧文,序所云补足者非高自补之,言于河东得许诂以补其缺也。是高诱未尝尽注全书,挹彼注兹以完篇卷。"②这些说法都是没有根据的猜测,与事实严重不符,于大成已有驳斥。③ 后世诸书所引高注,有相当一部分溢出今本十三篇之外,无疑证明了高诱在当时确实为丢失的八卷重新作了注释而非仅取许注补之,也证明了高注原本是二十一篇而非十三篇。刊行此书之时,高诱于每卷卷首题"鸿烈解",其下又题"高氏训",但在后来的抄刻过程中"训"字混入正文篇目,致使《淮南子》除《要略》之外每篇的篇名皆含有一"训"字。④

高诱约卒于三国鼎立之际,⑤此后士人的兴趣聚焦在玄谈,对《淮南子》及高注未驻足留意。南北朝时,北方文人的著述中常见引用高注的情形,南方文人的著述则很少见到。可能是因为高诱乃北方人,加之条件有限,所以他的著书主要局限在北方流传。北魏刘

---

① 陆心源《仪顾堂集》卷二《〈淮南子〉许高二注》,清光绪戊戌年(1898)刻本。

② 吴则虞《淮南子书录》,《文史》(第二辑),中华书局 1963 年版,第 292 页。

③ 详见于大成《淮南论文三种》,台北文史哲出版社 1975 年版,第 10 页。

④ 上海涵芬楼藏《吕氏春秋》明代宋邦乂刊本,卷下即题"高氏训解",这可能是高诱冠著其名的一贯做法。《淮南子》原篇名中无"训"字,此历历可征。《要略》提及各篇篇名,高诱自引《天文》、《原道》、《穆称》、《主术》等篇,蔡邕《明堂月令论》提及《时则》篇,葛洪《抱朴子外篇》提及《原道》、《俶真》、《兵略》、《主术》等篇,杜台卿《玉烛宝典》提及《天文》、《时则》、《主术》等篇,均没有"训"字。前贤对此问题已有探讨。何宁《淮南子集释》,中华书局 1998 年版,第 1 ~ 2 页。

⑤ 详见本书第三章第一节的考证。

芳(452～513)上疏魏宣武帝(500～515年在位)时多次引用高注为据,[①]略晚于刘芳的郦道元(470? ～527)撰《水经注》亦多次采用高诱的说法,[②]贾思勰的《齐民要术》在征引《淮南子》原文时也常常附以高注。[③] 出身江南而生活于北方的颜之推(531～595?)撰著《颜氏家训》,[④]其中《音辞》篇提及了高注:

> 逮郑玄注《六经》,高诱解《吕览》、《淮南》,许慎造《说文》,刘熹制《释名》,始有譬况假借以证音字耳。[⑤]

这些现象表明,高注已经为北方学者所注意,并且对他们的学术研究产生了一定影响。然《史记集解》和《玉篇残卷》均只见引用许注而不见引用高注的情形,大概是高注在南方流传还不够广泛的缘故。

隋王朝统一全国后,地理交通更加便利,南北图书就可以进一步互通有无。高注也因此突破了流传上的区域限制,逐渐被更多的文人学者阅读和应用。《玉烛宝典》、《五行大义》、《北堂书钞》等文

① 刘芳《郊坛疏》引用《时则训》高注4例。不过,这些注文也见于高诱注《吕氏·十二纪》。

② 据统计,郦道元注《水经》引用高注约7例,来自《地形》、《氾论》2篇。

③ 据统计,《齐民要术》注文明确标为高注的约有4例,另有暗引约12例,来自《原道》、《主术》、《诠言》、《修务》、《泰族》等5篇。

④ 关于《颜氏家训》的成书年代,学者意见不一。余嘉锡等人认为是作于隋开皇九年(589)平陈之后,而《四库提要》作者认为是成于北齐。参见朱明勋《〈颜氏家训〉成书年代论析》,《社会科学研究》2003年第4期,第152～154页。

⑤ 王利器《颜氏家训集解》,中华书局1993年版,第529页。

人著述大量采录高注,[①]即反映了这一点。入唐以来至开元末年,称得上是高注在唐代传播的大盛时期。不但《隋志》、《群书四部录》、《古今书录》等书目将其载录在册,而且文人雅士著书立说,如欧阳询编《艺文类聚》、颜师古著《匡谬正俗》及《汉书注》、李善注《文选》、李贤注《后汉书》、徐坚撰《初学记》、司马贞撰《史记索隐》也多见征用。[②] 征用的高注不仅数量多,还遍及了《淮南子》的所有篇目。这种现象有力地说明了高注在此时依然保持着完整和独立的面貌。新旧《唐志》著录高注为二十一卷,当是反映这个时期的流传情况。自天宝之后,战乱频起,高注流传又一次陷入低谷。从天宝元年(742)到五代末期这200多年间,传世文献中仅见《列子释文》、《白氏六帖》、《酉阳杂俎》、《说文系传》[③]等书有零星引用。

宋代统治者重视文治,图书出版也较为繁荣,高注的传播开始

---

① 据统计,《玉烛宝典》各卷引用高注约有35例,主要来自《天文》、《地形》、《时则》、《主术》、《缪称》、《说山》等6篇,另有不少既同于《淮南》高注又同于《吕氏》高注者。《五行大义》的《论干支名》之篇集中采纳了高诱对《淮南子·时则训》的解释,而成为此篇的主干。《北堂书钞》引用高注约有31例,其中仅有1例为明引,其余为暗引,主要来自《俶真》、《天文》、《地形》、《时则》、《览冥》、《精神》、《本经》、《缪称》、《齐俗》、《氾论》、《说林》、《兵略》等12篇。

② 《艺文类聚》引《淮南》文常附以注释,这些注释虽未标出注者,但可以肯定绝大部分是高注。据笔者粗略统计,《艺文类聚》引用高注约有27例,来自《原道》、《天文》、《览冥》、《精神》、《本经》、《缪称》、《齐俗》、《氾论》、《兵略》、《修务》、《泰族》等11篇。李善注《文选》引用高注约有136例,遍及了《淮南子》的所有篇目。《匡谬正俗》及《汉书注》两书引用高注2例,来自《地形》、《修务》2篇。李贤注《后汉书》引用高注约有10例,来自《天文》、《地形》、《览冥》、《本经》、《缪称》、《氾论》等6篇。《初学记》明引高注约有10例,其中1例误引,来自《天文》、《地形》、《览冥》、《本经》等4篇,另有多处暗引。《史记索隐》引用高注仅2例,来自《本经》、《修务》等2篇。

③ 徐锴(920~974),精于文字训诂,撰《说文解字系传》。此书引用高注约有5例,来自《俶真》、《地形》、《时则》、《主术》等4篇。

好转。然而,就在宋初一百年间,高注遭遇了第二次不幸。这次不幸导致高注八卷永久性的失传,其余十三卷亦与许注杂处一书而被刊行。苏颂发现这一情况之后,进行了认真细致的清理。他并将清理出来的十三篇高注抄写成二十一篇本,只是另外八篇有文无注,并标明"注今亡"字样。由于苏氏的校理成果未能传布出去,绝大多数文人对于高注的残缺以及与许注杂处的事实还是茫然不知。此前《崇文总目》虽录高注为二十一卷,但对其存佚作了说明。至苏颂之时,高注就已经以混同许注于一书的形式流传,其后依旧是以此种形式流传。这种混杂的流传形式给以人很大错觉,要么使人认为是高注二十一卷,要么是许注二十一卷。倘若不进行专门的研究,就很难发现其中的奥秘。《通志·艺文略》、《中兴馆阁书目》著录高注为二十一卷乃承袭旧时书目而来,《郡斋读书志》、《直斋书录解题》则仅题为许注二十一卷。因为不明白许高二注相杂的真相,所以宋代文人在引述《淮南子》注文时常常出现把高注当作许注,把许注当作高注的现象。《宋史·艺文志》著录"高诱注《淮南子》十三卷",①大概是编撰者见到了苏颂的抄本或序文,这也可以视为高注只剩十三卷的进一步确认。元代文人自然不可能再见到完整的高诱注本,同时许高二注杂处一书的形式并成为高注流传过程中的绝对主流。

明清文人喜爱收藏图书,也乐于刊行典籍。置于这样的环境下,高注的传播就更加广泛。明代的《菉竹堂书目》、《百川书志》、《天一阁书目》、《内阁藏书目录》、《万卷堂书目》、《徐氏家藏书目》、《世善堂藏书目录》、《澹生堂藏书目》等书均著录了《淮南子》。尽管很多题作"许慎记上",但能够肯定这些版本就是许高二注的混

---

① 脱脱《宋史》,中华书局1977年版,第5207页。

杂之本。刘绩根据注文的内容和特征，指出世之所传《淮南子》注本只有高本而无许本：

“记上”犹言标题进呈也，故称职、称臣。先儒误以为慎注，又疑非诱注。按，注中不知者云“诱不敏”，则为诱注明矣。①

刘氏的说法虽然不符合历史事实，但对清代前期文人产生了一定的影响，导致他们在著录和刊行《淮南子》时基本题为“高诱注”。如《绛云楼书目》录为“《淮南子》二十一卷，高诱注”，②《传是楼书目》录为“《淮南子》二十八卷，汉高诱注，明朱东光辑”，又录“《淮南鸿烈解》二十一卷，汉刘安撰，高诱注”。③《四库全书总目提要》也不例外：

“《淮南子》二十一卷，汉淮南王刘安撰，高诱注。……后慎注散佚，传刻者误以诱注题慎名也。观书中称景古影字，而慎《说文》无影字，其不出于慎审矣。”④

由此可见，将《淮南子》所传二十一卷注文皆属高注，已经成为清初文人的共识。武进庄逵吉刊刻《淮南子》，即于每卷卷旁题曰

① 何宁《淮南子集释》，中华书局 1998 年版，第 1504 页。

② 钱谦益撰，陈景云注《绛云楼书目》，丛书集成初编本，商务印书馆 1935 年，第 41 页。

③ 徐干学《传是楼书目》卷三《子部》，清道光八年（1828）刘氏味经书屋抄本。《续修四库全书》第 920 册有影印本。

④ 永瑢《四库全书总目》，中华书局 1965 年版，第 1009 页。

“汉涿郡高诱注”。尽管顾炎武、庄逵吉等人曾对高注中自相矛盾的地方提出过怀疑，但这种假象一直延续到清代晚期，才为劳格、陆心源、陶方琦等人戳破。许高二注就如一对孪生兄弟，在一起生活了800年才最终被人们识别。往后，高注还将以这种特殊的形式流传于世。

二、高注佚文辑考

高注流传至今，只保存了《原道》、《俶真》、《天文》、《地形》、《时则》、《览冥》、《精神》、《本经》、《主术》、《氾论》、《说山》、《说林》、《修务》等十三篇，已经是不争的事实。历代文献因频繁征引高注，其中保存的佚文也是相当可观的。清代学者大都只注重辑录许注，对散佚的高注则未加留意。笔者不揣浅陋，尝试为之钩沉。

（一）天文训

1. 虎啸而谷风至。注文：虎，阳兽也，与风同类。①

按：《初学记》卷一引高注。此文与今本高注不同，而《文选》卷五十五李善注《广绝交论》引许注：“虎，阴中阳兽，与风同类也。”②此佚文当从李善注引，《初学记》误作高注。

2. 南方曰炎天。注文：南方五月建午，火之中也，火性炎上，故曰炎天。③

按：《文选》卷二十六李善注《夏夜呈从兄散骑车长沙》引高注。今本无此文，但《吕氏·有始览·有始》高注则存此文。高诱注《淮

① 徐坚《初学记》，中华书局1962年版，第17页。《太平御览》卷九引同。

② 萧统《文选》，中华书局1977年版，第754页。

③ 萧统《文选》，中华书局1977年版，第367页。

南子》早于注《吕氏春秋》,故此佚注疑是脱文。

3. 其帝太昊,其佐勾芒,执规而治春。注文:《汉书·魏相上书》:"太昊乘'震',执规治春。"①

按:《太平御览》卷十九引。今本无此文。但《御览》在此文前还连引一条注文,与今本高注全同。又考高注十三篇,引用《汉书·地理志》2 例。故可判断该佚注当属高注脱文。

4. 轩辕者,帝妃之舍。注文:轩辕,星名。②

按:《文选》卷十三李善注《月赋》引高注,又卷五十八李善注《齐敬皇后哀策文》引作"轩辕,星也"③。今本无此文。《天文训》"紫宫、太微、轩辕、咸池、四守、天阿",高注:"皆星名,下自解。"故此佚注亦当是高注脱文。

5. 加十五日指巳则小满。注文:满,冒也。④

按:《太平御览》卷二十三引。今本无此文。但《御览》在此文前后还连引三条注文,与今本高注同,可知此佚注属脱文无疑。

6. ①静居闭户。注文:杀气安静。②乃布收其藏而闭其寒。注文:收敛其所藏而出布之,闭其阴寒,令不得发泄也。⑤

按:以上属连引,出自《太平御览》卷十九《时序部四·春中》。前一文,今本不存;后一文,今本作"收敛其所藏而闭之",说解不明。《御览》在此二文前后还连引三条注文,与今本高注同。故此二文应

---

① 李昉《太平御览》,中华书局 1960 年版,第 94 页。

② 萧统《文选》,中华书局 1977 年版,第 197 页。

③ 萧统《文选》,中华书局 1977 年版,第 799 页。

④ 李昉《太平御览》,中华书局 1960 年版,第 110 页。

⑤ 李昉《太平御览》,中华书局 1960 年版,第 94 页。四库本无此注文。第②条注文,"寒"原作"塞","令"原作"全",皆当形近而误。若依原文,其意则苦涩不通,故校改之。

是高注脱文。

7. 孟夏之月,以熟谷米。注文:熟,亦长也。①

按:《太平御览》卷九百二十一引。今本无此文。然《御览》在此文之后又连引一条注文,与今本高注同,可知此文当属高注脱文。

8. 至于曲阿,是谓旦明。注文:旦明,平旦也。曲阿,所由明也。②

按:《北堂书钞》卷一百四十九引。今本高注仅作"平旦",由此知"曲阿,所由明也"为高注脱文无疑。

9. 入于虞渊,是谓黄昏。注文:视物黄也。③

按:《文选》卷十八李善注《琴赋》引高注。今本作"入"作"至",无此注文。高诱此注大概是解释"黄昏"之意,应属脱文。

10. 六岁而一衰。注文:衰,疫疾也。④

按:《太平御览》卷十七引。今本无此文。然《御览》在此文之前又连引四条注文,与今本高注相同,故知此文应是高注脱文。

(二)缪称训

1. ①管仲文锦也,虽丑登庙。注文:相桓公,以霸功成事,衣文锦之服,大书在明堂,故曰虽丑登庙也。②子产练染也,美而不尊。注文:子产相郑,以乘车济朝涉者,《孟子》曰:"惠而不知为政。"练染者,以子产喻母人,《月令》曰:"命妇官染练。"温暖其民,如人之母也。⑤

按:以上属连引,出自《太平御览》卷四百四十七《人事部八十

---

① 李昉《太平御览》,中华书局 1960 年版,第 4088 页。

② 虞世南《北堂书钞》,天津古籍出版社 1988 年版,第 676 页。

③ 萧统《文选》,中华书局 1977 年版,第 255 页。

④ 李昉《太平御览》,中华书局 1960 年版,第 88 页。

⑤ 李昉《太平御览》,中华书局 1960 年版,第 2055 页。第②条注文,"官"原作"宫",《礼记·月令》"令妇官染采",当从之。

八·品藻下》。高诱注解诸书,多引儒家经传之言以为辅翼[①]。高注十三篇引《孟子》11 例,引《明堂月令》3 例。高诱又喜用“故曰”一词,达 312 例。可知此二文符合高注习惯,且与今本许注相异,必属高注无疑。

2. 春女悲,秋士哀,知物化矣。注文:《周礼》“仲春之月,令媒氏会男女”,女当外成于夫家,骨肉相离,故女悲。秋,金气用事,战士执兵,胜败若化,故士哀也。[②]

按:《太平御览》卷十九引。高注十三篇明引《周礼》8 例,此文符合高注风格。又《时则训》高注:“秋,金气用事,水之母也。”可证此佚文确是高注。

3. 有道之世,以人与国;无道之世,以国与人。注文:以贤人而与之国,尧舜是也;以国与人,桀纣与汤武是也。[③]

按:《太平御览》卷六百二十引。高诱惯用“……是也”模式,多达 100 余例,而许注八篇仅有 2 例。此文符合高诱用语习惯,又与今本许注相异,故疑其乃高注。

4. 鹊巢知风之所起。注文:言鹊作巢,向风之所起为户。一说云:背风所起也。[④]

---

① 文献征引情况,详见本书第三章第四节。

② 李昉《太平御览》,中华书局 1960 年版,第 94 页。《北堂书钞》卷一百五十四“春女悲”下亦引:“《周礼》‘仲春之月,令媒氏会男女。一升成于夫家,骨肉相离,故悲之也。’”今本《淮南》作“春女思,秋士悲”,许注作“春女感阳则思,秋士见阴而悲”。

③ 李昉《太平御览》,中华书局 1960 年版,第 2783 页。

④ 李昉《太平御览》,中华书局 1960 年版,第 4086 页。《御览》卷九百二十八又引此注,略有不同:“言鹊作巢而知风。一说:背风也。”类书征引常见约文,非本来面貌。《事类赋注》卷十九亦引此注约文:“言鹊作巢,向风之所起为户。”今本许注作“岁多风则鹊作巢卑”。

按:《太平御览》卷九百二十一引。高注十三篇博采众家,辑存异说约 126 例,单以“一说”表述者即有 47 例。此佚文与高注风格相合。

5. 蝔知将雨。注文:蝔,虫也,大如笔管,长三寸余。①

按:《太平御览》卷九百四十八引高注。《广韵》引《淮南》文作“蝔知雨至”,并谓:“蝔,虫,大如笔管,长三寸,代谓之猥狗,知天雨则于草木下藏其身。”②应是本自高注。

6. 宁戚击牛角而歌,桓公举以为大田。注文:大田,官也。③

按:《文选》卷三十一李善注《刘太尉伤乱》引高注。《吕氏·审分览·勿躬》:“垦田大邑,辟土艺粟,尽地力之利,臣不若宁遬,请置以为大田。登降辞让,进退闲习,臣不若隰朋,请置以为大行。”大田与大行对举,高注曰:“大行,官名也。”由此知大田亦是官名。

7. 昔者二皇凤至于庭,三代凤至于门。注文:二皇,伏牺、神农。三代,尧、舜、禹也。④

按:《艺文类聚》卷九十九引。又《文选》卷十八李善注《长笛赋》引:“《淮南子》曰‘二皇凤至于庭’,高诱曰:‘二皇,伏羲、神农也。’”⑤《原道训》高注:“二皇,伏牺、神农也。”可知此佚文应属高注。

---

① 李昉《太平御览》,中华书局 1960 年版,第 4209 页。今本《淮南》作“阴谐知雨”,许注作“阴谐,晖日雌也,天将阴雨则鸣”。

② 陈彭年《大宋重修广韵》卷一,四部丛刊本。

③ 萧统《文选》,中华书局 1977 年版,第 448 页。今本作“举以大政”,无注。王念孙认为“举以大政”本作“举以为大田”,此为后人以意改之。见《读书杂志》,江苏古籍出版社 1985 年版,第 853 页。

④ 欧阳询《艺文类聚》,上海古籍出版社 1982 年版,第 1708 页。《太平御览》卷九百一十五引同,然“伏牺”作“宓羲”。

⑤ 萧统《文选》,中华书局 1977 年版,第 254 页。

(三)齐俗训

1. 夫水积则生相食之虫。注文:言大鱼食小鱼。[①]

按:《太平御览》卷五百二十三引。今本无注。

2. 礼饰则生伪慝之儒。注文:伪,诈。慝,奸。[②]

按:《太平御览》卷五百二十三引。《本经训》高注:“伪,不诚也。”《说文·人部》:“伪,诈也。”《吕氏·慎大览·贵因》高注云:“慝,恶也。”《泰族训》许注亦云:“慝,恶也。”《周礼》郑注:“慝,奸伪之恶也。”[③]可见,汉人训“伪”、“慝”之义近似。

3. 夫虾蟆为鹑,水虿为蟌,皆生于非其类。注文:老蝦蟆化为鹑,水中虿虫化为蟌。蟌,蜻蜓也。[④]

按:《太平御览》卷九百四十九引。《说林训》高注:“蟌,青蜓。”与此条佚文训义相合。

4. 炮烙始乎热斗。注文:热斗,熨斗也。纣见热斗烂人手,遂作炮烙之刑矣。[⑤]

按:《北堂书钞》卷一百三十五引。《吕氏·季秋纪·顺民》高注:“纣常熨烂人手,因作铜烙。”可知此佚文当属高注,《太平御览》卷七百一十二误引作许注。

5. 深林榛薄。注文:丛木曰榛,深草曰薄。[⑥]

---

① 李昉《太平御览》,中华书局 1960 年版,第 2377 页。今本《淮南》作“相食之鱼”,当从之。

② 李昉《太平御览》,中华书局 1960 年版,第 2377 页。

③ 阮元校刻《十三经注疏》,中华书局 1980 年版,第 865 页。

④ 李昉《太平御览》,中华书局 1960 年版,第 4212 页。

⑤ 虞世南《北堂书钞》,天津古籍出版社 1988 年版,第 586 页。

⑥ 李昉《太平御览》,中华书局 1960 年版,第 3962 页。今本《淮南》作“深林丛薄”,无注。

按:《太平御览》卷八百九十二引。《原道训》高注:“丛木曰榛,深草曰薄。”又《主术训》高注:“聚木为榛,深草为薄”。故知此佚文属高注无疑。

6. 明镜可鉴形,蒸食不如竹箄。注文:裴玄论云:“尹氏镜蒸食不如三钱竹箄。”①

按:《太平御鉴》卷七百五十七引。此文疑是《御览》正文窜入注文之中而形成,原因有二:裴玄与陆逊同时,俱仕东吴,生活年代要略晚于高诱,此其一;《御览》卷三百七十四正文又引裴玄《新语》曰:“尹氏之镜,数睫照形,蒸食曾不如三钱竹箄。”②此其二。

7. 牺牛骍毛,宜于牲,其象以致雨,不若黑戾。注文:黑戾,黑色,虵属也。戾潜于水,神象能致雨也。③

按:《太平御览》卷九百三十三引。今本许注作“黑蜧,神蛇也,潜于神渊,盖能兴云雨”,与此文小异。

8. 裘与蓑孰急?见雨则裘不用,上堂则蓑不御,此代为帝者。注文:代,更也。帝王贵。④

按:《太平御览》卷六百九十四引。《俶真训》、《地形训》高注皆谓:“代,更也。”又《说林训》“譬若旱岁之土龙,疾疫之刍狗,是时为帝者也”,高注:“土龙以求雨,刍狗以求福,时见贵也。”正与此佚文相印证。

---

① 李昉《太平御览》,中华书局 1960 年版,第 3362 页。今本《淮南》作“明镜便于照形,其于以函食不如簞”,无注。

② 李昉《太平御览》,中华书局 1960 年版,第 1727 页。

③ 李昉《太平御览》,中华书局 1960 年版,第 4148 页。

④ 李昉《太平御览》,中华书局 1960 年版,第 3099 页。今本《淮南》“上”作“升”,“帝”作“常”,无注。

9. 忽然感之，可以清浊应矣。注文：清，商。浊，宫也。[①]

按：《酉阳杂俎·续集》卷四引高注。《修务训》高注："清，商也。浊，宫也。"又《主术训》高注："商音清，宫音浊。"皆与此佚文相合。

10. 帝颛顼之法，妇人不避男子于路者，祆之于四达之衢。注文：祆，除其不祥。[②]

按：《太平御览》卷七十九引。张双棣认为《御览》引盖高本，与许本不同[③]。

11. 禹有洪水之患，陂塘之事。注文：陂，畜也。塘，堤也。[④]

按：《文选》卷十二李善注《海赋》引高注。《说林训》高注："畜水曰陂。"又《主术训》高注："塘，堤也。"与此佚文训义正同。

12. 瓠梁之歌可随也。注文：瓠梁，古善歌之人也。[⑤]

按：《艺文类聚》卷四十三引。今本"瓠"作"狐"，无注。

13. 庖丁为刀十九年，刃如新砥砏。注文：庖丁，宋人。砥，磨也。[⑥]

按：《太平御览》卷八百二十八引。《吕氏春秋》称"宋之庖丁"，

---

① 段成式《酉阳杂俎》，中华书局 1981 年版，第 230 页。

② 李昉《太平御览》，中华书局 1960 年版，第 371 页。四库本"祆"作"祓"，《玉篇·示部》"祓，除灾求福也"，与此注文相合，当从之。今本《淮南》"祆"作"拂"，许注作"拂，扐"。

③ 张双棣《淮南子校释》，北京大学出版社 1997 年版，第 1143 页。

④ 萧统《文选》，中华书局 1977 年版，第 179 页。《太平御览》卷五百五十五引作："陂，蓄水。塘，池也。"

⑤ 欧阳询《艺文类聚》，上海古籍出版社 1982 年版，第 771 页。《北堂书钞》卷一百六引同，然"瓠"作"匏"。

⑥ 李昉《太平御览》，中华书局 1960 年版，第 3689 页。今本《淮南》"砥"作"剖"，许注作"庖丁，齐屠伯也。剖，始也。砏，磨刀石也"。

即此文所本。许慎以为齐人,未知何据。《吕氏·季秋纪·精通》篇高注:"磨,砥也。"正与此佚文的训义相合。

14. 规矩钩绳者,乃巧之具也,而非所以为巧。注文:巧存于心也。[①]

按:《太平御览》卷七百五十二引。今本无注。

15. 修脚者使之蹠铧。注文:长脚者蹠得土多,锸入土深也。[②]

按:《太平御览》卷七百六十四引。今本"蹠铧"作"跖镬"。于大成说:"《说文》'跖,足下也',又'蹠,楚人谓跳跃曰蹠',故许本作'跖',高本作'蹠',许用本字,高用借字也。……则《御览》引'锸'字当在'蹠'字下,文作'长脚者蹠锸,得土多,入土深也',此必高注如此。"[③]

16. 夫待騕褭、飞菟而驾之,则世莫乘车矣。注文:騕褭、飞菟,皆行万里。其行若飞,因曰飞菟。[④]

按:《太平御览》卷八百九十六引。《吕氏·离俗览·离俗》高注:"飞兔、要褭,皆马名也,日行万里,驰若兔之飞,因以为名也。"此佚文与之相近,当属高注。

17. 惠子从车百乘,以过孟诸,庄子见之而弃余鱼。注文:疾惠子故也。[⑤]

按:《太平御览》卷九百三十五引。今本许注作"庄子,名周,蒙人,隐而不仕。见惠施之不足,故弃余鱼也"。

---

① 李昉《太平御览》,中华书局1960年版,第3339页。

② 李昉《太平御览》,中华书局1960年版,第3391页。今本许注作"长胫以蹋插者,使而入深"。

③ 转引自张双棣《淮南子校释》,北京大学出版社1997年版,第1148页。

④ 李昉《太平御览》,中华书局1960年版,第3980页。

⑤ 李昉《太平御览》,中华书局1960年版,第4155页。

18. 譬犹冰炭钩绳也,何时而可合？注文:冰寒炭热,钩绳曲直,无时得合。[①]

按:《太平御览》卷八百七十一引。今本无注。

19. ①冬则羊裘解札,短褐不掩形,而炀灶口焉。注文:为裘如铠甲之札,言其破坏也。炀,炙也,向灶口之自温。炀,读高尚之尚也。②犹人君与仆虏,不足以喻之。注文:喻,犹方也。[②]

按:以上属连引,出自《太平御览》卷四百八十五《人事部一百二十六·贫下》。高诱注《淮南子》,并举音读,常用"读某某之某"模式,而许注八篇无一例。《俶真训》、《精神训》高注皆曰:"炀,炙也。……炀读供养之养也。"炀、尚、养同属阳部,古音相通。故知此二文必是高注。

(四)道应训

1. ①惠子为惠王为国法。注文:惠王,梁惠王也。惠子,惠王师也。②已成而示之诸先生。注文:示为国法。[③]

按:以上属连引,出自《太平御览》卷六百二十四《治道部五·政治三》。今本许注作"惠王,梁惠王;惠子,惠施也",与此佚文微异。

2. 吾闻京台者,南望猎山,北临方皇。注文:京台,高台也。方皇,大泽也。[④]

按:《文选》卷四十二李善注《与满公琰书》引高注。今本"京

---

① 李昉《太平御览》,中华书局1960年版,第3860页。《白孔六帖》卷十六引作:"冰寒炭热,无时得合。"应是高注约文。

② 李昉《太平御览》,中华书局1960年版,第2223页。今本许注作"解札,裘败解也。炀,炙"。

③ 李昉《太平御览》,中华书局1960年版,第2800页。

④ 萧统《文选》,中华书局1977年版,第597页。今本许注作"方皇,水名也,一曰山名"。

台”作“强台”。刘文典说：“强台，高本作京台，京、强古音同字通。”①《原道训》高注：“大筑京台，先从下起也。”可以佐证刘说不误。

3. ①楚将子发好求伎道之士。注文：士有求者无不养。②愿以伎该一卒。注文：该，备也。一卒，一人。②

按：以上属连引，出自《太平御览》卷四百七十五《人事部一百一十六・待士》。后一文，今本“伎该”作“技赍”，许注作“赍，备。卒，足”。蒋礼鸿云：“《玉篇》‘赍，备也’，盖即本许氏《淮南》义，《御览》作‘该’，非是。”③但《时则训》高注：“萁，读该备之该也。”即是以“该”为“备”之义。《广韵・咍韵》：“该，备也。”蒋说当有误，疑高本作“该”，而许本作“赍”。

（五）氾论训

周弃作稼穑，死而为稷。注文：种曰稼，敛曰穑，死托于祀稷官之神。④

按：《太平御览》卷五百三十二引。《御览》在此文前又引“劳力，谓治水功，死托祀于后土之神”，与今本高注同。于大成说：“高此注当云‘周弃，后稷也，种曰稼，敛曰穑，死讬祀于稷官之神。’”⑤可知此佚文应是脱文。

（六）诠言训

1. ①稽古之初，人生于无，成形于有。注文：当太初天地之始，

---

① 刘文典《三馀札记》，黄山书社1990年版，第37页。
② 李昉《太平御览》，中华书局1960年版，第2182页。
③ 张双棣《淮南子校释》，北京大学出版社1997年版，第1280页。
④ 李昉《太平御览》，中华书局1960年版，第2415页。
⑤ 张双棣《淮南子校释》，北京大学出版社1997年版，第1463～1464页。

人生于无形,无形生有形也。②有形而制于物。注文:为物所制。[1]

按:以上属连引,出自《太平御览》卷一《天部一·太初》。《原道训》高注云:"有形生于无形,人也。"又云:"无形生有形,故为物大祖也。"《吕氏·审分览·审分》篇高注:"不制物者不为物所制,物不能制之也。"皆可与此二文相印证。

2. ①足用之本在于勿夺时。注文:言不夺民之农要时。②省事之本在于节欲。注文:节,止。欲,贪。③节欲之本在于反性。注文:反其所受于天之正性也。[2]

按:以上属连引,出自《齐民要术》卷一《种谷》。《吕氏·仲夏纪·大乐》篇高注:"节,止。"又《仲夏纪·大乐》、《仲秋纪·论威》篇高注皆谓:"欲,贪也。"训义与上述佚文相合,可知此三文应属高注。

3. 台无所鉴,谓之狂生。注文:台,持也,所鉴者玄德,故为狂生。[3]

按:《文选》卷二十三李善注《出郡传舍哭范仆射》引高注。今本许注作"持无所监,所监者非元德,故谓狂生"。两注用语接近,但意思相反,疑有阙文。

4. 善博者不欲牟。注文:博以不胜为牟。牟,大也,进也。[4]

按:《太平御览》卷七百五十四引。《吕氏·有始览·谨听》篇高注:"牟,犹大也。"又《时则训》高注:"牟,多。"训解亦与此佚文近似。

5. 贾多端则贫,工多技则穷,心不一也。注文:贾多端,非一

---

① 李昉《太平御览》,中华书局 1960 年版,第 2 页。

② 缪启愉《齐民要术校释》,中国农业出版社 1998 年版,第 75 ~76 页。

③ 萧统《文选》,中华书局 1977 年版,第 333 页。

④ 李昉《太平御览》,中华书局 1960 年版,第 3346 页。今本许注作"博其棋,不伤为之也"。

术，工多技，非一能，故心不一也。[①]

按：《齐民要术》卷七引高注。今本无注。

6. 豆之上先大羹。注文：大羹，肉湇。[②]

按：《初学记》卷二十六引。《吕氏·仲夏纪·适音》篇高注："大羹，肉湇而未之和。"知此佚文属高注无疑，当脱"而未之和"四字。

7. 数匝之寿，忧天下之乱，犹忧河水少，泣而益之也。注文：匝，犹至也。或作卒，卒，尽也。言垂尽之年不足以忧天下之乱，使水之多也。[③]

按：《太平御览》卷四百六十九引。高诱注书颇重校勘，"或作"是其惯用术语，仅十三篇就达66例。此文符合高注之风，又与今本许注相异，应属高注。

（七）兵略训

1. ①腐荷之櫓。注文：櫓，大楯也。②贯兕甲而经革盾矣。注文：经，犹达也。[④]

按：以上属高注连引，出自《太平御览》卷三百五十七《兵部八十八·楯下》。《御览》在此二文之前还引有三条注文，皆与今本许注同。

---

① 缪启愉《齐民要术校释》，中国农业出版社1998年版，第472页。《太平御览》卷八百二十九又引作"贾多端，非一"，应有阙文。

② 徐坚《初学记》，中华书局1962年版，第640页。今本《淮南》"大"作"泰"，许注作"木豆谓之豆，所盛泰羹，不调五味"。

③ 李昉《太平御览》，中华书局1960年版，第2156页。今本《淮南》"匝"作"杂"，许注作"杂，匝也，人生子，从子至亥为一匝"。

④ 李昉《太平御览》，中华书局1960年版，第1641页。第②条，今本《淮南》"櫓"作"矰"，许注作"矰，犹矢也"。王念孙认为，今本作腐荷之矰，矰即是矢，则其义不可通，后人改櫓为矰，并改高注。见《读书杂志》，江苏古籍出版社1985年版，第903页。

大概这些注文乃高注羼入所致，亦或是《御览》误称，当属许注脱文。

2. 将军之心，滔滔如春。注文：滔滔，宽伏如春日之倡也。[①]

按：《北堂书钞》卷一百一十五引。今本无注。

3. ①故用兵之道，示之以柔而迎之以刚。注文：迎，逆敌家。②为之欲歙而应之以张。注文：歙，弱。张，强也。歙读如胁。[②]

按：以上属连引，出自《太平御览》卷二百七十一引《兵部二·叙兵下》。《精神训》高注："歙读胁也。"又《本经训》高注："歙读曰胁。"由此可知，《御览》所引确是高注。

4. 吴王夫差，地方二千里，带甲七十万，南与越战，栖之会稽。注文：山处曰栖。越灭吴称霸。[③]

按：《文选》卷十三李善注《鹏鸟赋并序》引高注。《国语·越语上》韦昭注："山处曰栖。"[④]当是承自高说。今本无注。

（八）说山训

一则定，两则争。注文：以喻日月不得并明，一国不可两君也。[⑤]

按：《太平御览》卷九百三十引。此正文及注文均不见于今本《淮南》，然《御览》在此前又引"一渊不两蛟，一棲不两雄"，并附有一注文，与今本高注相同，故知此正文及注都是高本《说山》篇的脱文。

（九）人间训

1. ①丁壮者皆控弦而战。注文：控，张也。②塞上之人，死者十九。注文：十人战，九人死。③此子独以跛故，子父相保。注文：《幽

① 虞世南《北堂书钞》，天津古籍出版社1988年版，第478页。

② 李昉《太平御览》，中华书局1960年版，第1268页。

③ 萧统《文选》，中华书局1977年版，第199页。

④ 徐元诰《国语集解》，中华书局2002年版，第567页。

⑤ 李昉《太平御览》，中华书局1960年版，第4134页。

通赋》曰："北叟颇识其倚伏。"①

按：以上属连引，出自《艺文类聚》卷九十三《兽部上·马》。《说山训》、《修务训》高注两引班固《幽通赋》之文，《吕氏·仲春纪·情欲》、《孝行览·必己》、《不苟论·博志》四引《幽通赋》，题作《幽通记》。由此足可证明这些佚文确属高注无疑。

2. 唐子短陈骈子于齐威王。注文：短，说其罪阙也。②

按：《文选》卷十九李善注《登徒子好色赋》引高注。今本无注。

3. 子发喟然有惨恤之心。注文：子发，楚威王臣也，在春秋后。③

按：《太平御览》卷六百三十六引。考高注十三篇和《吕氏春秋注》，高诱喜用"在春秋后"或"出春秋后"之语，共有6例。又《修务训》高注："子发，楚威王之将也。"故知此佚文必为高注。《道应训》许注："子发，楚宣王之将军。"正是许高二注之别。

（十）泰族训

1. 悬峰未薄，而日在其前矣。注文：悬峰，马蹄下鸡舌也。④

按：《事类赋注》卷二十一引。今本许注作"县燧，边候，见虏举燧，转相受，行道里最疾者也"。刘文典以为《御览》所引与今注迥殊，疑是许、高之异。⑤

---

① 欧阳询《艺文类聚》，上海古籍出版社1982年版，第1616页。第①条，今本《淮南》"控"作"引"。《说文·手部》："控，引也。"大概许本作"引"，而高本作"控"。第②条，今本《淮南》"塞上"作"近塞"，《太平御览》卷八百九十六引同。

② 萧统《文选》，中华书局1977年版，第268页。

③ 李昉《太平御览》，中华书局1960年版，第2851页。今本《淮南》"惨恤"作"悽怆"，无注。

④ 吴淑《事类赋注》，中华书局1989年版，第424页。《太平御览》卷八百九十六引同。今本《淮南》作"县燧未转，而日在其前"。

⑤ 刘文典《淮南鸿烈集解》，中华书局1989年版，第663页。

2. ①张琴瑟者,小弦絙而大弦缓。注文:絙者,急也。②嬴秦正昼决狱,夜理书。注文:正,秦始皇名也。③戍五岭以备越。注文:五岭,镡城之岭、九疑之塞、番禺之都、南野之界、射干之水。[①]

按:以上属连引,出自《艺文类聚》卷五十二《治政部上·论政》。又《文选》卷十八李善注《长笛赋》引《淮南子》"张瑟者,小弦絙,大弦缓",并引高氏注曰:"絙,急也。"[②]《广韵》"絙"作"緪",王念孙云:"緪读若亘,字本作揯,又作絙。"[③]由此可知,《艺文类聚》所引亦属高注无疑。

3. 穷谷之洿,生以苍苔。注文:苍苔,水衣。[④]

按:《文选》卷十三李善注《月赋》、卷二十九李善注《张景阳杂诗十首》皆引高注。今本作"苍"作"青",许注作"青苔,水垢也"。

4. 烧高府之粟,破九龙之鼎。注文:高府,大仓也。形九龙于鼎以为名,言大鼎也。[⑤]

按:《艺文类聚》卷七十三引。今本"鼎"作"钟",当是许、高二本之别。许注作"楚为九龙之簴以县钟也"。

5. 赵王迁流房陵,思故乡,作《山木》之呕,闻者莫不陨涕。注

---

① 欧阳询《艺文类聚》,上海古籍出版社1982年版,第937页。第①条,今本《淮南》作"张瑟者,小弦急而大弦缓",无注。第②条,今本《淮南》"嬴秦正"作"赵政",许注作"赵政,秦始皇帝"。《人间训》许注:"赵政,始皇生于赵,故名赵政。"盖高本作"嬴秦正",与许本异。第③条,今本《淮南》无注。《人间训》曰:"发卒五十万,为五军:一军塞镡城之岭,一军守九嶷之塞,一军处番禺之都,一军守南野之界,一军结余干之水。"高诱当以此为训。

② 萧统《文选》,中华书局1977年版,第250页。

③ 王念孙《读书杂志》,江苏古籍出版社1985年版,第853页。

④ 此正文乃《文选》卷二十九李善注《张景阳杂诗十首》所引(见第420页),注文则见于《文选》第196、423页。

⑤ 欧阳询《艺文类聚》,上海古籍出版社1982年版,第1253页。

文:赵王,张敖。秦灭赵,虏王,迁徙房陵。房陵在汉中。《山木》之呕,歌曲也。①

按:《文选》卷十六李善注《恨赋》引高注。今本"山木"作"山水",许注作"秦灭赵王,迁之汉中房陵也。《山水》之呕,歌曲"。于大成认为,《恨赋》注引高注与今注同,疑今注是高注阑入。②

6. 原蚕一岁再登,非不利也,然王法禁之者,为其残桑也。注文:登,成也。残,害也。③

按:《太平御览》卷九百五十五引。《天文训》、《时则训》、《主术训》、《吕氏·季春纪·三月纪》高注皆谓:"登,成也。"又《吕氏·慎大览·权勋》篇高注:"残,害也。"可知此佚文应是高诱训释之常义。

7. 蓠先稻熟。注文:蓠,水稗。④

按:《齐民要术》卷二引高注。今本"蓠"作"离",许注作"稻米随而生者为离,与稻相似"。

8. 昌羊去蚤虱而人弗席者,为其来蛉穷也。注文:蛉穷,幽冀谓之蛸蚳,入耳之虫。⑤

按:《太平御览》卷九百五十一引高注。高诱是幽州人氏,十分熟悉当地方言,他注《淮南子》和《吕氏春秋》常言"幽冀谓之"。《说林训》高注:"蛉穷,蚰蜒,入耳之虫也。"亦与此佚文训义相近。

---

① 萧统《文选》,中华书局 1977 年版,第 236 页。

② 张双棣《淮南子校释》,北京大学出版社 1997 年版,第 2108 页。

③ 李昉《太平御览》,中华书局 1960 年版,第 4241 页。今本《淮南》"原"作"螈","登"作"收",许注作"螈,再也"。

④ 缪启愉《齐民要术校释》,中国农业出版社 1998 年版,第 142 页。又《太平御览》卷八百二十三引作"苅,稈",吴承仕说:"离、苅一声之转。注文稈,当为稗。"《淮南旧注校理》,北京师范大学出版社 1985 年版,第 117 页。

⑤ 李昉《太平御览》,中华书局 1960 年版,第 4221 页。今本《淮南》"席"作"庠",无注。

（十一）要略

1. 采俗者，所以一群生之短脩，明九夷之风采。注文：风，俗。采，事也。[①]

按：《文选》卷六李善注《魏都赋》引高注。《吕氏·季夏纪·音初》篇高注："风，俗。"正与此佚文训义相合。

2. 疏河而导九支。注文：支，分。[②]

按：《太平御览》卷八十二引。今本"支"作"歧"，许注作"九歧，河水播歧为九，以入海也"。疑"支"乃"歧"之坏字。

除了上列各篇佚文之外，《文选》卷十五李善注《思玄赋》引高注曰："素女，黄帝时方术之女也。"[③]《太平御览》卷六百八十五引高注曰："通梁，远游冠。"[④]这些引文今本已无任何文句或词语可以为之附丽，应是《淮南子》佚文中的高注佚文。

第四节 许、高注本的版本差异及流变

一、许、高注本的版本差异

所有古籍在漫长的流传过程中都必然会发生增损、篡改或脱讹，由此而形成版本上的差异，这是不可避免的现象。所谓许、高注本的版本差异，是指许慎、高诱当时所据《淮南子》的文本差异，苏颂《校淮南子题序》中集贤本前贤题识称"本书文句亦有小异"即如此

---

① 萧统《文选》，中华书局 1977 年版，第 103 页。"采俗"疑是"齐俗"之误。今本《淮南》"风采"作"风气"，无注。

② 李昉《太平御览》，中华书局 1960 年版，第 382 页。

③ 萧统《文选》，中华书局 1977 年版，第 221 页。

④ 李昉《太平御览》，中华书局 1960 年版，第 2938 页。

意。因为许、高注本的原始版本已经不传于世，所以本节所列举的文本差异就无法完全肯定是反映了当时的真实面貌。但笔者认为，我们可不必拘泥于此，考察这种版本差异主要是为了达到揭示东汉时期《淮南子》即有多个版本问世的事实，从而追踪其传世版本源头的目的。由于许高二注均无独立完本传世，而且两者又相杂一书，因此，要比较其版本差异就显得更困难、更复杂。如今能够反映许、高注本版本差异的，主要有三个方面：一是高诱依赖其他版本所做的校勘；二是高注十三篇与许注八篇重复语句中的文字差异；三是历代文献所引许本与现今高本的文字差异。

（一）高氏校勘所反映的版本差异

高诱可谓是最早的校勘家之一，其《淮南子》、《吕氏春秋》注文中存有大量的校勘成果。考虑到高诱当时除了许慎注本可以参照外，还应该有马融注本、延笃注本。倘若将高注十三篇中的校勘全部视为与许本对照的结果，则表现得十分武断。但现在也没有材料可以完全区分，姑且将其全部罗列于下而不专属许本，以见出东汉末年《淮南子》版本差异之一斑：

1. 原道训

“冯夷、大丙之御也”，高氏校曰：“夷或作迟也，丙或作白。”①

“春风至则甘雨降”，高氏校曰：“风或作分合。”

“无味而五味形焉”，高氏校曰：“形或作和也。”②

---

① 《文选》卷三十四《七发》李善注引《淮南子》曰：“昔冯迟、太白之御，六云霓，游微雾，骛忽荒。”又引许注：“冯迟、太白，河伯也。”可知许本正作“冯迟”、“太白”。

② 任渊《山谷内集诗注》卷四引《淮南子》此句正作“和”。任氏属南宋中晚期人，可能见过苏颂缮写的许注本，以此知许本当作“和”。

2. 俶真训

"百姓曼衍于淫荒之陂",高氏校曰:"陂或作野。"

"美者不能滥也",高氏校曰:"滥,觎也,或作监。"

"畴以肥壤",高氏校曰:"畴,雍,或作嘹。"

"人得自乐其间",高氏校曰:"或作文德自乐其间先王之道也。"

3. 天文训

"十三度七十六分度之二十六",高氏校曰:"六或作八。"

"西方曰皓天",高氏校曰:"皓或作昊。"①

4. 地形训

"虚以下地",高氏校曰:"地或作池。"

"玉横维其西北之隅",高氏校曰:"横或作彭。"

"洋水出其西北陬",高氏校曰:"(洋)或作养也。"

"夸父、耽耳在其北方",高氏校曰:"耽,读褶衣之褶,或作摄。"

5. 时则训

"其兵戟",高氏校曰:"戟或作弩也。"②

"蟋蟀居奥",高氏校曰:"奥或作壁也。"③

"群鸟翔",高氏校曰:"(翔)或作养。"④

"以御秋气",高氏校曰:"气或作兵也。"

---

① 蔡卞《毛诗名物解》卷十六《天说》引《淮南子》正作"西方曰昊天"。蔡卞是北宋后期人,当见过许本《淮南子》。

② 颜师古《匡谬正俗》卷三:"按《黄帝素问》及《淮南子》等诸书说,五方之兵:东方其兵矛,南方其兵弩,中央其兵剑,西方其兵戈,北方其兵铩。"初唐盛行许本,师古所见即是许本。

③ 《逸周书·时训解第五十二》作"蟋蟀居辟",《礼记·月令》作"蟋蟀居壁"。

④ 《吕氏·仲秋纪·八月纪》、《礼记·月令》均作"群鸟养羞"。

“水始涸”，高氏校曰：“涸或作盛。”

“其祀井”，高氏校曰：“井或作行。”①

6. **览冥训**

“蚕咡丝而商弦绝”，高氏校曰：“咡或作珥。”②

“燕雀佼之”，高氏校曰：“佼或作诐。”

“径蹑都广”，高氏校曰：“蹑或作绝也。”

“短褐不完”，高氏校曰：“短或作裋字。”③

“姮娥窃以奔月”，高氏校曰：“奔月或作坌肉。”

7. **精神训**

“肾为雨”，高氏校曰：“雨或作电。”④

“教志胜而行不僻”，高氏校曰：“胜或作遁。”

“此精神之所以能登假于道也”，高氏校曰：“或作蝦蟆云气。”

“且人有戒形而无损于心”，高氏校曰：“戒或作革。”

“癞者趋不变”，高氏校曰：“（癞）或作介。”

“素题不枅”，高氏校曰：“枅或作刮也。”

“其余无足利矣”，高氏校曰：“利或作私。”

“乃性仍仍然”，高氏校曰：“仍仍或作聆聆。”

8. **本经训**

“出外而调于义”，高氏校曰：“义或作德也。”

---

① 《吕氏·仲秋纪·八月纪》、《礼记·月令》均作“其祀行”。

② 《淮南子·天文训》又作“蚕珥丝而商弦绝”，大概此书原本就有两种写法。

③ 《列子·力命》殷敬慎释文引许慎注《淮南子》：“楚人谓袍为裋。”据此，许本应作“裋”。

④ 《太平御览》卷三百六十三《人事部·形体》引《文子》作“肾为电”。据于大成考证，《文子》作于《淮南子》之后，其引《淮南子》所据本为许本。

“明可见者可得而蔽也”,高氏校曰:“蔽或作察。”

“鬼夜哭”,高氏校曰:“鬼或作兔。”①

“为琁室、瑶台”,高氏校曰:“琁或作旋,瑶或作摇。”

“积牒旋石”,高氏校曰:“(旋石)或作旋石。”②

“木工不斲”,高氏校曰:“斲或作琢。”

“赘妻鬻子”,高氏校曰:“赘,从嫁也,或作赁妻。”

9. **主术训**

“耳能听而执正进谏”,高氏校曰:“谏或作谋也。”

“四海之云凑”,高氏校曰:“凑,会也,或作蒸。”

“禽兽昆虫与之陶化”,高氏校曰:“昆虫或作鬼神。”

“不能与山居者入榛薄险阻也”,高氏校曰:“阻或作涂也。”

“擒之焦门”,高氏校曰:“焦或作巢。”③

“假舆马者足不劳而致千里”,高氏校曰:“假或作驾。”

“鹰隼未挚”,高氏校曰:“鹰或作隽。”

10. **氾论训**

“苟周于事不必循旧”,高氏校曰:“旧或作咎也。”

“履天子之籍”,高氏校曰:“籍或作阼也。”

“东至会稽、浮石”,高氏校曰:“会稽或作沧海。”

“悔不杀汤于夏台”,高氏校曰:“台或作宫。”

---

① 杨慎《丹铅馀录·摘录》卷四引《汉书·纬书》作“兔夜哭”。

② 张双棣说:“旋石,依高注‘石’当为‘玉’。……又高注曰‘或作旋石’,若本作‘旋石’,何必有此语?《文选注》引正作‘琁玉’。”《淮南子校释》北京大学出版社1997年版,第866页。

③ 《吕氏·仲秋纪·简选》篇“焦门”正作“巢门”。

“天下纳其贡职者回也”，高氏校曰：“回或作固。”[①]

“令有重罪者出犀甲一戟”，高氏校曰：“犀或作三。”

11. **说山训**

“名不可得而扬”，高氏校曰：“扬或作象也。”

“亦以沦于无形矣”，高氏校曰：“形或作有也。”

“人莫鉴于沫雨”，高氏校曰：“沫雨或作流潦。”[②]

“履百金之车”，高氏校曰：“车或作履也。”

12. **说林训**

“杀头而便冠”，高氏校曰：“头或作颐。”

“难与为谋”，高氏校曰：“谋或作豫也。”

“虽善者弗能为工”，高氏校曰：“善或作巧。”

“又况一不信者乎”，高氏校曰：“一或作一。”[③]

13. **修务训**

“司马庾谏曰”，高氏校曰：“庾，秦大夫也，或作唐。”[④]

“剑之始下型”，高氏校曰：“型或作卢也。”

“侧室争鼓之”，高氏校曰：“侧室或作庙堂也。”

“不期于洪范、商颂”，高氏校曰：“颂或作容。”

“今鼓舞者”，高氏校曰：“鼓舞或作郑舞。”

“据句枉”，高氏校曰：“枉或作掘也。”

---

① 《后汉书·文苑列传·杜笃传》李贤注引《淮南子》正作“天下纳其贡职者固”。初唐多见许本，李贤所据即为许本。

② 《文子·守清》篇正作“人莫鉴于流潦”，当是许本。

③ 吴承仕说：“此注当云‘壹或作臺，臺，犹持也’……古书壹字转写多改从一，臺形近壹，又转讹作一，持又误为待，踪迹几不可寻矣。”《淮南旧注校理》北京师范大学出版社1985年版，第106页。

④ 《吕氏·开春论·期贤》篇正作“司马唐”。

自《淮南子》成书至高诱作注，也就300多年的时间，仅高注十三篇出现校勘的地方就有60余处，足见当时版本的多元化，同时也说明不断的传写能够使原始版本发生很大变异。这是古籍流传中的普遍现象。

（二）今本许、高篇目体现的版本差异

由于今本乃许高二注相杂之本，高注十三篇与许注八篇实际上不完全同属一个版本。《淮南子》作为先秦思想的大集合，其论述也没有达到系统化，重复、矛盾的地方较多。许、高篇目即存在不少重复的语句，而这些重复语句中出现的文字差异，正好能够折射出许、高注本的版本差异：

1. 许本《缪称训》“纣为象箸而箕子叽”，而高本《说山训》作“纣为象箸而箕子唏”。

2. 许本《缪称训》、《诠言训》“猨狖之捷来措”，而高本《说林训》作“猨狖之捷来乍”。

3. 许本《诠言训》“羿死于桃棓”，而高本《说山训》作“羿死桃部”。

4. 许本《道应训》“孔子劲杓国门之关”，而高本《主术训》作“孔子……力招城关”。

5. 许本《道应训》“周鼎著倕而使龁其指”，而高本《本经训》作“周鼎著倕，使衔其指”。

除此之外，表达同一个意思的词语有的也存在差异，如许本《齐俗训》曰“淳均”而高本《修务训》作“纯钧”，许本《兵略训》曰“黄卢”而高本《览冥训》作“黄垆”，许本《道应训》曰“强台”而高本《原道训》作“京台”，许本《齐俗训》曰“六英”而高本《原道训》作“六莹”，许本《道应训》曰“菑渑”而高本《氾论训》作“淄渑”，许本《齐俗训》曰“隅眥之削”而高本《本经训》作“隅差之削”，等等。

（三）历代文献所引许、高注本的文字差异

历代文献征引《淮南子》之文可谓数不胜数，明清以来校勘《淮南子》者亦从中大受裨益。至宋初之际，许、高注本仍未合二为一，所以此前文献所引《淮南子》文本既有来自许本的，又有来自高本的。其中很多引文与今本相异，笔者相信，这主要是由于引述者的随意及其所据版本存在篡改、脱讹等情况造成的。[①] 但有一类，不仅引文与今本存在差异，而且引述者还引用了注家对差异文字的解释。应该说，这类引文基本上保留了原本的面貌。笔者特意从历代文献中搜罗此类引文，并与现今高本作一对照，用以考见许、高注本的文字差异：

1. 唐本《玉篇·广部》引许本“序廓四方八极”，而高本作“廓四方，柝八极”。（《原道训》）

2.《文选》卷三十四李善注《七发》引许本“冯迟、太白之御”，而高本作“冯夷、大丙之御”。（《原道训》）

3.《文选》卷十李善注《西征赋》引许本“陗法刻刑”，而高本作“峭法刻诛”。（《原道训》）

4. 唐本《玉篇·水部》引许本“以曲隈深润相与”，而高本作“以曲隈深潭相予”。（《原道训》）

5.《水经注》卷二十三引许本“彷徨于山岬之旁”[②]，而高本作“仿洋于山峡之旁”。（《原道训》）

6.《文选》卷二十四李善注《答何劭》引许本“犹条风之时洒”，而高本“犹条风之时丽”。（《俶真训》）

---

① 当然也有可能是今本发生了篡改、增损和脱讹现象。

② 《文选》卷五李善注《吴都赋》引许注：“岬，山旁。”由此知《水经注》所据应为许本。

7.《经典释文》卷二十八《庄子音义·让王》引许本“魏阙”，而高本作“魏阙”。(《俶真训》)

8.《史记索隐》卷一百一十七引许本“骑飞廉，从淳圉”，而高本作“骑蜚廉而从敦圄”。(《俶真训》)

9.《太平御览》卷九百四十一引许本“蠃蠬瘉烛睆”，而高本作“蠃蠡愈烛睆”。(《俶真训》)

10.《文选》卷十二李善注《江赋》引许本“莫鉴于流瀿，而鉴于澄水”，而高本作“莫鉴于流沫，而鉴于止水”。(《俶真训》)

11.《文选》卷四李善注《蜀都赋》引许本“飞鸟铩羽，走兽废足”，而高本作“飞鸟铩翼，走兽挤脚”。(《俶真训》)

12.《太平御览》卷三百四十八引许本“越舼蜀艇”，而高本作“越舲蜀艇”。(《俶真训》)

13.《开元占经》卷七十四引许本“奔星坠而渤海决”，而高本作“贲星坠而勃海决”。(《天文训》)

14.《开元占经》卷三十引许本“填星以甲寅元始建斗”，而高本作“镇星以甲寅元始建斗”。(《天文训》)

15.《开元占经》卷六十七引许本“日冬至骏狼之山”，而高本作“日冬至峻狼之山”。(《天文训》)

16.《文选》卷十三李善注《月赋》、卷二十一李善注《游仙诗》引许本“常娥窃而奔月”，而高本作“恒娥窃以奔月”。(《览冥训》)

17.《艺文类聚》卷十一引许本“采椓不斲，斥题不枅”①，而高本作“朴桷不斫，素题不枅”。(《精神训》)

18.《群书治要》卷四十一引许本“不能与胡人乘原马”，而高本

---

① 《太平御览》卷八十引作：“采椽不斲，斥题不枅。”又慧琳《一切经音义》卷六十二引许本：“平椓不斲，㧜题不枅。”可知其中错讹之处当有不少。

作“不能与胡人乘骒马”。(《主术训》)

19.《经典释文》卷二十七《庄子音义·秋水》引许本“鸱夜聚蚤,察分毫末”,而高本作“鸱夜撮蚤,察分秋毫”。(《主术训》)

20.《太平御览》卷六百八十四引许本“楚庄王好觟冠”,而高本作“楚文王好服解冠”。(《主术训》)

21.《经典释文》卷二十七《庄子音义·骈拇》引许本“俞儿狄牙”,而高本作“臾儿易牙”。[①](《氾论训》)

22. 唐本《玉篇·口部》引许本“至味不嗛”,而高本作“至味不慊”。(《说林训》)

23. 唐本《玉篇·车部》引许本“须臾而軳人之颈”,而高本作“须臾之间,俛人之颈”。(《说林训》)

24. 唐本《玉篇·言部》引许本“苏秦以百诡成一信”,而高本作“苏秦以百诞成一诚”。(《说林训》)

除此之外,今本《文子》出现大量文字与《淮南子》相似的情况。依靠出土文献的帮助,学者一般认为今本《文子》要晚于《淮南子》,存在抄袭的现象[②]。台湾学者于大成指出,今本《文子》袭取《淮南子》时所据底本即是许本:

> 《文子》为晚出伪书,内容剽袭《淮南》者十之九,此在清儒已言之。然《文子》之取《淮南》,乃据许本,非据高本,此则前修未及言,而为余所括出者,见拙撰《文子集释

① 陆德明未直说所据为许本,但他随后自解:“《淮南子》一本作‘申儿’,疑‘申’当为‘臾’。”所谓“一本作”云云,正如今本高注篇正文,故知前面所引乃许本。

② 张丰乾《试论竹简〈文子〉与今本〈文子〉的关系——兼为〈淮南子〉正名》一文,《中国社会科学》1998 年第 2 期,第 117 ~ 126 页。

自序》。然则《淮南》文有歧异，其合于文子者必许本，其异乎文子者则高本矣。”①

若如于氏所言，这也可以作为辨别许、高注本文字差异的一条途径。

二、许、高注本的版本流变

所谓版本流变，是指某一古籍各版本之间的传承及变化之关系。关于《淮南子》的版本情况，近代以来即有不少学者做了精审的研究和总结。② 因为许高二注的版本与《淮南子》的版本血肉相连，所以前贤的研究范畴实际上涵盖了许高二注的版本这个对象。笔者讨论其版本流变，主要就是在前贤研究成果的基础上展开。

古籍流传至今，往往会形成正文与注文的结合体，其中凝聚了原创者和注释者的共同智慧。正文之于注文，犹如母亲之于儿女的关系。因此，《淮南子》的问世是许、高注本产生的终极源头。在建元二年(前139)十月刘安入朝之前，《淮南子》初次成书。刘安将它献给汉武帝，被藏在秘府，此本可以称为秘府藏本。至刘安自杀，这期间历时18年之久，《淮南子》极有可能经过了修改和润色再成新本，此本可以称为淮南王原本。但因淮南王所谓不光彩的政治行

---

① 程发轫《六十年来之国学》，台北市正中书局1974年版，第544页。

② 吴则虞的《淮南子书录》、于大成的《淮南王书考》均较为集中地讨论了《淮南子》的版本情况。美国布朗大学哈诺德·罗斯(Harold David Roth)教授著有《淮南子版本史》(*The Textual History of the Huai - nan Tzu*，也有人译作《淮南子的文献历史》)一书，则是研究《淮南子》版本的专著。对于罗教授的成果，今人陈静《自由与秩序的困惑——〈淮南子〉研究》中第二章“《淮南子》的版本系统”作了全局性的介绍。云南大学出版社2004年版，第63～111页。

为,这些版本均遭到查封,甚至禁止传播。待淮南王一事日趋远逝,禁忌渐松,汉成帝亲诏光禄大夫刘向"校经传、诸子、诗赋",[①]《淮南子》亦在此之列。刘向之父刘德曾参与审治淮南王一案,刘安的许多图书当为他所得,[②]《淮南子》一书亦应属之。刘向即把淮南王原本和秘府藏本相对照,"校定撰具,名之《淮南》"。[③] 此本可称为刘向校定本。自此之后,刘向本遂大盛于世,东汉文人阅读和研究《淮南子》都以该本为基。[④] 许慎在东观校理并注解《淮南子》,自然也是以刘向校定本为底本。许注本诞生后不久,马融注本旋即出世,其后又有多位学者关注《淮南子》。如此一来,至高诱之时,《淮南子》已有多个版本存世,以至于他注解《淮南子》的时候不得不花大气力加以校勘。从这方面说,高注本融合了许注本、马注本等其他版本的一些元素。马注本很快就失传,独留许、高注本并行流传于世。

在雕版印刷技术发明之前,古籍图书都是以手抄本的形式流传。汉晋以降,许、高注本亦并属抄本,但已不见于世,其具体情况就无从知晓了。尽管雕版印刷始现唐初,然终唐一代应用极为有限,抄本仍是最主要的版本形式。20 世纪初发现的敦煌藏经洞有关唐代文献均为抄本,此外日本也保存了中国诸多唐抄本。由此推见,许、高注本在唐代流传也应是以抄本为主要形式,可惜至今未见

---

① 班固《汉书》,中华书局 1962 年版,第 1701 页。

② 《汉书·楚元王传》:"上复兴神仙方术之事,而淮南有《枕中鸿宝苑秘书》。书言神仙使鬼物为金之术,及邹衍重道延命方,世人莫见,而更生父德武帝时治淮南狱得其书。"又刘向《关尹子书录》:"淮南王安好道聚书,有此不出,臣父德因治淮南王事,得之。"由此而知之。

③ 《淮南子·叙目》。

④ 《淮南子》原名《鸿烈》,而东汉文人引述《淮南子》时皆称《淮南》,如《论衡》、《楚辞章句》、《东观汉纪》、高诱注《吕氏春秋》及《淮南子》等,表明他们已经接受了刘向改换的书名,也可以反映出他们所见本应是刘向的校定本。

出土。根据《唐开元占经》和《旧唐书·经籍志》,当时有一种许注抄本,卷首题为“淮南间诂”或“淮南鸿烈间诂”,其余情况(包括高注抄本)就不得而知了。

直到五代宋初之际,版刻技术才广泛应用,许高二注当是在此时出现了各自以唐抄本为底本的刻本。但未过多久,二注发生散佚。为了保持完整,时人只好将二注互补有无,拼凑成新的版本,并刊刻而行于世。这是许高二注版本流变中的大事。苏颂的《校淮南子题序》详细记述了许、高注本混合前后的版本特征:

> 惟集贤本卷末有前贤题载云:“许标其首皆曰‘间诂’,‘鸿烈’之下谓之‘记上’。高题卷首皆谓之‘鸿烈解经’,‘解经’之下曰‘高氏注’,每篇之下皆曰‘训’,又分数篇为上下。以此为异。”……然今此七本皆有高氏训叙,题卷仍各不同,或于“解经”下云“许慎记上”,或于“间诂”上云“高氏”,或但云“鸿烈解”,或不言“高氏注”,或以《人间》篇为第七,或以《精神》篇为第十八,参差不齐,非复昔时之体。①

混合前,许、高注本的版本样式泾渭分明:许本卷首标为“间诂”,卷下题“许慎记上”;高本卷首则标为“鸿烈解经”,②卷下题

---

① 苏颂《苏魏公文集》,第 1007 ~ 1008 页。

② 《鸿烈解》可能是高诱自题的书名。高氏《吕氏春秋序》云:“诱正《孟子章句》,作《淮南》、《孝经》解毕讫。”又《淮南子·叙目》云:“比方其事,为之注解。”《淮南解》或许是《鸿烈解》的另一种称谓,后来被增称为《淮南鸿烈解》,作为高诱注本的书名。宋朝以来的文人引述《淮南》文时常把《淮南子》等同于《淮南鸿烈解》,以致《四库提要》的编撰者气愤地说:“诸书引用,遂并《淮南子》之本文亦题曰《淮南鸿烈解》,误之甚矣。”中华书局 1965 年版,第 1009 页。

“高氏注”,篇名较之许本多一“训”字,同时又有部分篇章分为上、下两卷,应是二十八卷本。混合后,苏颂所见到的集贤本、崇文旧书本、蜀川印本、家藏本等七个版本,不仅将这些特征打乱,而且篇目的次序也出现紊乱。苏颂的这篇序文表明,许高二注的混合本完全主宰了当时《淮南子》的传播。虽然苏颂把相杂的二注清理并分别缮写,但似乎对混合本的流传没有产生任何影响。此后诞生的许高二注的版本都是从这里发源的。

《淮南子》的现存版本,最早可以追溯到苏颂这个时期。哈诺德·罗斯教授通过详细考察,得出现存《淮南子》完本有 87 个,节选本有 31 个。他将这些版本划分成北宋本、道藏本、刘绩本、中立四子本、茅一桂本、庄逵吉本等六大系列,每一个系列之中既有传承又有变化的关系,而且不同系列之间也有微妙的关联。笔者认为,这种分类同样适宜许高二注的版本状况。

(一)北宋本系列

北宋本原本大概在清末民初时期失传。我们今天能够窥见此本千年前的旧貌,全赖刘履芬(1827～1879)的影抄本。通过检验避讳字的方法推断,北宋本约刻于北宋仁宗朝(1023～1064)。[①] 按照这个推断,北宋本极有可能属于苏颂所见到的七个版本之一。此本前有高诱序文,每卷之下又题“太尉祭酒臣许慎记上”,其中第十卷的卷首题“淮南鸿烈间诂”,最后一卷(即第二十一卷)题“淮南鸿烈要略间诂”,亦与苏氏的描述一致。在现存所有版本中,北宋本保留

---

① 书中“匡”、“筐”、“玄”、“弦”、“眩”、“炫”、“敬”、“撇”、“境”、“镜”、“朗”、“殷”、“恒”、“贞”等涉及太祖、太宗、真宗、仁宗字号的字均做了避讳处理。陈静《自由与秩序的困惑——〈淮南子〉研究》,云南大学出版社 2004 年版,第 70 页。

的许、高注文最多。此本复制品不少,后又有四部丛刊本、重印的四部丛刊本。[①]

(二)道藏本系列

明英宗正统十年(1445)钦敕印行《道藏》,《淮南子》作为道书之一亦被收录,世称“道藏本”。此本《原道训》、《俶真训》、《天文训》、《地形训》、《时则训》、《主术训》和《氾论训》均分为上、下两卷,总计卷数二十八卷,其中最后一卷的卷首题“淮南鸿烈要略间诂”。这些特征也与苏颂的描述相符,大概其祖本当往溯于彼时。道藏本中的许、高注文几乎与北宋本一致,亦可称得上是善本。1926年,上海商务印书馆影印了道藏本,之后台湾艺文出版社、新文丰出版公司又先后重新影印了商务印书馆的影印本。以道藏本为祖本,明清还出现了叶近山本、安正堂本和道藏辑要本。[②]

(三)刘绩本系列

刘绩本于明朝弘治十四年(1501)由王溥校刊出版。此本二十八卷,综合了多个版本的长处,[③]它最大的特色是刘绩在许、高注文

---

① 清人顾广圻、金友梅(陈奂托请)皆影抄宋本,而刘泖生又影抄了陈奂的影抄本。1920年张元济又将刘泖生本复制进《四部丛刊初编》中,1974年台湾艺文出版社重印了四部本。

② 叶本衍生了刘莲台本,此两本正文讹字误文甚多,注文亦删削不全。安正堂本衍生了王元宾本。清末二仙庵又重印了道藏辑要本,20世纪70年代台湾华文出版公司、考正出版社对二仙庵辑要本作了重新影印。

③ 吴则虞认为刘绩本的祖本是另一个宋本,非出自道藏本,而于大成确定其出自道藏本。罗斯教授则认为刘绩本的祖本不止一个,其整合了所谓“旧本”、“一本”、“别本”。见陈静《自由与秩序的困惑——〈淮南子〉研究》,云南大学出版社2004年版,第84页。

的基础上又作了补注。以刘绩本为祖本，后有黄焯本、朝鲜活字本。[①]

（四）中立四子本

中立四子本是在明万历七年（1579）由朱东光、张登云等人刊行。此本属二十八卷本，是道藏本和刘绩本两个版本系列的合成本，其注文较之道藏本删去了30%的篇幅。[②]

（五）茅一桂本系列

作为明代首个二十一卷本，茅一桂本约刻于万历八年（1580）。茅本以宋本为底本，并综合了道藏本和刘绩本系列的一些特征。较之北宋本，此本注文不但不纯，而且还删去了30%～40%的篇幅，同时校刊者又添加了部分注音。[③] 以茅本为祖本，其后有汪一鸾本、茅坤本、《四库全书》本。这些版本又催生出各级子版本，总计近30种。[④] 茅一桂本这个系列中版本数量虽然比较多，但许、高注文的刊刻质量堪忧，删削、篡改的情况十分严重。

---

① 黄焯本大约刊行于1530年前后，朝鲜活字本刊行于1670年前后，两者的注文只保留了刘绩本的60%左右。

② 陈静《自由与秩序的困惑——〈淮南子〉研究》，云南大学出版社2004年版，第91～92页。

③ 陈静《自由与秩序的困惑——〈淮南子〉研究》，云南大学出版社2004年版，第95页。

④ 以汪一鸾本为底本，有张象贤本和张维诚本。茅坤本虽来自茅一桂本，但其中加入了茅坤的评语。以它为底本，有张烒如本、日本鹈饲信之本。张本又衍生出汉魏丛书本（其下衍生出增订汉魏丛书本、红杏山房本、三馀堂本、叙府本、子余本、大通书局石印本、丛书集成本）、子书百家本（其下衍生出百子全书本）、述古山庄本。鹈本又有重印本、久保筑水本（其下衍生出河内屋茂兵卫本、梅原龟七本、前川善兵卫本和刻本诸子大成本）。1983～1986年，台湾商务印书馆影印了《文渊阁四库全书》，《淮南子》被收录在第848册。

(六)庄逵吉本系列

庄逵吉本属二十一卷本,刊印于清乾隆五十三年(1788)。经学者研究,此本是以茅坤本为主,但原来被删节的注文则依靠道藏本来补足。[①] 较之北宋本,庄本中的许、高注文基本不见削减,同时还添入了庄氏颇具价值的校语,因而成为清代最流行的版本。以庄逵吉本为祖本,其后有十子全书本、二十二子本。这些版本又催生出各级子版本,总计近20种。[②]

总之,《淮南子》许、高注本在近2000年的流传过程中发生了巨大变化,衍生了许多不同的版本,这些版本之间又存在错综复杂的源流关系(详见附录一《淮南子》许、高注本版本源流图)。但可以肯定的是,宋代以前许高二注各自独立的完整版本已经不存于世,而现存所有版本也不能跳出北宋本与道藏本的范围,诚如清人黄丕烈所说:"《淮南子》世有二本:一为二十一卷,出于宋本;二为二十八卷,出于道藏本。"[③]斯为不易之论。

---

① 陈静《自由与秩序的困惑——〈淮南子〉研究》,云南大学出版社2004年版,第106页。

② 以十子全书本为底本,有二十五子本、影印顾广圻、许在衡手校本、日本涩谷启藏本(其下衍生出和刻本诸子大成本)。以二十二子为底本,有经纶堂本、三味书局本、子书二十八种本(其下衍生出子书四十八种本)、刘文典集解本、刘家立集证本、四部备要本、诸子集成本等。

③ 黄丕烈《士礼居藏书题跋记续》,丛书集成初编本,商务印书馆1936年,第17页。

第二章 《淮南子》许注八篇研究

由于《说文解字》亘古不变的魅力，许学成为中国学术史上的一门显学，历来的研究文献可谓汗牛充栋。然而，对于许慎的《淮南子注》，因为长久以来被视为全部亡佚，所以基本上没有引起学者的关注和钻研。本章以今存《缪称训》等八篇许注为材料主干，同时兼及陶方琦的《淮南许注异同诂》一书，从许注的问世时间、训诂特征以及与《说文》的关系等方面作一粗浅的探讨。

第一节 许注问世时间与许慎学术渊源

一、许注问世时间考

许慎著有《淮南子注》一书，这是无可争辩的事实。但有关许注问世的时间，则没有任何文献明确记载。并且，《后汉书》对许慎生平惜字如金的记载，也导致后人在追寻他的生平经历时发生了极大争议。[①] 那么，要考定许注问世的时间，就必须下一番艰苦的考究功夫。

---

① 争议主要体现在许慎生卒年的问题上。关于许君的生年，清人洪亮吉推测生于东汉之初(公元 25 年起)，严可均《许君事迹考》认为当在汉明帝朝(公元 58 ~ 75 年)，陶方琦《许君年表》则定在明帝永元元年(58)，诸可宝《许君疑年录》推断在光武帝建武三十一年(55)，今人张震泽《许慎年谱》以为生于明帝永平十年(67)，顿嵩元以为应生于光武帝建武三十年(54)，谢文学以为当生于永平十一年(68)，刘志成以为是在明帝永平中(公元 65 年左右)。关于许君的卒年，严可均推论卒于桓帝朝，陶方琦、张震泽定在桓帝建和二年(148)，诸可宝定在建和三年(149)，顿嵩元以为在建和三年以后，谢文学定于桓帝元嘉二年(152)，而唐人张怀瓘、清人钱大昕则推测卒在汉安帝末年(公元 125 年左右)，今人刘志成相信是在安帝延光初(公元 122 年左右)。

前面已经提过,《淮南子》现存最早的版本是北宋本的影写本。此本每卷卷首落款为“太尉祭酒臣许慎记上”,刊于明正统年间的道藏本也有相同落款。细味此语,既自称“臣”又自言“记上”,笔者认为这是古代士人向朝廷献书或者向皇帝上书时的用语。考之古史,皆有同例。刘向为汉成帝校理经传、诸子、诗赋,每校完一书,都要“条其篇目,撮其指意,录而奏之”。[①] 他进呈《战国策》一书时自称“护左都水使者光禄大夫臣向”、“护左都水使者光禄大夫臣向所校《战国策书录》”,[②]进呈《晏子》时自称“护左都水使者光禄大夫臣向”、“臣向昧死上”,[③]进呈《荀子》时自称“臣向昧死上言,护左都水使者光禄大夫臣向言所校雠中《孙卿书录》”,[④]进呈《列子》时自称“臣向昧死上,护左都水使者光禄大夫臣向所校《列子书录》,永始三年八月壬寅上”,[⑤]进呈《关尹子》时自称“护左都水使者光禄大夫臣刘向”、“臣向昧死上,永始二年八月庚子护左都水使者光禄大夫臣向谨进上”,[⑥]进呈《子华子》时自称“谨目录,臣昧死上”。[⑦] 纪昀主持编修《四库全书》,每向乾隆皇帝进呈一书均自称“臣等谨

① 班固《汉书》,中华书局 1962 年版,第 1701 页。

② 严可均辑《全上古三代秦汉三国六朝文·全汉文》,中华书局 1958 年版,第 331 页。

③ 严可均辑《全上古三代秦汉三国六朝文·全汉文》,中华书局 1958 年版,第 332 页。

④ 严可均辑《全上古三代秦汉三国六朝文·全汉文》,中华书局 1958 年版,第 333 页。

⑤ 严可均辑《全上古三代秦汉三国六朝文·全汉文》,中华书局 1958 年版,第 334 页。

⑥ 严可均辑《全上古三代秦汉三国六朝文·全汉文》,中华书局 1958 年版,第 334 页。

⑦ 严可均辑《全上古三代秦汉三国六朝文·全汉文》,中华书局 1958 年版,第 334 页。

案”，最后落款“乾隆某年某月恭校上”、“总纂官臣纪昀，臣某某，臣某某”。士人上书皇帝也常常使用类似之语，如霍去病上疏汉武帝自言“臣去病昧死再拜，以闻皇帝陛下”，[①]许冲上书进献《说文解字》自言“臣冲诚惶诚恐，……建光元年九月己卯朔二十日戊戌上”，[②]蔡邕上疏汉灵帝自言“议郎粪土臣邕顿首再拜上书皇帝陛下”。[③] 依此类推，“太尉祭酒臣许慎记上”乃是许慎向朝廷进献自己校注的《淮南子》时所题之语，一直保留至今，绝非后人补题。[④]后人补题一般不会采用“臣”、“记上”等词，如南宋徐民瞻校刊《陆士衡文集》题“晋平原内史吴郡陆机士衡”，明冷宗元校刊《颜氏家训》题“北齐黄门侍郎颜之推撰”，清庄逵吉校刊《淮南子》题“汉涿郡高诱注”。

以上分析表明，许慎向朝廷进呈《淮南子注》一书，时任太尉祭酒。因此，许注问世时间的问题就转化成许慎何时担任太尉祭酒，何时有机会向朝廷献书的问题。《后汉书・儒林传》不言许慎任职太尉祭酒一事，只称“为郡功曹，举孝廉，再迁，除洨长”，[⑤]但许慎之

---

① 严可均辑《全上古三代秦汉三国六朝文・全汉文》，中华书局 1958 年版，第 278 页。

② 严可均辑《全上古三代秦汉三国六朝文・全后汉文》，中华书局 1958 年版，第 742 页。

③ 严可均辑《全上古三代秦汉三国六朝文・全后汉文》，中华书局 1958 年版，第 866 页。

④ 日本岩崎氏静嘉堂藏北宋刊本《说文解字》（即四部丛刊本），每卷卷首下题“汉太尉祭酒许慎记”或“汉太尉祭酒许氏记”，应是南唐徐铉校刊后仿许慎的《淮南子注》所题。若是自题，一般不称本朝之名，如魏征刊行《群书治要》题为“秘书监臣鹿男臣魏征等奉敕撰”，日本藏高山寺唐抄本《冥报记》题作“吏部尚书唐临撰”（大阪市美术馆编《唐钞本》，第 86 页）。

⑤ 范晔《后汉书》，中华书局 1965 年版，第 2588 页。

子许冲在《上书进〈说文〉》一文中尊称“臣父故太尉南阁祭酒慎”，[①]可知许君曾任太尉祭酒一职无疑。

关于许慎何时任职太尉祭酒又何时卸任，自清代迄今，学者说法纷呈，分歧很大。粗略总结，主要有以下几种观点：

1. 清人严可均《许君事迹考》：“张禹，襄国人，有传，居太尉位极久。前此永元十二年九月代张酺为太尉，……其明年为安帝永初元年，禹复为太尉。东观校书之诏下于四年二月，时禹尚为太尉也，其明年正月禹罢，以光禄勋李修代。计许君为太尉祭酒至此已十余年。”[②]揣摩这段话，严氏似乎认为，许慎约在永元十二年（100）被辟为太尉祭酒，至永初五年（111）罢辞。

2. 清人陶方琦《许君年表》云：“和帝永元二年，许君此时当举孝廉。……故许君由郡功曹乃举孝廉，即辟公府为太尉南阁祭酒。”[③]又云：“《安帝纪》‘元初六年，诏三府选掾属高第，能惠利牧养者各五人，光禄勋与中郎将选孝廉郎宽博有谋、清白行高者五十人，出补令、长、丞、尉’，许君以南阁祭酒充东观校书已十余年，必在此时再除洨长。”[④]显然，陶方琦认为，许慎在永元二年（90）担任太尉祭酒，至元初六年（119）辞归。

---

① 严可均辑《全上古三代秦汉三国六朝文·全后汉文》，中华书局1958年版，第742页。段玉裁注云：“故犹今言前任也，阁各本讹作阁，今正。……阁为闺阁小门，阁为庋阁之处，太尉南阁祭酒谓太尉掾属出入南阁者之首领也。”见《说文解字注》第785页。

② 严可均、姚文田《说文校议》卷一十五，清嘉庆二十三年（1818）冶城山馆刻四录堂类集本。《续修四库全书》第213册有影印本。

③ 北京图书馆编《北京图书馆藏珍本年谱丛刊》（第6册），北京图书馆出版社1999年版，第299～300页。

④ 北京图书馆编《北京图书馆藏珍本年谱丛刊》（第6册），北京图书馆出版社1999年版，第306～307页。

3. 清人诸可宝《许君疑年录》谓:“建初五年举孝廉,辟太尉府南阁祭酒。”[①]又谓:“(建初八年)许君即非前年鲍昱之辟,亦必辟于此时。”[②]又谓:“(永元五年)谓许君辟于此时,酺以同郡故,亦可信,然从逵受学之年则太浅矣。”[③]很明显,诸氏更相信许慎是在建初五年(80)或建初八年(83)辟任太尉祭酒。至于卸任时间,则与陶说同。

4. 今人张震泽认为,汉和帝永元十六年(104),许慎38岁时当举孝廉,辟太尉南阁祭酒,汉安帝元初六年(119)53岁除洨长不就。[④]

5. 今人顿嵩元认为,汉章帝建初八年(83),许慎30岁时入京为太尉南阁祭酒,元初六年(119)66岁时卸任,总共36年。[⑤]

由于缺乏确凿的史料证明,上述各家的说法都只是推测之词。然陶方琦、诸可宝、顿嵩元等人认为许慎在太尉祭酒任上超过三十年,府主多达十余个,着实令人难以置信。

武帝以后,汉代士人跨入仕途的一般程序为:先受学《五经》,学成入本地任职,再由州郡推举,如举孝廉、察茂才,然后待诏接受朝

---

① 北京图书馆编《北京图书馆藏珍本年谱丛刊》(第6册),北京图书馆出版社1999年版,第355页。

② 北京图书馆编《北京图书馆藏珍本年谱丛刊》(第6册),北京图书馆出版社1999年版,第360页。

③ 北京图书馆编《北京图书馆藏珍本年谱丛刊》(第6册),北京图书馆出版社1999年版,第369~370页。

④ 张震泽《许慎年谱》,辽宁大学出版社1986年版,第74页。张氏又说:“许慎初辟太尉府,不必即为南阁祭酒,为南阁祭酒当是若干年后的事。其年不可考,故记于此。”第75页。

⑤ 顿嵩元《许慎生平事迹考辨(二)》,《漯河职业技术学院学报》2004年第2期,第72~74页。

廷征辟,从而走上升降沉浮的仕宦之途。对于特殊人才,皇帝将直接诏举,进行所谓贤良对策。许慎既非特殊人才,又非显家豪族,其仕途当然是依照一般程序。许君少时博学经籍,负有才名,故以高才生的身份于建初八年(83)被贾逵选为弟子,接受古学熏陶,并召拜为千乘王刘伉的郎中。汉代师徒授受,短则几年,长则十余年。郑玄33岁才入马融门下,却仍然学习了七年。许慎跟随贾逵的时间也应该不会太短,他学成辞归,回到汝南郡,任郡功曹。[①]《太平御览》卷二百六十四引《汝南先贤传》曰:“许慎为功曹,奉上以笃义,率下以恭宽。”[②]可知许君颇有政声。师从贾逵后,许慎更加精悉《五经》,赢得了“五经无双许叔重”的美誉。正是基于这些因素,汝南郡守才举许慎为孝廉。遵照一般程序,许君当在永元五年(93)举孝廉,辟任太尉府祭酒。考之《后汉书》,永元四年(92)汉和帝诏公卿议论举孝廉一事,太尉丁鸿和司空刘方提议:

> 自今郡国率二十万口岁举孝廉一人,四十万二人,六十万三人,八十万四人,百万五人,百二十万六人。不满二十万二岁一人,不满十万三岁一人。[③]

和帝采纳了他们的意见,正好于次年施行。汝南郡当时人口200多万,应岁举十人。这时何敞为汝南太守,他品性公正,通晓经传,反对苛法,重用儒士,“显孝悌有义行者”。[④] 许慎于此时举孝

① 陶方琦、诸可宝等人认为汉代士人皆少时(18至20岁)担任郡功曹。这未免有些武断,如马融42岁、楼望26岁时才任职功曹。

② 李昉《太平御览》,中华书局1960年版,第1237页。

③ 范晔《后汉书》,中华书局1965年版,第1487页。

④ 范晔《后汉书》,中华书局1965年版,第1268页。

廉，十分合情合理。永元五年（93）张酺为太尉，此人通《尚书》，守经义，又与许慎同郡，他辟许君为祭酒也极可信。这样，许慎又回到京师任职，能够与业师贾逵很方便地讨论学问。许冲所谓“恐巧说邪辞，使学者疑，慎博问通人，考之于逵，作《说文解字》”，①即是其证。至于许慎任期的下限，学者们基本上认为是在元初六年（119），证据仅是朝廷下的一封诏书。但以许冲“故太尉南阁祭酒慎”、“今慎已病”的口吻，似许君去官已久，不像两年前刚离任的样子。今且存疑，暂采一般说法。因此，几乎可以肯定地说，许注就是在公元93年到公元119年这段长达27年的时间里完成的。

我们知道，许慎此书进呈给了朝廷。以他小小太尉祭酒的官职，绝无随时上书的机会。察其一生，唯充任东观校书才有可能。许冲在《上书进〈说文〉》中提到：“慎前以诏书校书东观，教小黄门孟生、李喜等，以文字未定，未奏上。”②许慎本来打算抓住这次机会将《说文解字》也一并奏上，但因文字未定，只好作罢。《后汉书·邓后纪》载：

> （永初）三年秋，太后体不安，……丰年复故。太后自入宫掖，从曹大家受经书，兼天文、算数。昼省王政，夜则诵读，而患其谬误，惧乖典章，乃博选诸儒刘珍等及博士、议郎、四府掾史五十余人，诣东观雠校传记。事毕奏御，赐葛布各有差。又诏中官近臣于东观受读经传，以教授宫

① 严可均辑《全上古三代秦汉三国六朝文·全后汉文》，中华书局1958年版，第742页。

② 严可均辑《全上古三代秦汉三国六朝文·全后汉文》，中华书局1958年版，第742页。

人,左右习诵,朝夕济济。①

又《安帝纪》载:

(永初四年二月)诏谒者刘珍及《五经》博士,校定东观《五经》、诸子、传记、百家艺术,整齐脱误,是正文字。②

此皆可与许冲的话相印证。③ 永初四年(110)许慎仍担任太尉祭酒,故以"四府掾史"的身份应诏,而小黄门孟生、李喜即所谓"中官近臣",他们随许君受读儒家经传。这次校书由邓太后发起,规模盛大,有刘珍、刘騊駼、许慎、马融、窦章及《五经》博士等50多人参加。由于人数众多,这样集中的校书活动应该不会维持太久,所谓"事毕奏御,赐葛布各有差"即是体现。陶方琦认为许慎以南阁祭酒充东观校书十余年,则无道理。许君并非东观专任的校书郎或者其他官职,这次只是临时征调,不可能长期居留东观。马融滞留东观十多年,一方面他是校书郎;另一方面也是最主要的原因,在于他触怒了邓太后。推此而言,算上授业黄门孟生、李喜的时间,许慎充任东观大概只有两三年的时间。所以,许慎向朝廷进呈《淮南子注》,

① 范晔《后汉书》,中华书局1965年版,第424页。

② 范晔《后汉书》,中华书局1965年版,第215页。

③ 许冲《上书进〈说文〉》称"先帝诏侍中骑都尉贾逵,修理旧文,殊艺异术,王教一耑,苟有可以加于国者,靡不悉集",是以和帝为先帝,而称"慎前以诏书校书东观",可知许慎校书东观,教小黄门,必在安帝之时。又《后汉书·蔡伦传》:"(元初)四年,帝以经传之文多不正定,乃选通儒谒者刘珍及博士良史诣东观,各雠校家法,令伦监典其事。"疑"元初"即"永初"之误。永初、元初皆为安帝年号,但考之史籍,唯永初中刘珍等人参与了东观校书。

可能就是在永初四年(110)到永初六年(112)之间。

许慎之学立于儒家经传,《五经》最妙。他作《说文解字》的目的之一也是为了更好地通晓古文经籍之旨,所谓“盖文字者,经艺之本,王政之始”、“厥谊不昭,爰明以谕”,①即表明了这一点。对于非儒家类的诸子艺文,则未足留意,《说文解字》引此类文句极少亦可见一斑。那么,许慎注解《淮南子》应是他在东观校书时因机缘巧合促成的。此次校书延及“诸子传记”、“百家艺术”,许君当时既非《五经》博士,又非达官名宿,可能就负责校理此类书文。观许注八篇,注文极简略,应是在短时期内完成。许慎名其注释为“间诂”,自题“记上”。吴则虞注解说:“间,谓间隙也;记,犹笺识也。言得其间而笺识之,犹王氏《杂志》、俞氏《平议》之摘句说经。”②像这样的注释活动,花费的时间自然不会很长。推此而言,许慎从永初四年(110)开始校注《淮南子》,永初五年(111)即告结束,合乎实际情况。

陶方琦、诸可宝、张震泽、顿嵩元、潘天烈等人亦言及了许慎撰作《淮南子注》的时间。陶氏《许君年表》把许慎注《淮南子》归在永初四年,但又解释说:“许君《说文解字》中采用《淮南》字义不少,其注《淮南》必在《说文》未经正定之先。马融亦有《淮南子注》,必许君此注早成,同在东观校书,出以相示,故马融亦为注也。”③意谓许注早在东观校书之前就已完成。诸可宝与笔者观点近似,认为许慎永初五年(111)作《淮南王书间诂》,并说:“许君两注书(笔者按,指

---

① 许慎《说文解字叙》。

② 吴则虞《〈淮南子〉书录》,《文史》第二辑,中华书局 1963 年版,第 292 页。

③ 北京图书馆编《北京图书馆藏珍本年谱丛刊》(第 6 册),北京图书馆出版社 1999 年版,第 304 页。

《淮南子注》和《汉书注》两书)似校秘书而后作,盖在东观然后取材宏富矣。"[①]此亦可为一据。张震泽则指出,《淮南鸿烈间诂》当作于永初二年(108)前后。他引安帝这年七月所下诏书为据,[②]认为此诏明示征求有道术者之意见,而《淮南王书》内容正是多言道术阴阳璇玑之事,但其书难读,故许慎可能于此时承诏为之诂训。[③] 然细究这封诏书,其意并非求书而是求擅长术数之人,故难以为据。顿嵩元只粗略地写道:

> 据《五经异义》所引《孝经》,以及《说文解字》所引《淮南子》,说明在《说文解字》未草成前,《孝经孔氏古文说》和《淮南子注》已有著述或有散稿。[④]

按他的意思,许注在永元十二年(100)《说文解字》初成之前就出现了。现传《说文解字》乃许慎定本,与初稿相比有20余年的补订时间,所以很难断定《说文》的引文就是初稿的引文。今存许注也有不少同于《说文》,那当然又可以视作许注引用《说文》的说法。因而,顿氏所言并无实质性的依据。潘天烈又认为许注作于永元十六年(104),他说:"《说文解字》中采用《淮南子》说解字形、字义共

① 北京图书馆编《北京图书馆藏珍本年谱丛刊》(第6册),北京图书馆出版社1999年版,第376~377页。

② 《后汉书·安帝纪》:"间令公卿郡国举贤良方正,远求博选,开不讳之路,冀得至谋,以鉴不逮,而所对皆循尚浮言,无卓尔异闻。其百僚及郡国吏人,有道术、明习灾异阴阳之度璇机之数者,各使指变以闻。二千石长吏明以诏书,博衍幽隐,朕将亲览,待以不次,冀获嘉谋,以承天诫。"

③ 张震泽《许慎年谱》,辽宁大学出版社1986年版,第80页。

④ 顿嵩元《许慎生平事迹考辨(二)》,《漯河职业技术学院学报》2004年第2期,第73页。

有四条，其注《淮南子》疑在《说文解字》脱稿之后。”[①]可知潘氏归为永元十六年比较随意。

诸家各执一词，正说明了许注问世的时间很难确考。但笔者认为，他们都忽视了“太尉祭酒臣许慎记上”这条最为关键的信息。此明显是校书、进呈时的题语，而许慎一生唯在东观才有机会直接使用。许冲进献《说文解字》、《孝经孔氏古文说》并非随意自来，而是借助了宦官孟生、李喜的力量。《后汉书·虞诩传》记载：

> 永建元年，代陈禅为司隶校尉。数月间，奏太傅冯石、太尉刘熹、中常侍程璜、陈秉、孟生、李闰等，百官侧目，号为苛刻。[②]

可见，孟生、李喜二人官至中常侍，权势极大。作为许慎的学生，他们自然会照应其师。许冲这次没有奏上《淮南子注》，表明此书应在东观时就已校注并上呈。因之，我们把许注问世的时间定在永初五年，应该不会偏离历史事实太远。

二、许慎的学术渊源

“汉人最重师法。师之所传，弟之所受，一字毋敢出入。”[③]光武中兴以来，这种现象有所改观，张舜徽说：“到了东汉，学术界出现了博通的风气，如许慎、郑玄起于汉季，兼治群经，不主一家。……汉

① 潘天烈《许慎生平系年》，《四川教育学院学报》1994 年第 4 期，第 37 页。

② 范晔《后汉书》，中华书局 1965 年版，第 1870 页。

③ 皮锡瑞《经学历史》，中华书局 2004 年版，第 46 页。

代经学,自推许、郑集其成;而家法之败坏,也实从此时开其端。”①许慎撰《五经异义》,著《说文解字》,确实体现了博涉众家、通贯群经的治学风格。不过,他的学术还是有渊源所自的。

从家法师承方面说,许慎受学贾逵。贾逵自传父业,又师从杜子春受《周官经》。贾逵的父亲贾徽,从刘歆受《左氏春秋》,兼习《国语》、《周官》,又受《古文尚书》于涂恽,学《毛诗》于谢曼卿,作《左氏条例》二十一篇。刘歆是古文经学的开创者,贾徽所受皆为古文经传,主要研习《左氏春秋》、《古文尚书》、《毛诗》、《仪礼》和《国语》,不涉及诸子百家。贾逵的学术班底几乎全部承自贾徽。《后汉书》本传载:

> 逵悉传父业,弱冠能诵《左氏传》及《五经》本文,以《大夏侯尚书》教授,虽为古学,兼通五家《穀梁》之说。……尤明《左氏传》、《国语》,为之《解诂》五十一篇。②

又载:

> 逵数为帝言《古文尚书》与经传《尔雅》诂训相应,诏令撰欧阳、大小夏侯《尚书》《古文》同异。逵集为三卷,帝善之。复令撰齐、鲁、韩《诗》与《毛氏》异同。并作《周官解故》。……八年,乃诏诸儒各选高才生,受《左氏》、《穀

① 张舜徽《有关经子与传统文化答问》,《诸子学刊》第二辑,上海古籍出版社2009年版,第498页。

② 范晔《后汉书》,中华书局1965年版,第1235页。

梁春秋》、《古文尚书》、《毛诗》,由是四经遂行于世。①

依此可知,贾逵于《五经》之中,唯《易》不太擅长,亦足称一代经学大师,当世通儒。贾氏虽力主古学,但他的学术研究多属总结性、贯通性的工作,特别能明辨古学与今学的异同,曾参与了汉章帝建初四年(79)在北宫白虎观召开的论定《五经》异同的会议。贾逵又喜诗文辞赋,"作诗、颂、诔、书、连珠、酒令凡九篇",②并著《离骚章句》。③ 与马融相比,贾逵治学更集中在《五经》之上,兴趣不如马氏广泛。

弱冠之前,许慎学无定师,主要进入地方学校诵习今文经。因为勤奋努力,所以能博学经籍。建初八年(83),作为高才生,从贾逵受古学。许慎在贾逵门下至少有五六年的时间,他系统学习了《左氏春秋》、《穀梁春秋》、《古文尚书》、《毛诗》、《周官》,深得贾氏之传。这在《说文解字》中有充分的体现。首先,《说文》以贾侍中之名直接引用师说达 13 例,如《毋部》:"毐,人无行也。从士,从毋。贾侍中说:'秦始皇母与嫪毐淫,坐诛,故世骂淫曰嫪毐。'读若娭。"同时,各种说法之是非,都要"考之于逵",足见许君对贾学的推崇。其次,许慎作《说文》是以传承古学为目的。他申明:

今叙篆文,合以古籀,博采通人,至于小大,信而有证,稽撰其说,将以理群类,解谬误,晓学者,达神恉,分别部

---

① 范晔《后汉书》,中华书局 1965 年版,第 1239 页。

② 范晔《后汉书》,中华书局 1965 年版,第 1240 页。

③ 晁公武《郡斋读书志》卷十七:"东京班固、贾逵各作《离骚章句》,余十五卷,阙而不说。"

> 居，不相杂厕也。万物咸睹，靡不兼载。厥谊不昭，爰明以谕。其称《易孟氏》、《书孔氏》、《诗毛氏》、《礼周官》、《春秋左氏》、《论语》、《孝经》，皆古文也。①

所谓《书孔氏》，就是孔安国的《古文尚书》；《诗毛氏》，就是毛亨、毛苌所传的《毛诗》；《礼周官》，就是刘歆所立的《周官经》；《春秋左氏》，就是左丘明所传的《春秋》。这些典籍与《论语》、《孝经》均是以古文传写，许慎引用时皆是依照古文写本。据笔者统计，《说文》引《书》约 162 例，引《诗》约 442 例，引《三礼》约 96 例，引《春秋传》（即《春秋左氏》）约 181 例，引《论语》约 37 例，引《孝经》约 3 例，引《国语》约 20 例，引《尔雅》约 30 例。而贾逵最擅长的即在于《春秋左氏传》、《国语》、《毛诗》、《古文尚书》、《尔雅》、《周官》等古文经。② 这可以客观地说明，许慎经学的结构大体上源自贾氏。

同时，贾逵辨明古、今文异同，贯通群经的治学方法也深刻影响了许慎。正是在贾逵的指导下，许慎完成了《五经异义》一书。《后汉书·儒林传》载："初，慎以《五经》传说臧否不同，于是撰为《五经异义》。"③而陶方琦却认为："初者，亦少时所作也，疑自闻白虎观诸儒异同之论，退而撰是书，亦未可知。"④《隋志》录《五经异义》为十卷。⑤ 如此一部巨作，一位弱冠少年何以堪任？观其内容与体例，既广博又严密，而且多胪列古、今文两派的说法，所谓"《今尚书》夏侯

---

① 《说文解字叙》。

② 在汉代，《国语》归为《春秋经》一类。

③ 范晔《后汉书》，中华书局 1965 年版，第 2588 页。

④ 北京图书馆编《北京图书馆藏珍本年谱丛刊》（第 6 册），北京图书馆出版社 1999 年版，第 296 页。

⑤ 此书当亡佚于宋初，清人陈寿祺辑有《五经异义疏证》上、中、下三卷。

欧阳说”、“《古尚书》说”、“《春秋公羊》说”、“《左氏》说”、“《易》孟氏说”、“《古周礼》说”、“《今韩诗》说”、“《毛诗》说”、“《礼》戴说”，等等。试想，若不从贾逵研习古文，何以能将两派之学辨析如斯？况且，许慎投身贾门前夕，贾逵正为章帝说《古文尚书》与《尔雅》之同训，大、小夏侯与古文《尚书》三家之异同，齐、鲁、韩、毛四家《诗》之异同，又参加过白虎观论定《五经》异同的辩论会，形成了相对固定的治学套路。许慎正是承此而来，在业师的帮助下，融通古今文经学，撰作《五经异义》。①

从转益多师方面说，许慎并不死守师法，而是“博采通人”、“博问通人”。这在客观上成为其学术的又一大渊源。许氏父子所讲的“通人”，在王充眼里，乃是“通书千篇以上，万卷以下，弘畅雅闲，审定文读，而为教授为人师者”，是“博览古今者”，居于“儒生”与“文人”之间，不及“鸿儒”。② 考《说文解字》，许慎所博采和博问的通人多达20余位，皆为汉王朝建国以来的人物。按照时间先后粗略排列，西汉有淮南王、司马相如、董仲舒、京房、刘向、扬雄、桑钦、刘歆、爰礼，东汉有杜林、卫宏、徐巡、傅毅、班固，另有尹肜、逯安、王育、庄都、欧阳乔、宁严、黄颢、张彻、周盛、官溥、谭长等人的生活年代不可考，应是许君同时或稍前时期的人。例如，《说文·廾部》：“叠，杨雄说以为‘古理官决罪，三日得其宜乃行之’。”又如，《自部》：“陧，危也。从自，从毁省。徐巡以为‘陧，凶也’，贾侍中说‘陧，法度也’，班固说‘不安也’。”根据清人惠栋的统计，《五经异义》所列通人之

① 《太平御览》卷五百二十五引《五经异义》：“夏至，天子亲祀方泽，侍中骑都尉贾逵说：‘鲁无圜丘方泽之祭者，周兼用六代礼乐。鲁下周，用四代，其祭天之礼亦宜损于周。’”贾逵任侍中，领骑都尉，是在汉和帝永元八年(96)，可知此书当撰作于这个时期。

② 黄晖《论衡校释》，中华书局1990年版，第606页。

说，有《易》孟京说、施雠说、下坯傅甘容说，今《尚书》欧阳说、夏侯说，《鲁诗》丞相韦玄成说、匡衡说，《古春秋》奉德侯陈欣说，《公羊》董仲舒说、大鸿胪时眭说，《礼》王度记、盛德记，《明堂月令》讲学大夫淳于登说。[①] 如此博采众家之说，两汉之中除郑玄外，恐怕再也找不到第二人了。这种转益多师，使得许慎克服了贾逵治学“精而不博”的缺陷，达致既精且博的学术之境。许冲所谓“六艺群言不诂，皆通其意，而天地鬼神，山川草木，鸟兽昆虫，杂物奇怪，王制礼仪，世间人事，莫不毕载”，[②]即印证了此点。遗憾的是，因时间仓促，许慎校注《淮南子》，匆匆了事，未能兼采众说和精益求精，故而远远没有达到《说文解字》和《五经异义》所显示的学术水准。

应该指出的是，虽然许慎治学皆有渊源所自，但他变通和创新的能力同样出众。以《说文解字》为例，其师贾逵尽管是古文学的训诂大家，然对于文字本原的研究还是很不够，而许慎能够敏锐地察觉这个问题，在借鉴李斯《仓颉篇》、赵高《爰历篇》、胡毋敬《博学篇》、扬雄《训纂篇》等成果的基础上展开更为深入的研究，终于铸就了这部不朽名作。而且，许慎著《说文》还深怀着对学术沉沦的忧患，并给予了严厉的痛斥：

> 诸生竞逐说字解经谊，称秦之隶书为仓颉时书，云“父子相传，何得改易”，乃猥曰“马头人为长，人持十为斗，虫者屈中也”。廷尉说律，至以字断法。苛人受钱，苛之字止

① 惠栋《后汉书补注》卷十八，清嘉庆九年(1804)冯集梧刻本。《续修四库全书》第270册有影印本。

② 严可均辑《全上古三代秦汉三国六朝文·全后汉文》，中华书局1958年版，第742页。

> 句也。若此者甚众,皆不合孔氏古文,谬于史籀。俗儒啚夫,玩其所习,蔽所希闻,不见通学,未尝睹字例之条,怪旧势而善野言,以其所知为祕妙,究洞圣人之微恉。又见《仓颉篇》中“幼子承诏”,因曰“古帝之所作也,其辞有神仙之术焉”。其迷悟不谕,岂不悖哉!①

从中可以见出许慎不从流俗、勇于变通的治学精神,许学昌盛至今,盖有以矣!

第二节　许注的训诂特征

在同一书中,许注八篇与高注十三篇的注释风格泾渭分明,各自浑然如出一家之手。就许注篇目来说,虽然简单寥落,但也基本形成了自己的训诂特点,而能与高注相区别。

一、以赋体句式粗论全篇大意

苏颂在分辨许高二注时称“许于篇下粗论大意”,可知许慎对每篇的核心思想都做了粗略的概括。今存八篇篇下仍有许君论语,或能窥其面目:

> 《缪称》篇下:缪异之论,称物假类,同之神明,以知所贵。
>
> 《齐俗》篇下:齐,一也。四宇之风,世之众理,皆混其俗,令为一道也。

---

① 《说文解字叙》。

《道应》篇下:道之所行,物动而应,考之祸福,以知验符也。

《诠言》篇下:诠,就也。就万物之指,以言其微,事之所谓,道之所依也。

《兵略》篇下:兵,防也。防乱之萌,皆在略谋,解喻至论,用师之意也。

《人间》篇下:人间之事,吉凶之中,征得失之端,反存亡之几也。

《泰族》篇下:泰言古今之道,万物之指,族于一理,明其所谓也。

《要略》篇下:凡《鸿烈》之书二十篇,略数其要,明其所指,字其微妙,论其大体。

细观上引各篇论语,明显带有赋体的色彩,基本上是整齐的四言或五言。许慎少负才学,又从贾逵受《离骚》,对于辞赋写作当然可以做到纯熟自如。他撰写《说文解字叙》也有赋体化的倾向。试看:

其建首也,立一为耑,方以类聚,物以群分,同条牵属,共理相贯,杂而不越,据形系联,引而申之,以穷万原。毕终于亥,知化穷冥。于时大汉,圣德熙明,承天稽唐,敷崇殷中,遐迩被泽,渥衍沛滂,广业甄微,学士知方,探啧索隐,厥谊可传。

粤在永元,困顿之年,孟陬之月,朔日甲申。曾曾小子,祖自炎神,缙云相黄,共承高辛。大岳佐夏,吕叔作藩。俾侯于许,世祚遗灵。自彼徂召,宅此汝濒。窃卬景行,敢

> 涉圣门。其弘如何,节彼南山,欲罢不能。既竭愚才,惜道之味。闻疑载疑,演赞其志。次列微辞,知此者稀。傥昭所尤,庶有达者,理而董之。

全为整齐的四言句,而且进行了不规则的押韵,可谓是成熟的骈体赋。此文作于汉和帝永元十二年(100),比《淮南子注》早出11个年头。许慎在长期的著述过程中形成了简便、洗练的笔法,他以赋体化的句式粗论篇章大意,正是这种笔法的运用。

依据《要略》篇所论,淮南王刘安为每一篇的篇名作了寓意深刻的构设,诸如《原道》、《俶真》、《天文》、《地形》、《时则》、《览冥》、《精神》、《本经》、《主术》、《缪称》、《齐俗》、《道应》、《氾论》、《诠言》、《兵略》、《说山》、《说林》、《人间》、《修务》、《泰族》等篇名,既能大致反映每篇的立论本旨,又能基本概括出全文的内容倾向。与此同时,刘安还在《要略》篇中进一步申述了这二十篇的创作动机和主要观点。例如,"《俶真》者,穷逐终始之化,嬴埒有无之精,离别万物之变,合同死生之形,使人知遗物反己,审仁义之间,通同异之理,观至德之统,知变化之纪,说符玄妙之中,通回造化之母也"。考《俶真》篇,虽然没有一以贯之的中心论点,但大体上都是围绕《要略》所说而展开,反复讨论了宇宙创始、死生变化、形神关系、至德之世以及真人之性等问题。

许慎粗论篇章大意,即综合了篇名的含义和《要略》篇的相关论述。例如,许君论《道应》篇:"道之所行,物动而应,考之祸福,以知验符也。"前两句乃推衍篇名之意,后两句则化用了《要略》篇所论,即"揽掇遂事之踪,追观往古之迹,察祸福利害之反,考验乎老庄之术,而以合得失之势者也"。又如,论《诠言》篇:"诠,就也。就万物之指,以言其微,事之所谓,道之所依也。"前一句解释篇名中的字义，后面四句同样化用了《要略》篇的论述，即“所以譬类人事之指，解喻治乱之体也，差择微言之眇，诠以至理之文，而补缝过失之阙者也”、“言道而不言事，则无以与世浮沉”。由此可见，许慎非常重视《要略》之篇，把它看作是理解全书的一把钥匙，认为此篇概论全书大体，简明全书要旨，能够指出全书微妙之所在。在《淮南子》一书的整体架构中，《要略》篇确实发挥了如此作用，相当于全书的《后叙》。司马迁著《史记》，最后一篇为《太史公自序》，总结全书，分列篇章，申述己意，作用类似于《要略》。史公这样构思，很有可能是受到了刘安的启发。段玉裁说：“许书十四篇既成，乃述其著书之意，而为五百四十部冣目，记其文字都数，作韵语以终之，略放大史公自序云。”①那么，许慎撰《说文解字叙》亦当是效仿刘安作《要略》篇了。

与《要略》篇不同的是，许慎粗论各篇的大意时使用了更加集中、精练的笔法，寥寥数语，直陈其意，这也可能是受制于注文而不便展开的结果。另外，许慎这种诠释文章大意的注释方法，与高诱撰作题解也存在很大区别。②

二、内容上偏重解释字词、名物、史事

一部比较完备的注疏作品，通常会在解释原文相关字词、名物、典章、史事等内容的同时，不忘自己展开思考，推演原文的微言大义，并且有时还会引经据典，胪列诸家说法。赵岐的《孟子章句》、郑玄的《三礼注》和高诱的《淮南子注》、《吕氏春秋注》，皆是如此。可能只是因为完成校书任务，又加上时间短促，或者兴趣缺乏，许慎注

① 段玉裁《说文解字注》，上海古籍出版社 1981 年版，第 753 页。

② 详见本书第四章第二节。

解《淮南子》，偏重解释字词、名物和史事，而其他方面较少兼顾，其内容远不如赵、郑、高三家丰富。

字词是构成文本的基本单位，阐明其义，则是注疏者最基础的工作。许注的重心即在于此。许慎具备小学家和经学家的双重身份，他以小学家的身份撰《说文解字》，以经学家的身份注《淮南子》。因而，在解字释词方面，两书还是有较大的区别，前者旨在探求文字之本义，后者则着重于随文释义，诚如白兆麟所论："注疏体着眼于词义的自然状态，是解释言语作品里的具体义、使用义；辞书体着眼于词语存在的非自然状态，即储存状态的词义。"①这里所讲的随文释义，就是依随一定的语境，解释字词的具体义、使用义。许注释词多以此种方式出现。察其体例，主要有以单字释单字、以双字（含多字）释单字、以复合词释复合词等几种。

以单字释单字，格式多为"甲，乙（也）"，"甲"和"乙"之间存在异体字、同源、同义近义、一词多义、词义相关等几种关系。异体字关系，如《缪称训》"伋于不己知者，不自知也"，许注："伋，急。"同源关系，如《缪称训》"勿挠勿樱，万物将自清"，许注："樱，缨。"②《诠言训》"鉴见其丑，则善鉴"，许注："鉴，镜也。"同义近义关系最为普遍，如《道应训》"文王砥德修政，三年而天下二垂归之"，许注："砥，砺也。"《要略》篇"澄沏神明之精，以与天和相婴薄"，许注："澄，清也。"一词多义现象，如解释"施"字，《齐俗训》"胡貉、匈奴之国，纵体施发"，许注："施，纵也。"《人间训》"施其衣被"，许注："施，夺。"《要略》篇"接径直施"，许注："施，邪。"词义相关现象，如《道应训》

① 白兆麟《新著训诂学引论》，上海辞书出版社2005年版，第35页。

② 景宋本、藏本皆作"樱"，而后来本"樱"作"撄"，今从前者。樱与婴、缨与婴均为同源，故知樱与缨也是同源关系。

“见一士焉，深目而玄鬓泪注”，许注：“泪，水。”《要略》篇“若然者，挟日月而不烑”，许注：“烑，光也。”

以双字（含多字）释单字，这类注释也比较常见，反映了东汉时期复合词的不断丰富。格式多为“甲，乙丙（也）”，如《齐俗训》“筐不可以持屋”，许注：“筐，小簪也。”《兵略训》“易则用车”，许注：“易，平地也。”有时候增字解释，格式为“甲，甲乙（也）”或“甲，乙甲（也）”，如《泰族训》“宋人有以象为其君为楮叶者”，许注：“象，象牙也。”又此篇“奚仲不能旅”，许注：“旅，部旅也。”当然，还有不少以多字释单字的释例，如《诠言训》“周公殽臑不收于前”，许注：“臑，前肩之美也。”《人间训》“奋翼挥䎃，凌乎浮云”，许注：“䎃，六翮之末也。”

淮南王时期，词汇虽以单音节词居多，但正朝着复音节词的方向发展，《淮南子》中也有体现。许慎以复合词释复合词，格式多为“甲乙，丙丁（也）”，如《缪称训》“道之有篇章、形埒者，非至者也”，许注：“形埒，兆朕。”《要略》篇“语不剖判纯朴，靡散大宗”，许注：“纯朴，太素也。”许慎有时也以一个长句来解释复合词，如《人间训》“掘藏之家必有殃”，许注：“掘藏，谓发冢得伏藏，无功受财。”许慎甚至有时候还以单音词来解释复合词，如《齐俗训》“大夫端冕，以送迎之”，许注：“端冕，冠也。”《道应训》“然刘氏夺之，若转闭锤”，许注：“闭锤，格也。”此类释词多是说明该词的属性。

严格地说，名物训诂也是释词的一种。由于训诂家特别重视对名物的解释，所以很早就形成了专门的名物学，并出现了专著，如《尔雅》、《释名》以及陆机的《毛诗草木鸟兽虫鱼疏》。鉴于其特殊的地位，这里有必要予以特别指出。所谓名物，是指事物及其专有名称。从狭义上说，包括草木、鸟兽、虫鱼等动植物及其名称；从广义上说，又包括星宿、山川、郡国、车马、宫室、服冠、器具等事物及其名称,当然也包括人物的名字。孔子曰:"小子何莫学夫《诗》?《诗》可以兴,可以观,可以群,可以怨。迩之事父,远之事君,多识于鸟兽草木之名。"①历代注家秉承了孔子这一意旨,都非常注重名物的训诂。许注在这方面体现得十分明显。据笔者统计,许注八篇,释人名约158个,释地名约30个,释草木名约7个,释鸟兽名约17个,释山水名约14个,释器具名约14个,释郡国、民族名约17个,释宫室、服冠名约7个,释星宿名约2个,释乐曲名约11个,总计约277个。对于简略的许注来说,名物训诂确实占据了很大篇幅。从统计数据看,许慎倾向解释人名和地名,两者的比重达到了67.9%。许君训释名物一般比较简单,方法也单一,例如《齐俗训》"豫让、要离,非不知乐家室,安妻子,以偷生也",许注:"豫让,智伯臣。要离,吴王阖闾臣。"又《道应训》"菑渑之水合,易牙尝而知之",许注:"菑、渑,齐二水也。"其体例大都如此。但是有时也较为详细,例如《道应训》"遂成国于岐山之下",许注:"岐山,今之美阳北也,其下有周地,因是以为天下号也。"又《人间训》"商鞅支解,李斯车裂",许注:"李斯,上蔡人也,为秦相,赵高谮之二世,车裂于云阳。"不过,这种情况并不多见。

《淮南子》的编撰者主张以事说理,因而喜欢借用先代的历史故事以做谈资。许慎曾从贾逵受《左氏春秋》、《穀梁春秋》和《古文尚书》,还研习了《汉书》,对各个时期的历史事件和历史人物都至为熟悉。这样的学术素养,使他在解释《淮南子》中所涉及的历史事件时显得游刃有余,甚至表现出一种特殊的偏好。据统计,许注八篇释史事约有49例,基本上属于上古三代和春秋战国之事。许君有丰厚的史学修养,他解释史事多取材于《春秋左传》、《史记》、《吕氏

① 阮元校刻《十三经注疏》,中华书局1980年版,第2525页。

春秋》、《韩诗外传》以及《春秋穀梁传》。例如《人间训》"蔡女荡舟,齐师大侵楚",许注:"齐桓公与蔡姬乘舟,姬荡舟,公惧,止之。公怒,归之蔡,蔡人嫁之。公伐楚,至召陵而胜之也。"此注取材《左传·僖公三年》,文字近同。又如《泰族训》"师延为平公鼓朝歌北鄙之音,师旷曰'此亡国之乐也'",许注:"灵公进新声平公,平公以问师旷,师旷曰:'纣以师延作靡靡之乐,纣亡,师延东走,自投濮水而死,得此音必于濮上也。'"此注出于《史记·乐书》,文字亦近同。但更多的时候是袭其意而不袭其辞,用自己的语言重新进行概括性的叙述,如《泰族训》"宋伯姬坐烧而死",许注:"伯姬,宋共公夫人,夜失火,待傅母不至,不下堂,而及火死之也。"关于这一事件,《春秋穀梁传》记述为:"伯姬之舍失火,左右曰:'夫人少辟火乎?'伯姬曰:'妇人之义,傅母不在,宵不下堂。'左右又曰:'夫人少辟火乎?'伯姬曰:'妇人之义,保母不在,宵不下堂。'遂逮乎火而死。"①显然,许慎依此作了归纳。

许慎偏重解释字词、名物和史事的训释风格,当与他一生致力于《说文解字》的撰写有关。许冲称赞《说文》"天地鬼神,山川草木,鸟兽昆虫,杂物奇怪,王制礼仪,世间人事,莫不毕载",②足见许慎知识的广博和志趣之所在。至于"王制礼仪",许注中也有不少说解,例如《齐俗训》"夫儒墨不原人情之终始,而务以行相反之制,五缞之服",许注:"五缞,谓三年、期、九月、五月、三月服也。"当然,解释字词的目的最终还是为疏通文意,许慎同时也花了很大的气力串讲句意,此不再赘述。

---

① 阮元校刻《十三经注疏》,中华书局 1980 年版,第 2432 页。

② 严可均辑《全上古三代秦汉三国六朝文·全后汉文》,中华书局 1958 年版,第 742 页。

三、形式上少用训诂术语，显得简略质朴

训诂学早在春秋战国时期就开始萌芽，到了西汉，已经风行一时，《汉书·艺文志》著录大量的训诂著作即是其证。东汉初期，这种迅猛势头持续不断，卫宏、杜子春、郑兴、郑众、贾逵等名家辈出，可以说训诂学至此臻于鼎盛。训诂术语也随之渐趋繁夥，具有了相对固定的用法。许慎注解《淮南子》，尽可资鉴而用之，但他似乎忽视了这一点，反而很少使用训诂术语，使注文显得简略、质朴。

许慎少用训诂术语，直接导致了他注《淮南子》两种最普遍的释文体例：一是直陈其义；二是以语气词“也”字结尾，表示判断或肯定。所谓直陈其义，就是不借助任何术语和语气词，直接把词意或文意叙述出来。释词意，如《道应训》“言未卒，啮缺继以讎夷”，许注：“讎夷，熟视不言。”释句意，如《齐俗训》“是故得一人，所以得百人也”，许注：“一人来得其心，百人来亦得其心。”其实，许慎以“也”字句体释文，与直陈其义并无本质的区别。颜之推说：“也，是语已及助句之辞，文籍备有之矣。”[①]据粗略统计，许注八篇使用“也”字高达843次，说明这种释文体例最为常用。

少用并不等于不用，考许注八篇，部分注文还是运用了一些最简单明了的训诂术语。

释词术语包括“谓”、“谓之”、“谓……为……”、“犹”、“貌”、“类”。“谓”一般用在以具体释抽象或以一般释特殊的情况下，并且被释词放于“谓”的前面。如《齐俗训》“君臣以相非，骨肉以生怨，则失礼义之本也，故构而多责”，许注：“构，谓以权相交，权尽而

---

① 王利器《颜氏家训集解》，中华书局1993年版，第436页。

交疏,构构然也。”此类用法,许注八篇约有33例。“谓之”与“谓”的用法则有不同,被释词总是放在“谓之”的后面,多用于某一概念的解释。例如《诠言训》“祀其鬼神于明堂之上”,许注:“庙之中谓之明堂也。”此类用法,约有9例。“谓……为……”乃是许慎解释方言的专用术语,下文将有集中的讨论。“犹”往往表示释者与被释者之间存在同义或近义的关系。如《缪称训》“锦绣登庙,贵文也”,许注:“登,犹入也。”此类用法,约有10例。“貌”和“类”作用相同,通常放在动词或形容词的后面,以表示被释词的某种性质或某种状态。用“貌”字,如《兵略训》“士卒殷轸,此军之大资也”,许注:“轸,乘轮多盛貌。”八篇中仅此1例。用“类”字,如《人间训》“其始成,竘然善也,而后果败”,许注:“竘,高壮类。”八篇中亦仅此1例。

释句术语则包括“言”、“故”。“言”,相当于现代汉语“说的是”、“是说”,通常放在释文的开头,主要用来表示概括和疏通一句话或一段话的大意。如《道应训》“回坐忘矣”,许注:“言坐自忘其身,以至道也。”此类用法约有46例,[①]可见这也是许慎常用的术语之一。“故”用以揭示因果关系,带有推导的性质。如《缪称训》“人多欲亏义,多忧害智”,许注:“贪忧闭塞,故害智也。”此类用法约有48例。

总之,许注虽然使用了“谓”、“谓之”、“谓……为……”、“犹”、“貌”、“类”、“言”、“故”等训诂术语,但相对于注文的整体来说,依然表现得不够突出,使注释体例显得较为单一,注文呈现出简略、质朴的特点。不过,训诂术语的运用亦能反映注家的注释风格。考之

---

① 其中包括了用以解释词语的6例,如《诠言训》“动之为物,不损则益,不成则毁,不利则病,皆险也”,许注:“险,言危难,险不可行。”然这些解释大都与整个句意相关。

《说文解字》,上述术语同样是许慎经常使用的训诂术语。据笔者统计,《说文》使用“谓之”约 154 例,使用“谓”约 7 例,使用“犹”约 14 例。这说明许注与《说文》的写作风格基本是一致的。

四、重视对江淮楚地方言的解释

古代学者展开对各地方言的系统研究,应是自扬雄开始,他撰写的《輶轩使者绝代语释别国方言》(简称《方言》)乃研究方言的开山之作。尽管扬雄此举仍是为解读经典服务,但点燃了汉代士人关注方言的热情。随后,贾逵、许慎、王逸、何休、郑玄、高诱等人都在其著述中给予了足够的重视。就许慎来说,他的《说文解字》共使用了 173 条方言,提及地名近 40 个,为我们保留了东汉初期汉语方言的宝贵材料。[①] 淮南王刘安所招揽的宾客文人绝大部分来自江淮楚地,他们编撰《淮南子》也多用楚语。许慎凭借对各地方言的熟悉,注解此书时亦能够给予特别的指出和解释,可与《说文》相得益彰。

考许注八篇和陶方琦的《淮南许注异同诂》四卷,许慎解释江淮楚地方言共有 13 例,现罗列于下:

1.《原道训》“妇人不孀”,许注:“楚人谓寡妇曰孀。”(《淮南许注异同诂》卷一)

2.《俶真训》“莫鉴于流潦,而鉴于澄水”,许注:“楚人谓水暴溢曰潦。”(同上)

3.《览冥训》“裋褐不完”,许注:“楚人谓袍曰裋。”[②](《淮南许注异同诂》卷二)

---

① 李恕豪《许慎的方言研究》,《天府新论》1995 年第 4 期,第 64 ~ 67 页。

② 陶氏《淮南许注异同诂补遗》又引许注作“楚人谓袍为裋褐”。

4.《齐俗训》“其衣致暖而无文，其兵戈铢而无刃”，许注：“楚人谓刃顿为铢。”

5.《齐俗训》“必有菅屩跐踦、短褐不完者”，许注：“楚人谓袍为短褐大布。”

6.《齐俗篇》“譬若绕之见风”，许注：“绕，候风之羽也，楚人谓之五两。”①(《淮南许注异同诂》卷三)

7.《齐俗训》“为天下显武”，许注：“楚人谓士为武。”

8.《道应训》“卢敖就而视之，方倦龟壳，而食蛤梨”，许注：“楚人谓倨为倦。”

9.《道应训》“卢敖仰而视之，弗见，乃止驾，心柸治”，许注：“楚人谓恨不得为柸治也。”

10.《道应训》“朝菌不知晦朔”，许注：“朝菌，朝生暮死之虫也，生水上，状似蚕蛾。一名孳母，海南谓之虫邪。”②

11.《说林训》“山云蒸，柱础润”，许注：“楚人谓柱碣曰础。”(《淮南许注异同诂》卷四)

12.《要略》“玄眇之中，精摇靡览”，许注：“楚人谓精进为精摇，靡小皆览之。”

13.《要略》“弃其畛挈，斟其淑静”，许注：“楚人谓泽浊为畛挈也。”

从上可以看出，许慎解释楚语的体例不外乎“楚人谓……为……”、“楚人谓……曰……”、“楚人谓之……”三种。对于这些

① 孙冯翼《许慎淮南子注》辑作：“绕，候风也，楚人谓之五两。”见丛书集成初编本，第17页。

② 扬雄的《方言》、许慎的《说文解字》以及汉人其他注书中均未出现海南地区的方言，并且当时海南之地远离汉王朝中心，其方音俗语，学者一般难以知晓，故疑“海南”或是“淮南”之误。

难懂的方言，许君相当于用通俗语（或者说官方语）翻译了一遍。所释之词“嫷”、“瀿”、“裋”、“铢”、“绕”、“武”、“倦”皆是单音节词，而“杯治”、“朝菌”、“精摇”、“畛挈”皆为复音节词，可知江淮楚地的语言十分丰富，且与中原词汇差别很大。有学者就由此认为楚方言不属华夏语，而杨建忠持反对意见，认为楚方言是楚人和当地土著的语言互相渗透、融合而成的一种“混合语”，仍属华夏语。[①] 杨氏的观点更符合客观情况。其实，楚方言与秦、齐、鲁、吴等其他方言的本质并没有不同，只是楚语的地方特色显得更加突出。

研究者指出，《说文解字》解释方言俗语所涉及地域次数最频繁的依次是楚、齐、秦三地，其中楚地约 24 次（其中“楚”17 次、“东楚”2 次、“南阳”2 次、“淮南”1 次、“九江”1 次、“江淮之间”1 次），齐 17 次，秦 16 次。[②] 许慎为汝南郡召陵万岁里（今河南省郾城县东）人，[③]而且他的主要活动场所是以洛阳为中心，往东靠近齐鲁大地，往西靠近旧秦之地，向南则邻近江淮楚地，自然比较熟悉楚、齐、秦这三地的方言。再加上对语言文字的天生敏感，许慎注解《淮南子》就能够发现楚语的细微之处，从而用最通俗的词语诠释出来。同时，许注对于楚语的解释也为后人提供了珍贵的史料价值。清代学者杭世骏纂集《续方言》上、下两卷，就收录了前面所列的第 4、6、8、

---

① 杨建忠《上古楚方言性质考论》，《湖南师范大学社会科学学报》2009 年第 2 期，第 123 页。

② 李恕豪《许慎的方言研究》，《天府新论》1995 年第 4 期，第 66 ~ 67 页。笔者参考时作了综合。

③ 关于许慎确切的籍里，学术界也有过争议。可参阅顿嵩元的《许慎故里考辨》（《郑州大学学报》（哲学社会科学版），1989 年第 3 期）、张汝鲤的《许慎为东汉召陵郎里人补证》（《复旦学报》（社会科学版），1987 年第 1 期）和《许慎史料拾遗》（《河南师大学报》（社会科学版），1984 年第 2 期）等文。但许慎为汝南郡人则是确定无疑的。

9、12、13等六条注文。

第三节 从许注看许慎的思想

许慎作《说文解字叙》，系统阐述了文字的起源、构造及其释义的基本原则，并且创造性地提出了汉字“分别部居”、“据形系联”的研究方法，以此观之，他是一位极具思想的语言文字学家。许慎撰《五经异义》，收罗众家观点，不固守师法，不囿古、今派之争，或从古文，或从今文，不从者独出己意，以此观之，他又是一位极具思想的经学家。《淮南子注》尽管简略疏阔，但其中某些注文依然可以折射出这位思想者的闪光之处。

一、许慎的经学思想

客观地说，东汉士人皆以经学成就相尚，许慎当时也是以经学名家的，而非《说文解字》。对于《五经》，他做过全面、细致的研究和整理，形成了一套自己的经学体系。许注八篇不但涉及了许慎评判儒家《六经》和解说《周易》的问题，而且还直接利用了《五经异义》的成果，从中亦能够窥其经学思想之一斑。

(一)对于《六经》的评判

“六经”的概念，最早见于《庄子》，《天运》篇虚构孔子的话说：“丘治《诗》、《书》、《礼》、《乐》、《易》、《春秋》六经，自以为久矣，孰知其故矣。”[①]《六经》中，唯《乐经》早早失传，《汉书·艺文志》不见载录，汉代士人的著述中也未见引用。关于《乐经》的流传，学者各有说法。笔者认为，这部书可能已被融入在《诗》和《礼》两经当中，

---

① 郭庆藩《庄子集释》，中华书局1961年版，第531页。

后来只剩下《五经》了。

淮南王时候，虽然经学的格局没有建立起来，但所谓“六经”的说法则十分流行。《淮南子》一书留下了不少评述《六经》的言论，说明编撰者对于儒家经典也深有研究。许慎在解释这些言论时，一般都注入了自己思想的成分。许注八篇中，《诠言》和《泰族》篇中有两处比较集中的显现：

> 《诗》之失僻，许注：“《诗》者，衰世之风也，故邪而以之正。小人失其正，则入于邪。”《乐》之失刺，许注：“乡饮酒之乐歌《鹿鸣》，《鹿鸣》之作，君有酒肴，不召其臣，臣怨而刺上者非也。”《礼》之失责。许注：“礼无往不复，有施于人则责之。”（《诠言训》）
>
> 温惠柔良者，《诗》之风也。淳庞敦厚者，《书》之教也。清明条达者，《易》之义也。恭俭尊让者，《礼》之为也。宽裕简易者，《乐》之化也。刺几辩义者，《春秋》之靡也。故《易》之失鬼，许注：“《易》以气定吉凶，故鬼也。”《乐》之失淫，许注：“《乐》变之于郑声，淫也。”《诗》之失愚，许注：“诗人怒，怒近愚也。”①《书》之失拘，许注：“《书》有典谟之制，拘以法也。”《礼》之失忮，许注：“《礼》尊尊卑卑，尊不下卑，故忮也。”《春秋》之失訾。许注：“《春秋》贬绝不避王人，书人之过，相訾也。”六者，圣人兼用而财制之。（《泰族训》）

很显然，《淮南子》和许慎有关《六经》的评判都是总论式的，并

---

① 庄逵吉云：“怒，疑当作怨。”刘文典《淮南鸿烈集解》第674页。

非针对某一具体内容。淮南王和他的宾客们一方面承认《六经》的长处;但另一方面更多地表达了批评的声音,反复指出《六经》的局限所在。许慎身为正统的古文经学家,并未盲目地反驳这些批评意见,来为《六经》辩护,而是客观地正视,逐一为之作进一步的说解,表现出一定程度的认可。此与“俗儒”、“鄙夫”确实不可同日而语。下面就许慎对于《六经》的评判,分别阐述之。

关于《诗》、《乐》。古者诗乐一体,许慎论诗即论乐,论乐亦即论诗。他认为,《诗》、《乐》乃是时代风气不断衰变的产物。这一观点也是发源自《淮南子》,《氾论训》云:“《诗》、《春秋》,学之美者也,皆衰世之造也。儒者循之以教导于世,岂若三代之盛哉!以《诗》、《春秋》为古之道而贵之,又有未作《诗》、《春秋》之时。”在许君看来,衰世之人为满足自己享乐的私欲或者发泄自己的某种情绪而造《诗》、《乐》,若不导之以《雅》、《颂》正音,则必定会流变成淫僻的郑声,失去“《乐》所以移风易俗,歌长其音”①的教化和美俗功能。他因此认为,《诗》所以失之于“愚”,《乐》失之于“刺”,其根本原因就在于“邪而不能以之正”。许慎举《鹿鸣》为例,②认为此诗是

---

① 《淮南子·缪称训注》。此篇又说:“故禹执干戚舞于两阶之间,而三苗服。”许注:“三苗畔禹,禹风以礼乐而服之也。”可见,许慎非常崇信儒家礼乐的教化力量。

② 陈寿祺认为这是高诱用鲁诗义之例,误。又吴承仕云:“然许慎所治,《毛诗》学也,不宜以《鹿鸣》为刺诗。而陈乔枞引高诱诗说,皆为鲁学,文证甚明,则此注为高诱义,于理为近。或许慎随顺本文,故以鲁学说之,不固守毛义也。”见《淮南旧注校理》,第94页。吴氏后一说更近实,《五经异义》即有排斥《毛诗》义的例子。如《五经异义疏证》卷中:“天子驾数,《易》孟京、《春秋》公羊说‘天子驾六’,《毛诗》说‘天子至大夫驾四,士驾二’。……谨案:《礼王度记》曰‘天子驾六,诸侯与卿同驾四,大夫驾三,士驾二,庶人驾一’,说与《易》、《春秋》同。”

臣下因怨刺君上未召其共享酒肴而作，并指出这种行为是非常不可取的，可知他雅乐正音的观念十分强烈。此正如司马迁所说："《雅》《颂》之音理而民正，嘄噭之声兴而士奋，郑卫之曲动而心淫。"[①]让《诗》、《乐》担负起导引民众走向"温惠柔良"之风的政教责任，大概是两汉正统文人学者的共同期望。

关于《书》。许慎师从贾逵习《古文尚书》，对其内容和体制都了如指掌。《淮南子》的作者批评《尚书》失之拘泥，许慎随而推论，指出《尚书》之拘泥主要反映在固守"典"、"谟"等一成不变的体式和规范上，由此而缺乏变通的精神。"典"、"谟"为《尚书》中的两种文体，《书序》言："典、谟、训、诰、誓、命之文，凡百篇，所以恢弘至道，示人主以轨范也。"[②]有《尧典》、《舜典》、《大禹谟》、《皋陶谟》，可谓至重、垂范之典章。汉代士人多待之以推崇备至之心，如班固感叹："虽尧、舜之盛，必有典谟之篇，然后扬名于后世，冠德于百王，故曰：'巍巍乎其有成功，焕乎其有文章也！'"[③]周磐"学《古文尚书》、《洪范五行》、《左氏传》，好礼有行，非典谟不言"。[④] 而许慎大胆批评"典谟之制"，在东汉尚属首次，体现了他独特的经学视角。

关于《易》。《周易》一书起源于远古先民占卜的实践活动，只是随着知识阶层的不断参与和改造，这种卜筮的性质逐渐退色，但民间至今还在利用《周易》进行占卜。汉代传《易》者，大致说来只有两个方向：一是以章句训诂解《易》，代表为孟喜、费直；二是以阴阳灾异解《易》，代表为京房、高相。依据《说文解字叙》和《五经异

① 司马迁《史记》，中华书局1959年版，第1176页。

② 阮元校刻《十三经注疏》，中华书局1980年版，第114～115页。

③ 班固《汉书》，中华书局1962年版，第4235页。

④ 范晔《后汉书》，中华书局1965年版，第1311页。

义》，许慎对孟氏《易》学和京氏《易》学都比较熟悉。《淮南子》的作者批评《周易》过分渲染飘忽不定的神秘色彩，许慎借此指出，《易》由于以卦气来决定人事吉凶，故而显得神秘。京氏说《易》最能体现这一倾向，例如他解《既济》卦："建丙戌至辛卯，卦气分节气。始丙戌受气，至辛卯成正象。考六位，分刚柔，定吉凶。积算起辛卯至庚寅，周而复始。"①完全朝着占卜的方向理解了。但许慎认为《周易》的局限正在于此，从侧面表明他对京氏说《易》的不认可。他自己解《易》谨遵古文派的路数，自章句训诂上求其大义。如《缪称训》"《易》曰'同人于野，利涉大川'"，许注："言能同人道至于野，则可以济大川。大川，大难也。"又"《易》曰'亢龙有悔'"，许注："仁君动极在上，故有悔也。"丝毫没有穿凿附会之弊。

关于《礼》。《淮南子》道家派作者对儒家的礼书和礼仪规范尤其反感，批评之声不绝于耳。在他们看来，"礼"虽然可以造就"恭俭尊让"的人，但更会衍生虚伪投机者，所谓"为礼者相矜以伪"。②同时，"礼"过分在意形式，不揣人情，很容易走向强施于人和违逆人性的一面，即所谓失之于"责"，③失之于"忮"。④ 许慎基本上默认了这些批评意见，还进一步解释说，"礼"总是要在主客之间来回往复，我若施礼于人，则必求人回礼于我，故有强施之嫌，并且"礼"使

---

① 京房《京氏易传》卷上，四部丛刊本。

② 《淮南子·齐俗训》。

③ 《主术训》："今人之才，或欲平九州，并方外，存危国，……而乃责之以闺合之礼、奥窔之间，……是犹以斧劗毛，以刀抵木也，皆失其宜矣。"又《诠言训》："大乐无怨，大礼不责。"可知"责"乃苛求之义，即强施于人。

④ 《齐俗训》："今世之为礼者，恭敬而忮。"许慎注曰："忮，害也。"又《庄子·天下》："不忮于众。"郭象注曰："忮，逆也。"此处，释"害"或"逆"皆可通。恭敬过度，不合人情，故笔者认为"忮"作"违逆"更近原意。

尊者更尊，卑者更卑，造成森严的等级分别，故有违人情。可见，许君对于“礼”之弊害有着清醒的认识。

关于《春秋》。《淮南子》的编撰者站在诸侯王的立场，对《春秋》褒扬臣民忠义的做法表示赞赏，①同时又对《春秋》不留情面，直书王侯之过的做法表示了批评。他们认为，《春秋》的不足之处就在于过多的刺讥和诋毁。而以我们现代的眼光来看，这正是《春秋》的长处，张扬了实录和批判的史学精神。许慎精悉《春秋》公羊、穀梁、左氏三家说，当然非常明白《春秋》不为王者隐恶，直书其过的笔法，但囿于正统文人的意识和专制政治的淫威，不可能明显表露他的称赏之情。

总之，通过上述许慎有关《六经》的评判，我们能够发现，许慎是一个富有自己思想和通达精神的经学家。这也可从《五经异义》的一段论述中得到证明：“《礼》戴说《王制》云‘五十不从力政，六十不与服戎’，《易》孟氏、《韩诗》说‘年二十行役，三十受兵，六十还兵’，《古周礼》说‘国中自七尺以及六十，野自六尺以及六十有五，皆征之’。许慎谨按云：《五经》说皆不同，是无明文所据。汉承百王而制，二十三而役，五十六而免。六十五已老，而周复征之，非用民意。”②不唯《五经》之说是从，并且敢于批评周朝的兵役制度不能以民意为本，此是郑玄辈不能为之。

（二）许注与《五经异义》

根据我们前面的考证，许注大约在永初五年（111）完成，而《五

---

① 如《泰族训》：“泓之战，军败君获，而《春秋》大之，取其不鼓不成列也。宋伯姬坐烧而死，《春秋》大之，取其不逾礼而行也。”赞赏之情溢于言表。

② 陈寿祺《五经异义疏证》卷上，清嘉庆十八年（1813）刻本。《续修四库全书》第171册有影印本。

经异义》则成书于永元八年(96)贾逵担任侍中与永元十二年(100)《说文解字》初稿草就之间,要比许注早出十余年。由此言之,许慎注解《淮南子》时已然是一位博通和成熟的经师,自然会有意识地利用他自己的经学研究成果。《五经异义》一书可以视为许慎经学研究的集大成者,最能体现他的经学思想。陈寿祺即称:"永元十五年,司空徐防言太学试博士,皆以意说,不修家法,妄生穿凿,轻侮道术,……是时师法已衰,至安帝薄于艺文,博士倚席不讲,经术之风微矣。叔重此书盖亦因时而作,忧大业之陵迟,救末师之踳陋也。"①可知许慎著《五经异义》旨在厘定是非,重振经术。今存八篇许注中,仍然能够找到许慎吸取《五经异义》成果的痕迹:

1.《齐俗训》:"有虞氏之祀,其社用土。"许注:"封土为社。"《五经异义》谓:"今《孝经》说曰:社者,土地之主。土地广博,不可遍敬,封五主以为社。古《左氏》说:共工氏有子曰句龙,为后土,后土为社。"②笔者按,《说文·示部》:"社,地主也。"可知许君此注是采用今文《孝经》说。

2.《齐俗训》:"殷人之礼,其社用石。"许注:"以石为社主也。"《五经异义》谓:"大夫以石为主,礼无明文。大夫、士无昭穆,不得有主。今山阳民俗,祠有石主。"③笔者按,许君此注应是独出己见。

3.《道应训》:"于是散宜生乃以千金求天下之珍怪,得驺虞、鸡斯之乘。"许注:"驺虞,白虎黑文而仁,食自死之兽,日行千里。"《五经异义》谓:"今《诗》韩、鲁说:驺虞,天子掌鸟兽官。古《毛诗》说:驺虞,义兽,白虎黑文,食自死之肉,不食生物,人君有至信之德则应

① 陈寿祺《五经异义疏证·自序》,清嘉庆十八年(1813)刻本。
② 陈寿祺《五经异义疏证》卷上,清嘉庆十八年(1813)刻本。
③ 陈寿祺《五经异义疏证》卷上,清嘉庆十八年(1813)刻本。

之。……谨按：古《山海经》、《邹子书》云'驺虞，兽'，说与《毛诗》同。"[①]《说文·虍部》："虞，驺虞也，白虎黑文，尾长于身，仁兽，食自死之肉。"笔者按，三书说法尽同，许君此注采用古文《毛诗》说。

4.《道应训》："文侯受觞而饮，釂而不献。"许注："釂，尽。"《五经异义》谓："《韩诗》说：一升曰爵，爵，尽也，足也。……又觥罚有过，一饮而尽，七升为过多。"[②]笔者按，《广雅·释诂》王念孙疏证："爵与釂亦声近义同。"可知许君此注乃采用《韩诗》说。

5.《人间训》："郊望禘尝，非求福于鬼神也。"许注："郊，祭天。望，祭日、月、星、辰、山、川也。"《五经异义》谓："今欧阳、夏侯说：六宗者，上不及天，下不及地，旁不及四时，居中央，恍惚无有神助，阴阳变化，有益于人，故郊祭之。《古尚书》说：六宗，天地神之尊者，谓天宗三，地宗三。天宗，日、月、北辰；地宗，岱山、河、海。……谨案：夏侯、欧阳说云宗实一而有六，名实不相应。《春秋》'鲁郊祭三望'，言郊天，日、月、星、河、海、岱，凡六宗。……故言三望六宗与《古尚书》说同。"[③]笔者按，贾逵以为："六宗者，天宗三，日、月、星也；地宗三，河、海、岱也。"[④]可见，许君此注当是脱胎于古文《尚书》和业师贾氏之说。

6.《泰族训》："仰取象于天，俯取度于地，中取法于人，乃立明堂之朝，行明堂之令。"许注："明堂，布政之宫，有十二月之政令也。"[⑤]《五经异义》谓："讲学大夫淳于登说：明堂，在国之阳，丙巳之地，三里

---

① 陈寿祺《五经异义疏证》卷下，清嘉庆十八年(1813)刻本。

② 陈寿祺《五经异义疏证》卷上，清嘉庆十八年(1813)刻本。

③ 陈寿祺《五经异义疏证》卷上，清嘉庆十八年(1813)刻本。

④ 《尚书·尧典》孔颖达正义引。

⑤ 《兵略训》又云："万乘之主，卒葬其骸于旷野之中，祀其鬼神于明堂之上。"许慎注曰："庙之中，谓之明堂也。"这里是随文为注，此"明堂"不同于彼"明堂"。

之外，七里之内，而祀之就阳位，上圆下方，八窗四闼，布政之宫。”①笔者按，《说文》中亦有引淳说之例，淳氏当是许慎的良师益友，许君此注即采淳说。

7.《泰族训》：“时搜振旅，以习用兵也。”许注：“出曰治兵，入曰振旅也。”《五经异义》谓：“是以《公羊说》曰：‘师出曰祠兵，入曰振旅。祠者，祠五兵矛、戟、剑、楯、弓、鼓及祠蚩尤之造兵者。’”②笔者按，《穀梁传·庄公八年》：“出曰治兵，习战也。入曰振旅，习战也。”③两家说法近同，许君取之。

8.《泰族训》：“《乐》之失淫。”许注：“乐变之于郑声，淫也。”《五经异义》谓：“今《论语》说：郑国之为俗，有溱、洧之水，男女聚会，讴歌相感，故云‘郑声淫’。《左传》说：烦手淫声，谓之郑声者，言烦手踯躅之声，使淫过矣。许君谨案：《郑诗》二十一篇，说妇人者十九，故郑声淫也。”④笔者按，就《五经异义》而言，许慎认为“郑声淫”是因为《郑诗》过多地描述妇人，而不取《论语》今文和《左传》之说，这可为许君此注之佐助。

凭借上面的材料，我们能轻易地看出，许注在吸纳经学家的观点时不拘一格，而且多派并用，包括今文《孝经》说、古文《毛诗》说、今文《韩诗》说、古文《尚书》说、《春秋》穀梁说，也包括侍中贾逵、讲学大夫淳于登的说法，但也有不少是自创新说。由此表明，许慎虽然处在古、今文经学派系斗争最激烈的时期，却并没有被自己古文家的身份所束缚，对于今文经学的合理说法同样取之不黜。从这一

① 陈寿祺《五经异义疏证》卷中，清嘉庆十八年(1813)刻本。

② 陈寿祺《五经异义疏证》卷中，清嘉庆十八年(1813)刻本。

③ 阮元校刻《十三经注疏》，中华书局1980年版，第2382页。

④ 陈寿祺《五经异义疏证》卷下，清嘉庆十八年(1813)刻本。

点可以见出，许慎反对古、今文家固守门户，倡导彼此融合、各取所长的经学思想。有的学者认为，许慎非常厌恶今文经学者浅陋的学风，称之"俗儒鄙夫"，指责他们蔽于浅习而不知博学通识，[①]未免夸大其词。作为一位有思想的经学家，许慎当然不会满足于来回搬弄古、今派的说法，遇到不合理的，他皆予不采，独出新意，体现了他尊重事实、意欲创新的经学追求。

二、许慎对诸子百家学说的认识

《淮南子》一书与《吕氏春秋》的性质很相似，都是对先秦学术的一次大总结，儒、道、法、兵、墨、阴阳、名、农等诸家思想并流其中。许慎注解此书，不能不接触到以上各家的言论，他的释文虽然主要以训诂而明义，但有时也直接阐发义理，在一定程度上显露出他对诸子百家学说的认识水平。由于《五经异义》和《说文解字》几乎不关涉诸子百家思想，所以这些有关诸子百家方面的释文，就为我们考察许慎经学之外的知识素养提供了重要依据。

（一）对道家言论的解释

应该承认，《淮南子》的道家倾向十分明显，高诱即认为它接近老子思想。[②] 黄老学在汉初拥有很大的势力，尽管后来遭到抑制，但士人诵习道书的兴趣未泯。许慎少时应曾览读，校书东观时就更有机会研读。《道应训注》引有《老子》"塞其兑"之语，《说文·皿部》引有《老子》"道盅而用之"之语，再从许注的一些相关释文来看，许慎对道家思想还是比较了解的，甚至能够作出一些发挥和改造性的

---

① 康国章《古、今文经学之争与许慎的〈说文解字〉》，《殷都学刊》2004年第3期，第101页。

② 详见本书第三章第三节的论述。

阐释。

1. **对道家宇宙生成论概念的解释**

关于宇宙生成问题的探索,《老子》肇其端,《庄子》助其流,《淮南子》集其成,并出现了一些专有概念,如"无有"、"光耀"、"物物"等,许慎均作了解释:

> 洞同天地,浑沌为朴,未造而成物,谓之太一。许注:"太一,元神,总万物者。"……故动而为之生,死而为之穷,皆为物矣,非不物而物物者也。许注:"不物之物,恍惚虚无。"物物者,亡乎万物之中。许注:"物物者,造万物者也,此不在万物之中也。"(《诠言训》)
>
> 光耀问于无有,许注:"光耀,可见而无有,至虚者。"曰:"子果有乎?其果无有乎?"许注:"有形生于无形,何以能生物,故问果有乎?其无有也?"无有弗应也。……光耀曰:"贵矣哉!孰能至于此乎?予能有无矣,未能无无也。"许注:"言我能使形不可得,未能殊无形也。"(《道应训》)

在宇宙生成理论中,"太一"、"无有"、"不物而物物者"同处一个层面,而"光耀"、"物"又是一个层面,前者化生后者。"太一"这个概念始见于《庄子·列御寇》和《庄子·天下》。《淮南子》中频繁见用,此处是指天地未分、浑朴为一的状态。[①] 许慎解释为原始天神(或最高的神),总掌万物生灵者,明显具有人格神的意志。汉武帝

① 另外又指"天神"的名字,如《天文训》:"太微者,太一之庭也。紫宫者,太一之居也。"

以来，立有泰一祠，大概士人一直视“太一”为真神。但许慎此注与原意不相适宜。“物物者”同样出自《庄子》，《在宥》篇云：“有大物者，不可以物，物而不物，故能物物。明乎物物者之非物也，岂独治天下百姓而已哉！”[①]《淮南子》承此而用之，意思未变，仍指一种超越于物象之外的原动力。许慎认为是“造万物者”，没有物象的虚无体，亦贴近原意。“光耀”与“无有”的一段对话完全取自《庄子·知北游》。成玄英疏：“光曜者，是能视之智者；无有者，所观之境也。智能照察，故假名光曜；境体空寂，故假名无有也。”[②]成氏以佛解道，有失本旨。许慎以“光耀”为可视但无实在形体者，并非是真正的无形者，所谓“能有无，未能无无”。在他看来，无形生有形，故而在万物创生的进程中，“无有”要比“光耀”高出一级。许慎的说法乃是对原文延伸性的阐释。

2. 对道家无为而治思想的解释

对于无为而治，《淮南子》既有继承老庄思想的一面，又有改造创新的一面，他们进一步糅合了法家的因循论，使“无为而治”更具可操作性。[③] 许慎皆能理解透彻，时有精彩之语：

> 勿惊勿骇，万物将自理；勿挠勿撄，万物将自清。许注：“言治天下，各顺其情。”（《缪称训》）
>
> 譬若舟、车、楯、肆[④]、穷庐，固有所宜也。许注：“水固

① 郭庆藩《庄子集释》，中华书局 1961 年版，第 394 页。

② 郭庆藩《庄子集释》，中华书局 1961 年版，第 759 页。

③ 拙作《并存不废，会通所长——〈淮南子〉治国思想论析》，《辽宁大学学报》（哲学社会科学版）2009 年第 5 期，第 85 ~ 86 页。

④ 卢文弨云：“今本《淮南》䤮讹作肆，唯叶林宗本作䤮。”见张双棣《淮南子校释》，第 1127 页。

> 宜舟,陆地宜车,沙地宜肆,泥地宜楯,草野宜穷庐。”故老子曰“不上贤”者,言不致鱼于木,沉鸟于渊。许注:“物各因其宜,故不须用贤也。”(《齐俗训》)

老庄主张无为而治,是基于万物的自然本性,反对人为的干预。许慎称“治天下,各顺其情”亦即此意。《淮南子》的作者又以因循论重新诠释了老子的“不尚贤”。他们认为,只要利用好事物的特点和规律,就能达致无为而治的效果,贤人便无所用之。许慎的解释亦符合此意。

然而,许慎毕竟是崇尚儒术的经学家,有时也会表露出儒家的倾向:

> 圣人在上,化育如神,太上曰:“我其性与?”许注:“太上,皇德之君也。我性自然也。”其次曰:“微彼其如此乎?”许注:“其次,五帝时也。其民如此,故我治之如彼。”(《缪称训》)
>
> 能不以天下伤其国,而不以国害其身者,为可以托天下也。许注:“言不贪天下之利,故可以天下托也。”(《诠言训》)

老子说:“太上,下知有之;其次,亲之誉之;其次,畏之侮之。……功成事遂,百姓皆谓我自然。”①《缪称》篇所言即是化用此意,以说明圣人行无为之事的两大境界。而许慎将“太上”、“其次”落实为三皇五帝之时,明显附上了儒家的色彩。老子又说:“贵身于

① 朱谦之《老子校释》,中华书局1984年版,第68~70页。

天下，若可托天下；爱以身为天下者，若可寄天下。”①《诠言》篇所言即是脱胎于此，而许慎仅以儒家的义利观来解释，显然不够本色。

3. 对道家养生论的解释

刘安身处诸侯王被中央君主蚕食、削弱的时期，很清楚自己的危险处境，所以在《淮南子》书中花了很大篇幅来探究避祸求福、养生保身之道。至于如何养生保身，淮南王和他的宾客们认为就是要认识和处理好“形”与“神”、“心”与“欲”的关系。许慎似乎对养生论兴趣浓厚，试看他的解释：

> 故神制则形从，许注：“神制谓情也，情欲使不作也，②而形体从心以合。”形胜则神穷。许注：“形胜谓人体躁动，胜其精神，神穷而去也。”聪明虽用，必反诸神，许注：“聪明虽用，于内以守。明神安而身全。”谓之太冲。许注：“冲，调也。”（《诠言训》）
>
> 圣人胜心，许注：“心者，欲之所生也。圣人止欲，故胜其心，而以百姓为心也。”众人胜欲。许注：“心欲之而能胜之也。”（同上）

自许慎观之，“神”的特点是虚静，“形”的特点是躁动，应以虚静节制躁动，同时“欲”为“心”所生，要使欲望不作就要控制好“心”，否则“神”、“形”就会失位，“心”、“欲”就会失调。这其中，

---

① 朱谦之《老子校释》，中华书局1984年版，第50页。

② 此处义不可通，吴承仕认为疑作“神制，谓制情欲使不作也”（见《淮南旧注校理》第95页），亦不明朗。笔者以为，“情”疑当作“静”，正与下文“躁动”相对。

“神”的地位更根本，神守则身全。圣人能够守神胜心，所谓“至道之人其心先定，不可临以利，夺其志”，[1]而普通人很难做到这一点，所以常常为“形”、“欲”所困。

4. 对道家持后论的解释

《老子》、《列子》两书多处标榜守柔持后的道理。老子说：“是以圣人后其身而身先，外其身而身存。”[2]壶丘子林说：“子知持后，则可言持身矣。”[3]《淮南子》的作者亦有引述，许慎作了阐发：

> 列子学壶子，观景柱而知持后矣。许注：“先有形而后有影，形可亡而影不可伤。”（《缪称训》）
>
> 《兵略》者，所以明战胜攻取之数，形机之势，诈谲之变，体因循之道，操持后之论也。许注：“持后者，不敢为主而为客也。”（《要略》）

壶子用影柱喻意持后，许注明其因果，认为形与影之间，形先而影后，形可亡而影不伤，形为主而影为客，因此可以从影子的运行轨迹中得出持后的道理。许慎的解释很形象，也很准确。

（二）对邹衍、公孙龙等人思想的评述

在战国中后期，齐国兴起了一个专论阴阳五行的学派。邹衍是其代表，他的大九州说、五德终始说，对秦汉两代产生了深远影响。《淮南子》中十分明确地化用了阴阳五行的理论。在遇到这些言论时，许慎通常会作出进一步的解释，《齐俗》篇有较为集中的体现：

---

① 《淮南子·缪称训注》。

② 朱谦之《老子校释》，中华书局 1984 年版，第 30 页。

③ 杨伯峻《列子集释》，中华书局 1979 年版，第 239 页。

有虞氏之祀，其社用土，……其服尚黄。许注："舜土德也，故尚黄。"夏后氏，其社用松，……其服尚青。许注："木德，故尚青也。"殷人之礼，其社用石，……其服尚白。许注："金德，故尚白也。"周人之礼，其社用栗，祀灶，许注："夏祭先灶，周火德也。邹子曰：'五德之次，从所不胜，故虞土、夏木、殷金、周火。'"……其服尚赤。许注："火德，故尚赤也。"

这段注释显然运用了邹衍的五德终始说。邹衍"称引天地剖判以来，五德转移，治各有宜，而符应若兹"。[①] 所谓"五德转移"，即如许注所引"五德之次，从所不胜"，是指土德不胜木德，木德不胜金德，金德不胜火德，火德不胜水德，水德不胜土德，如此终始循环。这在《文选》李善注亦有引述："《七略》曰：'邹子有《终始五德》，言土德从所不胜，木德继之，金德次之，火德次之，水德次之。'"[②]"邹子曰：'五德从所不胜，虞土、夏木、殷金、周火。'"[③]许君之时，汉章帝试图通过召开白虎观会议，以达到汇通《五经》异同、统一学术的目的。其中邹衍的五德终始说被改造成赤、白、黑三统说，所谓周为天正，色尚赤；殷为地正，色尚白；夏为人正，色尚黑。[④] 可见，许慎熟知邹氏理论，自有其政治和学术的背景。

约与邹衍同时的另一怪才，便是公孙龙。他创立的名学，足可

① 司马迁《史记》，中华书局 1959 年版，第 2344 页。

② 萧统《文选》，中华书局 1977 年版，第 286 页。

③ 萧统《文选》，中华书局 1977 年版，第 823 页。

④ 《白虎通义》卷七《三正》。

配称作中国哲学史上的一朵奇葩。然而,2000年来几乎都是被批判的对象。许慎对公孙龙及其学说的态度也无例外:

> 公孙龙折辩抗辞,别同异,离坚白,许注:“公孙龙,赵人,好分析诡异之言,以白马不得合为一物,离而为二也。”不可以众同道也。(《齐俗训》)
>
> 公孙龙粲于辞而贸名。许注:“公孙龙以白马非马,冰不寒,炭不热,故曰贸也。”(《诠言训》)

公孙龙著述数万言,现今仅存《白马论》、《指物论》、《通变论》、《坚白论》、《名实论》等篇,另有《迹府》一篇为后人杂凑。许君此注提及了“白马非马”、“离坚白”、“冰不寒”、“炭不热”[①]等几个有名的命题,将其归之为“诡异之言”,从中亦可表明他不予认可的立场。

此外,许慎还对法家的代表人物商鞅、申不害的学说作了简要评述。他认为商鞅之术在于“启之以利,塞之以禁”,[②]即以利益开启民竞,以法禁塞止民乱,并说申不害治理韩国,“有三符验之术也”。[③] 同时,许慎又对法家的另一代表人物韩非抱以同情之心,认为韩非作《孤愤》乃是“说孤生之愤志”。[④]《说文·八部》引韩非曰“背厶为公”,《厶部》引韩非曰“苍颉作字,自营为厶”,可知许慎也

---

① 《庄子·天下》篇作“火不热”,另外还记录了公孙龙子的22个命题,足见公孙氏杰出的析辩才能。

② 《淮南子·泰族训注》。

③ 《淮南子·泰族训注》。《论衡·效力篇》云:“韩用申不害,行其《三符》,兵不侵境,盖十五年。”明人董说《七国考》卷十二《韩刑法》认为“刑符者,即申不害三符之一也”,其余二符难晓。

④ 《淮南子·泰族训注》。

熟读了韩非子的文章。

第四节 许注与《说文解字》的关系

许慎的《淮南子注》归根结底属于训诂著作，与《说文解字》的性质一样，既然同出一人之手，两书之间就必然存在关联。事实上，只要对现存许注和《说文解字》进行全面考察，二者相互吸取的现象还是显而易见的。关于这个问题，历代学者只有陶方琦比较集中地探讨过，并撰《〈淮南〉〈说文〉补诂》八卷，可惜现已不传。他在自叙中说："冀有达者，理而正之。"①笔者不敢自诩达者，然有意承接其绪，希望能够将这个问题的讨论延伸下去。

一、两者关系总论

《说文解字》的撰作经历了一个漫长的过程。对于其始创时间，学者意见不一。陶方琦认为，许慎草创《说文》当在和帝永元八年(96)。② 诸可宝又认为，当在章帝章和二年(88)。③ 今人顿嵩元认为，许慎草《说文》一书定在章帝建初八年(83)之后。④ 谢文学则认为，许慎是在永元元年(89)开始酝酿动笔写作《说文》的初稿。⑤ 但

① 陶方琦《汉孳室文钞》卷四《〈淮南〉〈说文〉补诂叙》，清光绪十八年(1892)徐氏铸学斋刻本。

② 《许君年表》："永元八年，许君此时当草《说文》。许冲《后叙》曰'博问通人，考之于逵，作《说文解字》'，是时逵复为侍中，许君又辟公府，故得以考正也。"北京图书馆编《北京图书馆藏珍本年谱丛刊》(第6册)，第300页。

③ 北京图书馆编《北京图书馆藏珍本年谱丛刊》(第6册)，第364页。

④ 顿嵩元《许慎生平事迹考辨(二)》，《漯河职业技术学院学报》(综合版)2004年第2期，第73页。

⑤ 谢文学《许慎生卒年和〈说文解字〉写作经过新考》，《许昌师专学报》(社会科学版)1987年第4期，第59~60页。

笔者均不同意以上诸家的说法,许君草创《说文》当在他辟任太尉南阁祭酒即永元五年(93)之后。这个时期,许慎已经具备了深厚的经学功底,学术正走向成熟。同时,身在京师,既可以很方便地向业师贾逵讨教,又有更多机会与同仁学友切磋。各种条件交汇,促成了许慎撰写《说文》的实际行动。尽管草创时间不太明朗,但其初稿和定稿的时间则历历可征。据许慎《说文解字叙》和许冲《上书进〈说文〉》,《说文解字》的初稿成形于汉和帝永元十二年(100),定稿完成于汉安帝建光元年(121)。[①] 从永元五年(93)到建光元年(121),《说文》花费了许慎近 30 年的心血,仅增补和修订,就用去了 22 年的时光,可谓是他一生的学术结晶。许君校书东观,注解《淮南子》,正好处在《说文》初稿和定稿完成的中间时期。此种机缘,为许注与《说文》的相互吸取创造了条件。初稿成形后,许慎继续博问通人,不断修补,成绩斐然。永初四年(110),他以太尉南阁祭酒的身份被征调至东观,参加官方举办的学术盛宴。由于时间短促,许慎校注《淮南子》就直接利用了《说文》未定稿时的部分成果。东观校书结束后,许慎大概不久即去官回乡,隐居家中继续修补《说文》。此次他又把校注《淮南子》时新遇见的汉字及其新训义吸收进来,直至定稿。总而言之,相融互补是二者关系的大势,即如陶方琦所说:"以《说文》补《淮南》之注,亦可以《淮南》之注补《说文》也。"[②]

通过整理和比照,我们发现许注与《说文解字》存在很多相合的释义。如今所见《说文》版本应是许慎最终的定本,因而很难从中分辨出哪些属于许注采用《说文》之说,哪些属于《说文》采用许注之

---

① 许慎《说文解字叙》:"粤在永元,困顿之年,孟陬之月,朔日甲申。"许冲《上书进〈说文〉》:"建光元年九月己卯朔二十日戊戌上。"

② 陶方琦《汉孳室文钞》卷四《〈淮南〉〈说文〉补诂叙》。

说。作为一部字典,《说文》以考究字原为主要目的,即着重于分析汉字的构造和解释汉字的本义,并不考虑汉字在具体语境下的使用义。这是《说文》释义的一个根本特征。由此我们可以大胆推测,许注中凡解释字之本义的说法应当有很大部分是取自《说文》的。举一个很明显的例子,《道应训》"于是散宜生乃以千金求天下之珍怪,得驺虞、鸡斯之乘",许注:"驺虞,白虎黑文而仁,食自死之兽,日行千里。"这一解释不仅见于《五经异义》,而且见于《说文・虍部》。《五经异义》成书最早,从逻辑上说,《说文》当采《五经异义》而非许注,然许注则有可能再采《说文》。许注训字之本义,与《说文》相合者颇多,下文将有引述,兹不复举。

可能是出于《说文》最后成书的缘故,陶方琦把许注与《说文》相合者都归于《说文》采用许注之说,并用《说文》的释义来补缀许注:

> 又如《说文・水部》"溷,多汁也",即《原道训》"甚淖而溷"之说。《木部》"梣,青皮",即《俶真训》"梣木已青翳"之说。《木部》"榑桑,神木,日所出也",即《地形训》"榑桑在其东方"之说。《竹部》"篅,判竹圜以盛谷也",即《精神训》"守其笆篅"之说。《水部》"澒,丹砂所化水银也",即《地形训》"砄五百岁化为澒"之说。《豸部》"貏貐,似貙,虎爪,食人,迅走",即《本经训》"下杀貏貐"之说。《人部》"仳倠,丑面也",即《修务训》"嫫姆仳倠"之说。《厂部》"厱诸,治玉石",即《说山训》"玉待礛诸而成器"之说。此必许君自采注《淮南》之说,虽不明言,灼然可知也。又有《淮南》之文与《说文》异,而知《说文》所载即许注《淮南》之说者。如《俶真训》"华藻镈鲜",即《说文》"镈鳞",《金部》"镈鳞也,钟上横木上金华也"。《天文训》"秋分蔈

> 定”,“蕈”即《说文》“秒”,《禾部》“秒,禾芒也”。《地形训》“曰浩泽”,“浩”即《说文》“臭”,《大部》“臭,大白,泽也”。……今许本《淮南》已亡,可由《说文》以补者有如此。①

尽管陶氏的上述说法难以得到佐证,但是《说文》大量采撷许注的事实不容否定。考之《说文》,明确引自《淮南书》有2例。《鬼部》:“魕,鬼俗也。……《淮南传》曰‘吴人鬼,越人魕’。”此文出自《人间训》,今本作“荆人鬼,越人禨”。又《虫部》:“蛧蜽,山川之精物也。淮南王说:蛧蜽,状如三岁小儿,赤黑色,赤目,长耳,美发。”今本《道应训》作“罔两”,此文当出自淮南王的其他著述。另有2例直接称引《淮南子》,如《艸部》:“芸,草也。……《淮南子》说‘芸草可以死复生’。”陶方琦以为是“后人引许君说《淮南》之文于其旁也,因沿为《淮南子》说”。② 许慎当时,还未出现《淮南子》一名,陶氏的看法应该符合实际情况。由此可见,许君在校注《淮南子》之后,对其更加熟悉,并且有新的发现,故而采纳至《说文》中。陶方琦为此给出了进一步的证据:

> 又有《说文》即本《淮南》之义者,如《天文训》“四丈而为匹”,《说文》云“匹,四丈也”,说正同。又“欲知南北广袤之数者”,《说文》云“南北曰袤,东西曰广”,说正同。《地形训》“故禾春生秋死,麦秋生夏死”,《说文》云“禾木

① 陶方琦《汉孳室文钞》卷四《〈淮南〉〈说文〉补诂叙》。

② 陶方琦《淮南许注异同诂》卷二《时则训》,清光绪七年(1881)刻本。

> 王而生,金王而死”、“麦金王而生,[①]火王而死”,说正同。又“无角者膏而兑前,有角者脂而兑后”,《说文》云“无角者膏,戴角者脂”,说正同。[②]

又《说文·行部》“四达谓之衢”之说,本自《齐俗训》“拂之于四达之衢”。平心而论,陶方琦的这些证据无疑令人信服,足以说明许慎曾依照《淮南子》及其注释对《说文》作了大面积的增补。

今本《说文》收录小篆9353个,古文405个,籀文213个,是最主要的字体,又有别体524个,包括奇字、或体、俗体。可见,直到汉代文字分歧的现象依然比较严重,缺乏统一规范的标准。这样就造成了《淮南子》中有不少汉字并未被《说文》收录的现象,即便是许慎曾经注解过的汉字。陶方琦指出:

> 又有《淮南》许注有此字,而为《说文》所无者。如《原道训》“妇人不孀”,《诗正义》引许注《淮南》云“楚人谓寡妇曰孀”,而《说文》无“孀”字;“彷徨山峡之旁”,《文选注》引许注《淮南》云“岬,山旁”,而《说文》无“岬”字。《俶真训》“莫鉴于流潦”,《文选注》引许注《淮南》云“楚人谓水暴溢曰潦”,而《说文》无“潦”字;“越舼蜀艇”,《御览》引许注“舼,小船”,而《说文》无“舼”字。《天文训》“月死而螺蚌膲”,《御览》引许注《淮南》曰“膲,减蹴也”,而《说文》无“膲”字。《览冥训》“泽受瀷而无源者”,《文选注》引许注《淮南》“瀷,湊漏之流也”,而《说文》无“瀷”

① 原文引作“金王而死”,涉上文而误。

② 陶方琦《汉孳室文钞》卷四《〈淮南〉〈说文〉补诂叙》。

> 字。《人间训》“揕载粟米而至”,《一切经音义》引许注《淮南》“揕,擔也”,而《说文》无“揕”字。《修务训》“不待策錣而行”,《御览》引许注《淮南》“錣,策端有铁也”,而《说文》无“錣”字。①

除了陶氏所述汉字外,笔者对今存许注八篇作过考证,发现其中也有未被收录者,如《齐俗训》“觡”、“堁”、“怲”字,②《诠言训》“蚰”字,③《兵略训》“蚈”字,④《人间训》“穲”字,⑤《泰族训》“犻”字,⑥《要略》篇“攅”字。⑦ 这些汉字有的见于先秦两汉其他传世文献,有的仅仅出现在《淮南子》中,既无古今异体之字,又无通假替代之字,当属新造的汉字,而《说文》未予收录。大概许君当时重病缠身,无力再补,或者这些字不符合许君收字原则亦未可知。

综上所述,许慎注解《淮南子》,十分明确地利用了他编写《说文》的暂时成果,而《说文》也根据其注《淮南子》的心得作了大量增补和修订,两者相得益彰。世人重《说文》而轻许注,实不知许注对《说文》编撰的贡献。

---

① 陶方琦《汉孳室文钞》卷四《〈淮南〉〈说文〉补诂叙》。

② “觡”字,扬雄《太玄经》卷二:“郭其目觡,其角不庳。”“堁”字,宋玉《风赋》:“动沙堁,吹死灰。”“怲”字,东方朔《七谏・沉江》:“思比干之怲怲兮。”知许慎之前此三字皆有使用。

③ 先秦两汉传世文献仅《淮南子》中有此字。

④ 《吕氏・季夏纪・六月纪》:“腐草化为蚈。”知许慎之前此字亦有流传。

⑤ “穲”同“穮”,先秦两汉传世文献仅《淮南子》中有此字。

⑥ 先秦两汉传世文献仅《淮南子》中有此字。

⑦ 《马王堆汉墓帛书・经法・道原》:“坚强而不攅,柔弱而不化。”亦知许慎之前此字有流传。

二、许注与《说文》相近释义比列

为进一步揭示许注与《说文》的内在联系，笔者分别以今存八篇许注和陶方琦《淮南许注异同诂》所辑许注为对象，同《说文》做了系统的比照和考察，把两者相同或相近的释义汇集起来，学者自可一目了然。

首先是许注八篇，由于长期归属涿郡高诱，加上其简略质朴，研究者寥寥无几。即使陶方琦，亦未加以特别的重视。笔者取之与《说文》相较，发现其中相同或相近者不少，有时二者的用词也完全一致，益知此为真许注无疑，大有陶方琦“使汝南之书与濮阳并峙，不至肴乱杂厕，千载沉晦，亦云幸矣”①的感慨。现将许注八篇与《说文》相近释义之文比列于下：

(一)缪称训

1.“犹中衢而致尊邪”，许注：“道六通谓之衢。尊，酒器也。”《说文·行部》：“衢，四达谓之衢。”又《说文·酋部》：“尊，酒器也。”

2.“自视犹觖如也”②，许注：“觖，不满也。”《说文·欠部》：“歉，食不满也。”

3.“目之精者，可以消泽而不可以昭誋”，许注：“誋，诫也。”《说文·言部》：“誋，诫也。”

4.“若眯而抚”，许注：“眯，芥入目也。”《说文·目部》：“眯，草入目中也。”

5.“男子树兰，美而不芳”，许注：“兰，芳草。”《说文·艸部》：

---

① 陶方琦《汉孳室文钞》卷四《〈淮南〉〈说文〉补诂叙》。

② 叶德辉《淮南鸿烈解诂》卷下辑《唐本玉篇》作“自视歉如也”，许注作“歉，不满也”。

“兰,香草也。”

6.“子产腾辞”,许注:“腾,传也。”《说文·马部》:“腾,传也。”

7.“无所用之,碧瑜粪土也”,许注:“瑜,玉。”《说文·玉部》:“瑜,瑾瑜,美玉也。”

8.“可谓不逾于理乎”,许注:“逾,越。”①《说文·足部》:“逾,越也。”

9.“吴铎以声自毁”,许注:“铎,大铃,出于吴也。”《说文·金部》:“铎,大铃也。”

10.“晖日知晏”,许注:“晖日,鸩鸟也。晏,无云也。”《说文·鸟部》:“鸩,毒鸟也,……一名运日。”②又《说文·日部》:“曣,星无云也。”③

11.“鲁以偶人葬而孔子叹”,许注:“偶人,桐人也。”《说文·人部》:“偶,桐人也。”

12.“拱之木无把之枝”,许注:“把,握也。”《说文·手部》:“把,握也。”

13.“度伎能而裁使之者”,许注:“裁,制也。”《说文·衣部》:“裁,制衣也。”

(二)齐俗训

1.“有诡文繁绣弱緆罗纨,必有菅屩跐踦短褐不完者”,许注:“弱緆,细布也。纨,素也。菅,茅也。”《说文·糸部》:“緆,细布也。”又《说文·糸部》:“纨,素也。”《说文·艸部》:“菅,茅也。”

---

① 又《道应训》“子发攻蔡,逾之”,许注:“逾,越,胜之也。”

② 王念孙《广雅疏证》卷十《释鸟》:“《淮南·缪称训》‘晖日知晏’,晖与运同。”

③ 又《说文·日部》:“晏,天清也。”《广雅疏证》卷三《释诂》:“曣,亦曕,通作晏。”

2.“其于以致雨，不若黑蜧”，许注：“黑蜧，神蛇也，潜于神渊，盖能兴云雨。”《说文·虫部》：“蛉，蛇属，黑色，潜于神渊，能兴风雨。”①

3.“狟狢得埵防”，许注：“防，堤。”《说文·阜部》：“防，隄也。”

4.“羌氏僰翟，婴儿生皆同声”，许注：“羌，西戎。僰，西夷也。”《说文·羊部》：“羌，西戎牧羊人也。”又《说文·人部》：“僰，犍为蛮夷。”

5.“若玺之抑埴”，许注：“玺，印也。”《说文·土部》：“玺，王者印也，所以主土。”

6.“中国冠笄”，许注：“笄，簪。”《说文·竹部》：“笄，簪也。”

7.“男女切踦”，许注：“踦，足。”《说文·足部》：“踦，一足也。”

8.“无皮弁搢笏之服”，许注：“笏，佩玉也。”《说文·曰部》：“曶，出气词也。……一曰佩也。”②

9.“纶组节束”，许注：“束，缚也。”《说文·束部》：“束，缚也。”

10.“葬墙置翣”，许注：“翣，棺衣饰也。”《说文·羽部》：“翣，棺羽饰也。”

11.“为宽裕者，日勿数挠”，许注：“裕，饶也。”《说文·衣部》：“裕，衣物饶也。”

12.“驽马十舍，旬亦至之”，许注：“旬，十日也。”《说文·勹部》：“旬，偏也，十日为旬。”

13.“负扆而朝诸侯”，许注：“户牖之间谓之扆。”《说文·户部》：“户牖之间谓之扆。”

---

① 《玉篇·虫部》：“蜧同蛉。”

② 《穆天子传》卷一洪颐煊校曰：“曶，古笏字。”

14.“为行者相揭以高”,许注:“揭,举。”《说文·手部》:“揭,高举也。”

15.“短褐不掩形而炀灶口”,许注:“炀,炙。”《说文·火部》:“炀,炙燥也。”

(三)道应训

1.“何以异于枭之爱其子也”,许注:“枭子长,食其母。”《说文·鸟部》:“枭,不孝鸟也。”

2.“爝火甚盛”,许注:“爝,炬火也。”①《说文·火部》:“爝,苣火祓也。”

3.“是直圣人之糟粕耳”,许注:“糟,酒滓也。”《说文·米部》:“糟,酒滓也。”

4.“列田百顷而封之执圭”,许注:“楚爵功臣赐以圭,谓之执圭。”《说文·土部》:“圭,瑞玉也,上圜下方。……楚爵有执圭。”

5.“大司马捶钩者年八十矣”,许注:“捶,锻击也。”《说文·手部》:“捶,以杖击也。”

6.“屈商乃拘文王于羑里”,许注:“羑里,地名也,在河内汤阴。”《说文·羊部》:“羑,进善也。……文王拘羑里,在汤阴。”

7.“得驺虞、鸡斯之乘”,许注:“驺虞,白虎黑文而仁,食自死之兽,日行千里。”《说文·虍部》:“虞,驺虞也,白虎黑文,尾长于身,仁兽,食自死之肉。”

8.“玄豹黄罴青犴”,许注:“犴,胡地野犬也。”《说文·豸部》:“豻,胡地野狗。”②

9.“相女童,击钟鼓”,许注:“相,视之。”《说文·目部》:“相,省

① 《玉篇·火部》:“炬亦作苣。”

② 《玉篇·豸部》:“豻亦作犴。”

视也。”

10.“终日行不离咫尺”，许注：“八寸为咫，十寸为尺。”《说文·尺部》：“咫，中妇人手长八寸，谓之咫。”又《说文·尺部》：“尺，十寸也。……十寸为尺。”

11.“罔两问于景曰”，许注：“罔两，水之精物也。”《说文·虫部》：“蜽蛃，山川之精物也。”

12.“扶桑受谢”，许注：“扶桑，日所出之木也。”《说文·木部》：“榑，榑桑，神木，日所出也。”①

13.“倒杖策，錣上贯颐”，许注：“策，马捶。”《说文·竹部》：“策，马箠也。”②

14.“两蛟挟绕其船”，许注：“蛟，龙属也。鱼满二千五百斤，蛟来为之主也。”③《说文·虫部》：“蛟，龙之属也。池鱼满三千六百，蛟来为之长。”

15.“约车申辕”，许注：“申，束。”《说文·申部》：“申，神也。七月阴气成，体自申束。”

16.“釂而不献”，许注：“釂，尽。”《说文·酉部》：“釂，饮酒尽也。”

（四）诠言训

1.“羿死于桃棓”，许注：“棓，大杖。”《说文·木部》：“棓，棁也。”又《说文·木部》：“棁，木杖也。”

2.“自偩而辞助”④，许注：“自偩，自恃。”《说文·贝部》：“负，

---

① 桂馥《说文解字义证》卷十七：“榑，通作扶。”

② 陆德明《经典释文》卷二十一《春秋公羊音义》：“箠，本又作捶。”

③ 慧琳《一切经音义》卷四十一引《淮南子》：“一渊不两蛟。”并引其注文：“蛟，龙属也，池鱼满三千六百，则蛟来为之长。”当是许注，与《说文》正合。

④ 钱大昕《廿二史考翼·史记五·太史公自序》：“偩与负同。”

恃也。”

3.“舜弹五弦之琴”，许注：“古琴五弦，至周有七律，增为七弦也。”《说文·珡部》：“琴，禁也。神农所作，洞越，练朱五弦，周加二弦。”

4.“菰饭犓牛弗能甘也”，许注：“菰，凋胡也。”《说文·艸部》：“苽，雕苽，一名蒋。”①

5.“不遑启处”，许注：“启，开。”《说文·口部》：“启，开也。”

6.“日月廋而无溉于志”，许注：“溉，灌也。”《说文·水部》：“溉，水。……一曰灌注也。”

（五）兵略训

1.“毋爇五谷”，许注：“爇，烧。”《说文·火部》：“爇，烧也。”

2.“莫不设渠堑傅堞而守”，许注：“堞，城上女墙。”《说文·土部》：“墣，城上女垣也。”②

3.“刑德奇赅之数”，许注：“奇赅，阴阳奇秘之要，非常术。”《说文·人部》：“侅，奇侅，非常也。”③

4.“溪肆无景”，许注：“肆，极也。”《说文·穴部》：“窕，深肆极也。”④

5.“修铩短鏦”，许注：“鏦，小矛也。”《说文·金部》：“鏦，矛也。”

6.“挽辂首路死者”，许注：“辂，輓辇横木也。”《说文·车部》：“辂，车軨前横木也。”

---

① 《集韵·模韵》：“苽或作菰。”

② 《说文·土部》：“垣，墙也。”可知两者完全同义。

③ 《集韵·咍韵》：“侅通作赅。”

④ 由此而知许慎以“肆”与“极”同义。

7.“伐棘枣而为矜”,许注:“矜,矛柄。”《说文·矛部》:“矜,矛柄也。”①

8.“刻撕傑”,许注:“刻,锐也。”《说文·刀部》:“刻,锐利也。”

9.“势侔则有数者禽无数”,许注:“侔,等。”《说文·人部》:“侔,齐等也。”

10.“羊肠道,发笱门”,许注:“发笱,竹笱,所以捕鱼。”《说文·竹部》:“笱,曲竹;捕鱼笱也。”

11.“挤其揭揭”,许注:“挤,排也。”《说文·手部》:“挤,排也。”

12.“前后不相撚”,许注:“撚,揉蹈也。”《说文·手部》:“撚,……一曰蹂也。”

13.“摔巨旗”,许注:“摔,卷取也。”《玉篇·手部》引《说文》:“搴,取也。”

(六)人间训

1.“人莫蹪于山而蹪于垤”,许注:“垤,蚁封也。”《说文·土部》:“垤,蚁封也。”

2.“攘祛薄腋”,许注:“祛,袂。”《说文·衣部》:“祛,衣袂也。”

3.“遣卒戍陈”,许注:“戍,守也。”《说文·戈部》:“戍,守边也。”

4.“所浼者多矣”,许注:“浼,污。”《说文·水部》:“浼,汙也。”

5.“又利越之犀角、象齿、翡翠、珠玑”,许注:“翡,赤雀。翠,青雀。员者为珠,类者为玑。”《说文·羽部》:“翡,赤羽雀也。”又《说文·羽部》:“翠,青羽雀也。”《说文·玉部》:“玑,珠不圜也。”

---

① 清人臧庸《拜经日记》卷八“矜”条:“后世字书韵学混淆,致改《玉篇》误从‘今’,唐以来字书遂无有作‘矜’者。”

6. “一军守九嶷之塞”，许注：“九嶷，在零陵也。”《说文·山部》：“嶷，九嶷山，舜所葬，在零陵营道也。”

7. “使马圉往说之”，许注：“圉，养马者。”《说文·幸部》：“圉，囹圄，所以拘罪人。……一曰：圉人，掌马者。”

8. “吾怨之，憯于骨髓”，许注：“憯，痛。”《说文·心部》：“憯，痛也。”

（七）泰族训

1. “雩兑而请雨”，许注：“兑，说也。”《说文·儿部》：“兑，说也。”

2. “非券之所责也”，许注：“券，契也。”《说文·刀部》：“券，契也。”

3. “尧乃妻以二女，以观其内”，许注：“二女，娥皇、女英。”《说文·女部》：“娥，帝尧之女，舜妻娥皇字也。”

4. “乃澄列金、木、水、火、土之性”，许注：“澄，清也。”①《说文·水部》：“澂，清也。”②

5. “既入大麓”，许注：“林属于山曰麓。”《说文·林部》：“麓，守山林吏也。……一曰林属于山为麓。”

6. “骖欲驰，服欲步”，许注：“骖，騑。”《说文·马部》：“騑，骖，旁马。”

7. “陈簠簋，列樽俎”，许注：“器方中者为簠，圆中者为簋也。”《说文·竹部》：“簠，黍稷圜器也。”又《说文·竹部》：“簋，黍稷方器也。”③

---

① 又《要略》篇“澄澈神明之精”，许注亦云：“澄，清也。”

② “澄”乃“澂”之俗字。

③ 许注与《说文》释义正好相反，盖传写之误。

（八）要略

1.“览取挢掇”，许注：“掇，拾也。”《说文·手部》：“掇，拾取也。”

2.“与昼宵寒暑并明”，许注：“宵，夜。”《说文·宀部》：“宵，夜也。”

3.“提名责实”，许注：“提，挈也。”《说文·手部》：“提，挈也。”

4.“说捍抟困”，许注：“抟，圆也。”《说文·手部》：“抟，圜也。”

5.“标举终始之坛也”，许注：“标，末也。坛，场也。”《说文·木部》：“标，木杪末也。”又《说文·土部》：“坛，祭场也。”

6.“以馆清平之虚”，许注：“馆，舍也。”《说文·食部》：“馆，客舍也。”

7.“躬擐甲胄”，许注：“擐，贯著也。”《说文·手部》：“擐，贯也。”

8.“一朝用三千钟赣”，许注：“赣，赐也。”《说文·贝部》：“赣，赐也。”

其次是陶方琦的《淮南许注异同诂》，他在辨析许注和高注同异时多证以《说文》，故而能够很明显地看出其所辑许注与《说文》之间相近或相同的释义。笔者根据陶氏的说法，对两者相同或相近的释义加以整理，剔除与许注八篇重复者，亦比列如下：

（一）原道训

1.“昔者夏鲧作三仞之城”，许注：“八尺曰仞。”《说文·人部》：“仞，伸臂一寻，八尺。”（《淮南许注异同诂》卷一）

2.“陗法刻刑”，许注：“陗，峻也”《说文·𨸏部》：“陗，陖也。”①（同上）

---

① 《玉篇·阜部》：“陖，亦作峻。”

3.“期年而渔者争处湍濑”，许注：“湍，水行疾也。”《说文·水部》：“湍，疾濑也。”（同上）

4.“南游江浔”，许注：“浔，水涯也。”《说文·水部》：“浔，水旁深也。”①（同上）

5.“激轸之音”，许注：“轸，转也。”《说文·糸部》：“紾，转也。”②（同上）

6.“吾独慷慨遗物”，许注：“慷慨，不得志也。”《说文·心部》：“慨，忼慨，壮士不得志也。”（《淮南许注异同诂补遗》）

7.“上漏下湿”，许注：“漏，穿也。”《说文·雨部》：“屚，屋穿水下也。”（同上）

（二）俶真训

1.“含哺而兴”，许注：“哺，口中嚼食也。”《经典释文》卷三十引《说文》：“哺，口中嚼食也。”（《淮南许注异同诂》卷一）

2.“目观玉辂琬象之状”，许注：“璐，美玉也。”③《说文·玉部》：“璐，玉也。”（同上）

3.“使之䜣䜣然”，许注：“䜣，古欣字。”《说文·言部》：“䜣，喜也。”又《说文·欠部》：“欣，笑喜也。”（同上）

4.“镂之以剞劂”，许注：“剞劂，曲刀也。”《说文·刀部》：“剞，剞劂，曲刀也。”（同上）

5.“擢德攓性”，许注：“擢，引也。”《说文·手部》：“擢，引也。”（同上）

---

① 此用陶方琦说法。他进一步解释说：“水旁即水涯，《广雅·释诂》‘厓，方也’，方、旁古字通。”

② 陶方琦说：“许注当是紾字。”

③ 陶方琦认为，许本“辂”作“璐”。

6.“足蹀阳阿之舞”①,许注:“蹀,蹈也。”《说文·足部》:“躞,蹈也。”(同上)

(三)天文训

1.“东方木也”,许注:“木,冒地而生也。”《说文·木部》:“木,冒也,冒地而生,东方之行。”(《淮南许注异同诂》卷二)

2.“故不可以夷邱上屋”,许注:“夷,平也。”《说文·大部》:“夷,平也。”(同上)

3.“秋分而秒定”,许注:“秒,禾穗芒也。”《说文·禾部》:“秒,禾芒也。”(同上)

4.“南方火也”,许注:“火者,炎上也。”《说文·火部》:“火,燬也,南方之行,炎而上,象形。”(《淮南许注异同诂补遗·天文训》)

5.“十二分而当一铢”,许注:“铢,十黍之重。”《说文·金部》:“铢,权十分黍之重也。”(同上)

(四)时则训

1.“具扑曲筥筐”,许注:“曲,苇薄也。”《说文·曲部》:“曲,象器曲受物之形,或说曲,蚕薄也。”(《淮南许注异同诂》卷二)

2.“果实早成”,许注:“在木曰果,在地曰蓏。”《说文·艸部》:“蓏,在木曰果,在地曰蓏。”(同上)

(五)精神训

1.“陶人之克埏埴”,许注:“挻,揉也。埴,土也。”《说文·土部》:“埴,黏土也。”(《淮南许注异同诂》卷三)

2.“㢊题不枅”,许注:“枅,栌也。”《说文·木部》:“枅,屋栌也。”(《淮南许注异同诂补遗》)

---

① 陶方琦称,《文选注》十六引高本《淮南》作“足躞阳阿之舞”。经查,《文选》李善注引皆作“蹀”。

3.“与守其篇笓”，许注：“篇，即笓也。”《说文·竹部》：“笓，篇也。”（同上）

（六）本经训

1.“昔者仓颉作书而天雨粟，鬼夜哭”，许注：“仓颉，黄帝史臣也。”《说文解字叙》：“黄帝之臣仓颉。”（《淮南许注异同诂》卷三）

2.“而下杀猰貐”，许注：“窫窳，类貙，虎爪，食人。”[1]《说文·豸部》：“貐，猰貐，类貙，虎爪，食人，迅走。”（同上）

3.“衰绖苴杖”，许注：“苴，草。”《说文·艸部》：“苴，履中草。”（同上）

4.“财用殚于会赋”，许注：“会，计。”《说文·言部》：“计，会也，算也。”（同上）

5.“古者天子一畿”，许注：“畿，千里地。”《说文·田部》：“畿，天子千里地。”（同上）

（七）主术训

1.“冕而前旒”，许注：“冕，冠也。前旒，冕前珠饰也。”《说文·冃部》：“冕，大夫以上冠也。”又《说文·玉部》：“瑬，垂玉，冕饰。”[2]（《淮南许注异同诂》卷三）

2.“挥棁而狎犬”，许注：“棁，杖也。”《说文·木部》：“棁，木杖也。”（同上）

3.“赵武灵王服贝带鵕鸃”，许注：“鵕鸃，鷩雉也。”《说文·鸟部》：“鵕，鵕鸃，鷩也。”又《说文·鸟部》：“鷩，赤雉也。”（同上）

4.“然民无有窟穴狭庐”，许注：“窟穴，土室。”《说文·穴部》：“穴，土室也。”（同上）

---

① 陶方琦认为，“窫窳”亦作“猰貐”。

② 《集韵·尤韵》：“瑬，通作旒。”

5.“群臣辐凑”,许注:“凑,竞进也。”《说文·夲部》:“奏,奏进也。”(《淮南许注异同诂补遗》)

6.“肥醲甘脆”,许注:“醲,肥酒也。”《说文·酉部》:“醲,厚酒也。”(同上)

(八)缪称篇

1.“心治则百节安”,许注:“治,犹理也。”《说文·玉部》:“理,治玉也。”(《淮南许注异同诂》卷三)

2.“支体相遗”,许注:“遗,忘。”《说文·辵部》:“遗,亡也。”[①](同上)

3.“大弦緪则小弦绝矣”,许注:“緪,急也。”《说文·糸部》:“緪,大索也,一曰急也。”又《说文·手部》:“揯,引急也。”(同上)

(九)齐俗篇

1.“子路拯溺”,许注:“拯,举也。”《说文·手部》:“抍,上举也。”[②](《淮南许注异同诂》卷三)

2.“而求之于浣准”,许注:“浣准,水望之平。”《说文·水部》:“水,准也。”又《说文·水部》:“准,平也。”(同上)

3.“而刀可以剃毛”,许注:“剃,截发也。”《说文·髟部》:“鬀,鬎发也。”(《淮南许注异同诂补遗》)

(十)氾论训

1.“段干木晋国之大驵而为文侯师”,许注:“驵,市侩。”《类篇》“驵”字下引《说文》:“马壮也,一曰马蹲驵也,一曰市会。”(《淮南许注异同诂》卷四)

2.“久血为燐”,许注:“兵死之血为鬼火。”《说文·炎部》:“粦,

---

① 亡与忘,古字通。

② 洪亮吉《春秋左传诂·宣公十二年》:“抍与拯古字通。”

兵死及牛马之血为粦。粦,鬼火也。"(同上)

3."明月之珠不能无纇",许注:"纇,丝纇也。"《说文·糸部》:"纇,丝节也。"①(《淮南许注异同诂续补》)

(十一)兵略篇

1."绾枹而鼓之",许注:"绾,贯也。"《说文·糸部》:"绾,恶也。"②(《淮南许注异同诂》卷四)

2."此候之官也",许注:"候,望也。"《说文·人部》:"候,伺望也。"(同上)

3."刑德奇赅之数",许注:"胲,军中约也。"《说文·言部》:"该,军中约也。"③(《淮南许注异同诂补遗》)

(十二)说山训

"蹲踞而诵诗书",许注:"蹲,即踞也。"《说文·足部》:"蹲,踞也。"(《淮南许注异同诂补遗》)

(十三)说林训

1."日出汤谷",许注:"热如汤也。"《说文·水部》:"汤,热水也。"(《淮南许注异同诂》卷四)

2."非以一墣塞江也",许注:"墣,块也。"《说文·土部》:"墣,块也。"(同上)

3."至味不嗛",许注:"嗛,衔也,口有所衔食也。"《说文·口部》:"嗛,口有所衔也。"(《淮南许注异同诂补遗》)

4."溃小皰而发痤疽",许注:"皰,面气之疮也。"《说文·皮部》:"皰,面生气也。"(同上)

---

① 《类篇·炎部》:"粦,或作燐。"

② 桂馥《说文解字义证》卷四十一:"恶当为毌,《玉篇》:'绾,贯也。'"

③ 赅、胲、该三字可通,详见陶方琦《淮南许注异同诂补遗》。

（十四）人间篇

1.“且塘有万穴”，许注：“塘，隄也。”《说文·土部》：“隄，唐也。”（《淮南许注异同诂补遗》）

2.“起波涛”，许注：“潮水涌起，迁者为涛。”慧琳《一切经音义》卷八十三引《说文》：“涛，潮水涌起也。”（同上）

（十五）修务训

“苗山之铤”，许注：“铤，铜铁朴也。”《说文·金部》：“铤，铜铁朴也。”（《淮南许注异同诂》卷四）

（十六）泰族篇

1.“而卵孚于陵”，许注：“孚，谓卵自孚也。”《说文·爪部》：“孚，卵孚也。”（《淮南许注异同诂》卷四）

2.“离先稻孰”，许注：“稻米落地而生为离稻。”《说文·禾部》：“秜，今年落，来年自生，谓之秜。”①（同上）

通过上面的比列可知，许注八篇与《说文》相同或相近的释义，约有86例；陶氏所辑许注与《说文》同者，约有55例；两者共计141例。我们依此可以推断，那些散亡的大半许注与《说文》相同或相近者也肯定不在少数。这足以证明，许注和《说文》之间相融互补的关系十分深厚。许慎晚年当取《五经异义》、《淮南子注》二书，对《说文解字》详加比勘和修补。从这个方面说，许注在《说文解字》的成书过程中可谓居功至伟。

另外，这里仍有两个问题需要提出来加以讨论。

第一个问题，如何看待许注中很多不同于《说文》的释义？前文也已经提过，注疏作品和字典（词典）的编著毕竟存在差别，前者释义必须置于原作品的具体语境中，词义不同乃至一词多义都属于正

① 段玉裁《说文解字注》：“离、秜、旅一声之转，皆谓不种而自生者也。”

常现象，而后者释义可以脱离具体的语境，主要探究字或词的本义，很少讨论它们在作品中的使用义。许慎注解《淮南子》不能不考虑具体的语言环境，只能采用随文为释的方式，其释义与本义不同自然是训诂学所允许的。

第二个问题，如何看待今存高注十三篇与《说文》相同的释义？陶方琦认为其中半数是许注羼入所致：

> 更有高注十三篇中，其诂训有与《说文》同者，亦疑半为许注。如《原道训》“干越生葛絺”，高注“絺，细葛”，与《说文·丝部》“絺，细葛”之说同。《俶真训》“泽及蚑蛲”，高注“蚑，虫行也”，与《说文·虫部》“蚑，虫行也”之说同。《天文训》“音比南吕”，高注“南，任也”，与《说文》“南方枝任”之说同。《地形训》“洋水出其西北陬”，高注“洋水经陇西氐道，东至武都为汉”，与《说文·水部》“漾出陇西狟道，东至武都为汉”之说同。《时则训》“食麦与羊”，高注“麦，金也”，与《说文》“麦，金”之说同。《览冥训》“虎豹袭穴而不敢咆”，高注“咆，嗥也”，与《说文·口部》“咆，嗥”之说同。《精神训》“夫有夏后氏之璜者”，高注“璜，半璧也”，与《说文·玉部》“半璧曰璜”之说同。《本经训》“直道夷险”，高注“夷，平也”，与《说文》“夷，平”之说同。《主术训》“黼黻文章”，高注“白与黑为黼，青与黑为黻”，与《说文》“黼，白与黑相次文”、“黻，黑与青相次文”之说同。《氾论训》“负扆而朝诸侯”，高注“扆，户牖之间”，与《说文》“户牖之间谓之扆”之说同。《说山训》“冠锱铢之冠”，高注“六铢曰锱，八铢曰锤”，与《说文》“锱，六铢也”、“锤，八铢也”之说同。《说林训》“心所欲钟毁为铎”，高注

“铎，木铃也”，与《说文》“铎，木铃也”之说同。《修务训》“曳齐纨”，高注“纨，素也”，与《说文》“纨，素”之说同。此十三篇与《说文》训同者，不能悉数要，不无羼入之处。①

除陶氏所举之例外，笔者刺取高注十三篇，与《说文》对照，发现各篇还有不少释义相同者。通过认真考究两者相同训义，笔者认为，这一现象主要由两个原因造成：其一，其中大部分释义乃是古之常训，注家皆可采纳。就陶方琦所举的例子来看，《仪礼·大射》郑玄注“绨，细葛也”，说与许高二注同；刘歆《钟律书》“南，任也”，说与许高二注同；班固《汉书·地理志》“上邽，安故，氐道，《禹贡》养水所出，至武都为汉”，说与许高二注同。《广韵·麦韵》引《白虎通》“麦，金也”，说与许高二注同；《毛诗传》、《孟子·尽心》赵岐注、《楚辞·九叹》王逸注皆谓“夷，平也”，说与许高二注同；《周礼》卷十八《春官宗伯》郑玄注“半璧曰璜”，说与许高二注同；《周礼》卷四十《冬官考工记》“白与黑谓之黼，黑与青谓之黻”，说与许高二注同；《尔雅·释宫》“牖户之间谓之扆”，说与许高二注同。显然，这些训义皆非许慎一家之言，高诱也可以如此训解。但是，许注八篇则有所不同，我们能够很容易地找出《说文》吸纳此八篇的词语，如“晖日”、“执圭”、“驺虞”、“罔两”、“扶桑”、“奇赅”、“娥皇”，等等。其二，可能有部分释义是高诱袭用许注而来，所以与《说文》同。依此而言，陶方琦以为半数乃羼入所致，与客观事实不符。

① 陶方琦《汉孳室文钞》卷四《〈淮南〉〈说文〉补诂叙》。

第三章 《淮南子》高注十三篇研究

相对于许注而言,高注在学术界受到的重视程度要大得多。清代以来,研究者络绎不绝,他们校理高注文献,考证高注得失,取得了很大的成功。但是,将高注置于思想史、经学史等视角下来研究,则显得很不够。本章以高注十三篇为对象,重点从上述视角展开探讨。

第一节 高诱的生平、著述及其学术渊源

一、高诱生平考论

在汉代学术史上,高诱不应该被忽视。可惜的是,范晔撰《后汉书》,陈寿造《三国志》,竟没有高诱的一席之地,就连高诱的名字都没有提过,给我们造成至今难以弥补的缺憾。目前,只有高诱自己所作的两篇序文——《淮南鸿烈解叙》和《吕氏春秋序》,略略透露了他的一些情况。从这两篇序文入手,再考见其他相关文献,还是可以窥见高诱生平大概的。

高诱约在建安十七年(212)写成《淮南鸿烈解叙》一文,其中部分文字牵涉到他的生平经历:

自诱之少从故侍中同县卢君,受其句读,诵举大义。会遭兵灾,天下棋峙,亡失书传,废不寻修二十余载。建安

> 十年,辟司空掾,除东郡濮阳令,睹时人少为《淮南》者,惧遂凌迟,于是以朝餔事毕之间,乃深思先师之训,参以经传道家之言,比方其事,为之注解,悉载本文,并举音读。典农中郎将弁揖借八卷刺之,会揖身丧,遂亡不得。至十七年,迁监河东,复更补足。

这段叙述对于考见高氏生平最为关键。“同县卢君”是指涿郡涿县人卢植,这一点能够肯定。高诱所谓“深思先师之训”,也可以从注文中找到依据。卢植云:“日,甲至癸也。”[①]《时则训》高注亦云:“日,从甲至癸也。”《礼记》卢植注云:“明堂即大庙也。天子太庙,上可以望气,故谓之灵台。中可以序昭穆,故谓之太庙。圆之以水,似辟,故谓之辟雍。”[②]《本经训》高注亦云:“明堂,王者布政之堂。……其中可以序昭穆,谓之太庙。其上可以望氛祥,书云物,谓之灵台。其外圆,似辟雍。”由此看出,他们之间确实存在师承关系。并且,卢植在汉灵帝熹平年间担任过侍中一职。因此,“卢君”确指卢植无疑。卢植作为汉末大儒,《后汉书》及其他诸书对卢氏都有较为详细的记述,考见高诱的生平就是要以卢植为突破口。

《后汉书》本传:“卢植,字子幹,涿郡涿人也。身长八尺二寸,音声如钟。少与郑玄俱事马融,……学终辞归,阖门教授。”[③]这是卢植首次教授子弟。此时大将军窦武正好援立汉灵帝,时间大约从建宁元年(168)开始。由于卢植刚刚学成归来,又未有名誉,所以这个时期他还不可能大规模地收授门徒。直到担任九江太守后,他才

---

① 萧子显《南齐书》,中华书局1972年版,第142页。

② 阮元校刻《十三经注疏》,中华书局1980年版,第524页。

③ 范晔《后汉书》,中华书局1965年版,第2113页。

名播四海,学生于是慕名自四方而至。这也是东汉私学教育的一个普遍现象。《后汉书・儒林传》载:“自光武中年以后,干戈稍戢,专事经学,自是其风世笃焉。……若乃经生所处,不远万里之路,精庐暂建,赢粮动有千百。其耆名高义开门受徒者,编牒不下万人,皆专相传祖,莫或讹杂。”[①]即可见一斑。《后汉书》载公孙瓒“后从涿郡卢植学于缑氏山中,略见书传”[②],《三国志》载刘备“年十五,母使行学,与同宗刘德然、辽西公孙瓒俱事故九江太守同郡卢植”。[③] 刘备生于汉桓帝延熹四年(161),15 岁即汉灵帝熹平四年(175),师从卢植。这个时候,卢植正好因文武兼备而被举为九江太守,负责平息东夷叛乱。此后不久,他便以病去官,可能隐居在缑氏山(今河南省洛阳东南)中教授子弟。大约熹平五年,卢植复征拜为议郎,与马日磾、蔡邕、杨彪、韩说等人一起在东观领校《五经》记传,补续《汉记》,很快转任侍中,熹平六年(177)迁为尚书[④]。

高诱自言“从故侍中同县卢君受其句读”,表明他投入卢氏门下应该是在熹平五年(176)卢植担任侍中之际,与公孙瓒、刘备、刘德然几乎是同时入门的子弟。高诱又称自己师从卢植后,“会遭兵灾,天下棋峙”,图书散亡失修,至建安十年(205)他任职东郡濮阳令时已经有 20 余年。考汉末史事,“兵灾”当是指发生在汉灵帝中平元年(184)的黄巾起义,只有这次兵祸才彻底让东汉王朝陷入“天下棋峙”的局面。此次兵祸距离高诱担任濮阳令达 22 年,正好符合高

① 范晔《后汉书》,中华书局 1965 年版,第 2588 页。

② 范晔《后汉书》,中华书局 1965 年版,第 2357 页。

③ 陈寿《三国志》,中华书局 1959 年版,第 871 页。

④ 《后汉书・文苑列传・郦炎传》:“炎病不能理对,熹平六年,遂死狱中,时年二十八。尚书卢植为之诔赞,以昭其懿德。”故知卢植当在此时担任尚书一职。

氏自己的描述，这可以从侧面说明高诱确实是在熹平五年（176）师从卢植的。

黄巾事起后，卢植任北中郎将，奉命平乱，从此东征西讨，不可能再有时间收授子弟。刘备、刘德然、高诱等人大概就是因为这次兵祸而不能继续学业的。《三国志·蜀书·先主传》载："灵帝末，黄巾起，州郡各举义兵，先主率其属从校尉邹靖讨黄巾贼有功，除安喜尉。"①可知刘备这时已然辞学，加入到平叛的行列了。直到中平六年（189），卢植托病求归，隐居在上谷军都山，才又重新开始招收门生。《太平寰宇记》引《后汉书》云："尚书卢植隐居上谷军都山，立黉肆教授，好学者自远方而至。"②这是卢氏最后一次教授子弟，初平三年（192）便辞世。齐思和却认为高诱是在此时受学卢植，他说："诱从之受学，盖在其归隐之后。"③不仅于理不通，而且与高诱的自述也明显不符。

依据高诱受学卢植的开始时间，我们可以大致推断出高氏的生年。古代所谓"少"是指未成年之时，即 20 岁以下，20 岁男子则要行冠礼，才能获得成人资格。《毛诗正义》孔颖达云："少而端悫，则长大无情欲者，此谓十五六之时也。"④《礼记·王制》郑玄注引《尚书传》曰："年十五始入小学，十八入大学。"⑤依此说来，高诱师从卢植，接受小学训练，应是在他 15 岁至 20 岁之间。以高氏熹平五年（176）受学卢植为起点向上推溯，高诱的生年大概在汉桓帝永寿三年（157）至延熹四年（161）之间。取其中间值，高诱当生于延熹二

---

① 陈寿《三国志》，中华书局 1959 年版，第 872 页。

② 乐史《太平寰宇记》，中华书局 2007 年版，第 1403 页。

③ 齐思和《中国史探研》，中华书局 1981 年版，第 241 页。

④ 阮元校刻《十三经注疏》，中华书局 1980 年版，第 382 页。

⑤ 阮元校刻《十三经注疏》，中华书局 1980 年版，第 1342 页。

年(159)左右。笼统地说,高诱出生在公元2世纪的五六十年代,即汉桓帝当朝时期(147～167),则没有疑问。

高诱是涿郡涿县人,其字不详。近人陈寿祺认为,"《金楼子·聚书篇》云'范鄱阳胥经饷书,如高道注《战国策》之例是也',四库馆辑永乐大典本改'道'为'诱',馆臣案云'诱原本作道,谨校改'。愚按'道'不当改。《诗·召南》'吉士诱之',《毛诗》'诱,道也',高涿郡名诱,字道,名字正相应。"①陈说虽稍显牵强,然可备一说。涿郡(今河北省涿州市)为汉高祖六年(前201)分割燕地而置,隶属幽州,当时辖区包括涿县在内共29个县;到了东汉,则管辖涿、迺、故安、范阳、良乡、北新城、方城等七城,人口达63万。少年高诱离开涿郡,去往京师洛阳求学,师从同郡卢植,接受古文经学的熏陶。从高诱注解《淮南子》、《吕氏春秋》时非常熟练地征引《诗经》、《尚书》、《周礼》、《礼记》、《明堂月令》、《周易》、《春秋》、《公羊传》、《左传》、《论语》、《孟子》、《孝经》、《尔雅》等儒家典籍的情况看,高氏尤其擅长记诵。这一习惯也可以反映出,他在师从卢植之后,最基本的课程便是读经,所谓"受其句读,诵举大义"。东汉私学大致可以划分成以启蒙教育为主和以明经教育为主两种类型。启蒙教育针对儿童,主要诵读《孝经》、《论语》、《诗》及《春秋》等经。明经教育则是为学生进入仕途作必要的准备,以提高学生明经致用的施政水平为目的。有的致力于一经,有的数经兼传,有的甚至兼传方术。② 卢植乃当世大儒,自然是数经兼传,这就为高氏游刃于儒家经传之中打下了坚实的基础。高诱生活在汉末动乱至极之际,经学渐成强弩之末,凭借明经致用而入于仕途的可能性也因之大大减少。

① 何宁《淮南子集释》,中华书局1998年版,第1550页。

② 张鹤泉《东汉时代的私学》,《史学辑刊》1993年第1期,第56～57页。

时代正在排挤这类人士,而更适合像公孙瓒、刘备这样"不甚乐读书,喜狗马、音乐、美衣服"[①]的人。同为卢门弟子,高诱在政治仕途上远不如公孙瓒、刘备,但在学术成就上几与郑玄并列,似是一个非常合乎逻辑的结果。

高诱从学卢植,读经诵典,训词明义,一直持续到黄巾起义爆发。在中平元年(189)到高氏任职东郡濮阳令这段长达22年的时间里,其行事无稽可查。只是《吕氏春秋序》云:"诱正《孟子章句》,作《淮南》、《孝经》解毕讫,家有此书,寻绎案省,大出诸子之右。"高诱作《淮南解》始于建安十年,可知他此前曾校正过《孟子章句》。因为马融和卢植均未致力《孟子》一书,所以对高诱来说《正孟子章句》属于开创性的工作。这是他迈入学术研究的首次尝试。

建安十年(205),高诱被曹操辟任为司空掾,成为司空的佐治官员,年秩百石。[②] 同年,升任为东郡濮阳令,年秩千石。[③]《后汉书·郡国志》谓东郡濮阳(今河南省濮阳市)隶属兖州,是古代昆吾国之地。在战乱肆虐的年代,一介儒生高诱能被曹操看上,除了他自身的才能外,大概与其师卢植有很大关系。《三国志》裴松之注引《续汉书》载曹操语曰:"故北中郎将卢植,名著海内,学为儒宗,士之楷

---

① 范晔《后汉书》,中华书局1965年版,第871页。

② 杜佑《通典》卷二十《职官二》:"司空属官:长史一人,掾属二十九人,令史及御属三十二人。"作者自注:"正曰掾,副曰属。《汉书注》云:'公府掾比古元士三命者也。'或曰:汉初,掾史辟皆上言之,故有秩,皆比命士。其所不言,则为百石属,其后皆自辟除,故通为百石云。"

③ 班固《汉书·百官公卿表》:"县令、长,皆秦官,掌治其县。万户以上为令,秩千石至六百石。"后汉之制,大县置令一人,比千石。

模,乃国之桢幹也。……敬遣丞掾修坟墓,并致薄醊,以彰厥德。”①足见卢植在曹操心目中的地位,他的弟子自然不会被小觑。并且,曹操为稳固自身权位亦大肆招揽人才。据《资治通鉴》载,建安十年(205)“郭嘉说操多辟青、冀、幽、并名士以为掾属,使人心归附,操从之”。② 高诱是卢植高徒,且属幽州名士,符合曹操甄选人才的标准,自然为其所用。做上濮阳县令后,高诱十分勤于政事,以致注解《淮南子》都是在处理完政务的空暇中进行。书成之后,典农中郎将弁揖借去其中八卷研读。“弁”同古“卞”字,《元和姓纂》云:“魏卞揖生统,为晋瑯琊内史。”③卞氏至两晋时期发展成为名望大族。据《资治通鉴》胡三省注引《魏志》:“曹公置典农中郎将,秩二千石。”④可见,高诱之才学在当时即受到像弁揖这样达官贵人的赏识。建安十七年(212),高诱升迁为河东郡(今山西省永清县等地)的监官,继续利用空暇时间将注文修补和完善。

在完成《淮南子》的校释工作后,高诱紧接着又注解了《孝经》、《吕氏春秋》和《战国策》等书。这个时候,他正步入人生的晚年。依《吕氏春秋序》所言,高氏先注《孝经》,后注《吕氏春秋》。对于《战国策注》,则没有文献记载作于何时。不过,通过检索我们发现,《淮南子》高注十三篇引用《孟子》约有 11 例,引用《孝经》、《吕氏春秋》、《战国策》均只有 1 例;而其后完成的《吕氏春秋注》引用《孝经》增至 8 例,引用《淮南子》约有 20 例,引用《战国策》却只有 1 例。根据这一现象可以推知,高诱形成了每注解一部典籍都会大量

① 陈寿《三国志》,中华书局 1959 年版,第 650 ~ 651 页。
② 司马光《资治通鉴》,中华书局 1956 年版,第 2060 页。
③ 林宝《元和姓纂》,中华书局 1994 年版,第 1302 页。
④ 司马光《资治通鉴》,中华书局 1956 年版,第 1990 页。

征引他所注释的前一部典籍内容之习惯。因此，我们可以推测出《战国策注》当是作于《吕氏春秋注》之后的。

按照常理，像《吕氏春秋》（《汉志》录为26篇）、《战国策》（《汉志》录为33篇）这样大部头的著作，再加上当时书写条件的限制，注释起来是非常耗费时间的。依此推论，高诱完全有可能生活到汉魏易代，直至魏文帝在位时期。取其断限，高诱当卒于黄初七年（226）左右。然其确切的卒年已无材料可考，齐思和以为“其卒或在魏明帝时矣”，[①]也只是一时猜测之语。

总之，高诱约生在公元159年，卒于公元226年左右，与曹操（155～220）、刘备（161～223）的生活年代十分接近。高诱把大半生的精力用在训释儒家经传和诸子著作之上，虽然未能成就政治功名，但也足可以立言不朽，垂往后世。

二、高诱著述考辨

《光绪顺天府志》著录高诱的作品，有《礼记注》、《明堂月令》、《孝经解》、《正孟子章句》、《战国策注》、《吕氏春秋解诂》、《淮南鸿烈解诂》、《鸿烈音》等。[②] 民国时期编纂的《河北通志稿》基本上沿袭了《光绪顺天府志》的著录。[③] 但是，《顺天府志》的说法值得商榷。例如，高诱是否过注解《礼记》、《明堂月令》至今还不能定论，对其是否注解《淮南万毕术》也未加以讨论，非一而足。因此，关于高诱的著述，有必要作出进一步的考辨。

---

① 齐思和《中国史探研》，中华书局1981年版，第242页。

② 周家楣《光绪顺天府志》，北京古籍出版社1987年版，第6405～6409页。

③ 张国淦《河北通志稿》，北京燕山出版社1993年版，第2422页。

（一）《正孟子章句》、《孝经解》

如前文所言，高诱擅长记诵儒家典籍，具备了十分深厚的经学素养，他选择其中一些典籍加以注释则是顺理成章的事。据《吕氏春秋序》，高诱著有《正孟子章句》和《孝经解》。

《正孟子章句》一书的内容应是对《孟子章句》的校理与辨正。《后汉书·儒林列传·程曾传》和《后汉书·赵岐传》皆载两人著有《孟子章句》。程曾约于汉明帝时作《孟子章句》，比赵岐作《孟子章句》早近一个世纪。那高诱所校正的究竟是哪一部《孟子章句》呢？《顺天府志》推想是程曾的《孟子章句》，但没有提供任何证据。程曾当时名望不大，并且其书早已失传。而赵岐乃汉末名儒，本传称其“多所述作，著《孟子章句》、《三辅决录》传于时”。[①] 可知赵氏的《孟子章句》当时即广为流传。赵岐又娶高诱师祖马融之兄的女儿为妻，与卢植、马日磾等人均有交往。由此推之，高诱对赵岐及其《孟子章句》不可能不熟知。赵氏在《孟子题辞》中宣称：“愚亦未能审于是非，后之明者见其违阙，傥改而正诸，不亦宜乎！”[②]明确表示期待有人校正《孟子章句》阙误的豁达态度。以高诱的资质，极有可能当仁不让担负起该书的校正工作。高注中有一条来自《孟子》的引文大致能够反映这一情况。《览冥训注》云：“《孟子》曰‘王者师臣也’。”今本《孟子》不见此文，而赵岐的注文则有类似之语：“王者师臣，霸者友臣也。”[③]大概是高诱误将注文记为《孟子》的正文了，然而恰好可以说明他对赵氏《孟子章句》的熟悉程度。因此，高诱校正的《孟子章句》是赵岐所著。《正孟子章句》早佚，清人马国翰详

---

① 范晔《后汉书》，中华书局 1965 年版，第 2124 页。
② 阮元校刻《十三经注疏》，中华书局 1980 年版，第 2663 页。
③ 阮元校刻《十三经注疏》，中华书局 1980 年版，第 2694 页。

取《淮南子》、《吕氏春秋》、《战国策》高注中凡涉及《孟子》者，辑为《孟子高氏章句》一卷。[①] 后来，俞樾用同样的方法辑有《孟子高氏义》一书。[②] 实际上，两书均非《正孟子章句》原来的内容。《清史稿·艺文志》录为“汉高诱《孟子章句》一卷”，[③]当是以马氏所辑为据。

如《吕氏春秋序》言，《孝经解》作于《淮南鸿烈解》之后，即汉献帝建安十七年(212)以后，其训释体例当近于《淮南鸿烈解》。高诱之前，郑众、马融、何休、郑玄等经学大家都曾为《孝经》作注，且并行于世，其《孝经解》欲要别创新义则非常困难，此是该书过早失传的原因之一。

(二)《礼记注》、《明堂月令注》

高诱是否撰著《礼记注》和《明堂月令注》，不仅他自己未曾提及，就是现存文献也没有明确的记载。后人仅根据一些典籍的相关引文，不详加考察，便认定高诱注解过《礼记》和《明堂月令》，这种做法固不可取。

《初学记》卷三约有13处引用《礼记·月令》的内容，并引有高注。[④] 宋人祝穆《古今事文类聚·续集》卷六引《礼记·儒行》“儒有一亩之宫，环堵之室”，又引高诱注《礼记》曰：“堵，长一丈，高一丈，

---

① 此书收录在马国翰《玉函山房辑佚书》卷四十七《经编·孟子类》。《续修四库全书》第1203册有清光绪九年(1883)长沙嫏嬛馆刻本的影印本。

② 《孟子高氏义》收录在俞樾《俞楼杂纂》卷十七，清光绪二十五年(1899)刻《春在堂全书》本。

③ 赵尔巽《清史稿》，中华书局1976年版，第4251页。

④ 徐坚《初学记》，中华书局1962年版，第43～58页。

面环一堵为方丈，故曰环堵之室。”[①]《御定渊鉴类函》卷十四亦称高诱《礼记注》曰：“鵙，伯劳也。伯劳夏至后应阴而杀蛇，乃磔之棘上而始鸣也。”[②]若以这些材料为依据，高诱无疑注解过《礼记》。但实际上这只是假象，因为这些材料的准确性值得质疑。《初学记》只有引《礼记·月令》时才引用高注，引述该书其他篇目的内容时却丝毫不见高注的踪迹。郑玄说：“名曰《月令》者，以其记十二月政之所行也。本《吕氏春秋·十二月纪》之首章也，以礼家好事抄合之。”[③]对照高诱的《吕氏春秋注》，《初学记》所引高注几乎与其完全相同，差别也只在几字之间。可见，《初学记》所谓的《礼记·月令》高注不过是摘取《吕氏春秋注》里面的相关注文。祝氏和谢氏所引高注《礼记》之文，则来自《淮南子·原道训注》：“堵，长一丈，高一丈，面环一堵，为方一丈，故曰环堵。”《御定渊鉴类函》所引，则出自《吕氏·仲夏纪·五月纪注》：“鵙，伯劳也。是月阴作于下，阳发于上，伯劳夏至后应阴而杀蛇，磔之于棘而鸣于上。”推此而言，认定高诱注解《礼记》没有令人信服的文献依据。

《明堂月令》的成篇早于《礼记·月令》和《礼记·明堂位》，内容大似相近，被认为是《周书·月令》的异名。[④] 诚如朱彝尊所说：“高诱注《礼》，隋唐宋《经籍》、《艺文志》俱不载，近代藏书家目录亦无，惟《艺文类聚》曾引之。《月令》四卷，题曰《明堂月令》。乙亥二

① 祝穆《新编古今事文类聚》，明万历三十二年（1604）唐富春刻本。谢维新《古今合璧事类备要·别集》卷十四引同。

② 爱新觉罗·玄烨《御定渊鉴类函》，清康熙四十九年（1710）《钦定四库全书荟要》本。

③ 阮元校刻《十三经注疏》，中华书局 1980 年版，第 1352 页。

④ 《蔡中郎集》卷三《明堂月令论》：“《周书》七十二篇，而《月令》第五十三。”

月,忽获之吴兴书贾舟中,乃旧本。读之,其字句与今本《月令》颇有不同,……较之《吕览》,其文正同,盖好事者以诱所注《吕览》钞出成书。"①

综上所述,《顺天府志》的作者认为高诱著有《礼记注》、《明堂月令注》是不能成立的,至少还不能成为定论。

(三)《淮南鸿烈解》、《淮南鸿烈音》、《淮南万毕术注》

高诱注解《淮南子》及其相关问题已见于前面的章节,此略。

高诱精通音韵学,自称训解《淮南子》"悉载本文,并举音读"。考高注十三篇,标举音读共290余次②,倘若算上失传的八篇,那数量相当可观。大概在唐初以后,有好事者将其析出,名为《淮南鸿烈音》,共得两卷。所以新旧《唐志》并有著录,尔后便告亡失,诸家书目又未见载录。《顺天府志》云:"诱注十三篇内,并载音读,疑即《鸿烈音》散入注中。"③实属本末倒置之见。

淮南王刘安醉心神仙方术,《汉书》本传称他"招致宾客方术之士数千人,作为《内书》二十一篇,《外书》甚众,又有《中篇》八卷,言神仙黄白之术,亦二十余万言"。④《外书》和《中篇》多讨论神仙变化之术,《淮南万毕术》或是其中篇章。褚少孙说:"臣为郎时,见《万毕石朱方》。"⑤可见,这些篇章在刘安死后不久就传播开来。魏晋以降,开始集结成书。三国魏人邯郸淳《笑林》载楚地之人曾读《淮南方》,《太平广记》引《神仙传》称刘安作"《万毕》三章,论变化

① 朱彝尊《经义考》(第五册),台湾中央研究院中国文哲研究所筹备处1997年版,第93~94页。

② 详细的统计数据见本章第二节。

③ 周家楣《光绪顺天府志》,北京古籍出版社1987年版,第6409页。

④ 班固《汉书》,中华书局1962年版,第2145页。

⑤ 司马迁《史记》,中华书局1959年版,第3227页。

之道”[①]，敦煌本《修文殿御览残卷》引《淮南万毕术》曰：“鸿毛之囊，可以渡江。盛鸿毛于缣囊满之，可以渡江不溺也。”[②]都说明了这一点。《隋志》录为《淮南万毕经》一卷，新旧《唐志》录为《淮南王万毕术》一卷，而《宋志》和私家书目俱不载。大概此书自南北朝以后渐渐散失，至南宋时期终告失传。对于高诱是否注解《淮南万毕术》，历代史志及书目均未有明确记录。《史记正义》引高诱注《淮南子》云：“取鸡血与针磨捣之，以和磁石，用涂碁头曝干之，置局上，即相拒不止也。”[③]此文不见于今本高注，茆泮林认为这是《万毕》中语，并依此推断“高诱是并注《淮南万毕术》者”。[④] 茆氏此论建立在不可靠的引文之上，不足取信。《初学记》和《太平御览》俱引《淮南万毕术》，有时并引注文，但未名为高注。唯《御览》卷三百四十四称“高诱注曰‘鱼肠，文绕屈襞若鱼肠’”，[⑤]考其所引正文及注文，均出自《修务训》一篇，知《御览》误作《淮南万毕术》。不过，明代李时珍自注《本草纲目》时多次征引《淮南万毕术》注文，并标上“高诱注云”。除此之外，再难找到直接的文献依据。从《淮南万毕术》注文的内容看，基本上属于古代方术范畴，应该是刘安及其术士自注。从高诱的知识结构看，高氏立足于经学和子学，不具备为《淮南万毕术》作注的主观条件。由此而言，高诱注解《淮南万毕术》的可能性微乎其微。但高诱可能接触过《淮南万毕术》，故其序文云：“又有

---

① 李昉《太平广记》，中华书局 1961 年版，第 51 页。

② 黄维忠、郑炳林《敦煌本修文殿御览残卷考释》，《敦煌学辑刊》1995 年第 1 期，第 42 页。

③ 司马迁《史记》，中华书局 1959 年版，第 463 页。

④ 茆泮林辑《淮南万毕术》卷一，民国六年（1917）潮阳郑氏刻《龙溪精舍丛书》本。

⑤ 李昉《太平御览》，中华书局 1960 年版，第 1583 页。

十九篇者，谓之《淮南外篇》。"

（四）《吕氏春秋注》、《战国策注》

《淮南子》在内容上多袭用《吕氏春秋》，因此高诱注《吕氏春秋》也多袭用了他的《淮南子注》。《汉书·艺文志》录《吕氏春秋》为二十六篇，后之史志及诸家书目并录高注为二十六卷，唯《崇文总目》录为三十六卷，可以断定是误写所致。《吕氏春秋》一书深得高诱喜爱，以为大出诸子之右，于是"复依先儒旧训，辄乃为之解焉，以述古儒之旨，凡十七万三千五十四言"。[①]《四库全书简明目录》对高注表示了肯定，赞其多明古义。[②]《吕氏春秋注》是高诱著述中唯一保存较为完整的作品。

继《吕氏春秋注》后，高诱又注《战国策》。梁代萧绎的《金楼子·聚书篇》已有提及。刘向删定《战国策》为三十三篇，《汉志》亦著录《战国策》三十三篇，但至初唐，《隋志》则载为刘向录《战国策》三十二卷、高诱撰注《战国策》二十一卷。[③] 似乎这时《战国策》就有所残缺，高注更甚。是不是高诱本来就没有完成全本《战国策》的注释呢？这种可能性很小，因为《史记索隐》曾引高诱《战国策注》的部分序文[④]，试想连序文都写了，没有理由不完成全本《战国策》的注释。考《文选》李善注、《史记索隐》和《经典释文》三书，其征引的高注涉及今本《战国策》第一至第十、第二十五、第二十七、第二十九、第三十、第三十二、第三十三共十六卷的内容，缺了一半多的卷

---

① 《吕氏春秋序》。

② 永瑢《四库全书简明目录》，古典文学出版社1957年版，第467页。

③ 魏征《隋书》卷三十三，中华书局1973年版，第959页。

④ 《史记集解序》司马贞索隐引《战国策》高诱云："六国时纵横之说也，一曰《短长书》，亦曰《国事》，刘向撰为三十三篇，名曰《战国策》。"此文应是高序其中的一部分。

数。这虽然不能从根本上证明高注已经散佚,但大致可以反馈高注的完整性可能出了问题这一信息,说明《隋志》所录近实。至《崇文总目》编订时,高注进一步失传,只存八卷。经曾巩搜求,不仅补足了《战国策》正文三十三卷,又得高注两卷,其言曰:"此书有高诱注者二十一篇,或曰三十二篇,《崇文总目》存者八篇,今存者十篇。"①而新旧《唐志》录高注《战国策》三十二卷,实际上只是题高诱之名而无高注之全。后来《宋志》的著录也是如此。何以明之?据《四库全书总目提要》,毛晋汲古阁影宋钞本《战国策》(即南宋姚宏校注本,今存)仅第二至四、第六至十、第三十二至三十三卷等十卷为高诱所注,②其中亡佚的第十一至二十卷高注,在《文选》李善注、《史记索隐》和《经典释文》中也觅不到踪影,这绝非偶然,几乎可以肯定此十卷在唐代中期以后便告失传。郑杰文认为"《旧唐书·经籍志》著录高诱《战国策注》三十二卷,当是抄录者以注文析附于正文后",③是没有根据的说法。要之,《战国策注》在隋唐时期就已发生残缺,即使通过宋人的抢救,也仅存十卷。鲍彪评价高注:"既疏略无所稽据,注又不全,浸微浸灭,殆于不存。"④亦可大致反映其流传情况。

此外,宋人黄震《黄氏日抄》引高诱《月纪注》:"春为岁始,稼穑应之不成,故曰首种不入。"⑤据查,这条注文实引自《吕氏春秋

① 刘向集录《战国策》,上海古籍出版社1985年版,第1201页。

② 永瑢《四库全书总目》,中华书局1965年版,第461~462页。

③ 郑杰文《战国策文新论》,山东人民出版社1998年版,第407页。

④ 刘向集录《战国策》,上海古籍出版社1985年版,第1209页。

⑤ 黄震《黄氏日抄》卷十六,清乾隆三十二年(1767)新安王佩锷刊本。

注》。[1] 可见，黄氏所说的《月纪注》即是指《吕氏·十二纪》高注，并非另有其书。清人严可均辑《全后汉文》时，将《高僧传》中的《道潜论》逸文归之高诱名下。齐思和对此辨之详矣："无论道潜东晋人，非高诱所及见，即刘伶亦远在高氏之后。检《高僧传》，此本系孙绰之文，且严氏已收入孙绰文。此处重出，疑系剪粘移钞之误。"[2]

三、高诱的学术渊源

古代学术注重家学师法，特别是西汉，到了无以复加的地步，学者孟喜就因为更改师法而不被皇帝所用。[3] 尽管东汉渐有缓和，但因私学教育大盛，拜师入门的现象却有增无减，师法观念依然浓厚。郑玄学成辞归，马融叹曰："郑生今去，吾道东矣。"[4]即明显流露了这种观念。欲明高诱学术之渊源，亦当从师承师法上求之。高诱师卢植，卢植师马融，马融师挚恂。若细究挚恂、马融、卢植的学问特征，就能发现他们三人其实有很大的相似性。这说明，在汉代师法师承的传统确实深刻地影响了士人的学术研究。

挚恂虽不能号称通儒，但与一般的俗儒还是大有区别的。据载，挚恂"明《礼》、《易》，遂治《五经》，博通百家之言，又喜属文，词论清美"。[5] 可知挚氏治学以《诗》、《书》、《礼》、《易》、《春秋》五经为主，尤明《礼》、《易》两经，并且旁通诸子百家。他又不慕荣利，德

---

① 《吕氏·孟春纪·正月纪》"霜雪大挚，首种不入"，高注："春为岁始，稼穑应之不成熟也，故曰首种不入。"依此，黄氏所引当属约文。

② 齐思和《中国史研探》，中华书局 1981 年版，第 242 页。

③ 《汉书》卷八十八《儒林传》："上闻喜改师法，遂不用喜。"

④ 范晔《后汉书》，中华书局 1965 年版，第 1207 页。

⑤ 皇甫谧《高士传》，《丛书集成新编》第 101 册，台北新文丰出版公司 1985 年，第 574 页。

行高妙，故“渭滨弟子扶风马融、沛国桓驎自远方至者十余人”。[①]挚恂主要以儒术教授学生，但他经传与诸子互补的治学方法以及通达的治学精神深深浸染了马融。

马融师从挚恂之后，博通经籍，加上自己的天赋，终于青出于蓝而胜于蓝，成为一代大儒。《后汉书》本传说：

> 融才高博洽，为世通儒，教养诸生，常有千数。……尝欲训《左氏春秋》，及见贾逵、郑众注，乃曰：“贾君精而不博，郑君博而不精。既精既博，吾何加焉！”但著《三传异同说》。注《孝经》、《论语》、《诗》、《易》、《三礼》、《尚书》、《列女传》、《老子》、《淮南子》、《离骚》。[②]

与其师挚恂相似，马融治学亦以《五经》为中心，但又延及《论语》、《孝经》，并加大了对诸子百家的研究力度。由于追求“既精既博”的治学目标，马融已经把经传、诸子互补的治学方法发挥到了极致。应该指出的是，马融还十分看重道家思想，甚至身体力行。邓骘召他为舍人，起初不应，后有悔意，对友人感叹：“古人有言‘左手据天下之图，右手刎其喉，愚夫不为’，所以然者，生贵于天下也。今以曲俗咫尺之羞，灭无赀之躯，殆非老庄所谓也。”[③]卒往应召。所谓古人之言，见于《淮南子·精神训》、《文子·微明》；所谓生贵于天下，乃老庄之常调，《庄子·在宥》云：“贵以身于为天下，则可以

① 皇甫谧《高士传》，《丛书集成新编》第 101 册，第 574 页。
② 范晔《后汉书》，中华书局 1965 年版，第 1972 页。
③ 范晔《后汉书》，中华书局 1965 年版，第 1953 页。

托天下;爱以身于为天下,则可以寄天下。”①依此可知,马融也精通道家典籍,并且有着自己的理解。正因为如此,他后来的品行更不合儒家规范,为儒者所不齿。② 然从中可以看出,马融本人的思想非常活跃,因而能够做到精研儒术而不固守儒术,专治古文经而不固守古文经。

在卢植身上,马融治学的上述特点同样得到了鲜明的体现。《后汉书》本传载:

> 少与郑玄俱事马融,能通古今学,好研精而不守章句。融外戚豪家,多列女倡歌舞于前。植侍讲积年,未尝转眄,融以是敬之。……作《尚书章句》、《三礼解诂》。③

卢植跟随马融多年,主要研习古文经学,尤其通悉《五经》。④ 同时,卢氏又能博通今文经学,深悟其“通经致用”的学术精神,与章句小儒划然有别。议郎彭伯称赞他是海内大儒,人之所望,当非虚言。

---

① 郭庆藩《庄子集释》,中华书局 1961 年版,第 369 页。

② 《后汉书》卷六十《马融列传》:“初,融惩于邓氏,不敢复违忤势家,遂为梁冀草奏李固,又作大将军《西第颂》,以此颇为正直所羞。”又清侯登岸《汉大司农康成郑公年谱·附轶事》:“马融乃得罪名教之人。”即其证。

③ 范晔《后汉书》,中华书局 1965 年版,第 2113 ~ 2116 页。《三礼解诂》,《三国志·魏书·卢毓传》裴松之注引《续汉书》作《礼记解诂》。据《始立太学石经上书》所载:“臣前以《周礼》诸经,发起秕谬,敢率愚浅,为之解诂,而家乏,无力供缮写上。”应是《三礼解诂》,但可能没有全部完成。

④ 卢植《始立太学石经上书》云:“臣少从通儒故南郡太守马融受古学。”(《后汉书·卢植传》)由是知他之受教乃古文经学。卢植此文及《献书规窦武》、《日食上封事》,还有平时的奏章,均不时地引述《诗》及《毛传》、《春秋》及《左传》、《尚书》、《礼记》、《周礼》,可知他的经学功底很深厚。

高诱入卢门有七八年的时间,他著书撰作常常透露出较强的师法观念。高氏自称注《淮南子》时“深思先师之训”,[①]注《吕氏春秋》时“复依先师旧训”。[②] 在其注释中,有时还直接称引“师说”。例如,《览冥训》“于是女娲炼五色石以补苍天”,高注:“女娲,阴帝,佐虙戏治者也。三皇时,天不足西北,故补之。师说如此。”[③]这种浓烈的师法观念在很大程度上决定了高氏治学的门径。高诱与马融、卢植之间的学术渊源关系主要体现在以下三端:

1. 在治学对象(或知识架构)上,以《五经》为核心,同时向儒家其他的典籍延展。考高诱注《淮南子》、《吕氏春秋》、《战国策》三书,共引《诗》(含《毛传》)约 140 例,引《书》约 15 例,引《三礼》(即《周礼》、《仪礼》、《礼记》)约 74 例,引《易》(含《易传》)约 7 例,引《春秋》(含《公羊传》、《穀梁传》、《左传》)约 139 例。这些数据足以反映高诱对《五经》的熟悉程度。同时,高诱还大量引述《论语》、《孟子》、《孝经》三书,又著《正孟子章句》,作《孝经解》,说明他同样精通儒家的其他典籍。这一治学的对象及范畴与马、卢二人是一脉相承的。

2. 在治学方法上,走古文经学的路子,以训诂明义为主,同时又将经义渗透到对诸子的理解之中,采取经传与诸子相合互补的方法。《淮南子》、《吕氏春秋》两书固属子书,列为杂家,而高诱为之注解,显示出宏阔的治学视野。察其注文,重在解字释词,引经据典,朴质实在,不为浮辞。这些特点与马、卢二人(尤其是马融)也是一脉相承的。

---

① 《淮南子·叙目》。

② 《吕氏春秋序》。

③ 此外,《天文训注》称“先师说然也”,《氾论训注》称“先师说云也”。

3. 在治学精神上，博通众家，不守一隅。比之西汉，东汉士人不再固守一经，而是数经兼通。这是当时学术界的流行风气，但拥有像马融那样儒道并重，不废百家的通达精神的学者并不多见。卢植尽管不如马融兴趣广泛，却也灵活达变。同样地，高诱通晓众经，学以古文，辅以今文，又非常重视对诸子百家的研究。这种治学的精神实是受马、卢二人熏染所致。

第二节　高注的主要内容及训释特色

一、高注的主要内容

作为一部学术大汇合式的著作，《淮南子》内容的广博是众所周知的，宋人黄震即称此书“凡阴阳造化，天文地理，四夷百蛮之远，昆虫草木之细，瑰奇诡异，足以骇人耳目者，无不森然罗列其间，盖天下类书之博者也”。[①] 高注虽以经古文派的训诂方法一以贯之，但其内容的广博同样令人称奇，很好地发扬了马融“既精既博”的学术追求。通观高注十三篇，我们可以对其主要内容作以下几方面的粗略概括：

（一）辨析字形，释词通句

这是高注中的主体部分，具有核心地位。刘安和高诱尽管都同属汉代文人，但其间相距了300余年，字形以及用语习惯肯定会经历诸多变更。针对书中难懂晦涩的字词，高诱均以浅显易懂的当代语作了解释。同时，又能联系文中语境，努力挖掘某些字词的深层涵义。高诱还经常串讲句意，以疏通整个句子。高氏不厌其烦地做

---

① 黄震《黄氏日抄》卷五十五《读诸子》，清乾隆三十二年（1767）新安王佩锷刊本。

这些工作,根本目的在于探求作者的原意。此亦是古文一派的宗旨。

汉字形体与其含义有着密切关系,因此辨析字形在一定程度上也是解释字义。高注比较注意辨析书中的异体字,多采用“某,某字”、“某,古某字”的术语形式。例如,《俶真训》“若夫无秋毫之微,芦苻之厚,四达无境,通于无圻”,高注:“圻,垠字也。”又如,《氾论训》“纣拘于宣室,而不反其过,而悔不诛文王于羑里”,高注:“羑,古牖字。”再如,《说山训》“咼氏之璧,夏后之璜,揖让而进之以合欢”,高注:“咼,古和字。”

作为汉语的词,从构成方式上可分为单纯词和合成词,从词性上又可分为实词和虚词。《淮南子》中的各种词也可以如此分类,高注皆所涵盖。由于汉字结构和汉语语法的特殊性,长期以来形成了音训、形训、义训的训诂方法。以全局观之,高诱释词亦主要运用了这三种方法。音训即以音求义。王引之说:“夫训诂之要,在声音,不在文字。”①俞樾则说:“古训多存乎声,以声求之,义斯在矣。”②这类训诂在高注中出现不少。例如,《天文训》“加十五日,指丙则芒种,音比大吕”,高注:“吕,侣也。”《时则训》“季冬之月,……律中大吕”,高注:“吕,旅也。”又如,《说林训》“狐死首丘,寒将翔水,各哀其所生”,高注:“哀,爱也。”形训即以形说义。高注中这类训诂并不是很多。例如,《地形训》“介鳞者夏食而冬蛰”,高注:“介,甲。”又如,《原道训》“仿洋于山峡之旁”,高注:“两山之间为峡。”义训即不借助音和形,直陈其义。此类训诂最为常见,高注中不胜枚举。

---

① 王引之《经义述闻》,江苏古籍出版社1985年版,第571页。

② 俞樾《群经平议》卷十一,清光绪二十五年(1899)刻《春在堂全书》本。《续修四库全书》第178册有影印本。

有同义相训者，如《原道训》“古之人有居岩穴而神不遗者”，高注：“遗，失也。”有以狭义释广义者，如《时则训》“君子斋戒，处必掩，身欲静，去声色，禁嗜欲”，高注：“声，丝竹金石之声也。色，美色也。”有以共名释别名者，如《本经训》“芟野菼，长苗秀”，高注：“菼，草也。苗，稼也。”有设立界说者，如《主术训》“冬伐薪蒸”，高注：“大者曰薪，小者曰蒸。”有描写形象者，如《原道训》“秋风下霜，倒生挫伤”，高注：“草木首地而生，故曰倒生。”有比拟事物者，如《说林训》“华不时者，不可食也”，高注：“若今八、九月食晚瓜，令人病虐，此之类。”①

高诱释词一般使用固定的训诂术语，体现了东汉训诂学的成熟程度。据笔者统计，高注十三篇释词术语出现最频繁的大致有：①“犹”，约248例。②“曰”，约157例；“因曰”，约8例。③“谓”，约104例；“谓之”，约58例。④“为”，约100例。对于词在特定语境中的引申义，高氏则用“喻（谕）”来表达。如《俶真训》“是故自其异者视之，肝胆胡越”，高注：“肝胆，谕近。胡越，谕远。”又如《说山训》“介子歌龙蛇，而文君垂泣”，高注：“龙以喻文公也，蛇以自喻也。”如此用法，约有74例。当然，“喻（谕）”也可以视为一种指明修辞的术语。如《俶真训》“巫山之上，顺风纵火，膏夏紫芝与萧艾俱死”，高注：“紫芝，皆谕贤智也。萧、艾，贱草，皆谕不肖。”就直接指明了本体和喻体。高诱还以“互文”之语指出书中存在的同义避复现象。例如，《说林训》“璧瑗成器，礛诸之功；镆邪断割，砥砺之力”，高注：“力亦功，互文也。”这样的用法约有4例。

若仅仅释词，则不能通贯文意，所以高诱有时会直接阐明句意，

---

① 以上义训分类，参照周大璞《训诂学要略》，湖北人民出版社1984年版，第114～117页。

有时会在释词之后再阐明句意。这就为读者更进一步理解原书提供了参考价值。高氏在疏通文句时多用“言”、“故”、“故曰”、“谓”等术语。[①] 例如,《精神训》“精神入其门,而骨骸反其根,我尚何存”,高注:“言人死各有所归,我何犹尚存?”又《览冥训》“今夫调弦者叩宫宫应,弹角角动,此同声相和者也”,高注:“叩大宫则少宫应,弹大角则少角动,故曰同音相和。”

(二)训解名物典章

与许慎一样,高诱也热衷于名物的训诂。据笔者统计,十三篇高注中,释草木名约 40 个,释鸟兽名约 50 个,释虫类名约 32 个,释鱼类名约 14 个,释人名约 217 个,释山名约 98 个,释水名约 41 个,释地名约 60 个,释星宿名约 50 个,释国名约 48 个,释器物名约 80 个,释宫室名约 14 个,释车马类名 9 个,释服冠名约 14 个,总计解释名物约 766 个。[②] 与许慎不同的是,高诱解释名物的方式呈现多样化。有时简单,如《地形训》“镐出鲜于,凉出茅卢、石梁”,高注:“鲜于、茅卢、石梁,皆山名也。”有时详细,如《地形训》“穷奇,广莫之所生也”,高注:“穷奇,天神也,在北方道,足乘两龙,其形如虎。”有时根据字面意思,推测其名称的形成,如《俶真训》“故许由、方回、善卷、披衣得达其道”,高注:“其人方直回旋,因曰方回。见其善

---

① 根据王明春的统计:《淮南子》高注使用“言”328 例,其中用于释词者 20 例;使用“故”239 例;使用“故曰”313 例。见《高诱训诂术语研究》,山东师范大学 2004 年硕士学位论文,第 18 ~ 19 页。但王氏将许注八篇也纳入了统计范围,实际数据不够准确。减去许注八篇的用例,则“言”约有 262 例,“故”约 194 例,“故曰”约 312 例。另据笔者统计,使用“谓”约有 7 例。

② 以上数据未排除重复的注释。这里所谓“虫名”、“鱼名”、“人名”、“水名”、“器物名”都是比较宽泛的说法,比如虫名包含了蛇类名,鱼名包含了龙属名,人名包含了神人、仙人名,水名包括川、泽、海等名,器物名包括农具、兵器、玉器之名。

卷披衣而行,因曰披衣。"值得指出的是,高诱解释古代地名、山名、水名时多会标明在其当下的地理名称或位置。如《主术训》"然而围于匡",高注:"匡,宋邑也,今陈留襄邑西匡亭是也。"这类注释约有38例。由此说明,注疏古书并不只是端坐斗室,必要时还需实地考察,同时也表明高诱游历之广。

"所谓典章者,朝廷之大法,祖宗之旧制",①后来成为一切法令和制度的总称,包括礼乐、职官、典籍、法律等。由于高诱善治儒家经传,所以对先秦时代的各种制度都非常熟悉,解释《淮南子》这方面的内容就显得得心应手了。例如释礼制,《氾论训》"古之制,婚礼不称主人",高注:"当婚者之身,不称其名也,称诸父兄师友。"又如释税制官制,《氾论训》"头会箕赋输于少府",高注:"头会,随民口数,人责其税。箕赋,似箕,然敛人财多,取意也。少府,官名,如今司农。"另外,《天文》和《时则》两篇还涉及很多上古的乐律、时令和司法制度,高诱均能一一解释详备,有时并证以儒家经传。如《时则训》"命有司修群禁,禁外徙,闭门闾,大搜客",高注:"《传》曰:'禁旧客,为露情也。有新客,搜出之,为观衅也。'"应该说,高诱有关典章制度的诠释,是我们研究古代社会的重要资料之一。

(三)考述史传典故

所谓史传,是指历史事件与历史传说,也包括古代神话。所谓典故,是指有关历史人物、典章制度的故事或传说,亦称掌故。《淮南子》的作者宣称:"又恐人之离本就末也,故言道而不言事,则无以与世浮沉;言事而不言道,则无以与化游息。"根据这一原则,他们说理论道多以人事为载体,而尽量减少空言玄谈。因此,《淮南子》一

---

① 赵汝愚编《宋名臣奏议》卷四十《举行十二条事件》,文渊阁《四库全书》本。

书就包含了大量的历史事件、神话传说和典故。然而,这些历史事件、神话传说以及典故因为服务于“言道”这一目的,所以常常叙述得十分简略,甚至浓缩成一句话、一个词语。为更好地阅读和理解此书,考证和补述这些史传典故就显得很有必要。高诱自然注意到了这一点,于是考述史传典故也成为高注的一个重要内容。

刘安和他的宾客们皆怀有深厚的历史意识,喜从历史事件中总结经验教训。他们采掇史事远至上古三代,近至秦皇汉武,叙述时多以精练、概括性的话语。如《精神训》:“仇由贪大钟之赂而亡其国,虞君利垂棘之璧而擒其身。”高诱解释时大都将这些史事展开,重点描述其过程和结果,比如他解释前者:“仇由,近晋之狄国也。晋智襄子欲伐之,先赂以大钟,仇由之君贪,开道来受钟,为和亲,智伯因是以兵灭取其国也。”据笔者统计,高注考述史实约有 31 事,年代多限于春秋战国时期,主要集中在《精神训》和《氾论训》两篇。高诱考述史事多取材于《左传》、《战国策》和《国语》,也有少数取自《史记》、《汉书》。例如,释“子罕不以玉富”(《精神训》)一事即取自《左传·襄公十五年》;释“愍王专用淖齿而死于东庙”(《氾论训》)一事即取自《战国策·秦策》;释“耳听朝歌北鄙靡靡之乐”(《原道训》)一事即取自《史记·乐书》。

汉代子书中,《淮南子》可以说是一部文学性很强的著作了,包含丰富的神话传说便是其文学特征之一。其神话多描述上古蛮荒时代的天神和英雄人物,如“共工与颛顼争为帝”(《天文训》)、“夸父弃其策,是为邓林”(《地形训》)、“女娲炼五色石以补苍天”(《览冥训》)、“恒娥窃以奔月”(《览冥训》)等。高诱皆一一为之注解,有时征引师说,如释女娲神话;有时取材《山海经》,如释夸父神话。其传说可以分为历史传说和民间传说。历史传说,如“傅说骑辰尾”(《览冥训》)、“苍颉作书”(《本经训》)、“伯益作井”(《本经训》)、

“羿死为宗布”（《氾论训》）、“神龟见梦元王”（《说山训》）、“尧眉八彩”（《修务训》）等。民间传说，如“公牛哀七日化虎”（《俶真训》）、“历阳一夕为湖”（《俶真训》）、“庶女叫天”（《览冥训》）、秦始皇“铸金人”（《氾论训》）等。高诱并未因为这些传说荒诞不经而大加批判，反而以信者的姿态扩充之。比如，他释公牛哀这则传说：“江淮之间，公牛氏有易病，化为虎，若中国有狂疾者，发作有时也。其为虎者便还食人，食人者因作真虎，不食人者更复化为人。”以中原狂疾比附，增加其可信度；以描述人虎互化情形，增加其传奇性。我们从这条注文也能看出，高诱对地方风俗比较熟悉。此在其他篇目中亦有体现，例如《时则训》“令国傩”，高注：“傩，散宫室中区隅幽暗之处，击鼓大呼，以逐不祥之气，如今驱疫逐除是也。”由此观之，高诱确是一位博闻多识的学者。

运用典故是古代文学作品中十分常见的修辞手法，最早起源于何时已不能确考。但可以肯定地说，《淮南子》一书在“历史故事”向“成语典故”的进化过程中起到了催化的作用。例如《精神训》：“然颜渊夭死，季路菹于卫，子夏失明，冉伯牛为厉。”此为成语典故的雏形。而《览冥训》：“西老折胜，黄神啸吟。”《主术训》：“孙叔敖恬卧，而郢人无所害其锋。市南宜辽弄丸，而两家之难无所关其辞。”则走向了成语典故的模式。这种高度浓缩的典故，不经注者诠释，一般读者很难弄懂。据统计，高注共释典故约 18 个，大多叙述详细，其中“孔氏不丧出母”是关于礼制方面的典故。

（四）阐发文句义理

“义理”一词最初专指儒家经义，所谓“及歆治《左氏》，引传文以解经，转相发明，由是章句、义理备焉”，[①]后来内涵扩大，也可指

① 班固《汉书》，中华书局 1962 年版，第 1967 页。

诸家之名理。魏晋玄学、宋明理学皆可称为义理之学。作为古文经学家,高诱走的是一条以训诂明义的治学路子,不可能把重点放在探究义理之上。阐发义理在高注中并不多见,所占比重相对较小。但义理阐发最能见出注家的思想水平,这里有必要予以指出。

高诱阐发义理,基本是针对原书的某一句话或某一个命题。所述义理,既有道家的,也有儒家的。例如《原道训》"执道理以耦变,先亦制后,后亦制先",高注:"道当随事为变,不必待于先,人事当在后,趋时当居先也。"原文旨在说明以"道"应变,不争先后,而高注引入"人事"、"趋时"的概念,显然有所发挥。又如《览冥训》"夫道之与德,若韦之与革,远之则迩,近之则远",高注:"革之质象道,韦之质象德。欲去远之,道反在人侧;欲以事求之,去人已远也。无事者近人,有事者远人。"原文旨在说明道德之难以把握性,而高注以人事比附,作了更加细化的阐释。这两例属道家义理,然似乎存在道儒结合的倾向。再如《本经训》"乐者所以致和,非所以为淫也",高注:"乐荡人之邪志,存人之正性,致其中和而已,非所为自淫过也。"此例是阐发儒家义理,融进了高氏对音乐教化功能的深层认识。观高注十三篇,义理阐释多集中在《原道训》、《俶真训》、《览冥训》、《精神训》等四篇。

高诱阐发义理,最出彩的无疑是对《淮南子》"异道则治,同道则乱"的独特解释。这一解释并非随意和模糊,而是一以贯之地出现在注文中:

> 《主术训》:"是故君臣异道则治,同道则乱,各得其宜,处其当则上下有以相使也。"高注:"君所谓可,臣亦曰可;君所谓否,臣亦曰否;是同也。莫相匡弼,故曰乱也。君得君道,臣得臣道,故曰得其宜也。"

《说山训》："故同不可相治，必待异而后成。"高注："同，谓君所谓可臣亦曰可，君所谓否臣亦曰否，犹以水济水，谁能食之，是谓同，故不可以相治。异，谓齐君之可，替君之否，引之当道，是谓异也，故可以成事也。"

很显然，高诱的阐发体现了他关于君臣治道的深刻思考，是对《淮南子》原有思想的深层挖掘。在高诱看来，君上挟威以制，臣下曲意奉承，上下蒙蔽，似是而非，此所谓同道而相乱；君上纳谏从流，守其君道，臣下齐可替否，尽其臣道，上下相知，虽争实助，此所谓异道而相治。联系高氏所处的时代，这实际上是他针对汉末君臣失道的政治现实有感而发，也是他向统治者提供的新见解。由此说明，高诱不愧是一位极具思想的训诂家。

二、高注的训释特色

我们讨论高注的训释特色，是以两汉留存下来的他人注书为参照物。古籍汉注保存完整的大致有孔安国的《尚书传》、[1]河上公的《道德经注》、王逸的《楚辞章句》、赵岐的《孟子章句》、郑玄的《三礼注》及《毛诗笺》、何休的《春秋公羊传注》、赵爽的《周髀算经注》等几种。此外，后世发现的残本注书以及清人辑出的注书亦存不少[2]。

① 旧说西汉孔传，然宋人吴棫、朱熹始疑其伪，清人阎若璩撰《古文尚书疏证》一书专辨东晋梅赜所献《古文尚书》及孔安国传皆属伪造，其说乃成定论。

② 残本有：《古文孝经》孔安国注（敦煌残卷）、《忠经》郑玄注（一卷）、严君平《道德真经指归》（存第七至十三卷）、张鲁《老子想尔注》（存卷上）。辑本有：服虔《春秋传服氏注》（袁钧辑）、《世本》宋衷注（张树辑）以及马国翰所辑的多种汉人注书。

如此众多的古籍汉注，表明注疏学在汉代发展到了顶峰。高诱注解《淮南子》就吸取了这门学科的既有成果，比如运用成熟的训诂方法和训诂术语，但从训释的细节看，高注又表现出有别于其他注书的特色。

(一)篇篇皆作题解

先秦时代，学者著书多不题名，或者仅有篇名而无书名，其名称多数是后人追加。吕不韦之时则有不同，他自以为他的书能够“备天地万物古今之事”，[①]故冠名《吕氏春秋》。这是古人自名其书之始，也是以学术争名之始。刘安不仅将他的书命名为《鸿烈》，而且对每篇的篇名作了精心设计，使用了极为凝练的词语。高诱很敏锐地注意到了这个问题，他篇篇作题解，用以揭示其篇名的内涵。这种训释体例，唯在赵岐的《孟子章句》能见到，[②]但《孟子》的篇名皆取自篇中首句，赵氏为之解题，颇有附会之弊。

今本高注十三卷中，每卷篇名下皆有高诱精彩的解题。由此推见，高氏必定作了全部篇名的题解，惜其八篇已亡。他解题遵循比较固定的套路，基本上先解释篇名之字义，接着综合起来阐明篇名之内涵，最后以“因以题篇”作结。[③] 例如《俶真》篇之名，高诱解曰：“俶，始也。真，实。说道之实始于无有，化育于有，故曰俶真，因以题篇。”又如《精神》篇之名，高诱解曰：“精者，人之气。神者，人之守也。本其原，说其意，故曰精神，因以题篇。”考赵岐《孟子章句》

---

① 司马迁《史记》，中华书局1959年版，第2510页。

② 赵岐对《梁惠王》、《公孙丑》、《滕文公》、《离娄》、《万章》、《告子》、《尽心》这七个篇名均作了详解。

③ 其中《地形训》、《览冥训》、《氾论训》、《说山训》四篇直接阐明篇名内涵，《修务训》“因以题篇”作“用以题篇”，而庄逵吉本作“因以题篇”，“用”当是“因”字之误。

的题解，术语多用"故以题篇"、"因以题篇"等字样。高诱曾校正《孟子章句》，大概是受此影响。

（二）细化音注方式

音韵学发展到东汉，进入了兴盛期。为某字或某词标举音读，成为东汉学者注书的一个重要内容。以郑玄注为例，其《周礼注》音注约 449 例，[①]《仪礼注》音注约 32 例，《礼记注》音注约 111 例，《毛诗笺》音注约 27 例，总数约 619 例。高诱注书也十分看重这一方面，仅《淮南子》高注十三篇的音注就达 298 例。[②] 但高氏音注的特色不在于数量多，而在于较之郑玄更加细化了注音的方式。

首先，高氏的音注术语呈现多样化态势。据统计，在这 298 例音注中，采用"某读某（含某读某某之某）"式 239 例，采用"某读曰某（含某读曰某某之某）"式 23 例，采用"某读如某（含某读如某某之某）"式 9 例，采用"某读为某（含某读为某某之某）"式 2 例，采用"读某为某"式 2 例，采用"某读若某某之某"式 4 例，采用"某读似某"式 4 例，采用"某读近某"式 5 例，采用"某一读某"式 1 例，采用"某读某某同（含某读某某之某同）"式 6 例，采用"某读与某某同"式 1 例，采用"某读如某某同"1 例，采用"某音某"式 1 例[③]。相比之下，郑玄注基本上只是使用"读为"、"读如"、"读曰"、"读……

① 其中引郑众、杜子春等人的音注 288 例，占 64%，这一情况可以反映自东汉初期注音之学便已热门。

② 笔者的数据是以北宋本为底本得来。除去完全重复，实际注音的汉字和词语共 267 个，其中又出现一字多音的现象，约有 18 例。

③ 《原道训注》云："蹍，履也，音展，非展也。"与其他音注模式不类。刘文典云："汉代诸师，皆言'读'不言'音'。凡言某音某，皆后人所加。"（《三馀札记》卷二《吕氏春秋斠补·介立篇》）

为……”这几个术语。① 音注模式的多样化表明，高诱对提高音读的准确性作了进一步探索。

其次，高氏音注较多地引入了方言音。如《原道训注》：“楚人读蹶为蹪。”《俶真训注》：“搸，读楚人言杀也。”《地形训注》：“元，读常山人谓伯为亢之亢也。”《时则训注》：“扑，读南阳人言山陵同。”《览冥训注》：“瀷，读燕人强秦言敕同也。”《本经训注》：“露，读南阳人言道路之路。”《说山训注》：“埵，读似望，作江、淮间人言能得之也。”《说山训注》：“荷，读如燕人强秦言胡同也。”《修务训注》：“纱，读燕人言躁操善趋者谓之纱同也。”②常山属冀州，燕地属幽州，高诱身为涿郡人，自然熟悉幽冀地区的方言。高诱曾任河东郡监官，对秦地（南阳亦属之）的方言也不会陌生。江淮楚地为刘安的封国之所，其语言文化是高诱必须加以研究的。他把这些地方的乡音与原字音读相对照，是力求其发音的准确。这种音注方式不仅在郑玄注中不能见到，就是在其他两汉文人的注书中也不多见。

最后，高氏还自创“急气言”、“缓气言”、“笼口言”、“闭口言”以及四者交叉的音注方法。“急气言”，如《说林训注》：“轔读似邻，急气言乃得之也。”《修务训注》：“啳，读权衡之权，急气言之。”有时又跟发音力度和发音部位有关，如《氾论训注》：“辩，挤也，读近茸，急察言之。”《说山训注》：“辚读近兰，急舌言之乃得也。”有时又与“闭口言”结合，如《俶真训注》：“涔，读延祐曷问，急气闭口言也。”缓气言，如《原道训注》：“蛟，读人情性交易之交，缓气言乃得耳。”

① 其他术语“读当为”、“读皆为”、“读亦为”、“读当皆为”、“读亦当为”、“读或为”皆是“读为”的衍生物，“读当如”、“读皆如”皆是“读如”的衍生物。在619例音注中，“读为”式385例，“读如”式140例，“读曰”式29例，“读……为……”式51例，占了总数的98%。

② 类似音注约有14例。

《本经训注》:"膢读近殆,缓气言之。"有时也与发音部位有关,如《修务训注》:"驻读似质,缓气言之者,在舌头乃得。"笼口言,如《地形训注》:"惷,读人谓惷然无知之惷也,笼口言乃得。"《本经训注》:"惷,读近贮益之肚,戆笼口言之也。"至于"急气言"、"缓气言"具体所指,自六朝以来就不能明之。今人周祖谟认为,前者相当于后来的平声,为韵母之细音(有介音 i);后者相当于仄声,为韵母之洪音(无介音 i)。[①] 日本学者平山久雄对此作了更加精审的辨析,可供参考。[②] 至于"笼口言"、"闭口言"具体所指,周祖谟认为前者是"论韵之开合",后者是"论韵尾之开闭"。[③] 周先生的上述解释提升到了音理层面,然高诱这种音注方法实际上只是描述某字的发音过程和状态,说明他精于审读字音。

(三)广罗方言俗语

古人很早时候就注意到了不同地区的言语差异,北齐颜之推说:"夫九州之人,言语不同,生民已来,固常然矣。自《春秋》标齐言之传,《离骚》目《楚词》之经,此盖其较明之初也。后有扬雄著《方言》,其言大备。"[④]不少文人将其本地的方言俗语采入著述中,如屈原著《离骚》,刘安撰《淮南》。博通的注书者当然不会忽视原书中存在的方言现象,如郑玄之注经,高诱之注子。但无论是从地域的广度,还是

---

① 周祖谟《问学集·颜氏家氏音辞篇注补》,中华书局 1966 年版,第 408~409 页。

② 平山久雄《高诱注〈淮南子〉与〈吕氏春秋〉的"急气言"与"缓气言"》,《古汉语研究》1991 年第 3 期,第 39~44 页。

③ 周祖谟《问学集·颜氏家氏音辞篇注补》,中华书局 1966 年版,第 409 页。

④ 王利器《颜氏家训集解》,中华书局 1993 年版,第 529 页。

从方言的数量及复杂程度，郑注都不能与高注同语①。

据统计，高注十三篇罗列方言约有 51 例，算上音注中引入的方言共 65 例，出现了 17 处不同的地名。所及地区皆位于长江以北，说明高诱对于吴越、巴蜀、南楚、两广等地的方言并不熟悉。参照扬雄的《方言》，我们可以将高注所述方言粗略归入为燕赵、秦、中原、齐鲁和淮楚等五大区域。如下所示：

1. 燕赵方言区："幽冀"，出现 5 次；"幽州"，出现 5 次；"燕"，出现 5 次；"河东"，出现 2 次；"常山"，出现 1 次。

2. 秦方言区："秦"，出现 2 次；"三辅"，出现 4 次。

3. 中原方言区："兖豫"，出现 1 次；"洛家"，出现 4 次；"洛下"，出现 1 次。

4. 齐鲁方言区："齐"，出现 1 次；"青徐"，出现 2 次；"青州"，出现 2 次；"兖州"，出现 3 次。

5. 淮楚方言区："江淮"，出现 3 次；"楚"，出现 22 次；"南阳"，出现 2 次。

从内容上看，高诱搜罗的方言大致包括三个方面：一是方言音；二是各地对同一名物的不同称呼；三是各地的特色俗语。关于方言音，前文已有分析。对名物不同称呼的考察，则是高氏研究方言的重点。例如释鸟名，《时则训注》："苍庚，《尔雅》曰'商庚、黎黄，楚雀也'，齐人谓之抟黍，秦人谓之黄流离，幽冀谓之黄鸟。"又如释器名，《精神训注》："臿，铧也，青州谓之铧，有刃也，三辅谓之鑼也。"这类方言约有 31 例，占近一半。关于各地的特色俗语，有表示称谓的，如《说山训注》："江淮谓母为社。"有描述自然现象的，如《精神

---

① 郑玄所释方言基本局限在秦和齐鲁之地，另外其引郑众注涉及了沛国和越地。

训注》:“楚人谓树上大本小如车盖状为越,言多荫也。”有描写动作形态的,如《说林训注》:“钍者提马,洛家谓之投翩。”像此类方言,还有“孀”、“武”、“堁”、“秼”、“繇”、“昧”等,约20例。正是凭借内容的丰富和所及区域的广大,高注所存方言在研究中国汉语史和方言学方面具备了重要价值。

(四)校勘与阙疑并重

两汉十分注重整理古籍,刘向等人校理天下群书是一个高峰,而东汉统治者更是专设校书郎一职,掌管校雠之事。此风遂愈行愈烈,使得校勘不仅成为小学教育的一个重要内容,而且还化为古文经学家的一种治学意识。许慎、马融、卢植等人曾在东观典校书籍,郑玄注书也不乏校勘之例。高诱自称“睹时人少为《淮南》者,惧遂陵迟”,[①]即明显地流露了这种意识。他注解《淮南子》的一个重要目的便是正其讹误,使其不致散乱流失。为此,高诱广搜不同版本,仔细参照对比,留下了许多校勘之文。从类型上划分,高氏校勘主要有两种:一种是以“字之误”直陈其误,提出正字。例如《天文训》“星正月建营室”,高注:“‘星’宜言‘日’,……此言‘星,正月建营室’,字之误也。”又如《地形训》“海闾生屈龙”,高注:“《诗》云‘隰有游龙’,言‘屈’,字之误也。”有时也以逻辑推断,如《精神训》“使之左据天下之图,而右手刎其喉,愚夫不为”,高注:“天下至大,非手所据,故不言手也。”[②]另外一种是以“或作”来表示其他版本的文字

① 《淮南子·叙目》。

② 观高此注,他当见过有“手”字的版本。刘文典云:“惟《吕氏春秋·不侵篇》高注引此文,《知分篇》高注引《泰族篇》文,‘左’下并有‘手’字。《文子·上义篇》,《后汉书·仲长统传·〈昌言·法诫篇〉》、《马融传》,《三国志·彭羕传》,《世说新语·文学篇·注》,亦并作‘左手据天下之图’。……高所见本脱‘手’字,故曲为之说耳。”(《三馀札记》卷一《淮南子校补·精神篇》)

差异,而不作出取舍。此种校勘数量最多,约有 66 例。[①] 高诱的这类校勘既保存了不少古本的文字面貌,又体现了他严谨的治学态度。

高诱严谨治学态度的另一体现,便是对于没有能力解释的都付诸阙如,同时对于他人说法也不一概埋没,而是留存在注文当中,以示存疑。其序文云:“浅学寡见,未能备悉,其所不达注以未闻。”考高注十三篇,注以“未闻”之语约有 8 例,例如《地形训》“伊出上魏”,高注:“上魏,山名也,处则未闻。”又如《时则训》“五月官相,其树榆”,高注:“榆说未闻也。”另有 1 例,高氏自谦“诱不敏”,见于《天文训》。所谓“未闻”、“不敏”,均是阙如之辞,高诱欲以此引起“博物君子览而详之”。[②] 高氏之前,《淮南子》已有多家注文。高诱在表达自己见解的同时,往往又会以“一曰”、“或曰”、“一说”、“或说”引述他人说法。例如《俶真训》“足蹀阳阿之舞,而手会绿水之趋”,高注:“绿水,舞曲也。一曰:绿水,古诗也。”又如《说山训》“将军不敢骑白马”,高注:“为见识者。一说:凶服,故不敢骑也。”这种做法实际上是存疑,可以让读者择善而从。

校勘与阙疑并重,使高注更加朴实和厚重,体现了一位古文经学家尊重客观,追求实证的治学风范。这在两汉注书之中,亦是一道独特的风景。

第三节 高注的思想性讨论

古文派学者注书,虽然不如今文派那样注重挖掘圣人的微言大

---

① 详见本书第一章第四节。

② 《淮南子·叙目》。

义,但也不是纯粹客观地解词释句,而是或多或少渗入了自己的主观认识,体现出一定的思想深度。尤其自郑玄以来,以今文辅助古文,思想阐释的成分在不断增多。高诱注解《淮南子》也反映了这样的趋势。

一、高诱对《淮南子》的评价及其道家观念

(一)高诱对《淮南子》的评价

高诱治《淮南子》多年,非常熟悉此书的内容和观点。在序文中,他直接表达了对《淮南子》的评价。其文曰:

> 初,安为辩达,善属文。皇帝为从父,数上书,召见。孝文皇帝甚重之,诏使为《离骚赋》,自旦受诏,日早食已,上爱而秘之。天下方术之士多往归焉。于是遂与苏飞、李尚、左吴、田由、雷被、毛被、伍被、晋昌等八人,及诸儒大山、小山之徒,共讲论道德,总统仁义,而著此书。其旨近《老子》,淡泊无为,蹈虚守静,出入经道。言其大也,则焘天载地,说其细也,则沦于无垠,及古今治乱,存亡祸福,世间诡异瑰奇之事。其义也著,其文也富,物事之类,①无所不载,然其大较归之于道,号曰《鸿烈》。鸿,大也,烈,明也,以为大明道之言也。故夫学者不论《淮南》,则不知大道之深也。是以先贤通儒述作之士,莫不援采以验经传。

① 北宋本、道藏本"之"皆作"其"。

这段文字主要涉及了《淮南子》的作者、《淮南子》的思想主旨以及《淮南子》的地位等三个问题。

关于《淮南子》的作者，汉人说法颇有歧出。《盐铁论》最早提及，其《晁错》篇云："淮南、衡山修文学，招四方游士，山东儒、墨聚于江、淮之间，讲议集论，著书数十篇。"①笼统指出是由淮南王招揽的儒、墨之士所作。《论衡·谈天篇》则云："淮南王刘安召术士伍被、左吴之辈，充满宫殿，作道术之书，论天下之事。《地形》之篇，道异类之物、外国之怪，列三十五国之异，不言更有九州。"②首次明确提出，《淮南子》乃术士伍被、左吴之流所作。王充还把伍被、左吴等人称作"八公"③。班固未承王充之说，又笼统地指为刘安和他的数千宾客所作，或者干脆归为刘安一人④。其后，王逸又提出：

> 昔淮南王安，博雅好古，招怀天下俊伟之士。自八公之徒，咸慕其德，而归其仁，各竭才智，著作篇章，分造辞赋，以类相从，故或称小山，或称大山。其义犹《诗》有《小雅》、《大雅》也。小山之徒，闵伤屈原，又怪其文昇天乘云，役使百神，似若仙者，虽身沈没，名德显闻，与隐处山泽

---

① 王利器《盐铁论校注》，中华书局 1992 年版，第 113 页。

② 黄晖《论衡校释》，中华书局 1990 年版，第 474 页。

③ 《论衡》卷七《道虚篇第二十四》："淮南王刘安，孝武皇帝之时也。……伍被之属，充满殿堂，作道术之书，发怪奇之文，合景乱首。八公之传，欲示神奇，若得道之状，道终不成，效验不立，乃与伍被谋为反事。"

④ 见《汉书》卷四十四《淮南衡山济北王传》。《汉志》著录"淮南内二十一篇"，直接署名淮南王刘安。

无异，故作《招隐士》之赋，以章其志也。[①]

在王充所说“八公”之外，又增添了“小山之徒”。高诱则进一步指出了具体的作者，认为是刘安和他的宾客苏飞、李尚、左吴、田由、雷被、毛被、伍被、晋昌以及大山、小山之徒等人所著。显然，高诱此说是综合和补充了王充、班固、王逸三人的意见。自此之后，尤其是明清学者，多宗高诱之说。[②] 然而，八公之徒与民间传说纠缠在一起，真假难辨，其具体所指至今不得而知，高诱的说法也就无从证明了。

对于《淮南子》的思想主旨，高诱首次作出了总结，这可以视为他评价《淮南子》的核心要素。高诱认为，从内容上看，《淮南子》可谓义著文富，“物事之类，无所不载”，但从思想主旨上看，则归于一个主调，便是道家义旨，所谓“淡泊无为，蹈虚守静”、“大较归之于道”是也。然细绎高氏这段评语，似《淮南子》思想还存在一个次调，那便是儒家义旨，所谓“总统仁义”、“出入经道”是也。高诱的这一总结，无疑是对刘歆、班固把《淮南子》列入杂家的不认同。[③] 高氏在“杂家说”之外又立一“道家说”，从此两说平分秋色，各有支

① 洪兴祖《楚辞补注》，中华书局1983年版，第232页。

② 例如，明人汪明际《淮南子删评序》：“盖当时出于八公之手，未能熔金而使一范也。”许国《刻淮南鸿烈解序》：“盖当是时，招致宾客八公之徒，各纂见闻，取林安手，成一家言，匪直一人一手之烈也。”清人钱塘《淮南天文训补注自序》：“复得四方宾客，如九师八公，广采群籍，作为是书。”

③ 其实，最先指出《淮南子》“杂”的特征是西汉扬雄，其《法言》卷四《问神》云：“淮南、太史公者，其多知与？何其杂也。”刘昼《刘子》卷十《九流》又对《淮南子》的“杂”作了更具体的论述：“杂者，《孔甲》、《尉缭》、《淮南》之类也，明阴阳，通道德，兼儒墨，合名法，苞纵横，纳农植，触类取与，不拘一绪。”

持者。支持“杂家说”的，远如高似孙、刘绩，近如范文澜、冯友兰。[①]支持“道家说”的，远如张存心、章学诚，近如梁启超、胡适。[②] 支持“道家说”的，以胡适最为典型。他评论说：“道家集古代思想的大成，而《淮南书》又集道家的大成。道家兼收并蓄，但其中心思想终是那自然无为而无不为的‘道’。”[③]从笔者来看，两说皆有其道理，“杂家说”是根据各篇章的内容和立意来判定，而“道家说”则是从全书的思想基调出发。不过，后世支持“道家说”的学者往往忽视了高诱所概括的主、次两个基调，过分夸大了《淮南子》道家思想的成分。纵观《淮南子》二十一篇，比较纯净发挥道家思想的只有《原道》、《俶真》、《精神》、《道应》等篇，其他诸篇皆糅合了道、儒、法、阴阳、墨、兵等多家思想。因此，认为《淮南子》“集道家的大成”未免失之片面。相对后世的纯道家说，高诱所概括的一道一儒、一主一次，反而更加贴近原书思想的面貌。

---

① 南宋高似孙《子略》卷四《淮南子》：“又读其书二十篇，篇中文章无所不有，如与《庄》、《列》、《吕氏春秋》、《韩非子》诸篇相表里，何其意之杂出，文之沿复也！……所以其书驳然不一。”明刘绩《淮南鸿烈解题识》：“《淮南》一书，乃全取《文子》而分析其言，杂以《吕氏春秋》、《庄》、《列》、《邓析》、《山海经》、《尔雅》诸书，及当时所如宾客之言，故其文驳乱，序事自互舛错。”近人范文澜说：“《淮南子》虽以道为归，但杂采众家，不成为一家言。战国秦汉诸子百家学说，因汉武帝独尊儒术，散佚甚多，《淮南子》保存了一些百家异说，在这一点上，还是一部值得重视的著述。”（《中国通史》第二册，人民出版社 1978 年版，第 167 页）冯友兰也说：“《淮南鸿烈》为淮南王刘安宾客所共著之书，杂取百家之言，无中心思想。”（《中国哲学史》上册，中华书局 1961 年重印商务印书馆旧版，第 477 页）

② 明张存心《淮南解序》：“淮南之书，复祖述老庄。”清章学诚《校雠通义》卷三《汉志诸子第十四》：“其书则当互见于道家，《志》仅列于杂家，非也。”近人梁启超称：“《淮南鸿烈》为西汉道家言之渊府。”（《中国近三百学术史》，东方出版社 1996 年版，第 263 页）

③ 胡适《淮南王书》，上海新月书店 1931 年版，第 13 页。

关于《淮南子》一书的地位，高诱也是率先加以肯定。可能出于对刘安叛逆事件的忌讳，西汉文人大多不敢正视《淮南子》所取得的成就。刘安事发后，汉武帝将他的书斥为邪说，[①]而司马迁不置一语。扬雄则称："淮南说之用，不如太史公之用也。太史公，圣人将有取焉；淮南，鲜取焉尔。"[②]又称："淮南王安多华少实。"[③]有过分贬低其地位的嫌疑。随着东汉对刘安忌讳的渐渐解除，《淮南子》日益受到关注和重视。高诱正面评价《淮南子》的地位正是这一形势的必然结果。他首先肯定了《淮南子》所达到的思想深度，以为"学者不论《淮南》，则不知大道之深也"。这与扬雄的看法形成鲜明反差，反映出汉末士人开始转向玄谈的哲学理趣。接着，他又把《淮南子》看成是经学的辅翼，将它与儒家经传相提并论，所谓"先贤通儒述作之士，莫不援采以验经传"、"参以经传道家之言，比方其事，为之注解"。察东汉古籍，桓谭、马融、王逸皆有援引《淮南子》之举，[④]知高氏所言不虚。高诱关于《淮南子》地位的正面评价渐渐成为主流看法。后世学者对《淮南子》的称赏远多于批评，如刘知几赞其"牢笼天地，博极古今"，[⑤]高似孙称其"一时杰出之作"，[⑥]郭子章以

---

① 《汉书》卷六《武帝纪·遣谒者巡行天下诏》："日者，淮南、衡山修文学，流货赂，两国接壤，怵于邪说，而造篡弑，此朕之不德。"

② 汪荣宝《法言义疏》，中华书局 1987 年版，第 507 页。

③ 《意林》卷三《太玄经十卷》，台北新文丰出版公司 1985 年影印清武英殿聚珍本。

④ 《太平御览》卷六百二引桓谭《新论》："《淮南子》云'共工争帝，地维绝'，亦皆为妄作。"《后汉书·马融传》载马融引古人言："左手据天下之图，右手刎其喉，愚夫不为。"即出自《精神训》。王逸注《楚辞》引《淮南子》11 例，主要来自《俶真》、《天文》、《地形》、《本经》、《齐俗》等 5 篇。

⑤ 浦起龙《史通通释》，上海古籍出版社 1978 年版，第 291 页。

⑥ 高似孙《子略》，丛书集成初编本，商务印书馆 1939 年版，第 35 页。

为“自有子部以来，未有若是书有理而且备者”，[①]梁启超谓之“汉人著述中第一流也”。[②] 此皆由高诱发凡起例矣。

(二)高诱的道家观念

如前所论，高诱能在刘歆、班固“杂家说”之外指出《淮南子》近于《老子》之旨，又能较为成功地解释其中的道家言论，表明他对道家有了很深的认知，甚至可以说一定程度上接受了道家的某些观念。这与汉末社会及思想界发生的变化有莫大关系。尽管两汉经学挟以天子之威一统学界，但士人关注和研究道家的这条脉络并未中断，一直隐忍地存在。以《老子》为例，西汉有河上公、严君平注，东汉有马融注。随着汉末经学的进一步僵化，老庄思想乘势重新抬头，成为批判经学的有力武器。同时，汉末社会大乱，曹魏施政亦不以经学为纲。在这样的背景下，高诱虽尽染经学习气，但也不可能无视这股涌动的新思潮。因此，重视和研读道家典籍，汲取其精髓入援经学，亦当属正常现象。然有论者仅凭《淮南》、《吕览》注文，就大谈高氏的道论、自然观、无为论，[③]笔者颇以为不妥，毕竟这些注文多数只能算是高诱对原文的一种理解，不可全部视为他个人的思想。不过，高诱在注释中有时会穿插他对道家思想的概括，有时会反复提及道家所崇尚的主张，笔者将此类言论归结为高氏的道家观念。

首先，高诱的道家观念体现在他对老庄思想的整体归纳上。他

---

① 郭子章《淮南子题辞》，转引自何宁《淮南子集释》，中华书局 1998 年版，第 1511 页。

② 梁启超《中国近三百年学术史》，东方出版社 1996 年版，第 263 页。

③ 见丁原明《高诱思想述要》(《东岳论丛》1988 年第 3 期)及王军《从〈淮南子〉注谈高诱的自然观》(《安徽警官职业学院学报》2002 年第 3 期)二文。

论老子为“淡泊无为，蹈虚守静”，论庄子为“轻天下，细万物，其术尚虚无”①，“作书三十三篇，为道家之言也”②。众所周知，道家是先秦学术中最具抽象思辨性的一派，要想用三言两语把握其本质并非易事。客观地说，高诱的归纳基本把握到了老庄思想的核心，这只有在精研《老子》、《庄子》之后才能达到。高氏之前，司马迁总结老子思想“无为自化，清静自正”，总结庄子思想“其要本归于老子之言”，③王充又以老子之道为“恬淡无欲，养精爱气”。④ 相较之下，高诱的概括显然更加精到。

其次，高诱的道家观念也体现在他反复提及的道家所崇尚的思想主张上，集中体现在他对“无为”与“有为”、“无”与“有”、“养形”与“养神”、“贵柔”与“贱言”等几组道家概念的解释上。

“无为”与“有为”。《说山训》：“人无为则治，有为则伤。”高注：“道贵无为，故治也。有为则伤，道不贵有为也，故治有为者伤。”人若顺无为之道则身治，背无为之道而妄作则身伤。此处，高诱以“贵”与“不贵”来说明道家提倡“无为”而贬低“有为”的主张。对于“无为”和“有为”的解释，高诱基本沿用了《淮南子》道家的观点。他说：“无为者，不为物为也。”⑤无为者，即任物之自为，不强行介入，不代大匠斲。又说：“火不可以熯井，淮不可以灌山，而以用之，

---

① 《吕氏·孝行览·必己注》。

② 《淮南子·修务训注》。《吕览·孝行览·必己》篇高注又称：“著书五十二篇，名之曰《庄子》。”一般认为，今本《庄子》三十三篇为郭象整理，高诱恐未见及，《修务训注》似有讹误。

③ 司马迁《史记》，中华书局1959年版，第2143页。

④ 黄晖《论衡校释》，中华书局1990年版，第334页。

⑤ 《淮南子·原道训注》。吴承仕认为，此文有误，应作“不先物为”，以本文相互释之，说义至当。见《淮南旧注校理》第5页。

非其道,故谓之有为也。”[1]有为者,即不遵循事物的规律而妄行。这比老庄所论更为积极。对道家的无为之道,高诱也表达了一定的倾慕之情,如《览冥训》“圣人在位,怀道而不言,泽及万民”,他就直接将“道”释作“自然无为之道”。

“无”与“有”(“无形”与“有形”)。高诱在注文中多次论及道家重“无”而轻“有”的观点。如《原道训注》:“自无形适有形,离其本也;自有形适无形,不能复得。道家所弃,故曰而以衰贱也。”在高氏看来,道家显然是以“无”为本,以“有”为末,本末之间不可倒置。又《俶真训注》:“未有形象,道所尚也。”《精神训注》:“道尚空虚,贵无形。”《主术训注》:“道贵无形,无形不可奈何,道之所以为贵也。”可见,高诱非常注重道家的贵“无”思想,此应是魏晋玄学贵无论的先声。至于“无形”与“有形”的关系,高诱也沿用了《淮南子》道家的看法,即“无形而生有形”,[2]如《原道训注》:“无形生有形,故物大祖也。”又《说山训注》:“初未有天地生天地,故无形生有形也。”

“养形”与“养神”。形神论是道家颇具现实意义的理论,因为它关系到养生,所以历来为人们所重视。高诱亦给予了很大的关切,《俶真训注》云:“道家养形养神,皆以寿终。”字里行间表示了他的肯定。自道者观之,养神、养形又分主次,所谓“治身,太上养神,其次养形”,[3]同时要以神制形,所谓“以神为主者,形从而利;以形为制者,神从而害”。[4] 高诱对此表示赞同,其《精神训注》曰:“若此养形之人,导引其神,屈伸跳踉,是非真人之道也。”又《原道训注》

① 《淮南子·修务训注》。
② 《淮南子·俶真训》
③ 《淮南子·泰族训》。
④ 《淮南子·原道训》。

曰:“神清静,故利;形有情欲,故害也。”关于如何养神,高诱全盘接受了《淮南子》道家的观点。他在注文中反复应用“清静”、“情欲”和“内守”的理论。清静说,如《原道训注》:“性当清静,以奉天素,而反嗜欲,故为之累也。”《俶真训注》:“得其本清静之性,故能明。”情欲说,如《原道训注》:“好为情欲之事者,未尝不自伤也。”《说山训注》:“心无情欲之累,精神不耗,故多寿。”内守说,如《俶真训注》:“神清者,精神内守也,情之嗜欲不能干乱。”《精神训注》:“多情欲,故神不内守。”《说山训注》:“治正性,神内守,故无病也。”总之,在高诱看来,“养神”就必须保持自己的清静本性,除去情欲,内守精神,使其不外越。

此外,高诱还指出了道家“贵柔”、“贱言”的主张。《原道训注》:“言强之为小也,道家所不贵也。……言柔之为大也,道家所贵。”此即“贵柔”。《说山训注》云:“道贵无言,能致于神。”又云:“道贱有言,而多反有言,故自伤其神。”此即以“不言”为贵。

二、高注强烈的宗经、崇儒意识

高诱虽然将《淮南子》的思想主旨定为一道一儒,一主一次,并在注文中应用了诸多道家言论,但通观高诱全注,这方面的比例还是很小,更多的是引据儒家经典,以古文经学的方法治之,表现出强烈的宗经、崇儒意识。

所谓宗经,是指论事立说必以儒家经典著作,尤其是以《诗》、《书》、《礼》、《易》、《春秋》等五经为旨归。宗经观念的形成肇始于荀子,其《劝学》篇云:“其数则始乎诵《经》,终乎读《礼》;其义则始乎为士,终乎为圣人。”①自汉武帝置《五经》博士后,儒家经典相继被立为官学,宗经意识进一步走入汉代士人的心里。扬雄一生服膺经学,他认为“书不经,非书也;言不经,非言也;言、书不经,多多赘矣”。② 东汉之时,经学的作用更是无所不在,经学大师辈出,诸如郑众、贾逵、许慎、马融、郑玄,他们把尊崇经典的意识发挥到了极致。南朝刘勰身处玄学、佛学兴盛的南朝,虽然曾入寺为僧,却倾心儒家典籍。他不仅明确提出“宗经”概念,而且以此来衡量士人的文章修辞。③ 后世文人提倡复古,实是刘勰宗经思想的延展。

所谓崇儒,是指推崇儒家学术,尊崇儒家圣人。崇儒同宗经在价值取向上是完全一致的,即如卞兰《赞述太子赋》所言“讽《六经》以崇儒”。④ 崇儒与政治似乎有更紧密的联系。汉高祖过鲁地,用最好的祭品拜祭孔子,揭开了封建统治者重视孔子、利用儒教的序幕。尔后,武帝推行罢黜百家,独尊儒术的思想管制政策,把封建教化与儒家学术融合为一,使儒学取得了绝对的话语权。魏晋时期,儒学衰微,统治者出于维护政权,加强控制的目的,又大肆鼓吹崇儒。魏明帝即位,大臣高柔上书说:“臣闻遵道重学,圣人洪训;褒文崇儒,帝者明义。”⑤要求以“不次之位”待诏博士。晋元帝时,荀崧上疏请求增置博士,同样是以“崇儒兴学,治致升平”⑥为名义。后

---

① 王先谦《荀子集解》,中华书局 1988 年版,第 11 页。

② 汪荣宝《法言义疏》,中华书局 1987 年版,第 164 页。

③ 《文心雕龙》专设有《宗经》一篇,此篇末尾言:“励德树声,莫不师圣,而建言修辞,鲜克宗经。”是以宗经与否为衡量文章的一个标准。

④ 严可均辑《全上古三代秦汉三国六朝文·全三国文》,中华书局 1958 年版,第 1223 页。

⑤ 陈寿《三国志》,中华书局 1959 年版,第 685 页。

⑥ 沈约《宋书》,中华书局 1974 年版,第 360 页。

来,刘勰亦以“崇儒”一词来概括汉武帝的文化政策[①]。

高诱生当以经学顺取功名的汉季,自幼熟读经书,后又潜心儒家学术,宗经、崇儒的意识早已在他心里扎下根,化为其世界观、人生观的一部分,决定着他的价值取向。因而,无论是著书立说,还是为人处世,高诱都会自觉或不自觉地流露出这种意识。他自称注《淮南子》“参以经传道家之言”,[②]注《吕氏春秋》“复依先师旧训,辄乃为之解焉,以述古儒之旨,……若有纰缪不经,后之君子断而裁之,比其义焉”,[③]就很明显地表达了高氏欲以儒家经传来裁切《淮南子》和《吕氏春秋》的动机,希望后人能够指正他不合经义的地方。就《淮南子》高注而言,强烈的宗经、崇儒意识主要体现在以下三个方面:

(一)大量引据儒家经传之言

高注旁征博引,直接标明引书名称的,如《诗经》、《明堂月令》、《春秋》、《传》、《春秋传》、《左传》、《春秋公羊传》、《论语》、《孟子》、《周礼》、《尔雅》、《礼记》、《周易》、《国语》、《孝经》、《尚书》、《曲礼》、《老子》、《庄子》、《世本》、《战国策》、《山海经》、《楚词》、《吕氏春秋》、《说苑》、《地理志》、《幽通赋》、《括地像》,几近30种,并且旁及《杨朱》、《墨子》等书。此其中,高注引用儒家经传之言所占的比重极大,引《老子》、《庄子》反而很小,其他诸子百家书也非常少见。[④] 对于一部以道家言论为宗,融合百家之学的《淮南子》来说,高诱如此注释显得不甚协调。这种注书行为,显然是为他的宗

① 《文心雕龙·诏策第十九》:“武帝崇儒,选言弘奥。”《时序第四十五》:“逮孝武崇儒,润色鸿业,礼乐争辉,辞藻竞骛。”

② 《淮南子·叙目》。

③ 《吕氏春秋序》。

④ 具体统计情况,详见本章第四节。

经、崇儒意识所驱使。

（二）疏解字词文意多以儒家经传为准的

高诱之时，汉代训诂学发展到顶峰，名家代出，关于某字某词某名物典章的各种说法，可谓取之不尽。然高氏疏解字词文意却不大引述某家某说，而是广引儒家经传，并以之为准的，体现了明显的宗经倾向。

高诱有时根据《诗经》、《春秋》来裁断原书说法，折射出他以《五经》为依傍的心态。例如，《时则训》“季夏之月……凉风始至，蟋蟀居奥”，高注：“《诗》云‘七月在野’，此曰居奥不与《经》合。”原书是说蟋蟀季夏六月开始居留在室中西南角，①而高诱认为这不符合《诗经》“七月在野”的说法。又如，《修务训》“秦王乃发车千乘，步卒七万，属之子虎”，高注：“《传》曰‘率车五百乘以救楚’，凡三万七千五百人，此曰‘千乘步卒七万’，不合也。”高诱以《春秋左传》的记述为准，指出原书所说不符合史实。又如，《精神训》“公子扎不以有国为尊，故让位”，高注：“扎，吴寿梦之少子，延州来季子也，让位不受兄国，《春秋》贤之。”原书意在称赞吴公子季扎是一个“不以天下为贵”的“无累之人”，而高诱以《春秋》的评价表示了不同看法。又如，《原道训》“越王翳逃山穴，越人熏而出之，遂不得已”，高注：“在春秋后，故不书于《经》也。”所谓“经”，当指《春秋经》。高诱认为越王翳这一事情发生在《春秋经》编定之后，故《春秋经》未予记载。又如，《览冥训》“譬如隋侯之珠、和氏之璧，得之者富，失之者贫”，高诱在解释完“和氏之璧”这个典故后说：“文王在春秋前，成王不以告，故不书也。”楚文王（前689～前677年在位）、楚成

① 《仪礼》卷三十七《士丧礼》、卷四十七《少牢馈食礼》郑玄注云：“室中西南隅谓之奥。”

王(前 671 ~前 626 年在位)均为春秋时人,而卞和向此二王献玉一事,《春秋经》却不载,高氏以为是“成王不以告”之故。像这种用《春秋经》来显示历史时代的做法,高注中还有不少,如《主术训注》:“威王,齐宣王之父也,在春秋后。”又此篇:“武灵王出春秋后,以大贝饰带,胡服。”这些材料说明,高诱是有意在为《春秋经》辩护,他考释史传也以《春秋经传》为主。

高诱有时自己不作解释,直接引用《诗经》、《周易》、《周礼》、《左传》、《论语》、《孟子》、《孝经》等儒家经传的言论来充当。例如:

1.《原道训》“不谋而当,不言而信,不虑而得,不为而成”,高注:“《诗》云‘不识不知,顺帝之则’,故曰不谋而当,不虑而得也。”

2.《览冥训》“逮至夏桀之时,……蓍策日施”,高注:“《易》曰:‘再三渎,渎则不告也。’”

3.《时则训》“天子衣青衣,乘苍龙”,高注:“《周礼》‘马七尺已上曰龙’也。”

4.《修务训》“(禹)兴利除害,疏河决江”,高注:“《传》曰‘刘子观于洛汭,云微禹吾其鱼乎’,故曰兴利除害也。”

5.《说林训》“谗夫阴谋,百姓暴骸”,高注:“《论语》曰‘恶利口之覆邦家’,故曰百姓暴骸也。”

6.《氾论训》“故溺则捽父,祝则名君”,高注:“《孟子》曰‘嫂溺而不拯,是豺狼也’,而况父兄乎?故溺则捽之,祝则名君。”

7.《本经训》“静洁足以飨上帝,礼鬼神,以示民知俭节”,高注:“《孝经》曰‘宗祀文王于明堂,以配上帝’也。”

由以上各例可以看出,高诱所引儒家经传之言,并不总是与原书意旨相符,有的甚至相距甚大,但他乐此不疲,可见宗经观念已深入其里。

高诱有时自己作了解释，然后又引儒家经传加以比附或者补充，实际上反映了他以经义诠释诸子，从而达到诸子辅经的治学目的。这类注释也比较常见，今略举几例加以说明：

1.《原道训》“忧悲者，德之失也”，高注：“德尚恬和，以忧悲为失，《论语》曰‘其德坦荡’是也。”

笔者按，原书认为“心不忧乐，德之至也”，其实是发挥庄子喜怒哀乐不入于胸次、死生爵禄不入于心的观点。高氏自解颇不失原旨，但又引孔子“君子坦荡荡，小人长戚戚”之语比附，实是泯合了儒者之“德”与道者之“德”。

2.《览冥训》“昔者黄帝治天下，而力牧、太山稽辅之”，高注：“力牧、太山稽，黄帝师，《孟子》曰‘王者师臣’也。”

笔者按，高诱此注是借题发挥，以抒己见。他先提出力牧、太山稽是黄帝的老师，接着又引《孟子》之言补充说明即使王者也要“师臣”，表达了他对于儒家所谓君臣理想关系的认同。

3.《主术训》“是以人臣藏智而弗用，反以事转任其上矣”，高注：“贤臣见其不肯为谋，故转任其上，令自制之，《诗》云仲山甫‘既明且哲，以保其身’。”

笔者按，原书是说如果君人者释其所守，而与臣下争职，那么人臣就会藏智弗用，把所有责任推给君主。这显然是阐述法家的南面之术，而高注断以《诗·大雅·烝民》之旨，说明“贤臣”须遇明君，否则亦可明哲保身的道理。

(三)尊崇儒家圣人，服膺儒家学说

《淮南子》是本着“非循一迹之路，守一隅之指”[①]的原则而编撰，尽可能地囊括了道、儒、法、兵、农、墨、名等百家之说，甚至对其

---

① 《淮南子·要略》。

中互相矛盾或互相攻驳的观点也不加裁剪，任其存在。因此，书中自然少不了诸家对儒家圣人和儒家学说进行讥讽、挖苦和批评的言论。出于崇儒的意识，高诱不可能无视这些言论，在注解时往往曲为之说，欲以尊崇儒家圣人，维护儒家学说。

汉世儒家以尧、舜、禹、汤、文、武、周公、孔子为圣人，尤其尊崇孔子。高诱在注文中不失时机地维护、颂扬这些圣人。例如，《原道训》"治在道不在圣"，高注："治，为也，虽圣不得为，故曰在道。孔子是也。"原书宣扬的是治世在于行自然无为之道而不在于圣人的道家观念，高诱竟以孔子比附，实为崇拜孔子的心理所致。又如，《俶真训》："周室衰而王道废，儒、墨乃始列道而议，分徒而讼。于是博学以疑圣，华诬以胁众，……以买名誉于天下。"这完全是剽剥儒、墨的言论。试看高注："博学杨、墨之道，以疑孔子之术；设虚华之言，以诬圣人，劫胁徒众也。"将孔子从受批判的对象中剥离出来，故意把原文曲解成杨、墨之徒攻击孔子与儒家，其实质是表达他对于杨、墨之徒诋毁孔子形象和儒家学说的不满。再如，《氾论训》："古之制，婚礼不称主人，舜不告而娶，非礼也。立子以长，文王舍伯邑考而用武王，非制也。礼三十而娶，文王十五而生武王，非法也。"原书虽然对舜、文王"非礼"、"非制"、"非法"的行为有所微议，但主要用以说明"圣人法与时变，礼与俗化"[①]的道理。高诱弃之不顾，逐一为之辩解。他说："父顽常欲杀舜，舜知告则不得娶也。不孝莫大于无后，故孟子曰'舜不告，犹告耳'。"又说："伯邑考，武王兄。废长立圣，以庶代嫡，圣人之权耳。……冠而娶，十五生子，重国嗣也，不从故制也。"《氾论》篇还论及周公"诛管蔡之罪"，"有杀弟之累"，高诱也为之辩解，认为管、蔡二人"导纣子禄父为流言，欲以乱

① 《淮南子·氾论训》。

周”，周公杀他们是为了挽救国家，属于大义灭亲。高氏的这些解释显得有点牵强，但从中足见其浓厚的尊圣情结。对于儒家的另一个重要代表人物孟子，高诱同样抱以赞赏不已的情感。《氾论训注》云：“孟子受业于子思之门，成唐虞三代之德，叙《诗》、《书》、孔子之意，塞杨、墨淫辞，故非之也。”字里行间显露他对孟子发扬光大孔子学说的肯定和敬佩，也表达了他对于杨朱、墨家学说的厌恶。

除了尊崇儒家圣人外，高诱也服膺儒家学说，常常借注文以宣明仁义之道。“仁”和“义”历来被视为儒家学说的核心概念，“仁”主内，“义”主外，“仁”外化为“义”，“义”内本于“仁”，“仁”、“义”一体，成为儒家伦理道德的集中体现。《淮南子》道家继承了老庄对儒家仁义思想的批判和否定态度。《俶真》篇说：“是故道散而为德，德溢而为仁义，仁义立而道德废矣。”又说：“孔墨之弟子，皆以仁义之术教导于世，然而不免于儡。身犹不能行也，又况所教乎！是何则？其道外也。”在他们看来，“仁义”乃衰世所造，是大道凌迟的产物，并非治道之本。高诱对此当然不会认同，他宣称：“圣人趋时，冠敝弗顾，履遗不取，必用仁义之道，以济万民。”[1]相信“仁义”才是治道的根本。高诱还把五帝三王的成功归结为常修仁义，把桀纣的败亡归结为不修仁义，认为尧、舜因“其政常仁义，民无犯法干诛”[2]而刑罚不用，桀、纣因“仁义之道不复修设”[3]而身死人手。由此，他坚信“唯仁义不可改耳，故万世不更矣”，[4]甚至以为获取仁义的名誉比之实际事务更为重要，所谓“享仁义之名，重于治饭之实”。[5]

---

① 《淮南子·修务训注》。
② 《淮南子·氾论训注》。
③ 《淮南子·览冥训注》。
④ 《淮南子·氾论训注》。
⑤ 《淮南子·说林训注》。

这不能不说是近于迷狂的崇拜。

三、以儒解道——高注对原书思想的偏离

儒、道两家乃是中国传统文化的两大支柱，而儒、道互补则是推动传统文化变化、发展的内在动力。班固说："儒家者流，盖出于司徒之官，助人君顺阳阳明教化者也。"①又说："道家者流，盖出于史官，历记成败存亡祸福古今之道，然后知秉要执本，清虚以自守，卑弱以自持，此君人南面之术也。"②由此而言，儒、道二家皆为探求君道，实属同源。既然同出一源，就不可能完全对立，完全排斥。事实上，自儒、道创始以来，两家就开始了互补。孔子曾问学老子，并慨叹"天何言哉，四时行焉，百物生焉，天何言哉"，③汉初道家亦兼"采儒、墨之善"，④即使首倡独尊儒术的董仲舒，也大谈"无为"之道。儒、道互补，渐渐在士人中间形成了一种思维方式，并且这种方式慢慢渗透到了汉人的注疏之中。河上公注《老子》，鼓吹儒家的礼乐忠孝观念，⑤此可谓以儒援道。郑玄注《周易》，引入《老子》的无有无为观念，⑥此可谓以道援儒。这两种注释方法，后来成为魏晋玄学家和宋明理学家糅合儒、道，阐发义理的重要手段。

高诱自少接受正统的经学教育，牢牢树立了对于儒家发自内心

---

① 班固《汉书》，中华书局1962年版，第1728页。

② 班固《汉书》，中华书局1962年版，第1732页。

③ 阮元校刻《十三经注疏》，中华书局1980年版，第2526页。

④ 《史记·太史公自序·论六家要旨》。

⑤ 张运华《先秦两汉道家思想研究》第八章中"致太平的政治思想"一节，吉林教育出版社1998年版，第294～298页。

⑥ 金春峰《汉代思想史》，中国社会科学出版社1997年修订版，第642～646页。

的认同感，故其处世、立说皆怀有深厚的宗经、崇儒意识。同时，高诱治学又渊源于通儒马融、卢植，很容易接受儒、道互补的思维方式。这些因素导致他在注解《淮南子》时会自觉或不自觉地滑向以儒解道，即以儒家的观点来解释道家言论，从而造成对原书思想的某种偏离。加之《淮南子》整合儒、道思想并没有达到令人满意的状态，一些篇目对儒家的仁义之道大加贬斥，而另一些篇目又推崇备至，一些篇目对道家的无为而治反复申诉，而另一些篇目又不以为然，诚如扬雄所说："乍出乍入，《淮南》也"，[①]故而给高诱以儒解道留下了很大的空间。从儒化的程度看，高诱注《淮南子》要远比河上公注《老子》明显。通过综合考察，我们发现，高诱喜用儒家的仁义之道、王道思想以及孟子的性善论，来改造性地诠释《淮南子》道家所提出的观点或概念。

诚如前文所论，高诱服膺儒家的仁义之道几至迷狂的状态，并赞誉它是"仁义之善道"，[②]成为高氏改造《淮南子》道家派思想的利器。

例如，《原道训》："是故不道之道，莽乎大哉！夫能理三苗，朝羽民，从裸国，纳肃慎，未发号施令而移风易俗者，其唯心行者乎！法度刑罚，何足以致之也。"结合上下文，此是视虞舜为"处无为之事，行不言之教"[③]的圣人而展开议论，阐发的是老庄自然无为之道。而高诱注"朝羽民"则言"使之朝者，德以怀远也"，注"其唯心行者"则言"唯仁化为能然也"，注"法度刑罚，何足以致之"则言"明不如仁心化之为大"。经高氏这么一解释，虞舜成了拥有"仁德"、

① 汪荣宝《法言义疏》，中华书局 1987 年版，第 507 页。
② 《淮南子·氾论训注》。
③ 朱谦之《老子校释》，中华书局 1984 年版，第 10 页。

“仁心”的圣君，他以仁义之道更化天下，而非以自然无为之道。高诱所说的“仁化”，即孔孟“天下归仁”、“民之归仁”[①]的另一阐释。从注家应该忠实文本的原则来衡量，高注显然偏离原书本旨远矣。

又如，《俶真训》：“夫圣人用心，杖性依神，相扶而得终始，是故其寐不梦，其觉不忧。”这里的“圣人”乃是深知养神、养形的道家真人。《庄子·大宗师》说：“古之真人，其寝不梦，其觉无忧，其食不甘，其息深深。”[②]《在宥》篇又说：“无视无听，抱神以静，形将自正。必静必清，无劳女形，无摇女精，乃可以长生。”[③]《淮南子》道家所论即本之于此。而高诱注“其觉无忧”则言“志存仁义，患不得至，故不忧也”，把修心养性的真人说成了内修仁义而不忧的圣人。高氏此注发挥的是孔子“仁者不忧”的观点，[④]与原书意旨亦相距甚大。[⑤]

再如，《精神训》云：“或者生乃徭役也，而死乃休息也。天下茫茫，孰知之哉？其生我也不强求已，其杀我也不强求止。欲生而不事，憎死而不辞，贱之而弗憎，贵之而弗喜，随其天资而安之不极。”又云：“齐死生，则志不慑矣。”这里所阐述的明显是庄子死生等观的思想。刘勰《革终论》引庄周云：“生为徭役，死为休息。”[⑥]《庄子·

---

① 孔子曰：“克己复礼为仁。一日克己复礼，天下归仁焉。”（《论语·颜渊》）孟子曰：“民之归仁也，犹水之就下、兽之走圹也。”又曰：“今天下之君有好仁者，则诸侯皆为之驱矣。”（《孟子·离娄上》）

② 郭庆藩《庄子集释》，中华书局1961年版，第228页。

③ 郭庆藩《庄子集释》，中华书局1961年版，第381页。

④ 子曰：“知者不惑，仁者不忧，勇者不惧。”（《论语·子罕》）子曰：“君子道者三，我无能焉：仁者不忧，知者不惑，勇者不惧。”（《论语·宪问》）

⑤ 《俶真》篇又云：“是故圣人内修道术，而不外饰仁义，不知耳目之宣，而游于精神之和。”明确排斥“仁义”之说。

⑥ 严可均辑《全上古三代秦汉三国六朝文·全梁文》，中华书局1958年版，第3291页。

达生》曰："生之来不能却，其去不能止。"[①]《齐物论》曰："死生无变于己，而况利害之端乎！"[②]此皆淮南王所本。但高诱注"憎死"句则言"唯义所在，故不辞也"，注"齐死生"句则言"不畏义死，不乐不义生，其志意无所慑惧，故曰等也"，完全以儒家之"义"去裁量生死的价值。高氏说解应是本自《孟子》和《韩诗外传》，所谓"生亦我所欲也，义亦我所欲也，二者不可得兼，舍生而取义者也。生亦我所欲，所欲有甚于生者，故不为苟得也。死亦我所恶，所恶有甚于死者，故患有所不辟也"，[③]"（君子）畏患而不避义死"。[④] 他用来解释《淮南子》道家齐同生死的观点，显然失其本旨。

以王道施政天下，一直是儒者孜孜以求的理想政治。关于王道，儒家有一整套系统的理论，所谓"礼、乐、刑、政，四达而不悖，则王道备矣"。[⑤] 若从"政"的角度看，王道不外乎君明臣贤、爱民富民等内容。高诱有时即用这些主张来曲解《淮南子》道家派的言论。

先看君明臣贤。《本经训》云："太清之治也，和顺以寂漠，质真而素朴，……当此之时，玄元至砀而运照，凤麟至，蓍龟兆，……机械诈伪莫藏于心。"这是道家所设想的无有君臣、纯任自然的"至德之世"[⑥]。而高诱注"玄元"句则言"盛德之君，恩仁广大，遍照四海

① 郭庆藩《庄子集释》，中华书局1961年版，第630页。

② 郭庆藩《庄子集释》，中华书局1961年版，第96页。

③ 阮元校刻《十三经注疏》，中华书局1980年版，第2752页。

④ 许维遹《韩诗外传集释》，中华书局1980年版，第52页。

⑤ 阮元校刻《十三经注疏》，第1529页。

⑥ 《淮南子·俶真训》云："古者至德之世，贾便其肆，农乐其业，大夫安其职，而处士修其道。当此之时，风雨不毁折，草木不夭，九鼎重味，珠玉润泽，洛出丹书，河出绿图。"《庄子·马蹄》云："故至德之世，其行填填，其视颠颠。当是时也，山无蹊隧，泽无舟梁；万物群生，连属其乡；禽兽成群，草木遂长。"两者本质相通，皆是行自然无为之道的元古社会；

也”,将这一“至德之世”归功于圣君的仁恩浩荡。又《览冥训》:“昔者,师旷奏白雪之音,而神物为之下降,风雨暴至,平公癃病,晋国赤地。”旨在说明天人感通、物类相应的道理。而高诱注“平公”句则言“唯圣君能御此异,使无灾耳,平公德薄不能堪,故笃病而大旱也”,完全滑向了儒家的灾异论,以突出君主昏明对于政治的重要性。《主术训》称蘧伯玉为卫相,“以弗治治之”,敌国因此不敢加兵,而高诱则认为是因为蘧伯玉很贤能,外敌惧怕,才不敢加兵。这样,高氏就把道家的无为而治改换为儒家的贤能政治了,蘧伯玉也由道家人物改换为儒家所崇尚的贤臣。上述说解透露出高诱对“君明臣贤”理想的心理诉求。他身处汉末衰世,对朝纲不振,君昏臣奸的局面痛心疾首,心中自然渴望有圣明的君主和贤能的大臣来力挽狂澜。高诱把他的愿望灌注在注文里,无疑是用心良苦。《精神训》引老子言曰:“万物背阴而抱阳,冲气以为和。”而高诱注以“君臣以和致太平”,可谓是他心目中王道政治的最高境界了。

再看爱民富民。《说山训》云:“好弋者先具缴与矰,好鱼者先具罟与罛,未有无其具而得其利。”此为格言警句,寓意是说获取利益就必须倚靠一定的工具或手段。而高诱注“未有”句则言“未见君无道而能得民心也”,完全属于强加之义。高诱说解当来自儒家的民本思想,孟子称“善教得民心”,[①]戴德亦称“国不务大而务得民心”。[②] 在高诱看来,得民心者,民亦爱之。又《原道训》:“故达于道者,不以人易天,……是以处上而民弗重,居前而众弗害。”明显是阐释道家以不争为争的思想,老子说:“是以圣人处上而人不重,处前

① 阮元校刻《十三经注疏》,中华书局 1980 年版,第 2765 页。

② 王聘珍《大戴礼记解诂》,中华书局 1983 年版,第 65 页。

而人不害,是以天下乐推而不厌。”①即其所本。而高诱视“达于道者”为得民心者,故注“居前”句则称“民戴仰而爱之也”,偏离了原书本旨。富民是儒家民本思想的又一体现。孟子说:“养生丧死无憾,王道之始也。”②可知使百姓富足同样是王道的基础。《原道训》云:“夫太上之道,……收聚畜积而不加富,布施禀授而不益贫。”这段话发挥老庄道论,以繁芜的言辞反复描述了“道”无所不在、无所不能的特征,而高诱解释为“收聚畜积,国有常赋也。不加富者,为百姓不以为己有也。布施禀授,匡困乏,予不足也。以公家之资,故不益贫也”。不惜扭曲原文,把所谓“太上之道”引上了儒家富民的王道之路。

高诱曾著《正孟子章句》,深知孟子的各种观点,尤其欣赏孟子的性善论。在注文中,高氏多次应用性善论来解释道家所提出的人性观念。

《俶真》篇说:“是故圣人之学也,欲以反性于初,而游心于虚也。”联系上下文,这里所讲的“反性于初”是指世俗的人多以仁义礼乐之名,行欺诈好利之实,致使人性渐失,而圣人能够抛开俗世的干扰,复归到虚静的本性。《淮南子》道家一直把人性的本质归属于虚静,所谓“人生而静,天之性也”,③“人性安静,而嗜欲乱之”,④但从不做道德上的善恶判断。高诱的注解却又是一番情理,他说:“人受天地之中以生,《孟子》曰‘性无不善’,而情欲害之,故圣人能返其性于初也。”今本《孟子》无此语,仅《告子》篇:“人性之善也,犹水

① 朱谦之《老子校释》,中华书局 1984 年版,第 286 页。

② 阮元校刻《十三经注疏》,中华书局 1980 年版,第 2666 页。

③ 《淮南子·原道训》。

④ 《淮南子·俶真训》。

之就下也。人无有不善,水无有不下。”①在高诱看来,人由天地之正气化生,自然就禀赋了“善”之本性,只是不断受到情欲的外化而遭到破坏,圣人能够去除情欲的侵袭,复返于“善”的本性。此为孟子性善说补充了本体论的证明,在中国人性论史上应有一定的意义,可惜未有学者予以注意。②

又《说山》篇设计了一则寓言:“人有嫁其子而教之曰:‘尔行矣,慎无为善。’曰:‘不为善,将为不善邪?’应之曰:‘善且由弗为,况不善乎?’此全其天器者。”很明显,这里所说的“善”与“不善”并不是针对人的本性而言,而是指人的行为施于实际事务所呈现出来的道德倾向。由这则寓言可以看出,作者反对“为善”,当然也反对“为不善”,即不求“善”名,亦不得“恶”名,顺自然而为,以全其天性。此近于老庄之言,老子说:“(天下)皆知善之为善,斯不善已。”③庄子说:“为善无近名,为恶无近刑。”④与儒家提倡的为善不为恶迥然异趣。高诱则完全依于儒者的立场来解释:“器,犹性也,孟子曰‘人性善’,故曰全其天性。”将“善”规定为人的“天性”,显然违背了原书本旨。《氾论训》中,《淮南子》道家还对“为善”和“为不善”作了系统论述:

---

① 阮元校刻《十三经注疏》,中华书局1980年版,第2748页。

② 高诱的说法当受《左传》启发,《成公十三年》载刘子言曰:“吾闻之,民受天地之中以生,所谓命也。”命即性。高氏将性善与天地正气相关,可谓是一种本体上的论证方法。孟子讨论性善,并未追究其本体上的依据。徐复观认为,心善是孟子性善论的根据(《中国人性论史·先秦篇》,上海三联书店2001年版,第147~152页),与高说不同。

③ 朱谦之《老子校释》,中华书局1984年版,第9页。

④ 郭庆藩《庄子集释》,中华书局1961年版,第115页。

> 天下莫易于为善，而莫难于为不善也。所谓为善者，静而无为也。所谓为不善者，躁而多欲也。适情辞余，无所诱惑，循性保真，无变于己，故曰为善易。越城郭，逾险塞，奸符节，盗管金，篡弑矫诬，非人之性也，故曰为不善难。

依此言之，“为善”即顺应清静无为之天性，“为不善”即走向清静无为的反面。然高诱的解释却偷梁换柱，再次运用孟子的性善论来替代。他说：“为善，静身无欲，信仁而已，慎其天性，故易。为不善，贪欲无厌，毁人自成，戾其天性，故难也。”又说：“皆非人本所受天之善性也。”经如此解释，“为善”就变换成了顺应仁善的天性，“为不善”即是违逆仁善的天性，最终转向儒家义理。

高注以儒解道，还体现在其他一些方面。《精神训》云：“故知宇宙之大，则不可劫以死生；知养生之和，则不可县以天下；……知许由之贵于舜，则不贪物。”这是道家的观点，即轻天下，细万物，重养生。而高诱把“养生之和”释作“正道”，认为“己修正道不惑，故不可示以天下之穷势而移”。所谓“正道”，当是指儒家的先王之法或孔孟之道。郑玄说：“无使先王之正道坏。”[①]韩愈也说：“夫杨墨行，正道废，且将数百年，以至于秦，卒灭先王之法，烧除经书，坑杀学士，天下遂大乱。”[②]即为其证。高氏如此解释，无疑偏向了儒家义旨。又《精神训》：“衰世凑学，不知原心反本，直雕琢其性，矫拂其情，以与世交。……达于至道者则不然，……性有不欲，无欲而不得；心有不乐，无乐而弗为。”根据上下文，这是《淮南子》道家批判儒者的言论。他们把儒学称为“衰世之学”，认为儒者以礼乐胁迫人

---

① 阮元校刻《十三经注疏》，中华书局 1980 年版，第 548 页。

② 马其昶《韩昌黎文集校注》，上海古籍出版社 1986 年版，第 214 页。

性，是舍本逐末的做法。而高诱注“不知原心反本”则言：“趋其末，不修稽古之典，苟邀名号耳，故曰不知原心反本也。”所谓“稽古之典”，是指先代的典籍和制度，为儒家修文德之载体。班固论赞：“汉承百王之弊，高祖拨乱反正，文景务在养民，至于稽古礼文之事，犹多阙焉。孝武初立，卓然罢黜百家，表章《六经》。……兴太学，修郊祀，改正朔，定历数，协音律，作诗乐，建封禶，礼百神，绍周后，号令文章，焕焉可述。后嗣得遵洪业，而有三代之风。”[①]可以视作高诱“修稽古之典”的最好注脚。他用此解释“原心反本”，偏离本义太大。但联系高诱当时的社会背景，政治混乱，儒学衰微，礼文废置，他为此忧心忡忡，故借注文以表达心中的不满。同时，高诱还以儒家的音乐教化理论曲解《淮南子》道家所崇尚的“达于至道者”，他注“心有不乐”句：“其志正，不乐邪淫之乐，则无有正乐而不为乐，言皆为之乐也。”这与心无所乐而无所不乐的道家之旨也相距甚远。

综上所述，高诱注解《淮南子》，是有意将其引向儒家意旨，存在明显的以儒解道倾向，在一定程度上偏离了原书的思想本旨。从注疏家应该忠实于文本的角度看，高诱这种注解方法确实值得商榷。有学者就把高诱以儒解道的注释当作错误进行批驳，如许匡一的《〈淮南子〉许、高注辨正》[②]。但从学术史意义的角度看，高注无疑

① 班固《汉书》，中华书局 1962 年版，第 212 页。

② 如许匡一驳高诱注《本经训》“玄元至砀而运照”句时说：“原注以为‘运照’者为‘盛德之君’的大恩，不确。‘当此之时’，即上文所说作者理想之中的远古‘太清之始’那个‘道’主宰一切的清静无为的太平世界，‘玄光’应指道的光辉，非言仁德之君的恩光。‘玄元至砀而运照’谓‘道’的光辉极其浩荡普照天下。‘恩仁’之说，亦是以儒家眼光来曲解道家。作者在本书多次歌颂的远古‘至德之世’，根本不存在什么‘君恩’和‘仁’政。”《武汉教育学院学报》总第 13 卷第 49 期，第 63 页。

提供了令人关注的价值：

第一，促进儒、道互补，欲以重振经学。汉代注疏之学因严守家学师法而固步自封，缺少变化和创新，儒、道互补的现象并不多见。高诱采取以儒解道，努力消泯儒道两家在认知上的成见，相对于原书来说是偏离，但相对于整个学术思想界来说又是一种创新。高氏所谓“参以经传道家之言，比方其事”，则是他促进儒、道互补的直接表露。高诱以儒解道，并非仅仅为其宗经、崇儒的意识所驱使，还源于他重振经学的动力。汉末经学自郑学极盛之后迅速转入衰败，不仅丧失了政治的权威，也渐渐丧失了士人的信任，弃学者有之，讥讽者有之。作为一名接受正统经学教育的经师，高诱自然不满于这种现状，故而有意识地借“子”以传“经”，沟通“经”、“子”，希望为汉末经学焕发活力找寻一条新途。

第二，在汉末学术与魏晋学术之间起到了承上启下的纽带作用。玄学是魏晋学术的代表，其产生并非一蹴而就，也是脱胎于汉末学术。玄学家主要通过诠释《易》、《老》、《庄》来推进玄学的发展。以儒解道与以道解儒，则是他们最常用的注释方法。而这些方法，在汉末就比较成熟了。尤其是以儒解道，高诱已经运用自如。此种方法在王弼、郭象手里更是迸发出巨大的能量。郭象重新解释“无为”颇受《淮南子》的启发，他融合儒、道的做法也可以见出高诱的影响。如《庄子·逍遥游注》：“夫圣人虽在庙堂之上，然其心无异于山林之中，世岂识之哉！”①将儒家的圣人和道家的“神人”合二为一，这与高诱“真人虽在远方，心存王也”②，可谓异路同归。关于高注这方面的作用，还有待进一步研究。

---

① 郭庆藩《庄子集释》，中华书局 1961 年版，第 28 页。

② 《淮南子·俶真训注》。

第四节　高注引书与高诱群经之学

一、高注引书分析

旁征博引是汉人注疏的一个显著特征，高注也不例外。引书并非材料的简单堆积，而是注疏的有机构成部分。它寓含了注释者的深刻用意，也能体现注释者的知识结构和学术涵养，同时还能在一定范围内反映当时某些文献书籍的流传情况。因此，研究高注引书自有其价值。

（一）高注引书概况

高注十三篇引书共29种，总计约194例。[①] 刘歆、班固曾把先秦以来至汉代的所有典籍分为六艺略、诸子略、诗赋略、兵书略、术数略、方技略等六大类。高诱距班固未远，对于这些分类至为熟悉。下面就《汉书·艺文志》的分类，将高注引书的详细情况加以罗列、统计。

1. 六艺类

"六艺之文：《乐》以和神，仁之表也；《诗》以正言，义之用也；《礼》以明体，明者著见，故无训也；《书》以广听，知之术也；《春秋》以断事，信之符也。五者，盖五常之道，相须而备，而《易》为之

---

① 在高注版本中，唯北宋本、道藏本最善。本次统计以北宋本为底本，其中文字并参照道藏本、何宁的《淮南子集释》以及张双棣的《淮南子校释》等版本。统计数据不仅包括明引，即直接标明书名或篇名，也包括了暗引，即不直接标明书名或篇名，只引原文。此次统计数据未计高注佚文，若算上佚文，共有198例。

原。”[①]可知班固所说的“六艺”，即指《乐》、《诗》、《书》、《礼》、《易》、《春秋》等这些儒家经典及其传书。

(1)《诗》

《诗》即《诗经》，《汉志》录为“《诗经》二十八卷，鲁、齐、韩三家；《毛诗》二十九卷，《毛诗故训传》三十卷”。[②] 高注引《诗经》约55例，重复引用4例，首见于《原道训》：“令雨师洒道，使风伯扫尘。”高注：“雨师，毕星也，《诗》云：‘月丽于毕，俾滂沱矣。’”其体例大都如此。与今本《毛诗》相比照，高注引《大雅》约13例，引《小雅》约10例，引《风》诗约20例，引《颂》诗约9例。另有3例引文，无所附丽，它们是《俶真训》、《本经训》高注所引“剧读《诗》蹶角之蹶也”，以及《说山训注》所引“《诗》所谓室迩人远”。

(2)《书》、《洪范》

《书》即《尚书》，《洪范》是其中一篇，《汉志》录为“《尚书古文经》四十六卷，为五十七篇”。[③] 高注引《尚书》约5例，其中1例直接标明为《洪范》之篇，其余《虞书·益稷》2例，《夏书·禹贡》、《虞书·舜典》各1例，首见于《地形训》。

(3)《周礼》、《礼记》、《礼》、《记》、《曲礼》与《明堂月令》

《周礼》一书，原名《周官》。关于其名称的变化，学界历来争论不已。比较一致的看法是，王莽时期刘歆将《周官》改名为《周礼》。[④] 高注引用全部称作《周礼》，即是这一事实的反映。大概出

---

① 班固《汉书》，中华书局1962年版，第1723页。

② 班固《汉书》，中华书局1962年版，第1707～1708页。

③ 班固《汉书》，中华书局1962年版，第1705页。

④ 荀悦《前汉纪》卷二十五：“歆以《周官》六篇为《周礼》，王莽时歆奏以为礼经，置博士。”关于《周礼》详细的书名演变过程，可参阅王雪萍《〈周礼〉书名流变考》一文，《南京社会科学》2007年第2期，第77～82页。

于对王莽篡汉的忌讳,《汉志》仍录为"《周官经》六篇",并注:"王莽时刘歆置博士。"[①]高注引《周礼》约 8 例,《时则训注》所引"《周礼》'马五尺以下曰驹'也",不见于今本。

《礼记》的成书亦是一桩学术公案,至今未有一致看法。但有一点可以肯定,郑玄之时《礼记》已经集结成书。在高注中,出现了《礼记》、《礼》、《记》、《曲礼》等多个名称,察其引文出处,基本来自《礼记》。高注称呼之多,表明当时《礼记》版本的错综复杂。《汉志》录为"《礼古经》五十六卷,《经》十七篇,后氏、戴氏;《记》百三十一篇,七十子后学者所记也"。[②] 高注引《礼记》约 10 例,[③]称《礼记》名 3 例,称《记》名 2 例,直接标明《曲礼》篇名 2 例。高诱称"礼"名,情况显得比较复杂,因为"礼"也可能是指礼制而非书籍之义。考其 4 例称"礼"名之文,有 2 例出自《礼记》,1 例出自《仪礼》,[④]1 例未知出处。[⑤]

《明堂月令》一名更加复杂,蔡邕以为是《周书·月令》的异名,钱大昕、段玉裁则主张出于《明堂阴阳》。[⑥]《汉志》无著录。高注引《明堂月令》约 3 例,察其内容,其中 2 例与《逸周书·月令解第五十三》和《礼记·月令第六》相同,另有 1 例不见于此二书。[⑦]

---

① 班固《汉书》,中华书局 1962 年版,第 1709 页。

② 班固《汉书》,中华书局 1962 年版,第 1709 页。

③ 其中 1 条属暗引,《说林训注》:"匽,读如孔子射于矍相之矍。"引自《礼记·射义》。另外,《太平御览》卷四百四十七引《淮南子注》:"《月令》曰命妇官染绢。"算上此文,高注引《礼记》共 11 例。

④ 《氾论训注》:"此大夫之妾,士之妻,谓之女母,礼为之缌麻三月。"

⑤ 《说山训注》:"礼:庶子丧出母期。"

⑥ 王连龙《〈周书·月令〉异名考》,《沈阳师范大学学报》(社会科学版)2008 年第 1 期,第 76 页。

⑦ 《原道训注》:"《明堂月令》曰'清风至则谷雨'是也。"

(4)《易》

《易》即《周易》,《汉志》录为"《易经》十二篇,施、孟、梁丘三家"。[①] 高注引《易》约3例,其中2例取自《系辞下》,1例取自《蒙卦》,首见于《览冥训》。

(5)《春秋》、《春秋传》、《左传》、《传》、《公羊传》与《国语》、《战国策》、《世本》、《地理志》

班固把很多后来属于史部的文献归入《春秋》一类,大概是取《春秋》记言记事之通义。《春秋》在汉代的作用高过其他诸经,当时《经》和《传》分立并行,《传》家主要有公羊、穀梁和左氏。[②]《汉志》录为"《春秋古经》十二篇,《经》十一卷;《左氏传》三十卷;《公羊传》十一卷;《穀梁传》十一卷"。[③] 高注引《春秋》经文和传文,使用了《春秋》、《春秋传》、《左传》、《传》、《公羊传》等名称。称《春秋》名1例,属经文。称《春秋传》名2例。[④] 称《左传》名2例。称《传》名最多,约有31例,[⑤]察其出处,基本来自《左传》,可知高诱所

① 班固《汉书》,中华书局1962年版,第1703页。

② 西汉士人大多不承认《左氏春秋》是解经之作,然自刘歆为《左传》争立学官伊始,"《左氏传》于《经》,犹衣之表里,相持而成"(桓谭《新论·正经》)的观念越来越被接受,最终成为共识。

③ 班固《汉书》,中华书局1962年版,第1722~1723页。

④ 《原道训注》所引"《春秋传》曰鸲鹆来巢",又见于《公羊传》和《穀梁传》。考两汉传世文献,《春秋传》是对《春秋》传义的一个通称,有时指《公羊传》,有时指《穀梁传》,有时指《左传》,不一而定。如《盐铁论·周秦》引《春秋传》曰:"子有罪,执其父;臣有罪,执其君;听失之大者也。"即出自《公羊传·成公十六年》。郑玄《毛诗笺》引《春秋传》曰:"出曰治兵,入曰振旅,其礼一也。"即出自《穀梁传·庄公八年》。荀爽《延熹九年举至孝对策陈便宜》引《春秋传》曰:"上之所为,民之归也。"即出自《左传·襄公二十一年》。同时,还有许多引文不在这《春秋三传》之内,当是已经失传的其他各家的传义。

⑤ 其中有2例属于暗引,出自《左传·襄公十五年》和《二十五年》。

谓《传》当指《左传》。称《公羊传》名 1 例,出自《昭公二十二年》。至于《穀梁传》,高诱虽未直呼其名,然高注“常事曰视,非常曰观”①即出自此书。

《国语》、《战国策》、《世本》都是叙述春秋战国史事的史书,也是汉代儒者著书立说重点援引的对象。《汉志》分别录为“《国语》二十一篇,左丘明著;《战国策》三十三篇,记春秋后;《世本》十五篇,古史官记黄帝以来讫春秋时诸侯大夫”。② 高注引《国语》约 5 例,其中出自《楚语》2 例,《周语》、《吴语》、《鲁语》各 1 例。引《战国策》2 例,首见于《氾论训》。引《世本》2 例,首见于《氾论训》。值得指出的是,《世本》在以后的流传过程中渐渐散失,至北宋时《崇文总目》已不载录,随后辑佚者不断,以清人八种辑本最为完备。③高注引文“伯余制衣裳”被雷学淇辑本收录,“仪狄作酒”被秦嘉谟辑补本收录,显示了重要的史料价值。《地理志》为《汉书》中的一篇,根据班固自己的分类原则,笔者将他这篇文章归属六艺类。高注引《地理志》2 例,皆见于《地形训》。

(6)《论语》

《论语》虽未立为经,但东汉时期取得了与《五经》齐等的地位,成为士人入学的必修课目。《汉志》录为“《论语》古二十一篇;《齐》二十二篇;《鲁》二十篇,《传》十九篇”,④列于《五经》之后。高注引

---

① 《淮南子·原道训注》。

② 班固《汉书》,中华书局 1962 年版,第 1714 页。

③ 《世本》版本颇为复杂,有所谓古《世本》,即成于先秦时期;有所谓楚汉《世本》,即被增入新史料而成新本。陈建梁《〈世本〉析论》,《史学史研究》1996 年第 1 期,第 55 页。清代学者王谟、孙冯翼、陈其荣、秦嘉谟、张澍、雷学淇、茆泮林、王梓材等均有辑本,1957 年商务印书馆合印成《世本八种》。

④ 班固《汉书》,中华书局 1962 年版,第 1716 页。

《论语》约21例,[1]其中引自《述而》、《雍也》篇各4例,《宪问》、《泰伯》、《子路》、《八佾》篇各2例,《先进》、《微子》、《阳货》、《为政》、《仁里》篇各1例。

(7)《孝经》、《尔雅》

《孝经》与《论语》属同等地位,也是士人入学的必修课目。《尔雅》则是汉人训诂的重要典籍,不知何故,班固将它并入《孝经》一类。《汉志》分别录为"《孝经古孔氏》一篇二十二章,《孝经》一篇十八章;《尔雅》三卷二十篇,《小尔雅》一篇",[2]列于《六艺略》之末。高注引《孝经》仅1例,即《本经训注》:"《孝经》曰'宗祀文王于明堂,以配上帝'也。"见于今本《圣治章》。高注引《尔雅》6例,其中引自《释木》、《释鸟》、《释草》、《释宫》各1例,有2例不见于今本。[3]

2. **诸子类**

(1)《孟子》、《说苑》

作为儒家的经典之一,《孟子》在两汉的地位并不高,东汉略有上升的趋势。《汉志》录为"《孟子》十一篇"[4],列入《诸子略》一类。高注引《孟子》约11例[5],多意引而少直引,表现出化孟子学说为己用的倾向。《说苑》为刘向的著作,《汉志》未明言其篇数,把它归为

---

① 其中借孔子之言而引《论语》5例,暗引1例,即《修务训注》:"朝闻道,夕死可矣,何恨之有乎?"出自《里仁》篇。

② 班固《汉书》,中华书局1962年版,第1718页。

③ 《说林训注》:"蝍蛆,蟋蟀,《尔雅》谓之蜻蛚之大腹也。"又此篇:"雉礼,《尔雅》谓襌苙。"

④ 班固《汉书》,中华书局1962年版,第1725页。

⑤ 《太平御览》卷四百四十七引《淮南子》注文:"子产相郑,以乘车济朝涉者,《孟子》曰'惠而不知为政'。"此注当属高注,所引孟子之言出自《离娄下》,则共有12例。

诸子中的“儒家者流”。高注引《说苑》仅 1 例,即“《说苑》曰:‘桀之居,左河济,右太华,伊阙在其南,羊肠在其北。’”(《地形训注》)此文出自《贵德》篇。

(2)《老子》、《庄子》、《列子》

相对来说,《老子》在汉代的影响要远远超过《庄子》和《列子》。仅《汉志》载录说解《老子》的就有邻氏、傅氏、徐氏、刘向四家,而《庄子》、《列子》皆无传者。高注引《老子》约 5 例,出自今本第六十、四十六、五十九、三十六、三十九章。引《庄子》仅 1 例,《俶真训注》:“庄子曰‘生乃徭役,死乃休息’也。”此文不见于今本《庄子》,盖高诱所见乃五十二篇本,当是引自被郭象削去的篇章。至于《列子》,高诱未予明引,仅《主术训注》“詹何曰‘未闻身治而国乱’”,见于《说符》篇。[①] 高诱引用这些典籍的情况,可以看成是道家遭受汉代经师冷遇的一个缩影。

(3)《吕氏春秋》、《淮南子》

《淮南子》在很多方面袭用了《吕氏春秋》的材料和观点,然高诱引《吕氏》文仅有 1 例,《地形训注》:“《吕氏春秋》曰‘果之美者,沙棠之实’也”,出自《孝行览 · 本味》之篇。与此相反,高注以《淮南》之文解《淮南》者却有不少。据查,高注以《天文》、《原道》、《穆称》、《主术》等篇名引用了《淮南子》中的 4 条文字。

3. **诗赋类**

(1)《楚词》、《七谏篇》

《楚词》即《楚辞》,在司马迁时代就可能集结成书,后来刘向、王逸又作了整理和增修。《汉志》却仅以个人赋著录,不称《楚辞》。高诱明引《楚辞》1 例,《览冥训注》:“《楚词》曰‘鳌载山下,其何以

① 此文又见于《淮南子 · 道应训》,故很难肯定是引自《列子》。

安之'是也。"出自屈原的《天问》。另外,《氾论训注》:"《七谏篇》曰'荆文悮而徐亡'是也。"《七谏》篇,王逸认为是东方朔所作,[①]载于《楚辞》。这种情况表明,高诱之时《楚辞》中的某些篇章仍旧还以单篇形式流传。

(2)《幽通赋》

班固20岁作《幽通赋》,收在《汉书·叙传》内。高诱引《幽通赋》约2例,[②]即《说山训注》:"《幽通赋》曰'养流睇而猿号'是也。"《修务训注》:"《幽通赋》曰'申重茧以存荆'是也。"

4. 数术类

(1)《山海经》

《山海经》记述天下珍怪奇物,而班固将其归属"数术"一类,《汉志》录为"《山海经》十三篇"。[③] 高注引《山海经》2例,均属间接引用。例如,《地形训注》:"玄股民,其股黑,两鸟夹之,见《山海经》也。"《海外东经》云:"玄股之国在其北,其为人衣鱼食鸥,使两鸟夹之。"[④]高诱所说即是本于此篇。

(2)《括地像》

《括地像》,又称《河图括地象》。[⑤] 考传世文献,此书首次出现

---

① 《华阳国志》卷十说是"屈原《七谏》章",《太平御览》卷五百七十八引《大周正乐》亦云:"屈原自伤怀忠而见疑,……著《离骚》、《九歌》、《九叹》、《七谏》之辞。"

② 《艺文类聚》卷九十三引《淮南子》注文"《幽通赋》曰北叟颇识其倚伏",当属高注,则为3例。

③ 班固《汉书》,中华书局1962年版,第1774页。

④ 袁珂《山海经校注》,巴蜀书社1993年版,第312页。

⑤ 常璩《华阳国志》卷三《蜀志》引《河图括地象》曰:"岷山之地,上为井络,帝以会昌,神以建福。"《三国志》卷三十八《蜀书八》、《水经注》卷三十三《江水一》引同。

在《后汉书》延岑对公孙述的说辞中,王逸《楚辞章句》也见引用。可知《括地像》应是西汉末年乘谶纬之风而产生的。此书没有引起后世文人的更多注意,不仅《汉志》未见著录,以后各朝史志也不见载录。高诱引《括地像》仅1例,为间接引用,《地形训注》:“有五城十二楼,见《括地像》,此盖诞,实未闻也。”

(二)高注引书特点

自上可知,引用文献成为高诱注释的主要手段之一。综观高注十三篇,高氏引书大致体现了以下三个特点:

1. 儒家六艺类文献占绝对多数

高注引用儒家六艺类文献达18种,计163例,分别占全部引书的62%和84%,若算上《孟子》,则分别为65.5%和89.7%。依此而言,高诱引用儒家六艺类文献占了绝对多数,这是他引书的一个最为显著的特点。[①] 由于高诱首先是一位经师,自少跟随卢植学习经学,儒家经传就成了他知识结构的主要依托,自然会在以后的学术研究中显现出来。若按后世所谓《十三经》来统计,高注共引书159例,占全部引文的82%。这从一个侧面反映了高诱所具备的经学素养。

2. 多以记诵的方式引用

诵读经典是汉代入学教育的必用之法,王充引《传》曰:“男子不读经,则有博戏之心。”[②]翟方进甚至被誉为读经博士。高诱自言

① 据徐志林《〈吕氏春秋〉高诱注研究》的统计,高注共引群书394例,其中引《传》82例,引《诗》78例,引《周礼》48例,引《论语》28例,引《孝经》8例,引《书》7例,引《尔雅》6例,引《公羊传》5例,引《易》5例,引《春秋传》4例。见安徽大学2003年硕士学位论文,第78~88页。由此可知,大量引用儒家六艺类文献也是高诱注《吕氏春秋》的显著特点。

② 黄晖《论衡校释》,中华书局1990年版,第1126页。

受卢君句读，诵举大义，即是读经。这种读经教育造就了高氏超强的记诵能力，使得他引书能够信手拈来。我们可以换个角度思考，如果高诱每次引文都要查照原书，按照当时的条件，那要完成这样的工作量是不可想象的。根据高注的引书情况，高诱对于《诗经》、《左传》、《三礼》、《论语》、《孟子》至为熟悉。既然是凭借记诵的方式引用，那么难免会存在误差或者错误的地方。例如，《说山训注》引《诗》曰："展转伏枕，寤寐永叹。"察其原文，《陈风·泽陂》云："寤寐无为，辗转伏枕。"[①]《小雅·小弁》云："假寐永叹，维忧用老。"[②]高诱引用时各取一句，合而为一，记诵的痕迹比较明显。又如，《时则训注》引《传》曰："雀入海为蛤也。"又引："雉入于淮为蜃。"然考其原文，《春秋三传》中并无这些文字，而是全部出自《大戴礼记·夏小正》篇，显然记忆有误。这样的现象还出现过多次，兹不一一列举。由此可以说明，高注引书多依靠记诵的方式。

3. **注意吸纳当朝的典籍**

封建时代文人之间有种不好的风气，便是爱厚古而薄今。这个陋俗在汉儒身上体现得尤为明显，王充就曾指出："夫俗好珍古不贵今，谓今之文不如古书。"[③]因此，他们著书立说往往以古书为经，以古语为纬，容易失掉创新的元素。相对来说，高诱虽厚古，但不薄今，表现出通儒的本色。他引书不拘古今，既广涉汉以前的古书，又注意吸纳当朝典籍。对于两汉文献，高注引用了《河图括地象》、东方朔的《七谏》篇、刘向的《说苑》、班固的《汉书·地理志》和《幽通赋》。这种情况在赵岐《孟子章句》和郑玄《三礼注》中是不能见

---

① 阮元校刻《十三经注疏》，中华书局 1980 年版，第 379 页。

② 阮元校刻《十三经注疏》，中华书局 1980 年版，第 452 页。

③ 黄晖《论衡校释》，中华书局 1990 年版，第 1173 页。

到的。

（三）高注引书功用

注家征引文献一般不会偏离为注文服务的宗旨，引文在整个注文中总是起着这样或那样的作用。归纳起来说，高注引书主要发挥了以下几处功用：

1. **比附原书文句**

针对原书的一些文句，高诱喜欢从其他文献中寻找与其意相连或相似的文句来比附。此种比附并不是文献材料的简单罗列，而通常是高诱释文的重要辅助手段，这一功用最为常见。例如，《原道训》“春风至，则甘雨降”，高注则引《明堂月令》“清风至，则谷雨”加以比附。“谷雨”为二十四节气之一，其时雨水增多，利于农作物生长，亦可称为“甘雨”，由此观之，高诱所引确与原书文句意思接近。又如，《俶真训》“当此之时，峣山崩，三川涸”，高注引《左传》“山崩川竭，亡国征也”加以比附。不但与原书文句的意思相连，而且还把原意推进了一层，上升至“亡国征兆”的层面。高注引书比附，有时甚至直接将引文充当释文。此在本章第三节已有论及，兹不赘述。从读者的立场看，高诱这种引书比附的做法，不但对理解原书提供了参照，而且能够开阔视野。

2. **解释名物典章**

解释名物典章，仅仅依靠注家个人所见所闻那是远远不够的，还必须要借助历代文献的相关记载。高注引书的另一个主要功用，便是解释原书所涉及的名物典章。高诱引《周礼》、《礼记》主要用来解释典章制度，例如《氾论训》“祓之以爟火”，高注：“爟火，取火于日之官也，《周礼》‘司爟掌行火之正令’。”又此篇“殷人殡于两楹之间”，高诱引《礼记》曰：“殷殡之于堂上两柱之间，宾主共。”引《尔雅》基本用来解释花草鸟兽之名，例如《时则训》

“正月官司空，其树杨”，高诱引《尔雅》曰：“杨，蒲柳也。”又此篇“苍庚鸣，鹰化为鸠”，高注：“苍庚，《尔雅》曰‘商庚’。”引《汉书·地理志》、《说苑》全部用来解释山川地理，例如《地形训》“西王母在流沙之濒”，高诱引《地理志》曰：“西王石室在金城临羌西北塞外也。”

3. 用来表示音读

经书一直为人们所耳熟能详，高诱看到了这一点，遂引述其中文句，用以表示一些难懂或怪僻字的音读。应该说，这种获取音注材料的方式也是高注一大特色。高诱主要从《诗经》、《左传》、《礼记》等儒家经传中选择用以注音的材料。据统计，高诱引《诗》作为音读约9例，如《原道训注》：“抱，读《诗》‘克岐克嶷’之‘嶷’也。”《天文训注》：“蔈，读如《诗》‘有猫有虎’之‘猫’。”引《传》（即《左传》）作为音读约4例，如《说山训注》：“蟅，读《传》曰‘有蜚不为灾’之‘蜚’。”《览冥训注》：“咆，读《左传》‘嬖人婤姶’之‘姶’。”引《礼记》作为音读1例，《说林训注》：“矍，读如‘孔子射于矍相’之‘矍’。”这些难懂或怪僻的汉字，经高诱如此注音，就变得通俗明了了。

4. 借以校勘文字

由于人们的重视，经典著作在流传过程中产生的讹误要少于普通书籍。高诱有时即引用经书之文，来校勘《淮南子》原文。例如，《天文训》“星正月建营室”，高注：“‘星’宜言‘日’，《明堂月令》‘孟春之月，日在营室；仲春之月，在奎娄；季春之月，在胃’，此言‘星正月建营室’，字之误也。”又如，《地形训》“海闾生屈龙”，高注：“屈龙，游龙，鸿也。《诗》云‘隰有游龙’，言‘屈’，字之误。”高诱如此校勘，颇有说服力。当然，高氏唯经典是从的心理也表现得比较明显。

二、从高注引书看高诱的群经之学

由于材料的稀缺，有关高诱的经学，历代学者鲜有论及。前面已经提到，高诱的学术直接源自马融和卢植。此二人皆为当时大儒，也是经学名家，高诱受其影响，自然是以治经为务。他曾正《孟子章句》，作《孝经解》，这是高氏治经的直接体现，可惜很早就散佚，不能得见其真面目。如今，要探知高诱的经学，也只能从现存的《淮南子注》和《吕氏春秋注》寻找依据了。此二书的一个共同特征便是，存在明显的以“经”注“子”的倾向。大量引用儒家经传之言，则是这种倾向的主要表现。因此，通过考察高注引书和高诱说解《五经》的言论，应该可以勾勒出高氏群经之学的大致轮廓。

（一）高诱的《诗经》学

高注十三篇引《诗》55 例，约占全部引书的 28.4%，居于首位。[①] 依此可知，《诗经》学应是高诱经学的主要组成部分。

在汉代，传《诗》者分为鲁、齐、韩、毛四家。根据《汉书・艺文志》和《汉书・儒林传》，前三家皆列于学官，《毛诗》在汉平帝和王莽的时候亦曾得立，但势力稍弱。到东汉末年，《毛诗》最终压倒了鲁、齐、韩三家。按《后汉书・儒林传》所说，马融曾为《毛诗》作《传》，郑玄为之作《笺》。可知高诱的师祖、师伯都是传习《毛诗》的。不过，郑玄以前从东郡张恭祖受《韩诗》，他注解《毛诗》也有融合诸家的趋势。高诱之师卢植上书汉灵帝自称“从通儒故南郡太守马融受古学”，亦言及《毛诗》，说明卢氏所受也应为《毛诗》。

在这样的学术承传中，高诱习《诗》肯定也是以《毛诗》为主，深

---

① 《吕氏春秋注》引《诗》78 例，占全部引书的 19.8%，仅次于《左传》。（以徐志林《〈吕氏春秋〉高诱注研究》统计数据为准，下同。）

明《毛传》之义的。此在高注中多有体现。

先看高诱论《诗》。《说山训注》:“五音正乐。正得失,理情性,动天地,感鬼神,莫近于《诗》。乐风者,上以风化下,下以风刺上,故谓之风也。”这一论述明显取自《毛诗》。《毛诗大序》云:“故正得失,动天地,感鬼神,莫近于《诗》。”①又云:“上以风化下,下以风刺上,主文而谲谏,言之者无罪,闻之者足以戒,故曰风。”②两者大同小异。

再看高诱解《诗》。例如《俶真训》:“故《诗》云:‘采采卷耳,不盈倾筐。嗟我怀人,寘彼周行。’以言慕远世也。”高诱注为:

> 《诗·周南·卷耳篇》也。言采采易得之菜,不满易盈之器,以言君子为国,执心不精,不能以成其道。采易得之菜,不能盈易满之器也。“嗟我怀人,寘彼周行”,言我思古君子官贤人,置之列位也。诚古之贤人各得其行列,故曰慕远也。

《毛诗》“不盈倾筐”作“不盈顷筐”,《毛传》说:“忧者之兴也。……顷筐,畚属,易盈之器也。”又释“嗟我怀人”句:“寘,置。行,列也。思君子官贤人,置周之列位。”③相较之下,高诱的解释虽与《毛传》不尽相同,但取自《毛传》的痕迹非常突出。又如《本经训》:“晚世学者,不知道之所一体,……《诗》云:‘不敢暴虎,不敢冯河。人知其一,莫知其他。’此之谓也。”高诱注曰:

---

① 阮元校刻《十三经注疏》,中华书局 1980 年版,第 270 页。
② 阮元校刻《十三经注疏》,中华书局 1980 年版,第 271 页。
③ 阮元校刻《十三经注疏》,中华书局 1980 年版,第 277 页。

> 无兵博虎曰暴虎，无舟楫而渡曰冯河。言小人而为政，不可不敬，不敬则危，犹暴虎冯河之必死。人皆知暴虎冯河立至害也，故曰知其一，而不知当畏慎小人危亡也，故曰莫知其他。此不免于惑，故曰此之谓也。

引诗出自《诗·小雅·小旻篇》。《毛传》云："徒涉曰冯河，徒博曰暴虎。一，非也。他，不敬小人之危殆也。"《郑笺》又云："人皆知暴虎、冯河立至之害，而无知当畏慎小人能危亡也。"[①]很明显，高诱接受了《毛传》和郑玄的说法，然而以"小人为政，不可不敬"的观点解释《淮南子》引《诗》之意，却不太适合。《修务训》引《诗》云"我马唯骐，六辔如丝"，高诱解为"六辔四马，如丝，言调匀也"，也是取自《毛传》"言调忍也"[②]之义。这种用《毛传》解释原书引《诗》的现象在《吕氏春秋注》中也出现多次。[③] 由此言之，高诱说《诗》明显是以《毛传》为宗，这也是他《诗经》学的一个主要特征。

---

① 阮元校刻《十三经注疏》，中华书局1980年版，第449页。

② 阮元校刻《十三经注疏》，中华书局1980年版，第407页。

③ 例如，《吕氏·有始览·务本》引《诗》云："有晻凄凄，兴云祁祁。雨我公田，遂及我私。"高注曰："阴阳和，时雨祁祁然不暴疾也。古者井田十一而税，公田在中，私田在外。民有礼让之心，故愿先公田而及私也。"《郑笺》："古者阴阳和，风雨时，其来祈祈然而不暴疾。其民之心，先公后私，令天主雨于公田，因及私田尔。此言民怙君德，蒙其余惠。"又如，《吕氏·慎行论·求人》引《诗》云"无竞惟人"，高注曰："《诗·大雅·抑》之二章也，'无竞惟人，四方其训之'。无竞，竞也。国之强惟在得人，故曰郑国免其难也。"《毛传》："无竞，竞也。"《郑笺》："人君为政，无强于得贤人，得贤人则天下教化，于其俗有大德行，则天下顺从其政。"从这两例皆可以看出，高诱解《诗》与《毛传》及《郑笺》存在明显关联。

然清代学者陈寿祺、陈乔枞父子则认定高诱是鲁诗派。他们指出:"高诱注《吕氏春秋》云宁戚歌《硕鼠》之诗,与《后汉书·马融传》注引《说苑》合。又以《鹿鸣》为刺上之作,与蔡邕《琴操》合,是其用鲁诗说之证。"[①]陈氏父子以刘向传习鲁诗,因《吕氏·离俗览·举难》高注与《说苑》"宁戚饭牛康衢,击车辐而歌《硕鼠》"[②]暗合,所以认为高诱也是鲁诗派。关于刘向《诗经》学的派别属性,至今没有定论[③]。故陈氏此证,难以服人。陈氏父子又引《淮南子·诠言训》高注为证,但该篇实际上是许慎所注,当时他们还无法分辨,故不可以作为凭据。陈寿祺父子似乎对高注用《毛传》的情况视而不见,也不考察高诱受学渊源,就匆忙认定高氏为鲁诗派,显得比较武断。

考高注引《诗》,确实与今本《毛诗》存在不少异文。这其中不排除因流传过程出现讹误、擅改而造成的可能。王先谦完全认同陈寿祺父子的看法,有失精当。在《诗三家义集疏》中,他把高注引《诗》异文多数径直视作鲁诗一派:

1.《淮南子·原道训注》引《诗》"月丽于毕,俾滂沱矣",今本《毛诗》作"月离于毕,俾滂沱矣"(《小雅·渐渐之石》),王先谦《诗三家义集疏》(下以简称《集疏》):"鲁'离'作'丽','俾'作'比'。"(中华书局1987年版,第817页)

---

① 陈寿祺撰,陈乔枞述《三家诗遗说考·鲁诗遗说考》卷一,清刻左海续集本。《续修四库全书》第76册有影印本。

② 赵善诒《说苑疏证》,华东师范大学出版社1985年版,第309页。"硕鼠",《四部丛刊》本作"顾见"。

③ 吴正岚先生认为,刘向《诗》说与四家诗分别有同有异,刘向对四家诗说确实是兼收并蓄的。《论刘向诗经学之家法》,《福州大学学报》(社科版)2000年第2期,第116~120页。

2.《淮南子·时则训注》引《诗》“蝤蛴在东”，今本《毛诗》作“蝃蛴在东”（《墉风·蝃蛴》），《集疏》：“鲁‘蝃’作‘蝤’。”（第245页）

3.《淮南子·时则训注》引《诗》“颜如蕣华”，今本《毛诗》作“颜如舜华”（《郑风·有女同车》），《集疏》：“鲁‘舜’作‘蕣’。”（第353页）

4.《淮南子·时则训注》引《诗》“鼍鼓洋洋[①]”，今本《毛诗》作“鼍鼓逢逢”（《大雅·灵台》），《集疏》：“鲁‘逢’作‘韸’。”（第865页）

5.《淮南子·主术训注》引《诗》“四騵彭彭”，今本《毛诗》作“驷騵彭彭”（《大雅·大明》），《集疏》：“齐‘驷’亦作‘四’。”（第833页）

6.《淮南子·泛论训注》引《诗》“言采其莔”，今本《毛诗》作“言采其蝱”（《墉风·载弛》），《集疏》：“鲁‘蝱’作‘莔’。”（第261页）

7.《淮南子·说山训注》引《诗》“耿耿不寐，如有殷忧”，今本《毛诗》作“耿耿不寐，如有隐忧”（《邶风·柏舟》），《集疏》：“鲁‘耿’作‘炯’，‘隐’亦作‘殷’，齐、韩作‘殷’。”（第128页）

8.《淮南子·说山训注》引《诗》“惴惴其栗”，今本《毛诗》作“惴惴其慄”（《秦风·黄鸟》），《集疏》：“鲁‘慄’作‘栗’。”（第454页）

9.《淮南子·说山训注》引《诗》“施罟涉涉，鳣鲔泼泼[②]”，今本

① 王先谦认为，“洋”盖“韸”之讹。见《集疏》第866页。王说是，《吕氏·季夏纪·六月纪注》引正作“韸”。

② 《吕氏·有始览·谕大注》又引作“鳣鲔发发”。

《毛诗》作“施罛涉涉，鳣鲔发发”(《卫风·硕人》)，《集疏》：“鲁‘罛’亦作‘罟’，‘涉涉’一作‘濊濊’；鲁‘发发’一作‘泼泼’。”(第287页)

10.《淮南子·修务训注》引《诗》“听我邈邈”，今本《毛诗》作“听我藐藐”(《大雅·抑》)，《集疏》：“鲁、韩‘藐’作‘邈’。”(第940页)

11.《吕氏·孟春纪·本生注》引《诗》“不远伊尔”，今本《毛诗》作“不远伊迩”(《邶风·谷风》)，《集疏》：“鲁‘迩’作‘尔’。”(第172页)

12.《吕氏·仲春纪·二月纪注》引《诗》“四之日其早”，今本《毛诗》作“四之日其蚤”(《豳风·七月》)，《集疏》：“鲁、齐‘蚤’作‘早’。”(第523页)

13.《吕氏·季春纪·三月纪注》引《诗》“寝庙奕奕”，今本《毛诗》作“新庙奕奕”(《鲁颂·閟宫》)，《集疏》：“鲁、齐‘新’作‘寝’，‘奕’作‘绎’。”(第1087页)

14.《吕氏·季春纪·尽数注》引《诗》“于嗟夐兮”，今本《毛诗》作“于嗟洵兮”(《邶风·击鼓》)，《集疏》：“鲁、韩‘洵’作‘夐’。”(第154页)

15.《吕氏·仲冬纪·当务注》引《诗》“娶妻如之何”，今本《毛诗》作“取妻如之何”(《齐风·南山》)，《集疏》：“韩诗作‘娶妻如之何’。”(第385页)

16.《吕氏·离俗览·用民注》引《诗》“密人不共”，今本《毛诗》作“密人不恭”(《大雅·皇矣》)，《集疏》：“鲁‘恭’作‘共’。”(第856页)

17.《吕氏·慎行论·壹行注》引《诗》“鹑之贲贲”，今本《毛诗》作“鹑之奔奔”(《墉风·鹑之奔奔》)，《集疏》：“鲁、齐‘奔奔’作

'赍赍'。"(第234页)

18.《吕氏·似顺论·有度注》引《诗》"静恭尔位",今本《毛诗》作"靖共尔位"(《小雅·小明》),《集疏》:"鲁'共'一作'恭',齐'共'作'恭',韩诗'靖共'作'静恭'。"(第744页)

19.《吕氏·士容论·上农注》引《诗》"冠弁如星",今本《毛诗》作"会弁如星"(《卫风·湛奥》),《集疏》:"鲁'会'作'冠',韩作'髺'。"(第270页)

由王先谦的《集疏》可知,高注引《诗》异文有的混同于毛、鲁、齐、韩四家,如《淮南子·说山训注》所引"耿耿不寐,如有殷忧"、《吕氏·似顺论·有度注》所引"静恭尔位"皆杂用四家本;有的分别与齐诗、韩诗用字完全相合,如《淮南子·主术训注》所引"四骠彭彭"即同于齐诗,《吕氏·仲冬纪·当务注》所引"娶妻如之何"即同于韩诗。故而,又有学者主张高诱的《诗经》学是韩诗而非鲁诗。[①] 笔者认为,仅凭几条异文就判定其为某家某派,未免太过草率。对于高诱的《诗经》学,应该考虑到他所受的经学教育及其用《诗》情况。比较合乎客观实际的观点是,高诱研习《诗经》,以《毛诗》为本,同时兼用鲁、韩、齐三家。这也符合汉末学术趋向会通的大势。

作为博通的学者,高诱不可能只满足于袭用某家某义,他也能利用上下文语境,对《淮南子》引《诗》作出自己的理解。如《修务训》:"知人无务,不若愚而好学。……《诗》云:'日就月将,学有缉熙于光明。'此之谓也。"高注:"《诗·颂·敬之篇》,言为善者,日有所成就,月有所奉行,当学之是明,此勉学之谓也。"此与毛、韩二家

① 金前文《赵岐、高诱〈诗经〉学渊源再考》,《天中学刊》2007年第4期,第77页。

之说均不同。[1] 又如《修务训》引《诗》“载驰载驱,周爰谘谟”,高注:“谘难曰谟。言当驰驱以忠信往谟难,事之不自专己,慎之至,乃圣人之务也。”此与毛、鲁二家之说又不同。[2] 可见,高诱说《诗》亦有自己独到的见解。

(二)高诱的《春秋》学

高注十三篇引《春秋》及《三传》约 37 例,占全部引书的 19.1%,仅次于《诗经》。[3] 这表明,《春秋》学是高诱经学构架中的另一主要组成部分。

汉代传《春秋》者原有五派,后来邹氏、夹氏两派失传,只剩下公羊氏、穀梁氏、左氏三派。据《汉书》,《公羊传》和《穀梁传》皆立于学官,《左氏春秋》曾被河间献王刘德置立博士,平帝的时候也列入学官,但势力不及前两家。直到东汉古文经学盛行后,《左氏》才压倒《公羊》和《穀梁》。马融能通《春秋》学,著《春秋三传异同说》,尤精于《左氏春秋》。郑玄先从张恭祖受《左氏春秋》,后又得到马融的真传,与公羊派何休分庭抗礼。马融嫡传弟子卢植,上书灵帝时亦言及《左传》,可知他所受当为《左氏春秋》。

那么,高诱师从卢植,受《春秋》学,应该也是基于《左氏春秋》的。这可以从高诱大量引用《左传》之言中体现出来。高注十三篇

---

① 《毛传》以为“《敬之》,群臣进戒嗣王也”,郑玄也说是“群臣戒成王”之词。韩婴引用此句以说明“尊师尚道”的重要。见《韩诗外传》卷三。王先谦将高诱之说视为鲁诗说。见《集疏》第 1042 页。

② 《毛传》以为此篇“言臣出使,能扬君之美,延其誉于四方,则为不辱命也”。刘向引用此句以说明“仁人之德教也,诚恻隐于中,悃愊于内,不能已于其心”之义。(《说苑・贵德》)

③ 《吕氏春秋》高注引《春秋》及《三传》之文约 97 例,占全部引书的 24.6%,居于首位。

引《春秋传》文几乎全部出自《左传》，约有 35 例，《吕氏春秋注》所引也基本来自《左传》，约有 87 例。由此说明，高诱对《左氏春秋》十分熟悉，频繁引用表示了他对左氏传义的认同。当时《经》、《传》分立，在汉代士人看来，《春秋》由孔子撰著，饱含微言大义，理应获得至高的地位。所以，他们直言《春秋经》，或直言《经》。高诱也不例外，不仅称其为《经》①，而且还表达了他对于《春秋》政治作用的思考。《氾论》篇指出"周室废，礼义坏，而《春秋》作"，高诱因之推导，认为《春秋》的根本目的在于贬斥不遵循礼义的行为，即"所以贬绝不由礼义也"。在他看来，《春秋》是通过褒贬史事以维系"礼义"这条基本的社会伦理。其实，司马迁很早就提出了类似观点，他说："夫不通礼义之旨，至于君不君，臣不臣，父不父，子不子。夫君不君则犯，臣不臣则诛，父不父则无道，子不子则不孝。……故《春秋》者，礼义之大宗也。"②正因为《春秋》这种"采善贬恶"的倾向，汉代统治者才在政治上大加利用，广开利禄之路，使《春秋》学极盛一时。自武帝起，《公羊》和《穀梁》两派即牢牢占据正统地位，《左氏》被边缘化，经过刘歆、贾逵、郑众、马融等名师的提倡，才大兴起来。与《公羊传》、《穀梁传》相比，《左传》更具史学性质。高诱引述其文，常常用来佐证史事，甚至据以驳正原书说法。如《吕氏·孝行览·必己》篇："宋桓司马有宝珠，抵罪出亡。王使人问珠之所在，曰：'投之池中。'"高注："《春秋》'鲁哀十四年'，《传》曰：'宋桓魋之有宠，欲害公。公知之，攻桓魋。魋出奔卫。'公则宋景公也。春秋时宋未僭称王也，此云'王使人问珠'，复妄言者也。"显然，高诱

① 《淮南子注》称《经》名 1 次，《吕氏春秋注》称《春秋经》名 1 次，称《经》名 2 次。

② 司马迁《史记》，中华书局 1959 年版，第 3298 页。

是依凭《左传》来驳斥《吕氏》将“宋景公”唤作“宋王”的错误。从这一点说，高诱研习左氏之学，看重的是《左传》据史事以阐述《春秋》大义的一面，服膺其“实录”、“良史”的学术精神。

除《左氏春秋》外，高诱又习读《公羊》、《穀梁》二传，兼通古今文。这在高注中也有体现。① 《原道训注》：“故《春秋传》曰‘鸲鹆来巢’，言非中国之禽，所以为鲁昭公仁异也。”即采用了《公羊传·昭公二十五年》的说法。又《氾论训注》：“周者，王城也，《公羊传》曰‘王城者何？西周也’，今河南县也。”直接引用了《公羊传·昭公二十二年》的观点。《原道训注》：“常事曰视，非常曰观，《春秋》‘鲁隐公观渔于棠’是也。”则应用了《穀梁传·隐公五年》的传义。由此可知，尽管高诱的《春秋》学立足于《左氏春秋》，却也不排斥其他两家，能够有效地吸纳诸家之长。

(三)高诱的《礼》学

高注十三篇引《三礼》之文约 20 例，占全部引书的 10.3%②。这亦可说明，礼学在高诱的经学架构中同样居于不可忽视的地位。

汉代礼学授受约有三派：一为传《礼经》者；二为传《礼记》者；三为传《周官经》者。陆德明认为，《礼经》是鲁人高堂生所传的《士礼》十七篇，即如今的《仪礼》。③ 《礼经》传至后苍乃大盛，后苍传之戴德、戴圣、庆普。据《汉书·儒林传》，三家皆立为博士。按《隋书·经籍志》所说，《礼记》起于河间献王，初无传者，后经刘向校理，得二百十四篇，戴德删其繁重，为八十五篇，谓之《大戴礼记》，戴圣又删戴德之书，为四十六篇，谓之《小戴礼记》，马融再补定《月

---

① 另外，《吕氏春秋注》明引《公羊传》5 次，《穀梁传》1 次。

② 《吕氏春秋注》引《三礼》之文约 54 例，占全部引书的 13.7%。

③ 陆德明《经典释文》，上海古籍出版社 1985 年版，第 41 页。

令》、《明堂位》、《乐记》三篇，合四十九篇，传于郑玄，郑玄为之作注。依《经典释文·序录》，《周官》也是起于河间献王，由李氏上五篇，失《事官》一篇，不得已取《考工记》补之。王莽时，刘歆为《周官经》置立博士。《后汉书·儒林传》称，东汉郑众传《周官经》，后马融作《周官传》，传之郑玄，郑玄作《周官注》。《后汉书》本传又称，马融注《三礼》，卢植撰《三礼解诂》。而郑玄更是集两汉礼学之大成。由此观之，马融一系称得上是汉代研究《三礼》的重镇。

作为马融的再传弟子，高诱自然也会随卢植研习《三礼》。儒家非常看重礼乐的教化功能，而《三礼》则是他们鼓吹礼乐文化的主要载体。对于崇信儒术的高诱来说，礼乐在他心目中自有崇高的地位。高氏认为，区别尊卑贵贱是"礼"的根本属性，所谓"礼以别也"。[①] 只有维持这些伦理秩序，才能保证国家的正常运转，故他又将"礼"视为国家的根基，即"礼，国之本"。[②] 当然，高诱也充分认识到了礼乐的社会教化功能，他说："修治礼乐，所以安上治民，移风易俗。"[③]又说："礼，所以经国家，定社稷，利人民。乐，所以移风易俗，荡人之邪，存人之正性。"[④]甚至相信"礼"还能节制人欲，如《精神训》"（儒者）非能使人勿乐也，乐而能禁之"，高注："言不能使人无乐富贵，能以礼自禁制之。"即以为"礼"可节制人们贪恋富贵的欲望。尽管高诱对礼乐的认识并没有多少新鲜见解，但这从思想意识上促进了他重视和研究《三礼》的力度。

从高诱引用《三礼》的情况看，高氏最擅长《周礼》和《礼记》。

---

① 《淮南子·本经训注》。
② 《吕氏·慎大览·不广注》。
③ 《淮南子·时则训注》。
④ 《吕氏·孟夏纪·四月纪注》。

高注引《周礼》文 8 例,《吕氏春秋注》所引更是多达 48 例。对于《周礼》,高诱可谓精通。不但熟悉其内容,记诵时甚至能细致到某章某节,《吕氏春秋注》就提及了《司服章》、《内司服章》、《内子章》、《大胥司乐章》和《籥章》,[①]而且能够自如地运用《周礼》的说法来比照裁量原书说法,如《本经训注》:“门阙高崇,巍巍然,故曰魏阙也。……《周礼》所谓‘象魏’也。”至于《礼记》,高诱不仅大量化用,形如己出,[②]还形成了一定的研究成果。《礼记·月令》的内容与《吕氏·十二纪》、《淮南子·时则训》等篇基本相同,而高氏皆为之注解。清代学者即据此认定高诱著有《礼记注》,当然不符合实际情况。[③]

考《吕氏·十二纪》、《淮南子·时则训》高注与卢植的《礼记注》,[④]两者存在非常明显的传承关系。例如,《后汉书》刘昭注引卢植注《礼记》曰:“天子耕藉,一发九推耒。《周礼》,二耜为耦,一耜之伐,广尺深尺。伐,发也。天子及三公,坐而论道,参五职事,故三公以五为数。卿、诸侯当究成天子之职事,故以九为数。伐皆三者,礼以三为文。”[⑤]而高诱注《吕氏·孟春纪·正月纪》:“礼以三为文,

① 今本《周礼》已无此类分法。

② 高注引用《礼记》11 例,《吕氏春秋注》引 6 例,多不照搬原文,如《说山训注》:“礼,食必祭,示有所先。”取于《礼记·曲礼》:“主人延客祭,祭食,祭所先进。”又如《吕氏·孟春纪·贵公注》:“礼,丧不饮酒食肉。”取于《礼记·丧大记》:“期终丧,不食肉,不饮酒,父在,为母,为妻。”故称之为形如己出。

③ 参见本章第一节。

④ 清人马国翰辑有《礼记卢氏注》一卷,收入在《玉函山房辑佚书》卷二十四《经编礼记类》。

⑤ 范晔《后汉书》,中华书局 1965 年版,第 3107 页。

故天子三推,谓一发也。”显然是承用卢说。[①] 又《氾论训》高注引《礼记》曰:“猩猩能言,不离走兽。”今本《礼记》“走兽”作“禽兽”,元人吴澄说:“不离走兽,俗本作‘禽’,今从卢本作‘走’。”[②]可知高氏所据乃卢植本。依此看来,高诱治《礼记》,多传卢氏之学。

同时,高诱身为一代经师,也能转相发明,自出新意。例如,《后汉书·礼仪志》“仲春之月,立高禖于城南,祀以特性”,刘昭注引卢植注《礼记》:“玄鸟至时,阴阳中,万物生,故于是以三牲请子于高禖之神。居明显之处,故谓之高。因其求子,故谓之禖。”[③]然高诱注“高禖”则云:“因祭其神于郊,谓之‘郊禖’。音与‘高’相近,故或言‘高禖’。”[④]即不取师说。清人王引之力主高诱的说法,以高注为是而卢注为非。[⑤]

(四)高诱其他的经传之学

1. 高氏《尚书》学

高注十三篇引《尚书》文凡 5 例,《吕氏春秋注》则引有 16 例。汉代传《尚书》者分为今文和古文两派。今文派始于伏生,再传之欧阳生、大小夏侯,后三家均立博士。古文派源自孔安国,东汉杜林又得西州漆书古文一卷,贾逵为之作训,马融作传,郑玄注解,由是《古文尚书》遂显于世。卢植从马融受古文,作《尚书章句》。可知高诱

---

① 本章第一节已经列出《时则训》、《本经训》两篇高注使用卢说之例。除此之外,《魏书·刘芳传》引用卢植“东郊,八里之郊”、“南郊,七里之郊”、“西郊,九里郊”、“北郊,六里郊”的说法,高诱在《淮南·时则训》和《吕氏·十二纪》注中皆有袭用。

② 吴澄《礼记纂言》卷一,文渊阁《四库全书》本。

③ 范晔《后汉书》,中华书局 1965 年版,第 3108 页。

④ 《吕氏·仲春纪·二月纪注》。

⑤ 王引之《经义述闻》,江苏古籍出版社 1985 年版,第 336 ~ 337 页。

的《尚书》学也属于马融一系。此在高注中有所表露。《后汉书》刘昭注引《虞书》:“肆类于上帝,禋于六宗,望于山川。”又引伏生、马融注曰:“万物非天不覆,非地不载,非春不生,非夏不长,非秋不收,非冬不藏。禋于六宗,此之谓也。”①《吕氏·孟冬纪·十月纪》高注亦言:“万物非天不生,非地不载,非春不动,非夏不长,非秋不成,非冬不藏。《书》曰‘禋于六宗’,此之谓也。”取用马融的说法比较明显。又《尚书正义》引马融注“冢宰”一词云:“冢,大也。宰,治也。大治者,兼万事之名也。”②而《时则训》高注:“冢,大也,宰,治也,卿官也。”③亦与马融之说相合。

2. 高氏《易》学

高注十三篇引《易》凡 3 例,《吕氏春秋注》引有 5 例。汉代传《易》者主要有施孟梁丘、京房、费直、高相四家。前两家皆立在学官,后两家仅传于民间。据《后汉书·儒林传》,马融传《费氏易》,授郑玄,郑玄作《易注》。《费氏易》属古文派,高诱说《易》亦当同出此派。《吕氏春秋注》保存了两处高氏说《易》的材料,可见其一斑:

> 《有始览·务本》引《易》曰:“复自道,何其咎,吉。”高注:“乾下巽上,《小畜》,‘初九,复自道,何其咎,吉’。乾为天,天道转运,为乾初得其位。既天行周匝复始,故曰复自道也。复自进退,又何咎乎?动而无咎,故吉也。”
>
> 《慎大览·慎大》引《易》曰:“愬愬履虎尾,终吉。”高

---

① 范晔《后汉书》,中华书局 1965 年版,第 3184～3185 页。

② 阮元校刻《十三经注疏》,中华书局 1980 年版,第 235 页。

③ 又《吕氏·季秋纪·九月纪》高注:“冢宰,于《周礼》为‘天官’。冢,太。宰,治也。”

注："愬愬，惧也。居之以礼，行之以恭，恐惧戒慎，如履虎尾，终必吉也。"

由此论之，高诱解《易》，章句、义理并备，无丝毫牵强附会之嫌，颇具古朴简洁之风，是古文《易》学的典范。

3. **高氏《论语》学**

高注十三篇引《论语》21 例，约占全部引书的 10.8%。《吕氏春秋注》引《论语》38 例，①约占全部引书的 9.5%。这能够反映出高诱对《论语》的重视程度。汉代传《论语》者有《鲁论语》、《齐论语》、《古论语》三派。《鲁论》由鲁人所传，陆德明说："即今所行篇次是也。"②《齐论》为齐人所传，比之《鲁论》多出《问王》、《知道》二篇。安昌侯张禹合齐、鲁两派，择善而从，余家遂至寝微。《古论》则出于孔安国，有两《子张》篇，篇数次序都和齐、鲁两派相异，《经典释文·序录》称马融为之训说。而郑玄就《鲁论》篇章，考之《齐》、《古》两派，为之注解。③ 与今本《论语》相较，高注所引略有异文：

(1)《吕氏·有始览·有始注》引《论语》"众星拱之"，而今本《论语》作"众星共之"(《为政》)。笔者按，据陆德明《经典释文》卷二十四，郑玄本"共"作"拱"。

(2)《淮南子·主术训注》引《论语》"国君树塞门"，而今本《论语》作"邦君树塞门"(《八佾》)。笔者按，据冯登府《论语异文考证》卷二，汉石经"邦"作"国"，为避汉高帝讳而改。

(3)《淮南子·地形训注》引《论语》"智者乐水"，而今本《论

① 其中以"论语"名引 28 例，以"语"名引 5 例，以"孔子曰"引 5 例。

② 陆德明《经典释文》，上海古籍出版社 1985 年版，第 60 页。

③ 阮元校刻《十三经注疏·论语注疏·何晏集解序》第 2455 页。

语》作"知者乐水"(《雍也》)。笔者按,据《论语异文考证》卷四,皇本(指南朝皇侃本)亦并作"智"。

(4)《淮南子·览冥训注》引《论语》"国无道,危行言逊",而今本《论语》作"邦无道,危行言孙"(《宪问》)。笔者按,据《论语异文考证》卷七,古本"孙"作"逊"。

(5)《吕氏·先职览·先职注》引《论语》"贤者避世,其次避地,其次避色,其次避言",而今本《论语》作"贤者辟世,其次辟地,其次辟色,其次辟言"(《宪问》)。笔者按,据《论语异文考证》卷七,汉石经"辟"作"避",《金滕》"我之弗辟",马融作"避",为正字。

(6)《吕氏·审应览·重言注》引《论语》"高宗谅暗",而今本《论语》作"高宗谅阴"(《宪问》)。笔者按,据《论语异文考证》卷七,董鼎《书传辑录纂注》称:"郑曰谅闇"。

从笔者的按语可知,高诱据本当是汉灵帝熹平四年(175)蔡邕正定《六经》文字后的版本,接近马融的《古论语》本和郑玄的三家合流本。[①] 由是言之,高诱研习《论语》应该源自马融一派。

4. 高氏《孟子》学

高注十三篇引《孟子》11 例,《吕氏春秋注》亦引 11 例。在汉代,《孟子》并未尊为经书,研习者也不多。如前所论,高诱喜爱《孟子》,曾针对赵岐的《孟子章句》作《正孟子章句》。考高注引文,多是概括性的引用,不拘于原文,这可能跟他因精通《孟子》而全部依靠记诵的方式引用有关。清人俞樾在《孟子高氏学》中说:"赵注于此等处全不详其事实,高氏所以于赵氏之后,又正其《章句》乎?"[②]可见,高诱正

---

① 清人马国翰辑有《齐论语》一卷,把"众星拱之"、"高宗谅闇"等异文归为《齐论语》,证据不足。

② 俞樾《俞楼杂纂》卷十七,清光绪二十五年(1899)刻《春在堂全书》本。

《孟子章句》,是因为不满意赵氏注。由此推知,高诱引《孟子》当别有所本,其注释也能自成一家。此在高注中有所反映。今本《孟子》"拔一毛而利天下,不为也"(《尽心上》),而高诱引作"拔骭一毛而利天下,弗为也"(《淮南子·俶真训注》);今本"嫂溺不援"(《离娄上》),而高诱引作"嫂溺而不拯"(《淮南子·氾论训注》);今本"以齐王,由反手也"(《公孙丑上》),而高诱引作"以齐王,犹反手也"(《吕氏·慎行论·壹行注》)。这说明,高诱据本确与赵岐本不同。在注释方面,高诱亦多不取赵氏的说法。[①] 例如,《孟子·万章上》"帝使其子九男二女",赵岐注为:"独丹朱以胤嗣之子,臣下以距尧求禅,其余八庶无事,故不见于《尧典》。"[②]高诱则谓:"孟子曰'尧使九男二女事舜',此曰十子,殆丹朱为胤子,不在数中。"[③]赵氏以丹朱在"九男"之中,而高氏以为不在其中,观点相左。

5. 高氏《孝经》学

高注十三篇引《孝经》文仅 1 例,《吕氏春秋注》引有 9 例。汉代传《孝经》者亦分今文和古文两派。汉文帝置《孝经》博士,即用今文派,长孙氏、江翁、后仓、翼奉、张禹皆属名家。《古文孝经》出自孔安国,经文句读与今文派略有不同,篇章、字数也不同。[④] 陆德明

---

① 对于相同的文句,高诱注释几乎一致。这可以从《淮南子注》和《吕氏春秋注》中明显看出。尽管《正孟子章句》全部亡佚,但由前两书涉及与《孟子》相同文字的注文能够窥其大概面貌。俞樾辑《孟子高氏学》正是依据这一特点。

② 阮元校刻《十三经注疏》,中华书局 1980 年版,第 2733 页。

③ 《吕氏·孟春纪·去私注》。

④ 《汉书·艺文志》:"唯孔氏壁中古文为异,'父母生之,续莫大焉','故亲生之膝下',诸家说不安处,古文字读皆异。"此是句读的不同。孔传《古文》分为 22 章,多出《闺门》一章。又桓谭《新论·正经》:"《古孝经》一卷二十章,千八百七十二字,今异者四百余字。"此是篇章、字数的不同。

说:“后汉马融亦作《古文孝经传》,而世不传,世所行郑注,相承以为郑玄。”①可知马融注《古文孝经》,郑玄也可能注今文《孝经》。至汉末,古今文合流,两者在文本方面的差异甚微。高注引文基本同于今本《孝经》,他作《孝经解》应是取今文为底本,而用古文派的方法。《吕氏·孝行览·孝行注》:“孝于亲,故能忠于君。《孝经》曰‘以孝事君则忠’,此之谓也。”又《吕氏·审分览·任数注》:“《孝经》云‘臣不可以不争于君’,此不争持位,非忠臣也。”这两处或能见出高诱《孝经解》的行文风貌。

总之,依据高注引述和讨论儒家经传的相关内容,我们能够看出,高诱对《诗经》、《春秋》、《三礼》、《尚书》、《周易》、《论语》、《孟子》、《孝经》等群经皆研治深切,并形成了一套富有个人特色的经学体系。就总体而言,高诱的经学明显具有以下两个基本特征:

一是,授受渊深,师法相承。由前面的论述可知,高诱引述儒家经传的据本往往来自马融一系,向《淮南子》、《吕氏春秋》渗透的经义也往往与马融一系相契合。很明显,高诱研治儒家经传存在师法相承的自觉意识,在治学对象、方法及精神等方面也存在明显的师徒授受关系。

二是,诸子辅经,子学经化。所谓诸子辅经,是说在经学的发展过程中,诸子思想并非它的阻力而是它的推力,两者并非排斥而是相融。所谓子学经化,是指用儒家的经义或观点去解释诸子言论,使之染上经学色彩。作为一位具有忧患意识的经师,高诱投身子书的研治,不仅是出于他的兴趣和传承马融、卢植之学的需要,更是出于挽救末世经学的需要。汉末经学虽由郑玄推向极致,但转而陷入僵化、说教、浮夸的泥潭,对士人的吸引力大大削弱。高诱不愧为聪

① 陆德明《经典释文》,上海古籍出版社 1985 年版,第 58 页。

明的学者,把经义渗入到人们所日益关注的子书之中,欲使经学换掉陈旧的面罩而重获生机。在他看来,《淮南子》、《吕氏春秋》都是儒家经传的辅翼。高诱说《淮南子》"出入经道",又说《吕氏春秋》"以道德为标的,以无为为纲纪,以忠义为品式,以公方为检格,与孟轲、孙卿、淮南、杨雄相表里",无疑显露了他有关诸子辅经的主张。高诱将这种主张贯彻到《淮南子》和《吕氏春秋》的注释中,走向了子学经化的道路。虽然诸子辅经、子学经化的现象在很早就出现了,如荀子传述诸经融入慎子、申子、庄子等人的言论,董仲舒治《春秋经》糅合老子、邹子等人的言论,但纵观两汉注书,高注所展现的诸子辅经、子学经化之意识无疑是最突出的。反过来,这恰好为我们了解高诱的群经之学提供了切入点。清代陈乔枞、俞樾、陈寿祺诸学者均注意到了这个问题。陈寿祺为吕传元《淮南子斠补》作序,叹言:"诸子者,群经之辅也。生以通经为帜志,读诸子尤当究心与经关通者。即以《淮南》高注论之,其经学渊深,盖亦未易窥测矣。必如吾家朴园先生辑《三家诗遗说考》,使承学之士知高氏所引之《诗》为鲁诗学;必如吾师俞曲园先生辑《孟子高氏学》,使承学之士知高氏所据之《孟子》非赵岐本。庶几创通大义,有裨经学。生志通经,能胪高注所引群经,益之以《国策》、《吕览》二注,探索钩致,分别部居,勒为成书,题曰《群经高氏学》,则诸子辅经之说,岂不信而有征哉!"[①]陈君期望吕生能够胪列高注所引经传,勒成《群经高氏学》一书。可惜,至今未有这类著述问世。笔者以《淮南子》、《吕氏春秋》高注引述和说解诸经的言论,勾勒其经学轮廓,考见其经学端倪,希望可以略补陈君之愿。

---

① 陈寿祺《淮南子斠补序》,转引自何宁《淮南子集释》,中华书局 1998 年版,第 1549 页。

第四章　《淮南子》许高二注比较研究

对于《淮南子》来说，同时拥有东汉两位名家的注释，是非常幸运的。尽管许高二注传至于今，都只有残本，但从中亦能够见出许慎和高诱训解《淮南子》的种种差异。目前，学术界还未能对许注八篇与高注十三篇的比较研究予以重视。本章就许高二注的学术背景、注解体例、诂训释义等方面的异同展开初步探讨，同时对许高二注的学术地位与价值作一综合评述。

第一节　许高二注学术背景探析

一、两汉之交开始兴起的《淮南子》热

淮南王刘安是中国文化史上的一位杰出人物。他非常重视人文修养，爱好神仙道术、诗歌辞赋、音乐艺术，相传豆腐的配方是由他及其宾客们发明。仅从其著述看，数目也可谓惊人。《汉书·艺文志》著录有《淮南道训》二篇、《淮南内》二十一篇、《淮南外》三十三篇、《淮南王赋》八十二篇、《淮南王群臣赋》四十四篇、《淮南歌诗》四篇，"兵权谋家"又载《淮南王》一种，并著有《离骚传》。[①] 根

---

① 班固在《离骚序》中又称作《叙离骚传》，王逸《楚辞章句叙》则称作《离骚经章句》，高诱《淮南子叙》又称作《离骚赋》，未知孰是。

据《文选》李善注所引，刘安还著有《庄子略要》和《庄子后解》。[①]后世以淮南王留下的材料而编撰的著作又有《淮南万毕经》、《淮南变化术》、《淮南中经》、《淮南八公相鹄经》、《淮南王食经》、《汉淮南王集》、《淮南王刘安太阳真粹论》、《淮南王见机八宅经》、《淮南王养蚕经》、《淮南王还丹歌诀》。令人遗憾的是，上述著作除《淮南内》二十一篇外，基本失传。由一些文献的记载和引述可以发现，刘安及其宾客所著诗歌辞赋中包含《颂德》、《长安都国颂》、[②]《屏风赋》、[③]《薰笼赋》、[④]《八公操》、[⑤]《招隐士》、《淮南王曲》[⑥]等篇。如此丰富的著述，显示出他那非凡的才华。然而，历史却给了他悲剧

① 《文选》卷二十六李善注《入华子岗是麻源第三谷》、卷三十一李善注《许征君询》、卷六十李善注《齐竟陵文宣王行状》均引淮南王《庄子略要》曰："江海之士，山谷之人，轻天下，细万物，而独往者也。"又《文选》卷三十五李善注《七命》引《庄子》曰："庚市子肩之毁玉也。"下引淮南子《庄子后解》曰："庚市子，圣人无欲者也。人有争财相斗者，庚市子毁玉于其间，而斗者止。"此文中"淮南子"疑作"淮南王"，"王"讹作"子"。

② 《汉书》卷四十四《淮南衡山济北王传》："又献《颂德》及《长安都国颂》。"

③ 《艺文类聚》卷六十九、《初学记》卷二十五均引刘安《屏风赋》全文，《太平御览》卷七百一为摘引。

④ 《北堂书钞》卷一百三十五、《太平御览》卷七百一十一皆引刘向《别录》云："淮南王有《薰笼赋》。"

⑤ 《搜神记》卷一、《乐府诗集》卷五十八并录此歌。郭茂倩说："一曰《淮南操》。《古今乐录》曰：'淮南好道，正月上辛，八公来降，王作此歌。'谢希逸《琴论》曰：'《八公操》，淮南王作也。'"

⑥ 《楚辞章句》卷十二："《招隐士》者，淮南小山之所作也。"《文选》卷三十三却将其归入刘安名下。沈约《宋书》卷二十二《乐志》引有《淮南王篇》全文，崔豹《古今注》卷中："《淮南王》，淮南小山之所作也。淮南王服食求仙，遍礼方士，遂与方士相携俱去，莫知所往。小山之徒，思恋不已，乃作《淮南王曲》焉。"

性的人生命运:不但自幼丧父,而且晚年还要遭人诬陷,被迫自杀。[①]其实从政治功绩上看,淮南王同样有不俗的表现。司马迁说他"欲以行阴德拊循百姓,流誉天下",[②]这话应自反面读之,说明淮南王治政,能够顺乎民意,颇得民心。刘安慨叹:"夫民之为生也,一人蹠耒而耕,不过十亩。中田之获,卒岁之收,不过亩四石。妻子老弱,仰而食之。时有涔旱灾害之患,无以给上之征赋、车马兵革之费。由此观之,则人之生悯矣!"[③]爱民之心昭然若是。但愈是杰出的诸侯王,愈是要受皇帝的牵制和监视。淮南王被剪灭,实乃君主集权制度的必然结果。《淮南子》一书亦随之被禁在深宫,不得流布。

可是,刘安及其著作的万丈光芒绝非历史所能尘封,对文人雅士的吸引力也非一道禁令所能阻挡。大约过了一个世纪,汉成帝于河平三年(前26)下诏搜求天下遗书和校理官方藏书,《淮南子》就在这时得到解禁。刘向负责经传诸子诗赋,他把刘安的著述分门别

---

① 《史记》和《汉书》本传皆言淮南王阴谋造反,为武帝所察觉而被迫自杀。封建时代知识分子大都对此深信不疑。如明茅一桂《重校淮南鸿烈解引》:"昔刘安不务遵蕃臣职,丞辅汉天子,而专怀邪辟之计,身死国除,为天下笑,至今人人羞称之。"清王夫之《读通鉴论》卷三《武帝》:"淮南王安之谏伐南越,不问而知其情也。读其所上书,讦天子之过以摇人心,背汉而德己,岂有忧国恤民仁义之心哉!"又说:"淮南王安著书二十篇,称引天人之际,亦云博矣。而所谋兴兵者,率儿戏之策;所与偕者,又童昏之衡山王赐及太子迁尔。叛谋不成,兵不得举,自到于宫庭,其愚可哂,其狂不可瘳矣。"今之学者,意见相左,有的相信刘安谋反,如王云度(参见《刘安评传》第三章"历史转折时期的悲剧人物",南京大学出版社1997年版,第62~134页);有的以为是冤案,如陈广忠(参见《试析刘安冤案》一文,《安徽大学学报》(哲学社会科学版),2007年第4期,第11~13页)。笔者认为,看待刘安一事,应该撇开君臣伦理意识的束缚,即使刘安欲有举动,也是对汉武帝蚕食诸侯领地的反击,其目的在于保全自己。况且《史记》、《汉书》所记纰漏百出,难以取信。

② 司马迁《史记》,中华书局1959年版,第3082页。

③ 《淮南子·主术训》。

类地整理成编,《汉志》著录即承此而来。同时,刘向本人亦熟读《淮南子》,其撰《新序》、《说苑》不仅大量援用《淮南子》中的历史和寓言故事,[①]有时还直接引用里面的论断。如《说苑·贵德》篇:“圣王布德施惠,非求报于百姓也;郊望禘尝,非求报于鬼神也。……周室衰,礼义废,孔子以三代之道,教导于后世,继嗣至今不绝者,有隐行也。”[②]共190字,原封不动照搬《人间训》。此外,《谈丛》篇模仿《说山训》、《说林训》体例编撰,《辨物》篇又多吸取《天文训》、《地形训》的内容。依此可知,刘向为《淮南子》的广泛传播做了大量的工作,并开启了一个文人学者研读《淮南子》的热潮。

刘向之子刘歆亦受诏领校秘书,讲六艺传记,诸子、诗赋、数术、方技,无所不究,并在汉哀帝时完成其父未竟之业,最终撰成《七略》。《淮南子》便被他归在《诸子》一略。[③] 至于《西京杂记》,黄伯思认为“此书中事,皆刘歆所记,葛稚川采之,以补班史之缺耳”,[④]当有所据。此书卷三不仅载录淮南王仙去一事,还评论其书云:“淮南王安著《鸿烈》二十一篇。鸿,大也。烈,明也。言大明礼教。号为《淮南子》,一曰《刘安子》。自云‘字中皆挟风霜’,扬子云以为一

---

① 例如,《新序》卷五《杂事》中“宁戚欲干齐桓公”、“晋文公伐原”、“赵襄子率师伐中牟”、“宋景公荧惑在心”等故事或本自《道应训》,“魏文侯过段干木之闾而轼”或本自《修务训》。《太平御览》卷一百七十四引《新序》“鲁哀公为室而大”、卷八百九十六引《新序》“北塞上之人”,或均本自《人间训》。《说苑》卷一《君道》中“司城子罕相宋”、卷七《政理》中“子贡赎人于诸侯”亦或本自《道应训》。

② 赵善诒《说苑疏证》,华东师范大学出版社1985年版,第107页。

③ 《文选》卷六十李善注《齐竟陵文宣王行状》引《七略》曰:“《易传·淮南九师道训》者,淮南王安所造也。”可知刘歆也曾整理过淮南王之书。

④ 黄伯思《宋本东观余论》,中华书局1988年版,第275页。

出一人，字直百金。”[①]若确是刘歆所言，那表明他对《淮南子》也做过一定的研究。约与刘歆同时的扬雄，撰著《法言》、《太玄经》，均有针对《淮南子》一书的评论。[②] 作为西汉末年暨王莽时代的大儒，刘歆和扬雄的关注无疑进一步扩大了《淮南子》的影响，为东汉士人进一步重视和研读《淮南子》起到了推波助澜的作用。

东汉建立后，桓谭是当时少有几个富于批判和创新意识的学者之一。他批评说：“庄周寓言，乃云‘尧问孔子’，《淮南子》云‘共工争帝，地维绝’，亦皆为妄作。”[③]并认为“淮南不贵盛富饶，则不能广聘骏士，使著文作书”，[④]足见他独特的认识水平。王充紧随其后，对淮南王得道仙去的传说以及《淮南子》所记鬼怪奇异之事，作了更加猛烈的批判。考之《论衡》，《道虚篇》主要批判了刘安升天说的虚妄，《谈天篇》则驳斥了《淮南子·地形训》记述的不可信。尽管王充多以批评的目光审视《淮南子》，但对此书有关天文、地理、故事、传说等方面的知识，甚至一些思想观念，也不加排斥，多有吸取。[⑤] 由此而言，王充称得上是继刘向之后又一个系统研读《淮南子》的学者。

接着，班固为淮南王立传，在《史记·淮南衡山列传》的基础上

---

① 葛洪《西京杂记》，中华书局 1985 年版，第 20 页。原文无“字直百金”四字，今据四库本补。

② 详见本书第三章第三节。

③ 严可均辑《全上古三代秦汉三国六朝文·全后汉文》，中华书局 1958 年版，第 537 页。

④ 严可均辑《全上古三代秦汉三国六朝文·全后汉文》，中华书局 1958 年版，第 539 页。

⑤ 王充引《淮南子》多称《淮南书》，如《命实禄篇》：“《淮南书》曰：‘仁鄙在时不在行，利害在命不在智。’”关于更为详细的吸收情况，请参阅岳宗伟《〈论衡〉引书研究》，复旦大学 2006 年博士学位论文，第 124 ~ 138 页。

加入了刘安编撰《淮南子》的正面描述，并且将它著录在册。这代表着官方的态度，传达出《淮南子》已经能够自由流通的信息。《汉书·西域传·赞》说："淮南、杜钦、扬雄之论，皆以为此天地所以界别区域，绝内外也。"①《天文志》、《五行志》也屡见化用《淮南子》之处，表明班固亦熟读了淮南王书。

这个时候，《淮南子》并受皇室青睐。汉章帝曾赐书黄香，其中就包括了《淮南子》。② 黄香"知古今，记群书，无不涉猎，兼好图谶、天官、星气、钟律、历算，穷极道术"，③想必对《淮南子》有过一番精研。官方这种宽松的氛围，也使《淮南子》能够进一步在士人之间传阅。《孔丛子·连丛子》记录了鲍彦与子丰论辩《淮南子》的情景：

> 子丰善于经学，不好诸家书。鲍彦与子丰名齐而业殊，故谓子丰曰："家书多才辞，莫过《淮南》也。读之令人断气，方自知为陋尔。"子丰曰："试说其最工不可及者。"彦曰："'君子有酒，小人鼓缶，虽不可好，亦不可丑'，此语何如?"④

关于《孔丛子》的真伪，宋代以来有过激烈的讨论。近年随着出土文献的面世，证明《孔丛子》是由汉魏孔氏后人不断增入而成书，⑤

---

① 班固《汉书》，中华书局1962年版，第3929页。

② 《北堂书钞》卷一九引云："黄香诣东观，赐《淮南》、《孟子》。"而《后汉书·黄香传》："初除郎中，元和元年，肃宗诏香诣东观，读所未尝见书。"可知黄香获赐是在公元84年以后。

③ 吴树平《东观汉记校注》，中州古籍出版社1987年版，第738页。

④ 孔鲋等《孔丛子》，上海古籍出版社1990年版，第71页。

⑤ 请参阅孙少华《〈孔丛子〉真伪辨》一文，《古典文学知识》2006年第6期，第89～93页。

所以这段记述应当可信。子丰为汉章帝时人,建初元年(76)章帝即位曾上疏言事,与鲍彦的论辩当是若干年以后的事。鲍彦十分赞赏《淮南子》的才辞,以为诸家莫过,所引《淮南子》之语出自《说林训》。可见,《淮南子》凭借广博深邃的内容和华美璀璨的文辞赢得了不少士人的肯定。

至许慎校注《淮南子》之时,东汉王朝走过了近 90 年的时光。在这段时期内,《淮南子》的传播和影响迅速扩大,士人对它的思想内容和文辞形式也有了一定的研究。基于这种形势,为《淮南子》作注就显得很有必要。而历史正好提供了一个契机,许慎倚赖在东观校书的优势,首创《淮南鸿烈间诂》一书。《淮南子》的研究由此进入一个新的阶段。

许慎的晚辈学友马融,世称通儒,耀名当时。他对老庄道家之书有所偏爱,曾注《老子》和《淮南子》。马氏注《淮南子》的具体时间,已不可考。根据《后汉书》本传,永初二年(108)马融引《淮南子·精神训》中语以告友人,并用老庄思想来取舍自己的行为。可知 30 岁前,他已经熟读道家典籍。若此时完成《淮南子注》一书,则要比许君早出三四年,但考虑到马融 30 岁前主要随挚恂游学,学力还浅,这种可能性不大。从永初四年(110)至建光元年(121)十余年间,马融一直滞留东观,此后历任河间王厩长史、郎中、郡功曹、议郎、从事郎中、武都太守、南郡太守,奔波于仕宦和授受门徒之事,晚年又重回东观著述。依此来看,马融注《淮南子》当在他两次典事东观期间。他的注释至今荡然无存,其真实面目今不得而知。按照马氏治学既精且博的一贯追求,他所注《淮南子》当胜过许慎。尔后,马融弟子延笃"博通经传及百家之言",①亦有可能承师衣钵,注解

① 范晔《后汉书》,中华书局 1965 年版,第 2103 页。

《淮南子》。《文选》卷五十三李善注《养生论》引《淮南子》曰："豫章之生，七年可知。"其后又引延叔坚曰："豫章与枕木相似，须七年乃可别耳。"[①]似能说明延笃也有《淮南子注》一书。马融的另一弟子卢植，同样被传曾为《淮南子》训诂，[②]但文献证据不足。不过，他精悉《淮南子》，向弟子授受《淮南子》，倒是事实。看来，《淮南》之学成了马融的一门家学。

与此同时，一部分文人学者则比较注意援采《淮南子》的内容，以助己著书立说。如王逸《楚辞章句》引《淮南子》约 11 例，多用其天文、地理、神话、传说等方面的知识。蔡邕《明堂月令论》说："秦相吕不韦著书，取《月令》为纪号，淮南王安亦以取为第四篇，改名曰《时则》，故偏见之徒或云《月令》吕不韦作，或云淮南，皆非也。"[③]即是将《时则训》的内容与《明堂月令》作了比照。

由上而言，许慎过后一个世纪以来，习读《淮南子》的热潮仍在继续，并且向纵深发展，出现了多种针对此书的注疏著作，足称《淮南子》研究的黄金时期。目睹了东汉王朝覆灭的高诱，正是这黄金时期的主旗手，同时也是终结者。他一方面传承马融的《淮南》家学，另一方面又集众家之所成。他的《淮南子注》无疑参考和借鉴了

---

① 萧统《文选》，中华书局 1977 年版，第 729 页。然陶方琦说："叔坚乃叔重之伪，后人因东汉有延笃，字叔坚，遂增入'延'字。孙氏问经辑本以谓延笃有《淮南注》，皆误也。"《淮南许注异同诂》卷四《修务训》。于大成反驳了陶说，他考《文选》李善注引淮南注文共 101 条，皆作许慎，不见引作许叔重者，无由发生许叔重误为叔坚的问题。《淮南论文三种》，台北文史哲出版社 1975 年版，第 7 页。

② 陈广忠说："淮南王用心血铸就的 20 余万言《内篇》，直到 200 多年后，由东汉学者许慎、马融、延笃、卢植、高诱等为之训诂，才逐渐彰显。"《试析刘安冤案》，《安徽大学学报》（哲学社会科学版）2007 年第 4 期，第 12 页。

③ 蔡邕《蔡中郎集》卷三，明嘉靖二十七年（1548）任城杨贤刊本。

许慎以来前人的训诂成果,具有集注的性质。正因为如此,高诱对《淮南子》的训释才接近既精且博的水平,后人确实难以全面超越。

二、许慎、高诱注《淮南子》的学术背景对比

自两汉之交开始兴起的《淮南子》热,固然是许高二注产生的共同背景。但许慎和高诱毕竟生活在不同的时期,政治、经济、学术等各方面无疑存在各种差异。这些差异或多或少会对许慎、高诱注释《淮南子》发生显性或者隐性的影响。因此,弄清楚许高二注学术背景的不同,有助于我们加深对两者的认识。

许注成书于汉安帝永初五年(111),高注创始于汉献帝建安十年(205),分别处在东汉王朝(25～220)的中期和末期,二者相距近一个世纪。鉴于学术的演进和变化从来都是一个漫长的过程,我们考察许高二注学术背景的不同,就决定以许注产生的时间为界,向前向后分别推溯大约百年来加以观照。

首先,社会政治由平稳兴旺转入混乱衰败。

中国封建时代,学术并非天下公器,它一直为统治者所掌管,成为其推行政治教化的主要工具。学术与政治的亲密关系,超过其他任何一个方面,故欲求学术之演进,必求政治之演进。

光武帝在王莽新朝垮台和农民起义中迅速崛起,最终夺取政权,重新建立了统一的皇权政治。他在位33年(25～57),既勤勉政事,又奖励学术,范晔谓之“光武中兴”。继其位者明帝、章帝,亦足称一代明主。二帝相继在位共31年(57～88),史书称此间“天下安平,人无徭役,岁比登稔,百姓殷富,粟斛三十,牛羊被野”,①“气调

① 范晔《后汉书》,中华书局1965年版,第115页。

时豫，宪平人富”，[①]号为“明章之治”。他们同样奖勉学术，尤其尊崇儒术，明帝甚至亲自升堂讲经。明、章之后，和帝、殇帝、安帝续位共36年（89~125）。虽然其间没有发生持久的内乱，但由于这三人皆自年幼登基，母后临朝，外戚、宦官借机用事，故而绝大部分时间是有皇帝之名而无皇帝之实。威胁东汉政权根基的两大痼疾——外戚专政和宦官弄权，就在他们的统治期内依次出现。和帝一朝（89~105）因受明章治世惠泽，尚能维持平稳，所谓“自中兴以后，逮于永元，虽颇有弛张，而俱存不扰，是以齐民岁增，辟土世广”。[②]但安帝以来，“威不逮远，始失根统，归成陵敝”，“彼日而微，遂祲天路”，[③]政权旁落，时局失控，世运日微。对于学术，安帝更是浅薄无知。依此而言，许慎注解《淮南子》时，正是东汉政治由平稳兴旺转入混乱衰败之际。

从许注问世之后到东汉灭亡的100多年中，外戚、宦官、豪强交替把持朝政。几大势力集团之间既相互勾结，又针锋相对，国无宁日。仅桓帝朝（147~167），外戚梁冀擅权就达14年之久，其后又是宦官跋扈。桓、灵二帝昏庸，皇权政治进入垂死边缘。论及此事，刘备也未尝不叹息痛恨他们。献帝时期，东汉政权仰息豪强，已经名存实亡。政局的动荡和混乱，导致经济停滞，民不聊生。考之《后汉书》，自桓帝至汉亡，各地发生百姓相食的惨剧有六次之多。[④]对于

① 范晔《后汉书》，中华书局1965年版，第159页。

② 范晔《后汉书》，中华书局1965年版，第195页。

③ 范晔《后汉书》，中华书局1965年版，第243页。

④ 汉桓帝元嘉元年（151），任城梁国饥，民相食。永寿元年（155），司隶、冀州饥，人相食。汉灵帝建宁三年（170），河内人妇食夫，河南人夫食妇。汉献帝兴平元年（194），三辅大旱，……人相食啖，白骨委积。兴平二年（195），旱、蝗，谷贵，民相食。建安二年（197），江淮间民相食。

学术之事，政府更是不能引导和主宰了，全凭学者的自觉运作。以此而言，高诱注《淮南子》前夕正处在险恶的政治环境中。他自己也说："会遭兵灾，天下棋峙，亡失书传废不寻修，二十余载。"①此是政治兴衰影响学术演进最直接的反映。为更形象地说明这个问题，我们可以探讨一下汉代兵祸与图书存亡之间的关系。除光武帝扫灭绿林、赤眉余孽外，至安帝永初年间，战事鲜有，只是一些少数民族零星的叛乱。而元初以后，迄至汉末，大大小小战事不下百起。《后汉书·儒林传》总结说：

> 初，光武迁还洛阳，其经牒秘书载之二千余两，自此以后，参倍于前。及董卓移都之际，吏民扰乱，自辟雍、东观、兰台、石室、宣明、鸿都诸藏典策文章，竞共剖散，其缣帛图书，大则连为帷盖，小乃制为縢囊。及王允所收而西者，裁七十余乘，道路艰远，复弃其半矣。后长安之乱，一时焚荡，莫不泯尽焉。②

兵祸之后，图书数量由最盛的6000余乘降为可怜的30余乘，亡失程度确实惊人。高诱即面睹这种惨象，在恶劣的条件下以极强的责任感校注《淮南子》的，甚至在他生前，《淮南子注》就有过一次散佚。

相比之下，许慎训解《淮南子》，处境要好得多。当时官方组织大型校书活动，参与的博士、议郎、四府掾史、儒者足足有50余人，而且待遇丰厚。许慎校注完毕，还可以直接上呈皇帝，藏之东观。

---

① 《淮南子·叙目》。

② 范晔《后汉书》，中华书局1965年版，第2548页。

社会政治环境的优劣对学术创作之影响,于此可以知之矣。

其次,儒家经学由昌明鼎盛转入昏暗式微。

皮锡瑞在他的《经学历史》一书中,把西汉元帝、成帝直至整个后汉的这段时期视为经学的极盛时代,但他同时又指出:

> 至安帝以后,博士倚席不讲。顺帝更修黉宇,增甲乙之科。梁太后诏大将军下至六百石,悉遣子入学。自是游学增盛,至三万余生。古来太学人才之多,未有多于此者。而范蔚宗论之曰:"章句渐疏,多以浮华相尚,儒者之风盖衰。"是汉儒风之衰,由于经术不重。经术不重,而人才徒侈其众多;实学已衰,而外貌反似乎极盛。于是游谈起太学,而党祸遍天下。人之云亡,邦国殄瘁,实自疏章句、尚浮华者启之。观汉之所以盛与所以衰,皆由经学之盛衰为之枢纽。①

依此来看,许慎注《淮南子》之时,又是汉代经学由昌明鼎盛转入昏暗式微之际。

东汉前期经学的昌明鼎盛,主要体现在今文学、古文学、谶纬学等多派并进,时或互有批评,时或互为羽翼。今文多言大义,古文明于训诂,谶纬重在征验。今文学一直居于经学的正统地位,与政治结合最紧密。西汉宣帝广征群儒于石渠阁,议定《五经》,而东汉章帝效仿,大会诸儒于白虎观,考定《五经》异同,并命史官撰成《白虎通义》,集今文学之大成。今文学至此威势最盛,成为官方政治教化的指导思想。古文学源自河间献王、鲁恭王、孔安国,起于王莽、刘歆,兴于东汉杜林、桓谭、郑兴、卫宏、贾逵、马融诸人。学术界有一

① 皮锡瑞《经学历史》,中华书局 2004 年版,第 74 ~ 75 页。

种流行的看法，认为今文派与古文派在这个时期形同水火。实则不然，二者的争斗实际上是缘于政治地位和利益的争夺，在经义说解方面却不完全排斥。贾逵虽为古学，却兼通五家《穀梁》之说，许慎《五经异义》对今文说法也多予认同。谶纬学作为汉代经学的末流，因为光武帝的笃信而大兴。《白虎通义》就吸取了谶纬学的不少内容，使正统经学走向神学化。① 由于谶纬学的强势，即使古文大师贾逵也要附会之。他建初元年上疏明帝说："臣以永平中上言《左氏》与图谶合者，先帝不遗刍荛，省纳臣言，写其传诂，藏之秘书。……又《五经》家皆无以证图谶明刘氏为尧后者，而《左氏》独有明文。"②即为明证。今文、古文、谶纬三派并进，造就了经学的空前繁荣。据侯康《补后汉书艺文志》载录，至马融之时止，注解《易经》的著作有7种，注解《尚书》的著作有6种，注解《诗经》的著作有13种，注解《三礼》的著作有14种，注解《春秋经传》的著作有25种，谶纬类著作5种。仅《五经》训诂作品就达65种，经学昌明于此见其一斑。

但安帝薄于艺文，博士倚席不讲，经学昌明鼎盛之下立显疲态，之后便转入昏暗式微。造成这一后果的主要原因是朝政由外戚、宦官把持，他们不重经术，还残酷镇压崇尚儒术的知识分子。利禄之路被阻，人才凋零，加上经学本身的僵化、烦琐、支离，其没落也是迟早的事情。诚如皮锡瑞所说："桓、灵之间，党祸两见，志士仁人，多填牢户，文人学士，亦扞文网，固已士气颓丧而儒风寂寥矣。"③在这种背景下，高诱深揣一位经师的忧患意识，把《淮南子》、《吕氏春

① 金春峰《汉代思想史》，中国社会科学出版社1997年修订版，第482～508页。

② 范晔《后汉书》，中华书局1965年版，第1237页。

③ 皮锡瑞《经学历史》，中华书局2004年版，第95页。

秋》都视作儒家经传的辅翼,希望通过以“经”注“子”的方式来补救经学之弊。他注《淮南子》参照儒家经传和道家之言,注《吕氏春秋》依照先师旧训,探究古儒之本旨。

相比之下,许慎注《淮南子》时,经学正昌明,今文、古文皆处在大发展的时候,无需用儒家经传去附会子书。[①] 许慎兼通《五经》,引用其中言论足可信手拈来,但今存许注八篇中仅见一处引自《诗经》的话,而且注文又简略。这能够折射出,当时士人专注于儒家经传,对子书并不是十分重视。根据《补后汉书艺文志》的著录,许慎注《淮南子》之前,子书训诂作品仅有程曾《孟子章句》1 种,而其后达到了 20 种。可见,经学的昏暗式微反而为学术自由提供了土壤,带来了士人学术趣向的变化,诸子典籍越来越受到关注。高诱大量训释子书,即是这一变化的产物。

再次,老庄及道教思想由微弱潜伏转入渐强显豁。

老子思想在汉代受过特殊的礼遇,但其中也有起伏。庄子思想除刘安和班固有专门研究外,[②]则基本处于偏废状态。西汉建立之初,《老子》结合《黄帝四经》,称为黄老学派,占据了学术的统治地位。随着儒家的崛起和汉武帝独尊儒术的文化政策,黄老思想被迫退居末位。至许慎之时,统治者只重用明经之士,对于道家思想更是默而不闻,老庄学派已经积衰而成微弱之势。同时,文人研习道

① 《孔丛子》卷下《连丛子下·第二十三》:“孔大夫谓季彦曰:‘今朝廷以下,四海之内,皆为章句内学,而君独治古义,治古义则不能不非章句,非章句内学则危身之道也。’”宋咸注曰:“西汉士论以经术为内学,诸子杂说为外学。季彦之时,方尚辞文,乃以章句为内学,经术为外学。”季彦延光三年(124)卒,是为许慎时人。孔大夫所说可以见出当时经学全盛而鄙薄其他学问的现状。

② 据方勇教授的考证,班固疑有《庄子章句》一书。参见《庄子学史》(第一册),人民出版社 2008 年版,第 276 ~ 278 页。

家经典的情况也不多见。马援治政用黄老术，宣称“颇哀老子，使得遨游”。[①] 范升“九岁通《论语》、《孝经》，及长，习《梁丘易》、《老子》，教授后生”，[②]淳于恭“善说《老子》，清静不慕荣名”，[③]高恢“少好《老子》，隐于华阴山中”。[④] 王充撰著《论衡》，也有选择性地吸纳了黄老学中的自然思想。[⑤] 但相较于经学极盛的气势来说，道家此时的学术地位是绝对的微弱。

安帝以来，上述情况得到了明显改观。一方面，最高统治者又一次公开承认老子的地位。“桓帝即位十八年，好神仙事。延熹八年，初使中常侍之陈国苦县祠老子。九年，亲祠老子于濯龙。”[⑥]另一方面，士人研习老庄者也渐渐多了起来。这个时期注疏和研究《老子》的作品就有马融《老子注》、刘陶《匡老子》、《老子想尔注》。而翟酺“好《老子》，尤善图纬、天文、历算”，[⑦]向栩“恒读《老子》，状如学道，又似狂生，好被发，著绛绡头”。[⑧] 更为突出的是，士人敢于继承老庄的批判精神，对最高统治者和腐朽经学作出批评。顺帝时，灾异屡见，郎顗上疏说：“老子曰：‘人之饥也，以其上食税之多也。’……今陛下圣德中兴，宜遵前典，惟节惟约，天下幸甚。”[⑨]桓帝时，宦官专朝，政刑暴滥，也屡见灾异，襄楷上疏说：“今陛下淫女艳

① 范晔《后汉书》，中华书局 1965 年版，第 836 页。

② 范晔《后汉书》，中华书局 1965 年版，第 1226 页。

③ 范晔《后汉书》，中华书局 1965 年版，第 1301 页。

④ 范晔《后汉书》，中华书局 1965 年版，第 2768 页。

⑤ 金春峰《汉代思想史》，中国社会科学出版社 1997 年修订版，第 537 ~ 540 页。

⑥ 范晔《后汉书》，中华书局 1965 年版，第 3188 页。

⑦ 范晔《后汉书》，中华书局 1965 年版，第 1602 页。

⑧ 范晔《后汉书》，中华书局 1965 年版，第 2693 页。

⑨ 范晔《后汉书》，中华书局 1965 年版，第 1060 页。

妇,极天下之丽,甘肥饮美,单天下之味,奈何欲如黄老乎?"①矛头直指最高统治者。约与高诱同时的仲长统,不仅志趣上企慕老庄之风,还把锋芒指向了几百年来被奉为神明的经学,声称要"叛散《五经》,灭弃《风》、《雅》"。② 这在经学昌明时代,几乎是不可想象的。在民间,道家思想也开始发挥作用,道教就是从黄老道衍生出来的。张角创太平道,张修为五斗米道,以去民病痛,企求长生为教旨,尤其符合汉末大乱中痛苦呻吟的百姓的精神利益。太平道"十余年间,众徒数十万,连结郡国,自青、徐、幽、冀、荆、杨、兖、豫八州之人,莫不毕应",③恐非偶然。

高诱正好生活在老庄及道教思想显豁渐强的时期,虽以经学为业,但必定也熟读道家典籍,接受道家思想的影响。他归纳《淮南子》之旨近《老子》,又说《吕氏春秋》所尚"以道德为标的,以无为为纲纪",即明显反映了他对道家思想的整体把握。高诱将《淮南子》归为道书一类,也是发前人之所未发。颓废的经学,需要新鲜元素的支援。高诱采用儒道互补,宣告了一个新的学术风尚的到来。相比之下,许慎注《淮南子》就显得比较"单纯",拓展得很不够,说明老庄思想与道家典籍并未引起他足够的重视。这不能仅仅说是许慎个人的问题,同时也是一个时代的问题。

第二节　许高二注的体例对比

所谓体例,通常是指著作的编写格式或文章的组织形式。一部训诂作品,往往能够表现出注家释文所遵循的一定的表述格式或习

① 范晔《后汉书》,中华书局 1965 年版,第 1082 ~ 1083 页。

② 逯钦立辑《先秦两汉魏晋南北朝诗》,中华书局 1983 年版,第 205 页。

③ 范晔《后汉书》,中华书局 1965 年版,第 2299 页。

惯。三国时期魏人何晏注《论语》自言:"今集诸家之善,记其姓名,有不安者颇为改易,名曰《论语集解》。"邢昺疏曰:"此叙《集解》之体例也。"①可知汉魏文人著书,已经开始注意书籍的编撰体例。体例代表了作者的一种著述风格,因此个人与个人之间、不同时代之间,都会存在差异。皮锡瑞说:"此皆魏、晋人所注经,②准以汉人著述体例,大有迳庭,不止商、周之判。"③即揭示了这一现象。许慎和高诱皆是东汉时人,他们注解《淮南子》的体例可能在某些方面近似,但更多方面都富有自己的特点。今本《淮南子》中,高注十三篇与许注八篇尽管杂处在一起,但倘若作一粗略考察,就能发现两者其实判然有别。高注十三篇和《吕氏春秋》高诱注、《战国策》高诱注的体例如出一辙,而许注八篇与之差别较大。

一、解题例

解题,又称作题解,是训诂学的一项重要内容。所谓解题,既可对书籍的作者、卷次、内容、版本作出说明,如陈振孙的《直斋书录解题》,又可对诗文的标题作出解说,如郗昂的《乐府古今解题》。④ 在训诂著作中,这一体例的形成也经历了一段时期。西汉初期的《毛诗诂训传》,就出现了解题体例的雏形。每一篇诗歌下都有解说,例如,"《关雎》,后妃之德也,风之始也,所以风天下而正夫妇也,故用

---

① 阮元校刻《十三经注疏》,中华书局1980年版,第2456页。

② 笔者按,今传《十三经》魏晋古注中,《周易注》、《论语集解》为魏人所撰,《左传集解》、《穀梁集解》、《尔雅注》为晋人所撰。

③ 皮锡瑞《经学历史》,中华书局2004年版,第113页。

④ 王尧臣《崇文总目》卷一《乐类》云:"原释唐郗昂撰,或云王昌龄撰,未详孰是。旧云《古今乐府解题》,又云古题所载曲名与吴竞所撰《乐府解题》颇异,复有唐李百乐辞,今定为《乐府古今解题》。"

之乡人焉,用之邦国焉”。[①] 又如,“《简兮》,刺不用贤也,卫之贤者仕于伶官,皆可以承事王者也”。[②] 此皆表现出毛亨、毛苌对于诗歌内容和主旨的认识,尽管有些牵强附会,但无疑具备了解题的性质。司马迁撰成《史记》,在《太史公自序》中说明和总结了每一篇的意旨,所谓“维昔黄帝,法天则地,四圣遵序,各成法度,唐尧逊位,虞舜不台,厥美帝功,万世载之,作《五帝本纪》第一”,[③]也是具有解题的性质。班固著《汉书》依旧继承了史公的这种写法。这些情况表明,汉代文人对立题、解题、结题均有很强的意识。桓谭《新论》云:“秦近君能说《尧典》篇目,两字之说至十余万言。”[④]《尧典》是《尚书》第一篇的篇名,秦近君仅解题就用去十多万字。虽然荒唐,但从反面可以说明,解题这一体例在当时的训诂作品中就比较成熟和流行了。

今本许注八篇和高注十三篇,每篇篇下皆存解语。由此推断,许慎和高诱对《淮南子》二十一篇的篇名肯定均作了解说。高注应当借鉴了许注的这一体例,但两者还是存在差别。

首先,从形式上看,高注解题皆有“故曰”、“因以题篇”字样,而许注全无。“故曰”属于推导和总结性的术语,即先推导篇名的具体内涵,再归结于篇名本身。“因以题篇”位于句末,意思是说“用来作为篇章的题目”。例如,《原道》之篇名,高诱注解:“原,本也。本道根真,包裹天地,以历万物,故曰原道,因以题篇。”又如,《天文》之篇名,高诱注解:“文者,象也。天先垂文象,日月五星及彗孛,皆谓以谴告一人,故曰天文,因以题篇。”再如,《地形》之篇名,高诱注解:“纪东西

① 阮元校刻《十三经注疏》,中华书局 1980 年版,第 269 页。

② 阮元校刻《十三经注疏》,中华书局 1980 年版,第 308 页。

③ 司马迁《史记》,中华书局 1959 年版,第 3301 页。

④ 严可均辑《全上古三代秦汉三国六朝文·全后汉文》,中华书局 1958 年版,第 545 页。

南北山川薮泽，地之所载，万物形兆所化育也，故曰地形，因以题篇。”均遵循这一套路。许注解题则没有使用这样鲜明的术语，而是围绕篇名，直接推衍其大义。如《缪称》之篇名，许慎注解：“缪异之论，称物假类，同之神明，以知所贵。”显然是把“缪称”一词拆分，别而述之。

其次，从作用上看，高诱解题是名副其实的专门针对文章标题的解说，而许慎非局限在解题层面，力图对整篇文章的大意作一整体把握。例如《要略》之篇，许慎注解：“凡《鸿烈》之书二十篇，略数其要，明其所指，字其微妙，论其大体。”不仅诠释了“要略”一词的义涵，还指出了此篇所要阐述的大体意旨。

高诱解题之所以与许慎不同，可能跟赵岐《孟子章句》的影响有关。高诱在校正完《孟子章句》之后，就紧接着注解《淮南子》。考《孟子章句》，《梁惠王》、《公孙丑》、《滕文公》、《离娄》、《万章》、《告子》、《尽心》等七篇，赵岐皆作了详细的题解，使用了“是以……题篇”、“故以题篇”、“因以题篇”、“故以名篇”、“因以题其篇”、“故以……为篇题”等术语。对于赵氏的这种解题，高诱自然十分熟悉，加以采纳也在情理之中。只是高诱将解题术语进一步规范下来，统一使用“因以题篇”而已。

二、释义例

训诂学中的释义，广义上也可指解释文章义理和阐明文章意义，狭义上则专指解释词义或句意。这里是以其狭义为讨论对象。现存最早的释义类专著——《尔雅》，不但分门别类罗列诂、言、训、亲、宫、器、乐、天、地、丘、山、水、草、木、虫、鱼、鸟、兽、畜等不同名词及名物，而且还形成了比较固定的释义体例。根据林寒生统计，《尔雅》使用“者、也”、“曰、为、谓之”、“言、道”、“如、似、类、状”、“惟”、

“所、以、所以”、“丑、属”、“焉”、“之为言”这些术语解释词义，共有1367例，占总条目的65%左右。① 许慎、高诱自少诵习古文经学，《尔雅》是其必修经典。许慎《说文解字》引《尔雅》约30例，高诱《淮南子注》和《吕氏春秋注》也引有13例，即可以说明这一点。许、高二人，甚至两汉士人，他们采用释义体例必定离不开《尔雅》的影响。不过，随着训诂学的不断成熟，释义体例也会产生变化和发展。许高二注释义体例之间的差异，即能够反映这种情况。

运用比较固定的释义术语，是释义体例最为直观的体现。许高二注所用术语大部分同于《尔雅》，当然也有不同于《尔雅》的术语。笔者网罗二注所用术语，对其出现次数进行了粗略统计：②

1. “某，某”、“某，某也”、“某者，某也”，这组释义术语在高注和许注中使用最为普遍，都是用判断句形式来解释词义，释者与被释者多为同义关系，其中“者”、“也”均是语气词。

2. “曰”，高注约157例，许注约6例；“为”，高注约100例，许注约27例；“谓之”，高注约58例，许注约10例。这组释义术语相当于现代汉语的“叫”或“叫做”，是采用下定义的方式，被释者一般居于术语之后。

3. “谓”，高注约104例，许注约32例。这个术语，一用于解释词语，二用于串讲句意，被释者一般居于术语之前。

4. “谓某为某”，高注约18例，许注约7例；“谓某曰某”，高注约1例，而许注无一例；“曰某为某”，高注约1例，而许注无一例；“名某曰

---

① 林寒生《〈尔雅〉训诂术语浅探》，《厦门大学学报》（哲学社会科学版）1997年第4期，第96～99页。

② 关于释义术语的分类和部分统计数据，参考了王明春《高诱训诂术语研究》一文。

某”，高注约2例，而许注无一例。这组术语相当于现代汉语“把……叫做……”，主要用来解释方言俗语，被释者一般居于末尾。

5.“犹”，高注约248例，许注约9例。这个术语相当于现代汉语的“如同”，被释者一般居于术语之前。

6.“亦”，高注约18例，而许注无一例；“互文”，高注约4例，而许注无一例。这组术语相当于现代汉语的“也是”，主要用于揭示原文的同义避复现象。

7.“貌”，高注约26例，许注仅1例；“之貌”，高注约26例，而许注无一例。这组术语相当于现代汉语的“……的样子”，用以说明事物或行为的性质、状态。

8.“属”，高注约7例，许注约2例；“之属”，高注约26例，许注仅1例；“类”，高注约3例，许注仅1例；“之类”，高注约4例，许注仅1例。这组术语在于指明事物类属关系或共同特征。

9.“所以”，高注约25例，许注约8例。这个术语相当于现代汉语的“用来”，主要说明事物的工具属性。

10.“则”，高注约2例，而许注无一例。这个术语相当于现代汉语的“就是”。

11.“之言”，高注约1例，而许注无一例。这个术语是表示用声训法来探究词义。

12.“喻”，高注约74例，许注约2例。这个术语用来提示被释者的比喻意义。

13.“言”，高注约262例，许注约40例。这个术语多用于串讲大意，或总括一句话的中心思想，被释者一般居于术语之前。

14.“故”，高注约194例，许注约48例；“故曰”，高注约312例，许注仅1例。这组术语用来推导句中说法所以如此的原因。

依据上面的统计来分析，许高二注的释义体例大同小异，说明古文经学家的训诂形式在东汉已接近于规范和定型。从细微处看，高诱最习惯使用“曰”、“为”、“谓”、“犹”、“喻”、“言”、“故”、“故曰”等术语，许慎则习惯使用“为”、“谓”、“言”、“故”等术语。相较之下，高诱释义不但术语繁多，体式丰富，而且能够利用术语使词语训诂更加细致，而许慎释义使用术语的频率远不如高注，释义的细致程度也不如高注。例如，《本经训》“阴阳储与，呼吸浸潭”，高注：“储与，犹尚羊，无所主之貌也，一曰褒大貌也。”《要略》篇“合三王之风，以储与扈冶”，许注：“储与，犹摄业。”同是解释“储与”一词，高注连用“犹”、“之貌”、“一曰”等术语，形象细致，而许注仅用“犹”，指出与“摄业”同义，他的说解令人难以明了。

三、注音例

为汉字标举音读起于何时，如今已不能考定。郑玄注《周礼》大量引用了郑大夫（郑兴）、郑司农（郑众）、杜子春所举音读，《说文解字》也有两次引用贾逵的音读。① 此四人均生活在东汉初期，表明当时给汉字注音已经成为一种流行的训诂方法。根据洪亮吉《汉魏音》的搜辑，汉魏学者在注释中标举音读者，有郑兴、贾逵、郑众、杜子春、许慎、何休、服虔、郑玄、应劭、高诱、邓展、孟康、薛综、韦昭、李斐、张晏、李奇、如淳、文颖、王氏、庶氏等20余人，足见汉魏音韵研究之盛。作为训诂工作中的一项重要内容，注音亦形成了相对固定的体例。段玉裁总结说：“汉人作注，于字发疑正读，其例有三：一曰读如、读若；二曰读为、读曰；三曰当为。读如、读若者，拟其音也。古无反语，故为比方之词。读为、读曰者，易其字也，易之以音相近

① 《说文·辵部》：“迣，前颉也。从辵市声。贾侍中说：一读若桧，又若郅。”又《囧部》：“囧，窻牖丽廔闿明。……读若犷，贾侍中说：读与明同。”

之字,故为变化之词,比方主乎同,音同而义可推也。……当为者,定为字之误、声之误而改其字也。”①高诱注《淮南子》、《吕氏春秋》固当如此,而许慎注《淮南子》又另当别论。

高注十三篇标举音读近300例,若以段玉裁所说为准,那么也可分成拟音和改读两大类。所谓拟音,即用本字或他字来拟定该字的读音,两者之间并不一定具有意义上的关联。高注中的拟音例基本上以“某读某某之某”、“某读如某某之某”、“某读若某某之某”、“某读近某”、“某读似某”、“某读某某同”为模式。例如:

1.《原道训》“甚淖而滒”,高注:“滒,读歌讴之歌。”

2.《俶真训》“今夫冶工之铸器”,高注:“铸,读如唾祝之祝也。”

3.《天文训》“月死而蠃蛖膲”,高注:“膲,读若物醮少之醮也。”

4.《修务训》“虽粉白黛黑弗能为美者,嫫母、仳倠也”,高注:“倠,读近虺。”

5.《本经训》“是以松柏箘露夏槁”,高注:“箘,读似纶。”

6.《说林训》“使但吹竽”,高注:“但,读燕言‘钽’同也。”

以上诸例,都是纯粹描述某一汉字的读音情况,并不兼具释义的功能。“所谓改读者,照原文读不可解,而必易其字以通其音义,即注中每云‘某读为某’、‘某读曰某’是也。”②可见,改读不同于拟音,是音义兼释的一种注音体例。高注中也时见此类音读,例如,《地形训》“有跂踵民、句婴民”,高注:“句婴读为九婴,北方之国也。”③又如,《本

① 段玉裁《周礼汉读考·序》,清嘉庆三年(1798)刻本。《续修四库全书》第80册有影印本。

② 张舜徽《郑学丛著》,齐鲁书社1984年版,第119~120页。

③ 《本经训》高注:“九婴,水火之怪,为人害。”后引申为蛮夷、暴乱之地,如《四库全书总目提要·圣祖仁皇帝御制文集》:“于时方戡定九婴,削平三蘖,而念勤访落,化著观文。”可知,高注确有释义的一面。

经训》“开阖张歙，不失其叙”，高注：“歙读曰胁。”①

许注八篇亦存在少量音读，然其体例与高注皆不相类。许注基本采用“某音某”的模式，②例如，《齐俗训》“必有菅屩跐蹻、短褐不完者”，许注：“跐，偶也，音此。”又如，《道应训》“玄豹黄罴青犴”，许注：“音岸。犴，胡地野犬也。”这类注音体例一般用于描述生僻字的读音，许注中凡12例。但是，刘文典认为这是后人掺入所致，他说：“汉代诸师，皆言‘读’不言‘音’。凡言某音某，皆后人所加。”③刘氏的话有一定道理。就拿《说文解字》来说，即无一例这样的音读，几乎所有注音体例都采用“某读若某”、“某读与某同”两种模式。因此，许注八篇中“某音某”这类直音注法基本上可以视作伪注。但洪亮吉《汉魏音》却辑录了汉儒服虔、应劭很多的“某音某”音读，所以又很难完全肯定是伪注，姑且存疑。此外，《齐俗训》、《道应训》两篇甚至出现了反切形式的音读。如《齐俗训》“角觤不厌薄”，“觤”字音注为“鱼沼反”。又《道应训》“大司马捶钩者年八十矣”，“捶”字音注为“睹果反”。④ 反切注音法最早产生于何时，至今也是个疑问，学术界大都认为至少是在汉末。依此而言，许慎不可能对反切法加以应用，这类音读必是后人掺入无疑。

---

① 《后汉书·张衡传》“我不忍以歙肩”，李贤注曰：“歙，亦胁也。”两者字义亦通。

② 今存最早善本北宋本影抄本以及明道藏本中，许注八篇中存有一些音读，而后世某些刊本已将其删除。本节所引许注音读，全部依据四部丛刊本《淮南子》。

③ 刘文典《三馀札记》，黄山书社1990年版，第95页。

④ 《广韵》卷三：觤，居夭切，上小见，宵部。又卷三：捶，之累切，上纸章，微部。两字读音皆与《淮南注》相异，尤其是“捶”字变化最大，声部和韵部已完全不同。可知这些音注当是北宋以前人所加。

四、引书例

汉人注疏引书以为证,盖起于古文经学大兴之际。考之《毛诗诂训传》、河上公《老子章句》,均未见引书之例。许慎自云博采通人,广引《易》、《书》、《诗》、《周官》、《左传》、《论语》、《孝经》等书而著《说文解字》。马融评说郑众注《左氏春秋》博而不精。赵岐作《孟子章句》说:“惟六籍之学,先觉之士释而辩之者,既已详矣。儒家惟有《孟子》闳远微妙,缊奥难见,宜在条理之科。于是乃述已所闻,证以经传,为之章句,具载本文,章别其旨,分为上、下,凡十四卷。”①郑玄注《三礼》也是博征《尚书》、《诗经》、《周易》、《春秋传》、《尔雅》、《论语》、《孟子》、《孝经》、《老子》、《管子》诸书。高诱乃继汉儒训诂之统,注解《淮南子》同样是“参以经传道家之言,比方其事”。由此可知,引书为证亦成了东汉学者训诂的一种固定体例。

前面已经详细统计,高诱引书近30种,主要用于比附原书文句、解释名物典章、拟定音读、正字勘误等方面。其体例几乎都是“某某曰”、“某某云”,直接标明引自何书何人。例如,《精神训》“非能使人勿乐也,乐而能禁之”,高注:“《论语》曰‘不义而富且贵,于我如浮云’也。”又如,《修务训》“伊尹负鼎而干汤”,高注:“《诗》云‘实惟阿衡,实左右商王’是也。”当然也有极少数引用书中言论,却不言其名者。如《修务训》“虽阖棺亦不恨矣”,高注:“‘朝闻道,夕死可矣’,何恨之有乎!”此语显然是出自《论语·里仁》之篇。

大概是专注于《说文解字》的撰作,或者只是完成官方的校书任务,或者因时间太短,许慎注解《淮南子》并没有朝着高注旁征博引

① 阮元校刻《十三经注疏》,中华书局1980年版,第2663页。

的方向发展。许注引书不仅种数非常有限，而且体例也不明朗，大都属暗引，不直接标明书名，多称“某某人曰”。今从许注八篇辑得引书数条：

1.《缪称训》：“故《传》曰：‘鲁酒薄而邯郸围。’”许注：“鲁与赵俱朝楚，献酒于楚，鲁酒薄而赵酒厚。楚之主酒吏求酒于赵，不与，楚吏怒，以赵所献酒于楚王易鲁薄酒。楚王以为赵酒薄，而围邯郸。一曰：赵、鲁献酒于周也。事见《庄子》。”笔者按，《庄子·胠箧》篇：“故曰唇竭则齿寒，鲁酒薄而邯郸围，圣人生而大盗起。”

2.《缪称训》：“人能尊道行义，喜怒取予，欲如草之从风。”许注：“草上之风必偃。”笔者按，《论语·颜渊》篇：“君子之德风，小人之德草，草上之风必偃。”

3.《齐俗训》：“周人之礼，其社用栗，祀灶。”许注：“邹子曰：‘五德之次，从所不胜，故虞土、夏木、殷金、周火。’”笔者按，《汉书·艺文志》著录《邹子》四十九篇及《邹子终始》五十六篇，今亡。

4.《齐俗训》：“武王伐纣，载尸而行。”许注：“伯夷曰：‘父死未葬，爰及干戈，何谓孝乎？’”笔者按，《史记·伯夷列传》篇：“伯夷、叔齐叩马而谏曰：‘父死不葬，爰及干戈，可谓孝乎？以臣弑君，可谓仁乎？’”

5.《齐俗训》：“王若欲久持之，则塞民于兑。”许注：“老子曰：‘塞其兑也。’”笔者按，今本《老子》第五十二、五十六章皆云“塞其兑，闭其门”。

6.《人间训》：“汤教祝网者，而四十国朝。”许注：“昔汤出，见四面张网者，汤教去其三面，祝曰：‘欲上者上，欲下者下，无入吾网。’”笔者按，《史记·殷本纪》篇：“汤出，见野张网四面，……乃去其三面，祝曰：‘欲左，左；欲右，右。不用命，乃入吾网。’”

7.《泰族训》：“师旷曰：‘此亡国之乐也。’”许注：“师旷曰：‘纣以师延作靡靡之乐。纣亡,师延东走,自投濮水而死,得此音必于濮上也。'"笔者按,《史记·乐书》篇:"师旷曰:'师延所作也,与纣为靡靡之乐。武王伐纣,师延东走,自投濮水之中,故闻此声必于濮水之上,先闻此声者国削。'"

8.《泰族训》:"晋献公之伐骊,得其女,非不善也,然而史苏叹之。"许注:"晋献公得骊姬,使史苏占之,史苏曰:'挟以衔骨,齿牙为祸也。'"笔者按,《史记·晋世家》篇:"初,献公将伐骊戎,卜曰:'齿牙为祸。'"

通过上面的材料可知,许注引书仅出于《庄子》、《论语》、《史记》、《老子》等书,大多直引其言,基本是用以诠释史事。这远不能与高注引书相比肩,与《说文》引书也不可同日而语。

五、存异例

所谓存异,是指注疏家在申述自己观点的同时又保留他人不同的说法。此种注解体例对于死守师法、家法的今文学者来说比较陌生,即使那些不够宏通的古文学者来说,也比较罕见。存异例最习惯的表达方式是采用"一曰"、"一说"、"或曰"、"或说"。当然,每位注疏家时常也会有自己的表述特点。例如,赵岐的《孟子章句》有时就使用了"一说云"、"一说曰"等术语;郑玄注《三礼》很多时候是先引用郑司农或杜子春的说法,然后接着以"玄谓"之语来展开自己的看法。尽管具体的表达方式可能存在差别,但保存异说,欲求通达的本质并没有改变。存异例的广泛采用,在一定程度上突破了师法、家法的限制,给章句之学注入了新的活力。

高诱为人正直、谦逊,为学亦谨慎、朴实。他不会轻易否定别人的观点,遇到有价值或者合理的说法便会加以吸纳和保存。仅高注十三篇,辑存异说就达126例,[①]其中以"一曰"表述者68例,以"一说"表述者47例,以"一说曰"表述者2例,以"或曰"表述者8例,以"或说"表述者1例。高注的存异例一般有两种或两种以上的说法并存。对于这些说法,高诱都表示认同,甚至能够各自加以运用。例如,《本经训》"阴阳储与",高注:"储与,犹尚羊,无所主之貌也,一曰褒大貌也。"而《俶真训》"储与扈冶",高诱直接注为:"储与扈冶,褒大意也。"显然仅取一说。又如,《俶真训》"神游魏阙之下",高注:"魏阙,王者门外阙也,所以县教象之书于象魏也,巍巍高大,故曰魏阙。……一曰:心下巨阙,神内守也。"而《吕氏·开春论·审为》篇"心居乎魏阙之下",高注:"魏阙,心下巨阙也,言神内守也。一说:魏阙象魏也,悬教象之法,浃日而收之,魏魏高大,故曰魏阙。"只是将两种解释的位置倒换了过来。

许慎治学同样追求博通,《说文解字》保存异说高达760多例,但许注八篇仅有7例,其中以"一曰"表述者4例,以"或曰"表述者3例。不过,许注使用此二者存在较大差别,"一曰"意谓"另一说",而"或曰"意谓"有人说"。例如:

1.《缪称训》"人之困慰者也",许注:"慰,可蹶也。一曰:慰,极。"

2.《道应训》"以临方皇",许注:"方皇,水名也。一曰:山名。"

3.《兵略训》"宇中六合",许注:"或曰宇中,四宇也。"

4.《人间训》"高阳魋将为室",许注:"或曰高阳魋,宋大夫。"

很显然,例1、例2皆两说并存,而例3、例4均只一说。许注采用"或曰",可能是因为许慎对此暂无说法,故借他人观点予以充当,

① 《吕氏春秋注》大约也有28例,其中"一曰"18例,"或曰"4例,"一说"6例。

实际上仍为保存异说。这里要特别指出的是,《说文》的存异体例与许注相合,全部使用“一曰”、“或曰”、“或说”,而不用“一说”,而高诱则喜用“一说”这个术语。可见,两人保存异说的表述习惯也是有区别的。

除了上述解题例、释义例、注音例、引书例、存异例之外,高注十三篇的注解体例还包括称引师说例、校勘例和阙疑例,而许注八篇三者全无。两汉儒者或多或少都留有师法、家学的意识。尊其师,并重其道,乃是当时的美德。高注采纳师说,尊称“先师说然也”、“师说如此”、“先师说云也”,不呼师名,谨慎至极。许慎《说文》也引有业师贾逵的说法,同样不呼师名,用“贾侍中”以表尊称,可惜许注八篇不见称引。校勘例和阙疑例,本书第三章第二节已有讨论,此不复述。考《吕氏春秋注》和《战国策注》两书,高诱以“或作”表示校勘,前者约 26 例,后者约 4 例;以“未闻”、“不敏”表示阙疑,前者约 14 例,后者约 2 例。由此而言,校勘和阙疑也应当是高诱一以贯之的注解体例。许注八篇未出现这两者,大概与许慎的治学方向有关。

第三节 许高二注诂训异同考

在考较许高二注诂训异同之前,我们先谈谈这两者的关系。由于时间先后不同,许注在前,高注在后,相隔百年,故两者关系就基本体现在高注对许注有无承袭上。高注具有集注的性质,可惜没有像何晏《论语集解》一样记录诸家的姓名,因而渺茫难详。陶方琦认为,高注中有言某或作某者,有言一曰某某者,多为许说,虽不尽然,但也可作为一个切入点来加以考察。考高注十三篇,其中“某或作某”、“一曰某某”这类释文,确有不少与许注存在相合的地方。例如:

1.《淮南子》曰:“昔冯迟、太白之御,六云霓,游微雾,骛忽荒。”许慎曰:“冯迟、太白,河伯也。”①而《原道训》“昔者冯夷、大丙之御也”,高注:“夷或作迟也,丙或作白,昔古之得道能御阴阳者也。”

2.《淮南子》云:“骑飞龙,从淳圉。”许慎曰:“淳圉,仙人也。”②而《俶真训》“骑蜚廉而从敦圄”,高注:“敦圄,似虎而小。一曰:仙人名也。”

3.《史记索隐》卷六十九引:“许慎注《淮南子》以为南方谿子蛮夷,出柘弩及竹弩。”③而《俶真训》“谿子之弩”,高注:“谿子,为弩所出国名也。或曰:谿子,蛮夷也。”

4.《淮南子》曰:“烛龙在雁门北,蔽于委羽之山,不见日,其神人面龙身而无足。”许慎注云:“不见日,故龙以目照之,盖长千里,开为昼,瞑为夜,吹为冬,呼为夏。”④而《地形训》高注:“蔽,至也。委羽,北方山名也。一曰:龙衔烛以照太阴,盖长千里,视为昼,瞑为夜,吹为冬,呼为夏。”

5.《淮南子》云:“尧之时,窫窳、封豕、凿齿,皆为人害。”《文选注》又引其注文:“窫窳,类貙,虎爪,食人。”⑤且《说文·豸部》:“猰貐,似貙,虎爪,食人,迅走。”而《本经训》高注云:“猰貐,兽名也,状若龙首。或曰:似狸,善走而食人,在西方也。”

6.《汉书》颜师古注引许慎之说:“钜鹿之大桥,有漕粟也。”⑥而《主术训》“发巨桥之粟”,高注:“巨桥,纣仓名也。一说:巨鹿漕运

---

① 《文选》卷三十四李善注《七发》引,第483页。

② 《史记》卷一百一十七《司马相如列传》司马贞《索隐》引,第3027页。

③ 《史记》卷六十九《苏秦列传》司马贞索隐引,第2251页。

④ 《初学记》卷三《岁时部》引,第59页。

⑤ 《文选》卷九李善注《长杨赋》引,第136页。

⑥ 《汉书》卷四十《张陈王周传》颜师古注引,第2030页。

之桥粟。”

7.《缪称训》许注:“子阳,郑相也,尚刑而劫死。”而《氾论训》“郑子阳刚毅而好罚”,高注:“子阳,郑君也。一曰:郑相。”

8.《淮南子》曰:“段干木,晋国之大驵,而为文侯师。”许慎注曰:“驵,市侩也。”[①]而《氾论训》高注:“驵,骄怚。一曰:驵,市侩也。”

9. 杜佑《通典》引许慎曰:“曼声,长声也。”[②]而《氾论训》“侯同曼声之歌”,高注云:“二人善歌。一曰:曼,长。”

这些例子可以确证不疑地说明,高注对许注确实存在承袭关系。这种承袭关系主要体现在,高诱有选择性地袭取了许慎的注释成果,以及部分地保留了《淮南子》许本的异文。我们可以想见,高诱为《淮南子》作注的时候,案头常放着许君的注本。因此,许高二注在诂训方面出现相同或相近的释义也当属正常现象。

陶方琦撰《淮南许注异同诂》,在辑佚许注的同时又罗列相关高注,并且作出了一定程度的辨析,从而能够显示两者诂训的异同。关于这一部分内容,就无须赘述了。笔者此处要考较的对象,主要是许注八篇与高注十三篇中的相关释文。但由于许注八篇和高注十三篇都分属不同的篇目,要对比在完全相同语境下二注的异同,已经没有可能了。鉴于注疏著作一般随文为释,不同语境有不同的解释,而考较两家注文的异同应该尽量在相同语境中,所以我们通过以下四种途径寻找相同语境下的许高二注:

第一,《淮南子》由集体编撰,书中难免会重复出现同一文句。许注八篇和高注十三篇中有关这些文句的训解,应当视作在相同语境下。

---

① 《太平御览》卷八百二十八引,第 3694 页。

② 《通典》卷一百四十五《乐五·歌》引,中华书局 1988 年版,第3699 页。

第二,《淮南子》袭用了《吕氏春秋》的很多材料和观点,高诱恰恰对二书都作了注。同一人的注释,基本能够保持一致。故而丢失的八篇高注的部分注文,可以用《吕氏春秋》高注补之。①

第三,对于名物的训诂,一般不依赖上下文,其义比较固定。许注八篇和高注十三篇中重复出现的名物不在少数。

第四,方言大多包含约定俗成和固定成形的词语,其义一般不受语境的约束。《淮南子》大量运用楚语,许注八篇和高注十三篇中重复使用的楚语也不在少数。

这四条途径大体能够保证在相同条件下考较许高二注诂训的异同,为我们进一步认识许注与高注之间的差异提供最有力的依据。

1.《缪称训》"在混冥之中,不可谕于人",许注:"混冥,人心中也。"《本经训》"万民莫相侵欺暴虐,犹在于混冥之中",高注:"混,大也,大冥之中,谓道也。"②

按:混冥,一作混溟,首见于《邓析子》:"故终颠殒乎混冥之中,而事不觉于昭明之术。"③其义与昭明相对,是指混沌不分的状态。《庄子》亦见该词:"致命尽情,天地乐而万物销亡,万物复情,此之谓混冥。"成玄英说:"故能视万物之还原,睹四生之复命,是以混沌无分而冥同一道也。"④即天地合一,万物销亡,复归于浑朴。《淮南子》使用该词有6次之多,其义皆近于庄子所论。高注以"混冥"指称"道",不失原书本意。许注以为"人心中",则有失其本。

2.《缪称训》"崇侯、恶来,天非为纣生之也",许注:"崇侯,纣时

① 第一章第三节辑出高注佚文70余条,其中很多也可以跟许注相考较。因为篇幅的关系,这里暂不讨论。

② 又《览冥训》"大通混冥",高注:"混冥,大冥之中,谓道也。"

③ 邓析《邓析子》,上海古籍出版社1990年版,第5页。

④ 郭庆藩《庄子集释》,中华书局1961年版,第443页。

诸侯也。恶来，纣之臣，秦之先也。”《吕氏·仲春纪·当染》“殷纣染于崇侯、恶来”，高注：“崇，国；侯，爵；名虎。恶来，嬴姓，飞廉之子，纣之谀臣。”①

按：殷商时代虽实行分封，但诸侯国相对独立，自主权很大，其国君称作“侯”。纣王时，西伯侯昌、九侯、鄂侯、崇侯虎都是大诸侯。崇国，故城在今陕西西安户县一带。《史记·秦本纪》：“蜚廉生恶来。恶来有力，蜚廉善走，父子俱以材力事殷纣。”②又《史记·赵世家》：“其后世蜚廉有子二人，而命其一子曰恶来，事纣，为周所杀，其后为秦。”③可知，恶来确属纣王的大臣而非诸侯，也是秦的祖先。许高二注释名各异，当可互为补充。

3.《缪称训》“故孝己之礼可为也”，许注：“孝己，殷王高宗之子也。”《战国策》“孝己爱其亲”，高注：“孝己，殷王高宗戊丁之子也。”④

按：《史记·封禅书》：“后十四世，帝武丁得傅说为相，殷复兴焉，称高宗。”⑤殷高宗名为“武丁”，而高注称“戊丁”，当是讹传，亦或是“武”、“戊”音近而通。今本《竹书纪年·殷纪·武丁》：“二十五年，王子孝已卒于野。”⑥《庄子·外物》：“人亲莫不欲其子之孝，而孝未必爱，故孝已忧而曾参悲。”⑦又《楚辞章句》：“自明智之王，

---

① 又《吕氏·孝行览·必已》高注：“恶来，飞廉之子，纣谀臣也，武王杀之。”

② 司马迁《史记》，中华书局1959年版，第174页。

③ 司马迁《史记》，中华书局1959年版，第1779页。

④ 刘向辑《战国策》卷三，上海古籍出版社1985年，第128页。又《吕氏·孝行览·必已》高注：“孝已，殷王高宗子也。”

⑤ 司马迁《史记》，中华书局1959年版，第1356页。

⑥ 王国维《今本竹书纪年疏证》卷上，转自方诗铭等《古本竹书纪年辑证》，上海古籍出版社1981年版，第225页。

⑦ 郭庆藩《庄子集释》，中华书局1961年版，第920页。

尚不能觉悟善恶之情，高宗杀孝己是也。”①可证孝己乃殷高宗之子，故二注相同。

4.《缪称训》“召公以桑蚕耕种之时弛狱出拘”，许注：“召公，周太保也。”《吕氏·恃君览·达郁》“周厉王虐民，国人皆谤，召公以告曰”，高注：“召公，周大夫召公奭也。”

按：“召”读曰“邵”。《大戴礼记·保傅》：“昔者周成王幼，在襁褓之中，召公为太保，周公为太傅，太公为太师。”②又《尚书·周书·顾命》：“成王将崩，命召公、毕公，率诸侯相康王，作《顾命》……乃同召太保奭、芮伯、彤伯、毕公、卫侯、毛公、师氏、虎臣、百尹、御事。”③可见，终成王一世召公奭皆任太保。自周成王至厉王，共历八代，近200余年，可知成王时的召公绝非厉王时的召公，高诱实属误注。韦昭注《国语》说：“邵公，邵康公之孙穆公虎也。”④认为厉王时的召公是召公奭的孙子，亦未可信，但召公后代世袭其名爵则是可信的。

5.《缪称训》“老子学商容，见舌而知守柔矣”，许注：“商容，神人也。”《主术训》“表商容之闾”，高注：“商容，殷之贤人，老子师。”⑤

按：史书载有商容此人，《尚书·周书·武成》：“释箕子囚，封比干墓，式商容闾。”⑥《史记·殷本纪》：“商容贤者，百姓爱之，纣废

---

① 洪兴祖《楚辞补注》，中华书局1983年版，第34页。
② 阮元校刻《十三经注疏》，中华书局1980年版，第237页。
③ 王聘珍《大戴礼记解诂》，中华书局1983年版，第49～50页。
④ 徐元诰《国语集解》，中华书局2002年版，第10页。
⑤ 又《吕氏·审应览·离谓》高注：“商容，纣时贤人，老子所从学者也。”
⑥ 阮元校刻《十三经注疏》，中华书局1980年版，第185页。

之。”[①]但都未言明是老子之师。“老子学商容”一事，在刘向《说苑》、皇甫谧《高士传》中却有详细叙述。《说苑》“商容”作“常摐”。而《孔丛子》载老莱子对子思说：“子不见夫齿乎？齿坚刚，卒尽相磨；舌柔顺，终以不弊。”[②]与商容教给老子的道理相同。若老莱子、老子为同一人，那商容就不可能是殷商纣王时期的人；若商容为殷商纣王时期的人，就不可能是老子的老师。难怪皇甫谧也叹言：“商容，不知何许人也。”[③]再者，老子的身世，传说纷纭，无法确定。因此，高诱的观点就不可能得到确证。许慎干脆以“神人”称之，虽然笼统，但不失为一种容易避免错误的注释方法。

6.《缪称训》“吴铎以声自毁”，许注：“铎，大铃，出于吴也。”《说林训》“毁钟为铎”，高注：“铎，大铃，金口木舌为木铎，金舌为金铎。”[④]

按：铎，古人常用乐器之一，用于宣布教令或服务战事。郑玄说：“铎，大铃也，振之以通鼓。”[⑤]又说：“文事奋木铎，武事奋金铎。”[⑥]应是“铎”之常训。许高二注亦近同，但高注更为具体。《太平御览》引《三礼图》曰：“铎，今之铃，其铸铜为之，木舌为木铎，金舌为金铎也。”[⑦]正是承高注而来。

7.《缪称训》“子阳以猛劫”，许注：“子阳，郑相也。”《氾论训》

---

① 司马迁《史记》，中华书局1959年版，第107页。

② 孔鲋《孔丛子》，丛书集成初编本，商务印书馆1936年版，第66页。

③ 皇甫谧《高士传》，《丛书集成新编》第101册，第565页。

④ 又《时则训》高注：“铎，木铃也，金口木舌为铎。”《氾论训》高注：“铎，铃，金口木舌，合为音声。”《吕氏·仲春纪·二月纪》高注：“铎，木铃也，金口木舌为木铎，金舌为金铎。”

⑤ 阮元校刻《十三经注疏》，中华书局1980年版，第721页。

⑥ 阮元校刻《十三经注疏》，中华书局1980年版，第655页。

⑦ 李昉《太平御览》，中华书局1960年版，第1552页。

"郑子阳刚毅而好罚",高注:"子阳,郑君也,一曰郑相。"①

按:《史记·郑世家》:"(繻公)二十五年(前398),郑君杀其相子阳。"②是以子阳为郑相。许慎即认同这一说法。然《韩非子·说疑》:"故周威公身杀,国分为二;郑子阳身杀,国分为三。"③似又是以子阳为郑君。高诱在注文里并采了这两种观点。

8.《缪称训》"纣为象箸而箕子叽",许注:"叽,唬也,知象箸必有玉杯,为杯必极滋味。"《说山训》"纣为象箸而箕子唏",高注:"见象箸知当复作玉杯,有玉杯必有熊蹯豹胎,以极广侈,故箕子为之惊号啼也。"

按:叽、唏音近义通。《说文·口部》:"唬,嗁声也。"与高注所谓"号啼",都是指哭泣之声。细观二注,可知高诱在许注的基础上又作了进一步的延伸。④

9.《缪称训》"鲁以偶人葬而孔子叹",许注:"偶人,桐人也,叹其象人而用之也。"《说山训》"鲁以偶人葬而孔子叹",高注:"恶其象人而用之,知后世必用殉,故孔子为之长叹也。"

按:《事物纪原》卷九:"今丧葬家于圹中置桐人,有仰视俯听,乃蒿里老人之类。"⑤桐人应是殉葬的偶人。又用于巫蛊术,如《太

---

① 《离俗览·适威》篇高注同。又《吕氏·孝行览·首时》高注:"子阳,郑相,或曰郑君,好行严猛。"《吕氏·先职览·观世》高注:"子阳,郑相,一曰郑君。"

② 司马迁《史记》,中华书局1959年版,第1776页。

③ 王先谦《韩非子集解》,中华书局1998年版,第404~405页。

④ 《韩非子·说林》:"纣为象箸而箕子怖,以为象箸必不盛羹于土铏,则必犀玉之杯;玉杯象箸必不盛菽藿,则必旄象豹胎;旄象豹胎必不衣短褐而舍茅茨之下,则必锦衣九重,高台广室也。"许高二注亦当自此来。

⑤ 高承《事物纪原》,中华书局1989年版,第480页。

平御览》引《三辅旧书》:“江充为桐人长尺,以针刺其腹,埋太子宫中。”①《论衡·薄葬篇》:“故鲁用偶人葬,孔子叹。睹用人殉之兆也,故叹以痛之。”②许慎未能揭示此意,高诱则对许注加以改进,趋同王充之说。

10.《齐俗训》“故有大路、龙旂”,许注:“大路,天子车也。”《主术训》“大路不画”,高注:“大路,上路,四马车也。天子驾六马。”③

按:孔颖达说:“路训大也,君之所在,以大为号。……故人君之车通以路为名也。《周礼·巾车》‘掌王之五路’,郑玄云‘王在焉曰路’,彼解天子之车,故云王在耳。其实,诸侯之车亦称为路。”④大路既可指天子车,又可指诸侯车。何休说:“礼,天子大路,诸侯路车,大夫大车,士饰车。”⑤由此可知,许慎以为天子车,采今文说;高诱以为诸侯车,采古文说。

11.《齐俗训》“必有菅屩跐踦、短褐不完者”,许注:“楚人谓袍为短褐大布。”《览冥训》“短褐不完”,高注:“短褐,处器物之人也,短或作裋字。褐,毛布,如今之马衣也。”

按:二注迥异。“短”通作“裋”。颜师古说:“裋者,谓僮竖所著布长襦也。褐,毛布之衣也。”⑥许慎以“短褐”为楚语,释义取自《方言》,⑦高诱则析而注之。

12.《齐俗训》“夫胡人见黂,不知其可以为布也”,许注:“黂,麻

---

① 李昉《太平御览》,中华书局1960年版,第3704页。
② 黄晖《论衡校释》,中华书局1990年版,第965~966页。
③ 又《氾论训》“戴天子之旗,乘大路”,高注:“大路,上路也。”
④ 阮元校刻《十三经注疏》,中华书局1980年版,第1741页。
⑤ 阮元校刻《十三经注疏》,中华书局1980年版,第2328页。
⑥ 班固《汉书》,中华书局1962年版,第3073页。
⑦ 张双棣《淮南子校释》,第707页。

子也。”《说林训》“麖不类布，而可以为布”，高注：“麖，麻之有实者。”①

按：《尔雅·释草》：“麖，枲实。”枲，亦即麻。许注释作麻子，应是俗称，实与高注同。

13.《齐俗训》“若风之过箫也”，许注：“箫，籁。”《时则训》“命乐师修鞀鞞琴瑟管箫”，高注：“箫，今之歌箫是也。”②

按：《说文·竹部》：“箫，参差管乐，象凤之翼。”与许注相异。郭璞说：“箫，一名籁。”③应是采自许注。

14.《齐俗训》“狟狢得埵防”，许注：“埵，水埒也。防，堤。”《说林训》“窟穴者托埵防”，高注：“埵防，高处防堤也。”

按：《说文·土部》：“埒，卑垣也。”水埒，即是阻挡水流的堤坝。许注将“埵防”析分而注，而高注视为复合词，但两者释义实同。

15.《齐俗训》“芜涉而不得清明者，物或堁之也”，许注：“堁，坋尘也。”《说林训》“扬堁而欲弭尘”，高注：“堁，土尘，楚人谓之堁。”④

按：《说文·土部》：“坋，尘也。”坋尘亦即土尘，二注实同。然高诱以“堁”为楚语。

16.《齐俗训》“若玺之抑埴”，许注：“玺，印也。”《时则训》“固封玺”，高注：“玺，印也。”⑤

---

① 又《说山训》“见麖而求成布”，高注：“麖，麻之有实者，可以为布。”

② 又《吕氏·仲夏纪·五月纪》高注：“箫，今之歌竹箫也。”

③ 阮元校刻《十三经注疏》，中华书局1980年版，第2602页。

④ 《说山训》高注同。又《主术训》“譬犹扬堁而弭尘”，高注：“堁，尘塺也，楚人谓之堁。”

⑤ 又《吕氏·孟冬纪·十月纪》高注：“玺，印封也。”

按:郑玄说:“玺者,印也。”[①]《史记索隐》引韦昭云:“天子印称玺,又独以玉。”[②]可知“印”乃“玺”之通称,二注故同。

17.《齐俗训》“三苗髽首”,许注:“三苗之国,在彭蠡、洞庭之野。”《地形训》“三苗民”,高注:“三苗,国名也,在豫章之彭蠡。”[③]

按:《史记·孙子吴起列传》:“昔三苗氏左洞庭,右彭蠡,德义不修,禹灭之。”[④]许慎盖依此为注,以为三苗国在彭蠡和洞庭一带。高诱则认为三苗国位于隶属豫章郡的彭蠡泽,地理方位比许注更加具体。

18.《齐俗训》“含珠鳞施,纶组节束,追送死也”,许注:“鳞施,玉甲也。”[⑤]《吕氏·孟冬纪·节葬》“家弥富,葬弥厚,含珠鳞施”,高注:“鳞施,施玉匣于死者之体,如鱼鳞也。”[⑥]

按:甲、柙、押、匣古字通,玉甲亦即玉匣。鳞施,是贵族死者身穿的玉衣。汉中山靖王刘胜墓、中山孝王刘兴墓、楚王刘戊墓,就出土了多件金缕玉衣。二注意思基本一致,但高注采用了动词性和比喻性释义,显得更加形象。

---

① 阮元校刻《十三经注疏》,中华书局1980年版,第881页。

② 司马迁《史记》,中华书局1959年版,第363页。

③ 又《修务训》“南征三苗”,高注:“三苗之国在彭蠡。”又此篇“窜三苗于三危”,高注:“三苗,盖谓帝鸿氏之裔子浑敦、少昊氏之裔子穷奇、缙云氏之裔子饕餮,三族之苗裔,故谓之三苗。”又《原道训》“夫能理三苗”,高注:“三苗,尧时所放浑敦、穷奇、饕餮之等。”又《战国策》卷三《秦一·苏秦始将连横》“尧伐驩兜,舜伐三苗”,高注:“驩兜、三苗,皆国名。”

④ 司马迁《史记》,中华书局1959年版,第2166页。

⑤ “玉甲”原作“玉田”。张双棣认为,“田”即“甲”之缺损,当从。《淮南子校释》北京大学出版社1997年版,第1149页。

⑥ 原文无“匣”字,《初学记》卷十四、《太平御览》卷五百四十九引并有“匣”字,当补。陈奇猷《吕氏春秋新校释》,上海古籍出版社2002年版,第537页。

19.《齐俗训》"昔舜葬苍梧,市不变其肆",许注:"舜南巡狩,死苍梧,葬冷道九疑山,不烦于市有所废。"《吕氏·孟冬纪·安死》"舜葬于纪,市不变其肆",高注:"市肆如故,言不烦民也。"

按:《吕氏春秋》旨在说明薄殓节葬的道理,《淮南子》则更进一层,用以反对儒者的繁文缛节。许高二注指向一致,其意也相近。

20.《齐俗训》"昔有扈氏为义而亡",许注:"有扈,夏启之庶兄也。"《吕氏·季春纪·先己》"夏后相与有扈战于甘泽",高注:"有扈,夏同姓诸侯。"

按:《世本》:"有扈与夏同姓。"①又《史记·夏本纪》:"禹为姒姓,其后分封,用国为姓,故有夏后氏、有扈氏、有男氏、斟寻氏、彤城氏、褒氏、费氏、杞氏、缯氏、辛氏、冥氏、斟戈氏。"②孔安国也说:"有扈与夏同姓,恃亲而不恭,故征之于甘泽"③可证高诱的说法。但许慎称为夏启庶兄,则无其他传世文献记载。《金楼子·兴王篇》:"启即位,伐有扈氏,启庶兄也。"④当是取用许氏观点。

21.《齐俗训》"冯夷得道以潜大川",许注:"冯夷,河伯也,华阴潼乡堤首里人,服八石,得水仙。"《原道训》"冯夷、大丙之御也",高注:"夷或作迟也,丙或作白,昔古之得道能御阴阳者也。"

按:《山海经·海内北经》:"从极之渊深三百仞,维冰夷恒都焉。冰夷人面,乘两龙。"郭璞注称:"冰夷,冯夷也……即河伯也。《穆天子传》所谓'河伯无夷'者,《竹书》作'冯夷',字或作'冰'也。"⑤又《穆天子传》:"戊申,天子西征,鹜行至于阳纡之山,河伯无

① 《尚书·甘誓》孔颖达正义引,阮元校刻《十三经注疏》第156页。
② 司马迁《史记》,中华书局1959年版,第89页。
③ 《后汉书·冯衍传》颜师古注引,班固《后汉书》第933页。
④ 萧绎《金楼子》,丛书集成初编本,商务印书馆1939年版,第5页。
⑤ 袁珂《山海经校注》,巴蜀书社1993年版,第369页。

夷之所都居，是惟河宗氏。”[①]《水经注》引《竹书纪年》：“洛伯用与河伯冯夷斗，盖洛水之神也。”[②]可见，冯夷属神话人物，为河水之神，其传说渊源亦古远深长。至许慎注《淮南子》，始明冯夷服药得仙一事及其籍里人氏，当是民间后起之说。《龙鱼河图》、《圣贤冢墓记》、《清泠传》、《博物志》、《搜神记》皆取用这一说法。[③] 但高诱并未采纳，而是提炼《淮南子》本书和《括地图》所述为注，[④]突出其高超的御驾之术。

22.《齐俗训》“扁鹊以治病”，许注：“扁鹊，卢人，姓秦，名越人，赵简子时人也。”《战国策》“医扁鹊见秦武王”，高注：“扁鹊，卢人也，字越人。”[⑤]

按：《史记·扁鹊仓公列传》：“扁鹊者，勃海郡郑人也，姓秦氏，名越人……当晋昭公时，诸大夫强而公族弱，赵简子为大夫，专国

---

① 王贻梁《穆天子传汇校集释》，华东师范大学出版社 1994 年版，第 33 页。

② 陈桥驿《水经注校证》，中华书局 2007 年版，第 373 页。

③ 《史记·封禅书》张守节正义引《龙鱼河图》云：“河伯姓吕，名公子，夫人姓冯名夷。河伯，字也。华阴潼乡隄首人，水死，化为河伯。”《后汉书·张衡传》章怀太子注引《圣贤冢墓记》曰：“冯夷者，弘农华阴潼乡堤首里人，服八石，得水仙，为河伯。”《经典释文·庄子音义·大宗师第六》引司马彪注云：“《清泠传》曰：‘冯夷，华阴潼乡堤首人也，服八石，得水仙，是为河伯。’”张华《博物志·异闻》：“冯夷，华阴潼乡人也，得仙道，化为河伯。”干宝《搜神记》卷四：“宋时弘农冯夷，华阴潼乡堤首人也，以八月上庚日渡河溺死，天帝署为河伯。”五书所言，大同小异，皆近于许注。

④ 《淮南子·原道训》：“昔者冯夷、大丙之御也，乘云车，入云蜺，游微雾，骛怳忽，历远弥高以极往。经霜雪而无迹，照日光而无景，扶摇抮抱羊角而上，经纪山川，蹈腾昆仑，排阊阖，沦天门。”《水经注·河水一》引《括地图》：“冯夷恒乘云车，驾二龙。”

⑤ 刘向集录《战国策》，上海古籍出版社 1985 年版，第 147 页。

事。简子疾……于是召扁鹊。”[①]又《法言·重黎》:“扁鹊,卢人也,而医多卢。”[②]许慎当是择取此二说为注。高诱认为“越人”是扁鹊的字而非名,后世学者亦有认同者。《酉阳杂俎·续集》卷四:“扁鹊,姓秦,字越人,扁县郡属渤海。”[③]

23.《齐俗训》“倕以之斲”,许注:“倕,尧巧工。”《说山训》“人不爱倕之手,而爱己之指”,高注:“倕,尧之巧工也。”[④]

按:“倕”亦作“垂”。据《史记·五帝本纪》,倕在尧时未被举职,至舜时封为共工,负责驯育工匠。又《山海经·海内经》:“帝俊生三身,三身生义均,义均是始为巧倕,是始作下民百巧。”[⑤]虽传作神话人物,但依旧是巧匠之化身。故许慎称倕为尧时巧工,高诱即采此说。《楚辞·九章·怀沙》王逸注、《山海经·海内经》郭僕注皆言:“倕,尧巧工也。”亦与许高二注相合。

24.《齐俗训》“不通于道者,若迷惑,告以东西南北,所居聆聆”,许注:“聆聆,意晓解也。”《说山训》“不通于学者,若迷惑,告之以东西南北,所居聆聆”,高注:“聆聆,犹了了,言迷解也。”

按:《说文·耳部》:“聆,听也。”《精神训》高注:“仍仍,不得志之貌,或作聆聆,犹闻也。”聆聆,即听懂、明了之义,故二注释义相同。

25.《齐俗训》“夫待騕褭、飞兔而驾之”,许注:“騕褭,良马。飞

---

① 司马迁《史记》,中华书局 1959 年版,第 2785 ~ 2786 页。

② 汪荣宝《法言义疏》,中华书局 1987 年版,第 317 页。

③ 段成式《酉阳杂俎》(附续集),丛书集成初编本,商务印书馆 1937 年版,第 211 页。

④ 又《吕氏·孟春纪·重己》“人不爱倕之指,而爱己之指”高注同;《本经训》“周鼎著倕”高注同;《吕氏·审应览·离谓》“周鼎著倕而龁其指”高注同。

⑤ 袁珂《山海经校注》,巴蜀书社 1993 年版,第 532 页。

兔,其子。裒、兔走,盖皆一日万里也。"《吕氏·离俗览·离俗》"飞兔、要裒,古之骏马也",高注:"飞兔、要裒,皆马名也,日行万里,驰若兔之飞,因以为名也。"

按:騕、要通假,兔一作菟。《初学记》引《汉书音义》:"騕裒者,神马也,赤喙黑身。"[①]《太平御览》引《孙氏瑞应图》:"騕裒者,神马也,与飞兔同。"又引:"飞兔者,日行三万里。"[②]可知古人以騕裒、飞兔皆为神马。许慎言两者有亲缘关系,不知何据。

26.《齐俗训》"负扆而朝诸侯",许注:"户牖之间谓之扆。"《汜论训》"负扆而朝诸侯",高注:"扆,户牖之间也。"

按:《尔雅·释宫》:"牖户之间谓之扆。"[③]许高二注依此为据,故同。

27.《齐俗训》"为天下显武",许注:"楚人谓士为武。"《览冥训》"勇武一人,为三军雄",高注:"武,士也,江淮间谓士曰武。"[④]

按:《史记集解》引徐广说:"淮南人名士曰武。"[⑤]可知江淮楚地之人言"士"皆称"武",二注故同。

28.《齐俗训》"智伯有三晋,而欲不赡",许注:"三晋,智伯有范、中行之地。"《汜论训》"智伯以三晋之地擒",高注:"三晋,智氏兼者韩、魏。"[⑥]

按:晋国执政大夫有韩、魏、赵、范、中行、智伯六家,称为六卿。

---

① 徐坚《初学记》,中华书局1962年版,第702页。

② 李昉《太平御览》,中华书局1960年版,第3978页。

③ 阮元校刻《十三经注疏》,中华书局1980年版,第2597页。

④ 又《修务训》"及至勇武攘捲一捣",高注:"武,士也,楚人谓士为武。"

⑤ 司马迁《史记》,中华书局1959年版,第3092页。

⑥ 又《战国策》卷二《西周》"处之三晋之西",高注:"三晋,晋三卿,韩氏、魏氏、赵氏分晋而君之,故曰三晋也。"

晋出公十七年(前457),智伯联合韩、赵、魏之力,侵灭范氏、中行氏,独占其土。六家之地,智伯占了三家,故谓“三晋”。由此来看,《淮南子》所说三晋,并非后来的韩、魏、赵,高注有误。

29.《道应训》“白公问于孔子曰人可以微言？孔子不应”,许注:“白公,楚平王孙,太子建之子胜也。建见杀,白公怨而欲复雠,故问微言也。知白公有阴谋,故不应也。”《吕氏·审应览·精谕》“白公问于孔子曰可与微言乎？孔子不应”,高注:“白公,楚平王之孙,太子建之子胜也。白,楚县也。楚僭称王,守县大夫皆称公。子建为费无极所谮,出奔郑,与晋通谋,欲反郑于晋,郑人杀之。胜与庶父令尹子西、司马子期伐郑,报父之仇,许而未行。晋人伐郑,子西、子期率师救郑,胜怒曰:‘郑人在此,雠不远矣。’欲杀子西、子期,故问微言。微言,阴谋密事也。孔子知之,故不应之。”

按:观此二注,大意相同,然高诱对白公密谋复仇一事铺陈极详,取自《左传·哀公十六年》,许慎则简略得当。由此亦能见出许高二人注疏风格的差异。

30.《道应训》“菑渑之水合”,许注:“菑、渑,齐二水也。”《吕氏·审应览·精谕》“淄渑之合者”,高注:“淄、渑,齐之两水名也。”

按:《水经》卷二十六:“淄水出泰山莱芜县原山。”[①]又郦道元引京相璠云:“博昌县南近渑水,有地名贝丘,在齐城西北四十里。”[②]可知淄、渑二水都在原齐国境内,二注故同。

31.《道应训》“田骈以道术说齐王”,许注:“田骈,齐人,齐臣。”[③]《吕氏·士容论·士论》“客有见田骈者”,高注:“田骈,齐人

---

① 陈桥驿《水经注校证》,中华书局2007年版,第621页。

② 陈桥驿《水经注校证》,中华书局2007年版,第628页。

③ 何宁本无“齐人”二字,景宋本“齐臣”作“诸臣”。

也,作道书二十五篇。"

按:据《史记·田敬仲完世家》、《史记·孟子荀卿列传》,田骈为齐人,齐宣王时游于稷下学宫,死于齐襄王之时。《蒙求集注》引《七略》曰:"田骈,齐人,好谈论,时号曰天口开,言其口如天,不可穷也。"[①]又《汉书·艺文志》载"《田子》二十五篇",并注曰:"名骈,齐人,游稷下,号天口骈。"[②]这些都是许高二注所本。

32.《道应训》"七日石乞入曰",许注:"石乞,白公之党也。"[③]《吕氏·似顺论·分职》"七日石乞曰",高注:"石乞,白公臣也。"

按:据明人周应宾补撰的《同姓名录》,春秋末年取名石乞者有二人,一为卫太子蒯聩之党,以戈击子路者;一为白公胜之徒,胜死就烹而不辞者。[④] 白公胜是楚平王嫡孙,太子建之子,惠王二年(前487)封在边邑白地,故号白公,乃楚国一大诸侯。石乞曾帮助白公发动叛乱,所以许慎将其视为白公党羽,稍有贬低之嫌,而高诱要相对客观一些,直称其为白公的家臣。

33.《道应训》"九日叶公入",许注:"叶公,楚大夫子高。"《吕氏·似顺论·分职》"九日叶公入",高注:"叶公,楚叶县大夫沈诸梁子高也。"

按:《左传·定公五年》、《左传·哀公四年》皆称"叶公诸梁",《论语·述而》何晏引孔安国注:"叶公名诸梁,楚大夫,食菜于叶,僭称公。"[⑤]又《国语》韦昭注:"沈诸梁,楚左司马沈尹戌之子叶公子

① 徐子光《蒙求集注》,丛书集成初编本,商务印书馆1940年版,第90页。
② 班固《汉书》,中华书局1962年版,第1730页。
③ 《人间训》"屈建告石乞"许注同。
④ 余寅撰,周应宾补《同姓名录》卷十三,文渊阁四库全书本。
⑤ 阮元校刻《十三经注疏》,中华书局1980年版,第2483页。

高。”[①]此与许高二人之说大同小异。

34.《道应训》“何以异于枭之爱其子也”，许注：“枭子长，食其母。”《吕氏·似顺论·分职》“若枭之爱其子也”，高注：“枭爱养其子，子长而食其母也。”

按：《说文·鸟部》：“枭，不孝鸟也。日至，捕枭而磔之。”《经典释文》引陆机说：“枭也，关西谓之流离，大则食其母。”[②]皆同于许高二注。

35.《道应训》“江河之大也，不过三日”，许注：“三日而减。”《吕氏·慎大览·慎大》“江河之大也，不过三日”，高注：“三日则消也。”

按：减即消之义，二注本同。《列子·说符》亦用此语，张湛注曰：“谓潮水有大小。”[③]

36.《道应训》“飘风暴雨，日中不须臾”，许注：“言其不终日。”《吕氏·慎大览·慎大》“飘风暴雨，日中不须臾”，高注：“《易》曰‘日中则仄’，故曰日中不须臾。”

按：高诱引书释文是其一贯风格，《周易·丰卦》：“日中则昃，月盈则食。”[④]即高注所本。《列子·说符》亦用此语，张湛注曰：“势盛者必退也。”[⑤]

37.《道应训》“此其贤于勇有力也，四累之上也”，许注：“此上凡四事皆累于世，而男女莫不欢然为上也。”《吕氏·慎大览·顺说》“此其贤于勇有力也，居四累之上”，高注：“四累，谓卿、大夫、士

① 徐元诰《国语集解》，中华书局2002年版，第528页。
② 陆德明《经典释文》，中华书局1985年版，第227页。
③ 杨伯峻《列子集释》，中华书局1979年版，第251页。
④ 阮元校刻《十三经注疏》，中华书局1980年版，第67页。
⑤ 杨伯峻《列子集释》，中华书局1979年版，第251页。

及民四等也。君处四分之上,故曰四累之上,喻尊高也。”

按:细读原文,所谓“四累”,是指惠孟对宋康王说的四个“臣有道于此”,即“刺不入击不中”之道、“不敢刺不敢击”之道、“使人本无其意”之道、使人“皆欲爱利之心”之道。层层累积,后来者居上,故称“四累之上”。高诱不审原文,以四等解四累,失之大矣。许慎虽言及四事,其说也差强人意。

38.《道应训》“孔丘、墨翟,无地而为君,无官而为长”,许注:“无地为君,以道富也;无官为长,以德尊也。”《吕氏·慎大览·顺说》“孔丘、墨翟,无地为君,无官为长”,高注:“以德见尊;以道见敬。”

按:二注实同,只是注文中“道”、“德”两字的先后次序不同。

39.《道应训》“武王之佐五人”,许注:“谓周公、邵公、太公、毕公、毛公也。”《吕氏·似顺论·分职》“武王之佐五人”,高注:“五人者,周公旦、召公奭、太公望、毕公高、苏公忿生也。”

按:二注言五人名姓,其中有四人相同,不同者为毛公与苏公忿生。据《史记·周本纪》,毛公当指毛叔郑。《尚书》孔传:“忿生为武王司寇,封苏国,能用法。”①许、高二说,未知孰是。

40.《道应训》“薄疑说卫嗣君以王术”,许注:“嗣君,卫国君也。”《吕氏·士容论·务大》“薄疑说卫嗣君以王术”,高注:“嗣君,卫平侯之子也,秦贬其号曰君。”②

按:据《史记·卫康叔世家》,卫平侯立八年而卒,其子卫嗣君继位,立五年,更贬号曰君,仅有濮阳一地。卫国国君由公贬为侯,由侯贬为君,正是国力不断衰落的表现。高诱认为是秦国贬其君号,

① 阮元校刻《十三经注疏》,中华书局1980年版,第232页。

② 《战国策》卷三十二高注:“嗣君,卫平侯之子也,秦王贬其号为君也。”

未必符合史实。

41.《道应训》"杜赫以安天下说周昭文君",许注:"昭文君,周衰分为西东,各自立其君也。"《吕氏·士容论·务大》"杜赫以安天下说周昭文君",高注:"周昭文君,周分为二,东周之君也。"①

按:先秦两汉传世文献中,昭文君之名仅见于《吕氏春秋》、《淮南子》二书。其确指为谁,不得而知。据《史记·周本纪》,周郝王时,周朝东、西分治,各立君主。又据《吕氏春秋·慎大览·报更》篇,张仪西游于秦,路过东周,正值昭文君为君。许注未言明其为东周之君,当有脱漏。

42.《道应训》"于是为商旅,将任车",许注:"任,载也,《诗》曰'我任我辇'。"《吕氏·离俗览》"于是为商旅,将任车",高注:"任,亦将也。"

按:二人随文为注,皆有乘车之意。《说文·车部》:"载,乘也。"高注则指出"任"、"将"为互文关系。

43.《道应训》"遂成国于岐山之下",许注:"岐山,今之美阳北也,其下有周地,因是以为天下号也。"《吕氏·开春论·审为》"遂成国于岐山之下",高注:"岐山,在右扶风美阳之北,其下有周地,周家因之以为天下号也。"②

按:据《汉书·地理志》,美阳属右扶风。此篇并称:"美阳,《禹贡》岐山在西北。"③许高二注皆出于此,然高承许说的痕迹比较明显。

---

① 又《吕氏·有始览·谕大》高注:"昭文君,周末世分东西之后君号也。"《吕氏·慎大览·报更》高注:"文君,周后所分立东周君也。"

② 又《地形训》"岐山太行",高注:"岐山,今扶风美阳县北,周家所邑也。"《吕氏·有始览·有始》高注:"岐山,在右扶风美阳县西北,周家所邑。"

③ 班固《汉书》,中华书局1962年版,第1547页。

44.《道应训》“身处江海之上，心在魏阙之下”，许注：“江海之上，言志在于己身。心之魏阙也，言内守。”《吕氏·开春论·审为》“身在江海之上，心居乎魏阙之下”，高注：“身在江海之上，言志放也。魏阙，心下巨阙也。心下巨阙，言神内守也。一说：魏阙，象魏也。悬教象之法，浃日而收之，魏魏高大，故曰魏阙。言身虽在江海之上，心存王室，故在天子门阙之下也。”①

按：高注前一说承自许注，后一说则部分取自《周礼》。《周礼·大司徒》：“乃县教象之法于象魏，使万民观教象，挟日而敛之。”②

45.《道应训》“不能自胜则从之，从之神无怨乎”，许注：“言不胜己之情欲则当纵心意，则己神无怨也。”《吕氏·开春论·审为》“不能自胜则纵之，神无恶乎”，高注：“言人不能自胜其情欲则放之，放之神无所憎恶。言当宁神以保性也。”

按：正文皆取自《庄子·让王》篇。二注大同小异，高诱释义则要更进一层。

46.《道应训》“召子韦而问焉”，许注：“子韦，司星者也。”《吕氏·季夏纪·制乐》“召子韦而问焉”，高注：“子韦，宋之太史，能占宿度者。”

按：《史记·天官书》：“昔之传天数者……于宋，子韦。”③《史记·宋微子世家》直称“司星子韦”。又《汉书·艺文志》载“宋司星子韦三篇”，注称“景公之史”。④ 此皆为许高二注所本。所谓宿度，

① 又《俶真训》“身处江海之上，而神游魏阙之下”，高注：“魏阙，王者门外阙也，所以县教象之书于象魏也，巍巍高大，故曰魏阙。真人虽在远方，心存王也。一曰：心下巨阙，神内守也。”

② 阮元校刻《十三经注疏》，中华书局1980年版，第706页。

③ 司马迁《史记》，中华书局1959年版，第1343页。

④ 班固《汉书》，中华书局1962年版，第1733页。

是指星宿位置的度数。占宿度亦属占星术,是司星者的职责之一。

47.《道应训》“子发攻蔡”,许注:“子发,楚宣王之将军。”《修务训》“盖闻子发之战”,高注:“子发,楚威王之将也。”①

按:子发是战国时期楚国名将。《战国策》称“子发方受命乎宣王”,②《淮南子·人间训》又称“子发盘罪威王而出奔”。楚威王乃楚宣王之子,由此可知子发两朝为臣。许高二注虽不相同,但都符合史实。

48.《道应训》“列田百顷而封之执圭”,许注:“楚爵功臣赐以圭,谓之执圭,比附庸之君也。”《吕氏·孟冬纪·异宝》“得五员者,爵执圭”,高注:“执圭,《周礼》‘侯执信圭’,言爵之为侯也。”

按:郑玄说:“公之子如侯伯而执圭,侯伯之子如子男而执璧。”③可知执圭乃侯伯身份的象征。二注皆以执圭为一爵位,许慎认定是楚爵,不言其等级,高诱则不言楚爵,认为仅是侯爵的等级标志。

49.《道应训》“晋文公伐原”,许注:“原,周邑。周襄王以原赐文公,原叛,伐也。”《吕氏·离俗览·为欲》“晋文公伐原”,高注:“原,晋邑。文公复国,原不从,故伐之。今河内轵县北原城是也。”

按:对于原人反叛文公的原因,二注解释颇异,许慎以为原人因其地被给文公而叛,高诱则以为原人不服文公复国而叛。根据《汉书·地理志》和《后汉书·郡国志》,河内郡下辖轵县、沁水县,轵县又下辖原乡,应是原之旧地。杜预说:“原,在沁水县西。”④

---

① 又《太平御览》卷六百三十六引注曰:“子发,楚威王臣也,在春秋后。”属高注无疑。

② 刘向集录《战国策》,上海古籍出版社 1985 年版,第 559 页。

③ 阮元校刻《十三经注疏》,中华书局 1980 年版,第 780 页。

④ 阮元校刻《十三经注疏》,中华书局 1980 年版,第 1737 页。

50.《道应训》"狐丘丈人谓孙叔敖曰",许注:"丈人,老而杖于人者。"《修务训》"以年之少为闾丈人说",高注:"丈人,长者。"①

按:《论语集解》引包咸说:"丈人,老人也。"②丈人是对长者的通称,二注实同。

51.《道应训》"屈商乃拘文王于羑里",许注:"羑里,地名也,在河内汤阴。"《氾论训》"悔不诛文王于羑里",高注:"羑里,今河内汤阴是也。"

按:羑里,一称牖里。汤,古荡字。据《汉书·地理志》,河内郡内辖荡阴,"荡阴。荡水东至内黄泽。……有羑里城,西伯所拘也。"③《说文·水部》:"荡,水,出河内荡阴,东入黄泽。"可见二注皆本之班固。

52.《道应训》"先轸言于襄公",许注:"襄公,晋文公子。"《吕氏·先职览·悔过》"先轸言于襄公",高注:"襄公,文公之子驩。"

按:《国语·周语》称"襄公曰驩",④《史记·晋世家》说:"晋文公卒,子襄公欢立。"⑤《一切经音义》卷十六引《三苍》:"驩,此古'欢'字。"⑥许高二注皆与之相合。

53.《道应训》"卢敖游乎北海,……至于蒙谷之上",许注:"蒙谷,山名。"《天文训》"至于蒙谷,是谓定昏",高注:"蒙谷,北方之山名也,卢敖所见若士之所也。"

按:按照《天文训》所述,太阳从正东方升起后,沿东南、正南、西

---

① 又《吕氏·孟冬纪·见宝》"见一丈人",高注:"丈人,长老称也。"

② 阮元校刻《十三经注疏》,中华书局 1980 年版,第 2529 页。

③ 班固《汉书》,中华书局 1962 年版,第 1554 页。

④ 徐元诰《国语集解》,中华书局 2002 年版,第 91 页。

⑤ 司马迁《史记》,中华书局 1959 年版,第 1669 页。

⑥ 玄应《一切经音义》,清道光乙巳年(1845)海山仙馆丛书本。

南、正西、西北、正北、东北方向循环运动。定昏是指深夜，此时太阳正运行至北方。故高诱称蒙谷为北方之山。

54.《道应训》“吾与汗漫期于九垓之外”，许注：“汗漫，不可知之也。”《俶真训》“徙倚于汗漫之宇”，高注：“徙倚，犹汗漫。”

按：徙倚、汗漫皆为叠韵词，当是楚语。马宗霍说：“本文‘徙倚’二字指人言，‘汗漫’二字指宇言。……汗漫盖广大无涯涘之貌。……高云‘徙倚犹汗漫’，失之。”①《道应训》所谓“汗漫”，应是假借人名，犹如“太清”、“无穷”、“无为”、“无始”一类。许慎以渺茫不可知描述其状态，合乎本意。

55.《道应训》“季子不欲人取小鱼也”，许注：“古者鱼不盈尺不上俎也。”《吕氏·审应览·具备》“宓子不欲人之取小鱼也”，高注：“古者鱼不尺不升于俎。宓子体圣人之化，为尽类也，故不欲人取小鱼。”

按：季子即宓子，是孔子的弟子子贱。赵岐说：“鱼不满尺不得食。”②朱熹也说：“古者网罟必用四寸之目，鱼不满尺，市不得粥，人不得食。”③皆与许高二注同。高注又进一步推导宓子行为的动机，显然要比许注略胜一筹。

56.《道应训》“予能有无矣，未能无无也”，许注：“言我能使形不可得，未能殊无形也。”《俶真训》“予能有无而未能无无也”，高注：“能有无为也，未能本性自无为也，故曰未能无无也。”

按：原文是来自光耀和无有的一段对话。许慎认为，光耀虽然可以使自己隐形不见，但不能从本质上使自己无形。高诱则认为，

---

① 马宗霍《淮南旧注参正》，齐鲁书社1984年版，第36页。

② 阮元校刻《十三经注疏》，中华书局1980年版，第2666页。

③ 朱熹《四书章句集注》，中华书局1983年版，第203页。

光耀虽然可以做到无为,但不能使自己本性无为。许注立足无形,高注立足无为,出发点不同。

57.《道应训》"梦受秋驾于师",许注:"秋驾,善御之术。"《吕氏·不苟论·博志》"今日将教子以秋驾",高注:"秋驾,御法也。"

按:《说文·彳部》:"御,使马也。"所谓秋驾,就是指驾马的高超技术。颜师古说:"《庄子》有秋驾之法者,亦言驾马腾骧,秋秋然也。"①二注近同。

58.《道应训》"得宝剑于干队",许注:"干国在今临淮,出宝剑,盖为莫邪、洞鄂之形也。"《吕氏·恃君览·知分》"得宝剑于干遂",高注:"干遂,吴邑。"②

按:队、遂、隧,三字通假。张守节说:"干隧,吴地名也,出万安山西南一里太湖,即吴王夫差自刎处,在苏州西北四十里。"③与高注相合。据《汉书·地理志》,临淮亦属春秋吴国之旧地。

59.《道应训》"两蛟挟绕其船",许注:"蛟,龙属也。鱼满二千五百斤,蛟来为之主也。"《吕氏·恃君览·知分》"有两蛟夹绕其船",高注:"鱼满二千斤为蛟。"④

按:《说文·虫部》:"池鱼满三千六百,蛟来为之长。"与许注相异,两者恐有一误。高诱所说又不同。今难详考。《说林训》高注:"蛟,鱼属。"亦与许说不同。

60.《道应训》"齐人淳于髡,以从说魏王,……复以衡说",许注:"从说,说诸侯之计当相从也。衡说,从之非是,当横更计也。"

---

① 班固《汉书》,中华书局 1962 年版,第 1048 页。

② 又《战国策》卷七《秦五》"死于干隧",高注:"干隧,邑名。"

③ 司马迁《史记》,中华书局 1959 年版,第 2390 页。

④ 又《吕氏·有始览·谕大》高注:"鱼二千斤为蛟。"

《吕氏·审应览·离谓》“齐人有淳于髡者,以从说魏王……有以横说魏王”,高注:“关东六国为从也;关西为横。”

按:衡、横二字通。纵横之说,乃战国时期各国的外交策略。关东六国采取合纵的方法对付秦国,秦国则采取连横的方法各个击破,正如高诱所注,而许注未能揭示这一点。

61.《道应训》“故慎子曰”,许注:“慎子,名到,齐人。”《吕氏·审分览·慎势》“慎子曰”,高注:“慎子,名到,作法书四十一篇,在申不害、韩非前,申、韩称之也。”

按:据《史记·孟子荀卿列传》,慎到乃赵人,一直游学于齐国稷下学宫。明人慎懋赏辑录《慎子内外篇》谓:“慎到者,赵之邯郸人也。”许慎称其为齐人,实无依据,当属误注。《汉书·艺文志》载“《慎子》四十二篇”,自注云:“名到,先申、韩,申、韩称之。”①此是高诱所本。至于篇数不同,当各有所因。《史记集解》引徐广曰:“今《慎子》,刘向所定,有四十一篇。”②即同于高诱所说。

62.《道应训》“墨者有田鸠者”,许注:“田鸠,学墨子之术也。”《吕氏·孝行览·首时》“墨者有田鸠”,高注:“田鸠,齐人,学墨子术。”

按:田鸠事迹见于《韩非子》、《吕氏春秋》和《淮南子》,秦惠王(前356~前311)时人。此三书都提及田鸠与墨家的关系,后二书更直言“墨者田鸠”,可知田鸠即学墨子之术者,故许高二注同。《汉书·艺文志》载有“《田俅子》三篇”,归于墨家,则疑田俅子为田鸠之别名。高诱认为田鸠是齐国人,目前无其他文献佐证。

63.《诠言训》“王子庆忌死于剑”,许注:“王子庆忌者,吴王僚

---

① 班固《汉书》,中华书局1962年版,第1735页。

② 司马迁《史记》,中华书局1959年版,第2347页。

之弟子。"《说林训》"王子庆忌,足蹍麋鹿",高注:"庆忌,吴王僚之子也。"①

按:据《吴越春秋》,吴王阖闾二年(前513)派要离将庆忌刺死,而《左传》却说哀公二十年(前475)吴公子庆忌劝谏吴王夫差,显然两书所记不合。但二书皆称之为"公子"、"王子",属王族无疑。由此而言,高注近于史实而许注为误。《经典释文》卷二十七《庄子音义》"王子庆忌"条下引李云:"王族也,庆忌,周大夫也。"②又与许高二注相异。

64.《诠言训》"通而弗矜",许注:"矜,自伐其功也。"《本经训》"和而弗矜",高注:"矜,自大也。"③

按:《礼记·表记》"不矜而庄",郑玄注曰:"伐,谓自尊大也。"④自伐其功,亦即自大忘形,许高二注实同。

65.《诠言训》"秦胜乎戎而败乎殽",许注:"秦穆公胜西戎,为晋所败于殽。"《吕氏·孝行览·义赏》"秦胜于戎而败乎殽",高注:"秦缪公破西戎而霸,使孟明、白乙丙、西乞术将师东袭郑,郑人知之,还。晋襄公御之殽,大破之,获其三帅。"

按:解说史事,许注多略而高注多详,差异如此。

66.《诠言训》"楚胜乎诸夏而败乎柏莒",许注:"楚昭王服诸夏,而吴败之柏莒。"《吕氏·孝行览·义赏》"楚胜于诸夏而败乎柏举",高注:"庄王服郑胜晋于邲,故曰胜乎诸夏也。及昭王南与吴人

---

① 《说山训》"庆忌死剑"、《吕氏·仲秋纪·简选》"王子庆忌、陈年犹欲剑之利也"高注同。又《吕氏·仲冬纪·忠廉》"吴王欲杀王子庆忌",高注:"庆忌者,僚之子也。"

② 陆德明《经典释文》,上海古籍出版社1985年版,第1514页。

③ 又《吕氏·孟夏纪·尊师》"得之无矜",高注:"矜,自伐,无惭恡也。"

④ 阮元校刻《十三经注疏》,中华书局1980年版,第1638页。

战,破之柏举。”

按:柏莒即柏举。楚昭王(前516~前489年在位)失国于吴,自救不暇,何来臣服诸夏?许慎误注。

67.《诠言训》“来者弗迎,去者弗将”,许注:“将,送。”《览冥训》“不将不迎”,高注:“将,送。”

按:郑玄说:“将,亦送也。”[①]应为古之常训,二注故同。

68.《诠言训》“虽割国之锱锤以事人”,许注:“六两曰锱,倍锱曰锤。”《说山训》“有千金之璧而无锱锤之礛诸”,高注:“六铢曰锱,八铢曰锤。”[②]

按:《说文·金部》:“锱,六铢也。”又:“锤,八铢也。”说解与高注同,而与许注异。然关于锱、锤之训义,诸家互为乖异,如郑玄说:“八两曰锱。”[③]而《原本广韵》又说:“八铢为锱。”未知孰是[④]。

69.《兵略训》“尧战于丹水之浦”,许注:“丹水,在南阳。”《吕氏·恃君览·召数》“尧战于丹水之浦”,高注:“丹水,在南阳。”

按:丹水,既指地名,又指水名。《汉书·地理志》:“丹水,水出上洛冢领山,东至析入钧。”[⑤]据《后汉书·郡国志》,南阳郡下辖丹水县,二注故同。

70.《兵略训》“绵之以方城”,许注:“方城,楚北塞也,在南阳叶也。”《吕氏·慎行论·慎行》“以方城外反”,高注:“方城,楚之阨塞也。”

按:方城是楚国抵制中原诸国的险要地势。据《汉书·地理

---

① 阮元校刻《十三经注疏》,中华书局1980年版,第298页。

② 又《说山训》“冠锱锤之冠”,高注:“六铢曰锱,八两曰锤。”

③ 阮元校刻《十三经注疏》,中华书局1980年版,第1671页。

④ 张双棣《淮南子校释》,北京大学出版社1997年版,第1493页。

⑤ 班固《汉书》,中华书局1962年版,第1549页。

志》，南阳郡下辖叶县，“叶，楚叶公邑，有长城，号曰方城”。[①] 许慎大概依此为注。

71.《兵略训》“至共头而坠”，许注：“共头，山名，在河曲共山。”《吕氏·季冬纪·诚廉》“就微子开于共头之下”，高注：“共头，水名。”

按：杨倞说：“共，河内县名。共头，盖共县之山名。”[②]《后汉书·郡国志》亦说河内郡下辖共县。依此看，许慎所谓“河曲”，当是“河内”之误。高诱释作水名，失之。

72.《兵略训》“若蚈之足”，许注：“蚈，马蠸也。”《说林训》“若蚈之足”，高注：“蚈，马蚈，幽州谓之秦渠。”[③]

按：马蚈即马蚿，多足虫。《方言》：“马蚿，北燕谓之蛆蟝。其大者谓之马蚰。”[④]高注与之相合。李时珍又将马蚿和马蠸视为同一物。[⑤]

73.《兵略训》“不待冲隆云梯而城拔”，许注：“云梯，可依云而立，所以瞰敌之城中。”《修务训》“作为云梯之械”，高注：“云梯，攻城具，高长，上与云齐，故曰云梯。”[⑥]

按：云梯，古代战争器械，用于攀登城墙或探测城中军情。《六韬》：“昼则登云梯远望，立五色旌旗。”[⑦]高诱认为所以称作云梯，是

---

① 班固《汉书》，中华书局1962年版，第1564页。

② 王先谦《荀子集解》，中华书局1988年版，第135页。

③ 又《时则训》“腐草化为蚈”，高注：“蚈，马蚿也，幽冀谓之秦渠。”又《吕氏·季夏纪·六月纪》“腐草化为蚈”，高注：“蚈，马蚿也，……幽州谓之秦渠，一曰萤火也。”疑《说林训》高注“蚈”当作“蚿”。

④ 钱绎《方言笺疏》，中华书局1991年版，第396页。

⑤ 《本草纲目》卷四十二《虫之四·马陆》。

⑥ 又《战国策》卷三十二《宋、卫》高注：“梯长而高，上至于云，故曰云梯也。”

⑦ 《六韬》卷四《军用·军略》，四部丛刊本。

基于它高长的特点，许慎说“可依云而立”，未免太过夸张。云梯又叫楼车，《史记集解》引服虔说：“楼车，所以窥望敌军，兵法所谓‘云梯’也。”①

74.《兵略训》“死事之后必赏”，许注：“死事，以军事死，赏其后子孙。”《时则训》“还乃赏死事”，高注：“有忠节蹈义死王事者，赏其子孙也。”②

按：郑玄说：“死事，谓以国事死者，若公叔禺人、颜涿聚者也。”③赏死事，当是古代的一种抚恤制度，二注故同。

75.《人间训》“明年出游匠骊氏，栾书、中行偃劫而幽之”，许注：“栾书、中行偃，皆大夫。”《吕氏·恃君览·骄恣》“于是厉公游于匠丽氏，栾书、中行偃劫而幽之”，高注：“栾书，武子也。中行偃，荀偃，荀伯游献子也。”

按：《国语·晋语》：“栾武子、中行献子圉公于匠丽氏。”④可知栾武子即栾书，中行偃即中行献子。《国语》韦昭注云：“武子，晋卿，栾枝之孙，栾盾之子书也。”⑤又《史记》司马贞索隐云：“荀偃祖林父代为中行，后改姓为中行氏。献子名偃。”⑥皆与高注相合。栾氏、中行氏在当时属晋国六卿，世袭卿位之职，执掌国政。许慎称其为大夫，稍显不妥。

76.《人间训》“靖郭君将城薛”，许注：“靖郭君，齐威王之子也，

---

① 司马迁《史记》，中华书局 1959 年版，第 1769 页。

② 又《吕氏·孟冬纪·十月纪》高注：“先人有死王事以安社稷者，赏其子孙。”

③ 阮元校刻《十三经注疏》，中华书局 1980 年版，第 1381 页。

④ 徐元诰《国语集解》，中华书局 2002 年版，第 398 页。

⑤ 徐元诰《国语集解》，中华书局 2002 年版，第 383 页。

⑥ 司马迁《史记》，中华书局 1959 年版，第 1499 页。

封于薛。"《吕氏·季秋纪·知士》"静郭君善剂貌辨",高注:"静郭君,田婴也,孟尝君田文之父也,为薛君,号曰静郭君。"

按:《史记·孟尝君列传》:"孟尝君名文,姓田氏。文之父曰靖郭君田婴。田婴者,齐威王少子而齐宣王庶弟也。……即位三年,而封田婴于薛。……婴卒,而谥为靖郭君。"①此是许高二注之所从出。

77.《人间训》"燔孟诸而炎云台",许注:"孟诸,宋大泽。云台,高至云也。"《地形训》"孟诸在沛",高注:"孟诸,宋泽也,在睢阳东北。"②《俶真训》"云台之高",高注:"台高际于云,因曰云台也。"

按:《尔雅·释地》:"宋有孟诸。"③《汉书·地理志》:"睢阳。故宋国,微子所封。《禹贡》盟诸泽在东北。"④皆为二注所本。云台,取云高之义,凡指高台,二注故同。

78.《人间训》"郈氏介其鸡",许注:"介,以芥菜涂其鸡翅。"《吕氏·先职览·察微》"郈氏介其鸡",高注:"介,甲也,小铠著鸡头也。"

按:孔颖达引贾逵说:"捣芥子为末,播其鸡翼,可以坌郈氏鸡目。"又引郑众说:"介,甲也,为鸡著甲。"⑤可知许注取贾说,而高注取郑说。

79.《人间训》"季氏为之金距",许注:"金距,施金芒于距也。"《吕氏·先识览·察微》"季氏为之金距",高注:"以利铁作锻距,沓其距上。"

---

① 司马迁《史记》,中华书局 1959 年版,第 2351~2353 页。

② 又《地形训》"宋之孟诸",高注:"孟诸,在今梁园睢阳东北泽是也。"《吕氏·有始览·有始》高注:"孟诸,在梁国睢阳之东南。"

③ 阮元校刻《十三经注疏疏》,中华书局 1980 年版,第 2615 页。

④ 班固《汉书》,中华书局 1962 年版,第 1636 页。

⑤ 阮元校刻《十三经注疏》,中华书局 1980 年版,第 2109 页。正文中,《左传》作"季氏介其鸡"。

按:《说文·足部》:“距,鸡距也。”所谓金距,就是为鸡足戴上带有针刺或利刃的金属套。《史记集解》引服虔说:“金距,以金锴距。”①亦即此意。二注实同。

80.《人间训》“伤之鲁昭公”,许注:“伤,毁谮也。”《吕氏·先识览·察微》“伤之于昭公”,高注:“伤,犹谮也。”

按:何休说:“加诬曰谮。”②即谗毁、诽谤之义。二注本同。

81.《人间训》“祷于襄公之庙,舞者二人而已”,许注:“时鲁祷先君襄公,六佾之舞庭者凡二人也。”《吕氏·先识览·察微》“褅于襄公之庙也,舞者二人而已”,高注:“礼,天子八佾,诸侯六佾。六佾者四十八人,于襄公庙二人。”

按:《论语集解》引马融说:“佾,列也。天子八佾,诸侯六,卿大夫四,士二。八人为列,八八六十四人。”③高注即承此而来,许注亦近同。

82.《人间训》“及至其下洞庭”,许注:“洞庭,在长沙。”《本经训》“断修蛇于洞庭”,高注:“洞庭,南方泽名。”④

按:郭璞说:“洞庭,地穴也,在长沙巴陵。”⑤正与许注相合。《文选》李善注引班固说:“洞庭,泽名。”⑥长沙属南方楚地,故高诱释为“南方泽名”。

83.《人间训》“东结朝鲜”,许注:“朝鲜,乐浪。”《时则训》“自

---

① 司马迁《史记》,中华书局1959年版,第1541页。正文中,《左传》作“郈氏为之金距”。

② 阮元校刻《十三经注疏》,中华书局1980年版,第2224页。

③ 阮元校刻《十三经注疏》,中华书局1980年版,第2465页。

④ 又《吕氏·孝行览·本味》高注:“洞庭,江水所经之泽名也。”

⑤ 袁珂《山海经校注》,巴蜀书社1993年版,第386页。

⑥ 萧统《文选》,中华书局1977年版,第93页。

碣石山过朝鲜”，高注：“朝鲜，乐浪之县也。”①

按：据《汉书·地理志》，乐浪郡为汉武帝所置，管辖25个县，朝鲜是其一。许慎以为朝鲜即乐浪郡，范围更广。

84.《人间训》“譬犹以大牢享野兽”，许注：“大牢，三牲。”《修务训》“如飨大牢”，高注：“三牲具曰大牢也。”

按：《白虎通义》：“祭社稷以三牲何？重功故也。《尚书》曰：‘乃社于新邑，羊一、牛一、豕一。’”②何休说：“礼，天子、诸侯、卿大夫牛羊豕凡三牲，曰大牢。”③可知大牢乃古时高级祭品，二注本同。

85.《人间训》“乃使马圉往说之”，许注：“圉，养马者。”《览冥训》“厮徒马圉”，高注：“牛曰牧，马曰圉。”④

按：《左传·昭公七年》：“马有圉，牛有牧，以待百事。”⑤郑玄引郑司农说：“养马为圉。”⑥此皆为许高二注所本，训义实同。

86.《人间训》“交画不畅”，许注：“畅，申。”《说林训》“交画不畅”，高注：“畅，达。不得达至。”

按：许注所谓申，当指直伸之义。高注所谓达，是指达至之义。二注相异。

87.《泰族训》“乃立明堂之朝，行明堂之令”，许注：“明堂，布政之宫，有十二月之政令也。”⑦《本经训》“古者明堂之制”，高注：“明

---

① 又《吕氏·恃君览·恃君》“非滨之东”，高注：“朝鲜，乐浪之县，箕子所封滨于东海也。”

② 陈立《白虎通疏证》，中华书局1994年版，第85页。

③ 阮元校刻《十三经注疏》，中华书局1980年版，第2218页。

④ 又《修务训》“及至圉人扰之”，高注：“圉，养马官。”

⑤ 阮元校刻《十三经注疏》，中华书局1980年版，第2048页。

⑥ 阮元校刻《十三经注疏》，中华书局1980年版，第860页。

⑦ 又《诠言训》“祀其鬼神于明堂之上”，许注：“庙之中，谓之明堂也。”

堂，王者布政之堂。上圆下方，堂四出，各有左右房，谓之个，凡十二门。王者月居其房，告朔朝历，颁宣其令，谓之明堂。其中可以序昭穆，谓之太庙。其上可以望氛祥，书云物，谓之灵台。其外圆，似辟雍。诸侯之制半天子，谓之泮宫。”①

按：明堂是古代礼制中的一项核心内容。《礼记·明堂位》、蔡邕《明堂月令论》皆有系统论述。郑玄说：“明堂者，明政教之堂。”②根据前文我们知道，许注主要采自讲学大夫淳于登的观点，高注则源自其师卢植的说法。③

88.《泰族训》“骖欲驰，服欲步”，许注：“骖，骈。服，车中马也。”《览冥训》“服应龙，骖青虬”，高注：“在中为服，在旁为骖。”④

按：《说文·马部》：“骈，骖，旁马。”郑玄说：“在旁曰骖。”又说：“两服，中央夹辕者。”⑤作为古代马车中的专用术语，骖、服均有固定的意义指向，二注实同。

89.《泰族训》“因卫夫人、弥子瑕而欲通其道”，许注：“弥子瑕，卫之嬖臣。”《吕氏·慎大览·贵因》“孔子道弥子瑕见釐夫人”，高注：“弥子瑕，卫灵公之幸臣也。”

按：《战国策》：“卫灵公近雍疽、弥子瑕。二人者，专君之势以蔽左右。”⑥韩非子说：“卫灵公之时，弥子瑕有宠于卫国。”⑦司马迁

---

① 又《时则训》“朝于明堂左个”，高注：“南向堂，当盛阳，故曰明堂也。”《吕氏·孟夏纪·四月纪》、《仲夏纪·五月纪》、《季夏纪·六月纪》高注尽同。

② 阮元校刻《十三经注疏》，中华书局1980年版，第928页。

③ 分别见于本书第二章第三节和第三章第一节。

④ 又《吕氏·审分览·执一》高注：“在中曰服，在边曰骈。”

⑤ 阮元校刻《十三经注疏》，中华书局1980年版，第337～338页。

⑥ 刘向集录《战国策》，上海古籍出版社1985年版，第717页。

⑦ 王先谦《韩非子集解》，中华书局1998年版，第385页。

也感叹:"甚哉爱憎之时!弥子瑕之行,足以观后人佞幸矣。"①又《盐铁论·论儒》:"孔子适卫,因嬖臣弥子瑕以见卫夫人。"②可见,弥子瑕在历史上是以佞臣而为人所诟病。《玉篇·女部》引《春秋传》:"贱而获幸曰嬖。"许、高二注实同。

90.《泰族训》"大羹之和",许注:"大羹,不和五味。"《吕氏·仲夏纪·适音》"大羹不和",高注:"大羹,肉湆而未之和。"③

按:郑玄引郑司农说:"大羹,不致五味也。"④自己又说:"大羹,肉湆,不调以盐菜。"⑤许、高二注盖出于此,亦是古之常训。

91.《泰族训》"朱弦漏越",许注:"漏,穿。越,琴瑟两头也。"《修务训》"阔解漏越",高注:"漏越,音声散。"

按:郑玄说:"越,瑟下孔,所以发越其声者也。"⑥与许注不合。所谓漏越,当指声音散失而未成乐音。高注得之。许慎析分而注,亦异于高诱。

92.《要略》"樽流遁之观",许注:"流遁,披散也。"《本经训》"流遁之所生者五",高注:"流,放也。遁,逸也。"⑦

按:流遁当属楚语。应璩《与从弟君苗君胄书》:"虽仲尼忘味于虞韶,楚人流遁于京台,无以过也。"⑧高诱分而解之,有失。流遁,即放纵不返。许曰披散,高曰放逸,其义相近。

---

① 司马迁《史记》,中华书局1959年版,第3196页。

② 王利器《盐铁论校注》,中华书局1992年版,第151页。

③ 又《主术训》"大羹不和",高注:"不致五味。"

④ 阮元校刻《十三经注疏》,中华书局1980年版,第662页。

⑤ 阮元校刻《十三经注疏》,中华书局1980年版,第1528页。

⑥ 阮元校刻《十三经注疏》,中华书局1980年版,第1033页。

⑦ 又《原道训》"淖溺流遁",高注:"遁,逸也。"

⑧ 严可均辑《全上古三代秦汉三国六朝文·全三国文》,中华书局1958年版,第1218页。

93.《要略》“此《鸿烈》之《泰族》也”，许注：“鸿，大也。烈，功也。”高诱《淮南鸿烈解叙》：“鸿，大也。烈，明也。以为大明道之言也。”

按：《淮南子》原名《鸿烈》。刘安以此为书名，意欲向世人昭示他的这番著述之功。[①]《尔雅·释诂》“烈、绩，业也”，郭璞注曰：“谓功业也。”[②]许注得之，而高注失之。

94.《要略》“以通九野”，许注：“九野，八方中央也。”《原道训》“知八纮、九野之形埒者”，高注：“九野，八方中央也。”[③]

按：《吕氏·有始览·有始》、《淮南子·天文训》皆称天有九野，即中央钧天、东方苍天、东北变天、北方玄天、西北幽天、西方昊天、西南朱天、南方炎天、东南阳天。许高二注盖以此为据，故同。

95.《要略》“殡文王于两楹之间”，许注：“两楹，堂柱之间，宾主夹之。”《氾论训》“殷人殡于两楹之间”，高注：“楹，柱也。《记》曰：‘殷殡之于堂上两柱之间，宾主共。’”

按：《礼记·檀弓》：“殷人殡于两楹之间，则与宾主夹之也。”[④]《说文·木部》：“楹，柱也。”由此知许、高二注释义亦近似。

96.《要略》“合三王之风，以储与扈冶”，许注：“储与，犹摄业。扈冶，广大也。”《俶真训》“储与扈冶”，高注：“储与、扈冶，褒大意也。”

按：储与、扈冶，当为楚语，属于叠韵连绵词。严忌《哀时命》

---

① 请参阅拙作《〈淮南子〉书名演变考论》，《西南交通大学学报》（社会科学版）2009年第5期，第25～26页。

② 阮元校刻《十三经注疏》，中华书局1980年版，第2575页。

③ 《原道训》“上通九天，下贯九野”，高注：“九天，八方中央也，九野亦如之。”又《天文训》“天有九野”，高注：“九野，九天之野也。”

④ 阮元校刻《十三经注疏》，中华书局1980年版，第1283页。

“衣摄叶以储与兮”，王逸注曰：“摄叶、储与，不舒展貌。”①许慎所谓摄业，即摄叶。高诱以为褒大之貌，与许注相异。然《本经训》高注又云：“储与，犹尚羊，无所主之貌也。”亦即摄业之义。关于“扈冶”，二注近同。

97.《要略》“布之天下而不窕”，许注：“窕，缓也。”《氾论训》“舒之天下而不窕”，高注：“不窕，在大能大也。”②

按：《尔雅·释言》：“窕，闲也。”郭璞注曰：“窈窕，闲隙。”③许注与此相近。高注所谓“在大能大”，即塞满而不留空隙之义。又《吕氏·仲夏纪·适音》高注：“窕，不满密也。”意思皆大致相同。

第四节 许高二注的学术地位与价值

一、承上启下的学术地位

说解经籍坟典，乃是汉代学术的主要形式。汉儒以这样的形式创建了一门富有时代特色的学问——章句学，由此而奠定了传统训诂学的基础架构。根据《汉书·艺文志》所录，仅西汉一朝说解儒家六艺类典籍就有100多家，篇数在3000以上，更遑论东汉一朝了。这些说解著作，经过时间长河的不断冲刷，如今已所剩无几。就数量上说，古籍汉注存于今者，以郑玄注为最多，其次便是高诱注。可能因为高诱专注于子部典籍，所以他的著作远不如许慎和郑玄那样受到肯定和重视。但实际上，高诱取得的学术成就足可以跟他们相

---

① 洪兴祖《楚辞补注》，中华书局1983年版，第261页。

② 又《本经训》“滔窕而不亲”，高注：“滔窕，不满密也。”

③ 阮元校刻《十三经注疏》，中华书局1980年版，第2583页。

提并论，在汉注存世稀缺的情况下尤其如此。清人卢见曾称誉高诱云：“两汉传注存者，自毛氏、何氏而外，首推郑氏。继郑氏而博学多识者，唯高氏，盖其学有师承，非赵台卿、王叔师之比也。”①认为高诱的学术成就直追郑玄，非赵岐、王逸等人可比。今人齐思和亦赞誉：“高氏博贯群经，尤精子部，亲炙大儒，深明故训，为之悬解，以贻后世，其存古之功伟矣。论其学术，当在许叔重、赵邠卿之间，而范蔚宗著《后汉书》，不为立传，致其行事湮没不彰，惜哉！”②即以高诱为一代大儒，认为他能够延绵古学，学术水平当在许慎与赵岐之间。从《淮南子》、《吕氏春秋》高注观之，高诱确实博学多识，治学严谨朴实，既能广纳众说，又能自出新意。③ 而且，他的注释作品形成了一套释义、述理、注音、校勘、阙疑兼具的固定体例。这在学术史上，特别是在训诂学史上，有着承上启下的地位。

许慎由于《说文解字》的巨大成就，其《淮南鸿烈间诂》便显得黯然失色，同样没有受到多少瞩目。杨树达即称：“二千年来，学者群奉许君为训诂学大师，非无故也。以其说字之美如彼，宜其训释故书，下义审确，能令人犂然有当矣。然今读其《淮南鸿烈间诂》残存者八篇，其中虽多胜义，而其显然违失者固数数见也。……凡此云云，以之与《说文解字》校量，其美恶之相去，盖不可以道里计也。

① 何建章《战国策注释》(《历代战国策序跋 · 卢见曾刻姚本战国策序》)，中华书局1990年版，第1375页。

② 齐思和《中国史探研》，中华书局1981年版，第242页。

③ 《吕氏春秋序》云：“不韦乃集儒书，使著其所闻，……备天地万物古今之事，名为《吕氏春秋》。暴之咸阳市门，悬千金其上，有能增损一字者，与千金。时人无能增损者。诱以为时人非不能也，盖惮相国，畏其势耳。”从中能够看出高诱治学不因循守旧，敢于发表自己见解的精神。《季夏纪 · 制乐》、《孝行览 · 慎人》、《先识览 · 乐成》、《似顺论 · 慎小》等篇，高诱多次批驳书中言论，亦可见一斑。

岂《间诂》为少年时书,而《说文》成于晚岁欤?抑《说文》与立训异术,一人固不得兼工欤?抑或《说文》前有所因,取精而用弘,《间诂》成于一手,故不能粹美欤?"[①]然而,我们前面已经指出,许慎的《淮南子注》为《说文解字》的进一步完善作出了不可或缺的贡献。由此观之,许注的学术地位应当不容小觑,言其承上启下也不为过。

所谓承上,主要体现在许高二注对以往注书体例的总结和对以往学术成果的吸收这两个方面。尤其是高注,表现得特别明显。

对以往注书体例的总结。成书于秦汉之际的《尔雅》,"释雅以俗,释古以今",[②]奠定了训义的基本范式。两汉学者皆依之为本,许高二注亦是如此。随着古文经学的兴起,汉人注书内容在不断扩展,其体例也在不断丰富。东汉初年,郑兴注《周官经》,除了基本的释义例外,还运用了大量的注音例,如郑玄引郑大夫云:"动读为董,书抑或为董。"[③]杜子春以及郑兴的儿子郑众也精于审音,注音体例遂在此时逐步规范和发展起来。同时,由郑玄《三礼注》的引述看,郑兴等人也很注重校勘文字,如《周礼》郑注:"郑司农云'饩或作气',杜子春云'当为饩'。"[④]"或作"、"当为"成了校勘文字的常用术语。后来王逸的《楚辞章句》、赵岐的《孟子章句》还比较重视解题,如赵岐解《公孙丑》篇名云:"公孙丑者,公孙姓,丑名,孟子弟子也。丑有政事之才,问管晏之功,犹《论语》'子路问政',故以题篇。"[⑤]到了东汉末年,这些体例趋于完善、定型。郑玄遍注群经,集其大成,并且大量使用了以"未闻"表示阙疑的新体例。许慎注《淮

---

① 杨树达《淮南子证闻·后序》,上海古籍出版社 1985 年版。
② 王国维《观堂集林》,中华书局 1959 年版,第 219 页。
③ 阮元校刻《十三经注疏》,中华书局 1980 年版,第 810 页。
④ 阮元校刻《十三经注疏》,中华书局 1980 年版,第 923 页。
⑤ 阮元校刻《十三经注疏》,中华书局 1980 年版,第 2684 页。

南子》时正是注疏学发展之际，其书不仅简略，体例也不丰富，还谈不上总结性成果。高诱注《淮南子》则不同，此时注疏之学已经成熟昌盛，高氏又乐意注书，所以能够将解题、释义、述理、注音、引书、校勘、阙疑、存异等各种体例集于一书，丰富程度大大超过郑注。从这方面说，高注取得了总结性成果，称得上是汉人注疏著作中的典范。据统计，今存高注十三篇近 6 万字，若算上散佚的八篇高注，全书应该在 10 万字以上，相当于重写一部《淮南子》的字数。这在汉代注释作品中首屈一指，同时也有力地反映出高注丰富的内容和体例。

对以往学术成果的吸收。西汉学者大都受家学、师法的浸润，观点相传，成果相因，东汉学者则大都富有博通的精神，对家学、师法的戒备有所松弛，观点互引，成果共享。自明、章以来，求学者不固守一师，治经者不专攻一经。在这样的教育和治学环境下，许慎和高诱二人皆成为当时的大儒。许慎融通《五经》，兼采古、今文学，旁及诸子、史志。高诱精悉儒家经传，尤明《孟子》、《孝经》，同时又善治子书。他们注解《淮南子》自然不会独坐井底，而是放开视野，广纳已有的学术成果。首先，从应用经学成果方面看，许注吸取了古文《毛诗》、今文《韩诗》、古文《尚书》、《春秋穀梁传》、今文《孝经》等派的说法，高注则吸取了《毛诗》、《春秋三传》、《三礼》、古文《尚书》、费氏《易》等派的说法。《白虎通》作为当时经学研究的成果总结，其中观点亦被许高二注所吸收。例如，《缪称训》“凡高者贵其左”，许注：“天道左旋。”此即本自《白虎通·天地》：“天道所以左旋、地道右周何？以为天地动而不别，行而不离。所以左旋、右周者，犹君臣、阴阳相对之义。”[1]又《天文训》“音比夷则”，高注：“夷则，七月也。夷，伤。则，法也。言阳衰阴发，万物雕伤，应法成性，

① 陈立《白虎通疏证》，中华书局 1994 年版，第 422 页。

故曰夷则也。”此即本自《白虎通·五行》:“七月谓之夷则何? 夷,伤也。则,法也。言万物始伤,被刑法也。”①其次,从应用学者个人成果方面看,许注吸取了司马迁、贾逵、淳于登、班固等人的说法,高注则吸取了司马迁、郑众、班固、许慎、马融、卢植、赵岐、郑玄等人的说法。

所谓启下,主要体现在许高二注对于魏晋学者的注疏风格、注疏视野、注疏方式等方面所产生的影响。

对魏晋学者注疏风格的影响。尽管皮锡瑞将魏晋视为经学的中衰时代,但注疏之学并未衰退,比之两汉,有过之而无不及。细审魏晋人的注疏著作,其风格大致可以分为两个基本的派别:一派是以何晏、王弼、嵇康、向秀、张湛、郭象等人为代表,崇尚义理,好发玄远之论;一派是以王肃、韦昭、杜预、崔譔、司马彪、郭璞等人为代表,谨守古学,注重训诂明义。许慎和高诱皆为古文学大师,他们的注疏多以解释字词、名物、典章为要务,而少及义理。魏晋古学这一派即延续了许高二注的注疏风格,在注释体例和内容上亦与二注近似。王肃遍注群经,不走郑玄混合今、古文的路数,力推贾逵、马融之学。贾、马二人分别是许慎和高诱的业师,所以王氏训诂与许高二注应是一路。影响最明显的当属崔譔、司马彪的《庄子注》。魏晋两百年,《庄子》可谓最盛行的典籍之一。在向秀注《庄子》之前,已有数十家注《庄》作品问世,②即为显证。从言论袭用这方面看,《淮南子》与《庄子》关系最为紧密。根据王叔岷的梳理,《淮南子》暗用《庄子》者触篇皆是,今本《庄子》三十三篇,唯《说剑篇》之文不见于

① 陈立《白虎通疏证》,中华书局1994年版,第186页。

② 《晋书》卷五十《郭象传》。

《淮南》,其余三十二篇均有称引,所引言论达到了223条。[①] 崔譔、司马彪的生活年代接近于高诱,他们注《庄》重在训诂,并且参考了《淮南子》一书。[②]《庄子音义》"子祀"下引崔注云:"《淮南》作'子永行年五十四而病伛偻'。"[③]崔氏所引出自《精神训》,今本作"子求"。崔譔曾担任议郎,司马彪贵为皇室宗亲,做过秘书郎,要获取《淮南子》的许、高注本易如反掌。《齐俗训》"冯夷得道以潜大川",许注:"冯夷,河伯也,华阴潼乡堤首里人,服八石得水仙。"《庄子音义》引司马注云:"《清泠传》曰:'冯夷,华阴潼乡堤首人也,服八石得水仙,是为河伯。'"[④]应是本自许注。又《原道训》"蓬户瓮牖,揉桑以为枢",高注:"编蓬为户,以破瓮蔽牖,揉桑条以为户枢。"《庄子音义》引司马注云:"屈桑条为户枢也;破瓮为牖。"[⑤]取用高注的痕迹比较明显。并且,从《庄子音义》所引观之,崔譔、司马彪的《庄子注》音义并重,引经据典,也重视对楚地方言的解释。这些体例与许高二注,尤其是高注,都非常接近。随后的郭璞注《尔雅》、《山海经》,同样发扬了这类风格。由此可见,许高二注对于魏晋学者训诂著作的影响是客观存在的。

对魏晋学者注疏视野的影响。两汉文士受经学的牵引,目光大都聚焦在儒家经传之上,他们的注疏对象也基本局囿于此。自

① 王叔岷《〈淮南子〉引〈庄〉举偶》,《道家文化研究》(第十四辑),生活·读书·新知三联书店1998年版,第364~400页。

② 二人所撰《庄子注》现已失传,陆德明《经典释文·庄子音义》保存了大量的崔注和司马注。据统计,前者约有267条,后者足足有616条。对于司马彪的《庄子注》,清代以来学者的搜辑考订达到了比较完善的地步,详见方勇教授《庄子学史》,人民出版社2008年版,第361~362页。

③ 陆德明《经典释文》,上海古籍出版社1985年版,第1449页。

④ 陆德明《经典释文》,上海古籍出版社1985年版,第1447页。

⑤ 陆德明《经典释文》,上海古籍出版社1985年版,第1562页。

许慎、马融以来，情况渐有改观。高诱之时，经学丧失了威信，诸子百家一类的典籍日益受到关注。高氏虽然曾作《孝经解》，但他把主要的精力花费在注解《淮南子》、《吕氏春秋》、《战国策》等非经学典籍之上。这无疑展开了一种新的注疏风尚，冲击了文士狭隘的治学视野。魏晋文士紧跟其后，不再将目光仅仅停留在儒家经传之上，而是扫视各类典籍，学术界也由此散发出新的气息。举子部典籍为例，据侯康《补后汉书艺文志》，东汉两百年产生的注疏著作大概有22种，若剔除有关《孟子》的注疏著作，其他仅有16种。而据侯康《补三国艺文志》和丁国钧《补晋书艺文志》，魏晋两百年产生的注疏著作约有64种，针对《列子》、《文子》、《慎子》、《墨辨》的注释作品都在这个时候就出现了。其间的变化，高诱无疑有推进之功。

对魏晋学者注疏方式的影响。高诱把《淮南子》归作道家类典籍，但自己在注释过程中却大量引入儒家的思想观念和儒家经传之言，表现出强烈的宗经、崇儒倾向。这不仅是一种注疏方式的转变，更是一种学术观念的转变。以往轻视诸子百家之学的观念，到了高诱这里，转变成诸子辅经、经子合流的意识。高氏选择以儒解道的注疏方式，实际上存有以子助经的动机。可以这样说，高注为魏晋学者进一步会通儒道二家拉开了序幕。除竹林七贤所谓“非汤武而薄周孔”、①“越名教而任自然”②等激烈措辞以外，魏晋学者尽管务于玄谈，但在对待儒家学说和圣人孔子时大都显示出尊崇之情，并有意地化用道家理论来重新阐释儒家的思想观念。王弼说：“颜子

① 嵇康《嵇中散集》卷二《与山巨源绝交书》，《四部丛刊》本。

② 《嵇中散集》卷六《释私论一首》。

之量，孔父之所预在，然遇之不能无乐，丧之不能无哀。”①尊圣之情溢于言辞。又说：“夫圣智，才之杰也；仁义，行之大者也；巧利，用之善也。本苟不存，而兴此三美，害犹如之，况术之有利，斯以忽素朴乎！”②不惜违背老子鄙薄圣智、仁义、巧利之本意，③直言仁义为美。这些说法，与高注所言并无二致。魏晋名士中，王弼“好论儒道”，④向秀“以儒道为壹”，⑤可知在玄学领域，儒道会通的趋势也十分明显。⑥后来郭象注《庄》，以更高的思维水平来调和儒道。他说：“夫仁义自是人之情性，但当任之耳。”⑦这同高诱所谓“静身无欲，信仁而已，慎其天性”⑧的说法如出一辙。此种以儒解道的注疏方式，发展至宋代达到了顶峰。高注乃发源之一，无疑也有推进之功。

二、不容忽视的学术价值

于今所存注疏著作中，唯汉注最近古，若自《毛诗传》为起点，足有2200多年的历史了。再加上存世稀少，故而任何一部古籍汉注皆有着不容忽视的学术价值，许高二注也不例外。它们的学术价值应该体现在多个方面，但笔者打算只选取文献价值和训诂价值这两个方面来展开讨论。

---

① 《三国志》裴松之注引何劭《王弼传》，中华书局1959年版，第796页。

② 楼宇烈《王弼集校释》，中华书局1980年版，第199页。

③ 《老子》第十九章：“绝圣弃智，民利百倍。绝仁弃义，民复孝慈。绝巧弃利，盗贼无有。”

④ 陈寿《三国志》，中华书局1959年版，第795页。

⑤ 顾绍伯《谢灵运集校注》(《与诸道人辨宗论》)，中州古籍出版社1987年版，第286页。

⑥ 详见汤用彤《魏晋玄学论稿》一书，上海古籍出版社2005年版。

⑦ 郭庆藩《庄子集释》，中华书局1961年版，第318页。

⑧ 《淮南子·氾论训注》。

（一）文献价值

1. 于《淮南子》有保存和整理之功

《淮南子》出于汉初，距许慎校注约有250年，距高诱校注约有350年，其后历经战火、荒乱而能完璧者，实赖此二君之注。张舜徽对此论曰："《淮南内篇》及《吕氏春秋》，至今日犹完好无缺，亦赖有高诱之注，以永其传也。高诱，汉末涿郡人，为卢植弟子，学有本原，长于注述。大抵古书得以永存，实以有汉注羽翼之。汉末郑玄之注经，高诱之注子，皆大有功于典籍者。《淮南外篇》无人为之注，故亡佚最早，《隋志》已不著录矣。"①一种著述能够流传不灭，除了它自身的魅力外，还需要有学者为之作注。大凡先秦两汉存世著作，皆有名家的注疏伴之而行。

《淮南子》文辞华茂，理义精深，当时即为武帝所重视，但因受政治牵连，又不与时代思潮合拍，故险遭禁毁，无法得见天日。好在成帝侧目坟典，刘向卓识不凡，《淮南子》得以重新整理成书，遂行于世。随后复经战祸，至安帝永初年间，其乖谬、错乱实多。许慎受命校理，选择以注释的形式，由此而加重了《淮南子》的筹码。许君知名当世，马融、延笃等人风起影从，争相注解淮南之书，《淮南子》因此大行天下。比于刘向，许慎的整理不只是针对书中篇目或文字，而是以疏通文义为本务。要知道，《淮南子》艰深难懂并不亚于《庄子》，同时又包含不少方言俗语。若非许君一番疏解，断难深明其义。例如《要略》"玄眇之中，精摇靡览"，许注："楚人谓精进为精摇。"通过许注，我们才明白"精摇"原来是"精进"之义。由此言之，许慎的整理成果确实值得称赏。后之百年，兵祸再次连结，《淮南子》也再次陷入散乱亡失之危途。高诱浸润古学既久，保护和保存

① 张舜徽《汉书艺文志通释》，湖北教育出版社1990年版，第186页。

古籍的意识变得自觉而强烈。他注《淮南子》出于“时人少为《淮南》者，惧遂凌迟”，[①]注《吕氏春秋》出于“既有脱误，小儒又以私意改定，犹虑传义失其本真，少能详之”，[②]就非常显明地表露了这一意识。依此推测，高氏正《孟子章句》，作《孝经解》，注《战国策》，皆存有保护和整理古籍的目的。相比许慎，高诱对《淮南子》的整理又向前迈进了一大步，不仅注文更加翔实，而且还进行了艰苦的校勘和注音工作。高注中，关于文字的校勘随处可见。难能可贵的是，高诱不直接更改原书文字，而是在注语里作出辨析，指出正字，还大量保存其他版本的文字差异。从这方面说，高诱足称优秀的古籍整理者，固可与刘向相提并论。高注问世后，与许注一道羽翼《淮南》，助其穿越时空。

2. 借以校正《淮南子》正文和考证他书文字之用

查史志和个人藏书目录，可知《淮南子》基本是以正文与注文连体的形式流传。在辗转传抄、刻写的过程中，文字上都难免会存在讹误、脱衍等问题。但两者有时不会并误，这样注文就能为校正原书正文提供帮助。许高二注显然也具有这种校勘价值。王念孙父子校理《淮南子》，即将这一价值发挥到了极致。例如，王氏校《原道训》“此俗世庸民之所公见也，而贤知者弗能避也”句说：“如高注，则正文‘避’字下当有‘有所屏蔽’四字，而今本脱之也。”[③]校“故子夏心战而臞，得道而肥”句说：“‘得道’本作‘道胜’，……高注曰‘先王之道胜，无所复思，故肥也’，则正文本作‘道胜’明矣。”[④]又

① 《淮南子·叙目》。

② 《吕氏春秋序》。

③ 王念孙《读书杂志》，江苏古籍出版社 1985 年版，第 769 页。

④ 王念孙《读书杂志》，江苏古籍出版社 1985 年版，第 771 页。

如,今人张双棣校《时则训》"仲冬之月,招摇指子,昏壁中,旦轸中"句说:"正文'昏壁中','壁'上脱'东'字,高注云'东壁',正文不当无'东'字,《吕览》亦作'东壁',是其证。古'东壁'无简称'壁'者。"[①]诸如此类,恕不一一赘举。当然,这其中肯定还存在未曾开发的宝藏,有待学者们进一步挖掘。

许高二注皆有引书之例,尤以高注为多。高诱所见古本,至今已年代久远,注中所引文字在一定程度上或可反映古籍旧貌。依此而言,许高二注诚可以为校雠古籍之资用。例如,《氾论训》"夏日则不胜暑热蚊虻",高注:"虻,读《诗》云'言采其莔'之莔也。"今本《毛诗》"莔"作"虻",并毛传:"虻,贝母也。"[②]《说文·艸部》:"莔,贝母也。"然《虫部》:"蝱,啮人飞虫。"可见,《诗经》古本正字当作"莔","虻"应是假借字。又如,《说山训》高注引《老子》曰:"致数舆无舆。"河上公本作"致数车无车",王弼本作"致数誉无誉",帛书甲本作"致数与无与",帛书乙本作"致数舆无舆"。关于何者为是,历来诸说纷纭[③]。高诱所引同于帛书乙本,当为古本原貌。再如,《氾论训》高注引《礼记》曰:"猩猩能言,不离走兽。"今本《礼记》:"鹦鹉能言,不离飞鸟。猩猩能言,不离禽兽。"[④]纳兰性德说:"《尔雅》'二足而羽谓之禽,四足而走谓之兽',故孟子曰'麒麟之于走兽,凤凰之于飞鸟',然则以'走兽'对'飞鸟',其称不易矣。此记鹦鹉曰'飞鸟',猩猩自当曰'走兽',卢植本正作'走兽',可正俗本之

---

① 张双棣《淮南子校释》,北京大学出版社 1997 年版,第 603 页。

② 阮元校刻《十三经注疏》,中华书局 1980 年版,第 320 页。

③ 详见朱谦之《老子校释》,中华书局 1984 年版,中华书局 2000 年版,第161~162 页。帛书本,参见高明《帛书老子校注》,中华书局 1996 年版,第 16~17 页。

④ 阮元校刻《十三经注疏》,中华书局 1980 年版,第 1231 页。

讹。”[①]高注所引显然可以为其佐证。

3. 借以窥见某些古籍的流传情况

高注引书近30种,许注引书也有5种。特别是高注,不仅主动标出所引书籍的名称,而且在注文中还时时提及一些古籍的篇数。这就为我们了解某些古籍当时的流传情况提供了信息。例如,《修务训》高注云:“庄子,名周,宋蒙县人,作书三十三篇,为道家之言也。”[②]根据《经典释文·序录》,崔譔注本二十七篇,向秀注本二十六篇,司马彪注本五十二篇,郭象注本三十三篇。今存本皆源自郭本。学者多认为《庄子》三十三篇本是郭象所删定。[③] 若高注未经后人更改,那么这种看法就值得重新审视了。《吕氏·孝行览·必己》高注又云:“庄子,名周,宋之蒙人也,……著书五十二篇,名之曰《庄子》。”此与《汉书·艺文志》著录相同。盖在高诱之时,《庄子》版本众多,篇数不一,三十三篇本和五十二篇本或已并存。又如,《道应训》“田骈以道术说齐王”,《吕氏·士容论·士容》高注云:“田骈,齐人也,作道书二十五篇。”《汉志》录为《田子》二十五篇,而后世史志及私家书目皆无记载。可知高诱曾见过全本《田子》,随后便告失传。

(二)训诂价值

汉晋时代,训诂尽管还主要是一种解释词义的工作,远未达至具有系统理论的学科水平,但这时期的学者已对训诂中的内容、体例、方法、目标等方面有着十分清醒的意识和认知。在论及《尔雅》

---

① 纳兰性德《陈氏礼记集说补正》卷一,《文渊阁四库全书》本。

② 唯庄逵吉刻本作“二十三篇”,其余本均作“三十三篇”。

③ 详见方勇教授《庄子学史》(第一册),人民出版社2008年版,第376~380页。

的目的和功用时，郭璞不禁感叹："夫《尔雅》者，所以通诂训之指归，叙诗人之兴咏，总绝代之离词，辨同实而殊号者也。"[1]真可谓勾连天人、古今、万物者矣！看似诘屈聱牙、反复枯燥的训诂工作，却能打破语言上的时空隔阂，拉近不同时空中人们的距离。唐人孔颖达为训诂这门历史悠久的学问作了总结，他说："诂者，古也，古今异言，通之使人知也。训者，道也，道物之形貌以告人也。"[2]以此而观许高二注，其训释内容远不止孔氏所说的这两个方面，还网罗了天文、地形、山川、薮泽、名物、典章、律历、节气、医药、风俗以及历史传说等知识，极大地丰富了原书的内涵。比如《要略》篇"操舍开塞，各有龙忌"，许注："中国以鬼神之事日忌，北胡、南越皆谓之请龙。"即为我们显示了中古时期中原与偏远地区风土人情的差异。当然，许高二注训诂的主要成就，仍体现在以当时通俗的用语来解释《淮南子》，尽量使之文义泠然。因为年代久远，许高二注对于今人而言依旧古奥，但其训诂价值则不容忽视，可从以下几方面加以认识。

1. 产生了有别于前的新义项

这里所谓新义项，是指被释词在注文中出现的义项不见于注者以前的著述之中，当是注者根据文中语言环境及语言发展规律新发现的义项。许高二注所出现的新义项不在少数，这有利于词义的延伸和变化。例如，《诠言训》"圣人无屈奇之服"，许注："屈，短。奇，长也。服之不衷，身之灾也。"许慎有关"屈"、"奇"二字的释义非常罕见。按照许注，"屈奇之服"乃指一种短长相配的灾服。而颜师古注"谋屈奇"云："屈奇，奇异也。"[3]显然相别甚远。又如，《要略》篇

① 阮元校刻《十三经注疏》，中华书局 1980 年版，第 2567 页。

② 阮元校刻《十三经注疏》，中华书局 1980 年版，第 269 页。

③ 班固《汉书》，中华书局 1962 年版，第 2430 页。

“秦国之俗，贪狼强力”，许注：“狼，荒也。”狼，来母，阳部。荒，晓母，阳部。二字韵部相同，声类相通。可知许慎采用声训法，赋“狼”以“荒”之新义。后来唐人合为“狼荒”一词，柳宗元《祭穆质给事文》：“寿宫久翳，狼荒万里，礼不可违，诚不可弭。”[①]刘禹锡《佛衣铭》：“既还狼荒，憬俗蚩蚩。”[②]借指蛮荒之地，盖起于许注。再如，《原道训》“此俗世庸民之所公见也”，高注：“公，详也。”“公”一般训作“正”或“平”之义，此处高诱随文为释，实际上是自出新义。

2. **显示了汉魏词汇发展变化的情况**

许慎生活在东汉中叶，高诱生活在汉末魏初之际，他们注解《淮南子》都是使用当下流行的词语，故而从中能够显示出汉魏词汇发展变化的一些情况。最能呈现汉魏词汇的时代性和地域性，莫过于许高二注中对各地方言的描述。例如，《精神训》“今夫繇者揭镬臿”，高注：“繇，役也，今河东谓治道为繇道。”治道为通用语，繇道则是河东人的地方语，二者差异如此。应该指出的是，高诱所描述的幽冀、河东、洛家、兖豫、青徐、江淮、南阳等各地方言绝大部分属于双音节词，反映了那时词汇正朝着多音节词发展的趋势。有学者即考察了许高二注中出现的双音节新词，高注十三篇诸如烦娆、利便、量器、掩网、缴射、屋垂、尘塺、细理、距守、放教、剑拊、骄怚、蚑辙、唾祝、娄数、醮少、刀末、斥丘、胁榦、仍代、冻颤、朴性、功牢、户植、椽榱、屋檼、籯囊、步盖之词，许注八篇诸如佩约、坋尘、捉筹、后垣、揉蹈、绡煞之词，[③]为我们揭示出公元2至3世纪汉语词汇发展

① 柳宗元《柳宗元集》，中华书局1979年版，第1051页。

② 刘禹锡《刘禹锡集》，中华书局1990年版，第53页。

③ 所谓新词，是指东汉以前传世文献未出现过的词。详见赵奇栋、华学诚《〈淮南子〉许慎注、高诱注中的双音节新词》一文，《徐州师范大学学报》（哲学社会科学版）2005年第2期，第51～56页。

之一隅。此外,笔者又从二注中拾得双音节新词若干。高注如温恤、了戾、绀绡、禁要、跛蹏、缗绳、倾仰、纻绳、穿漏、盐会、深算、赖恃、绡头、押引、纱结、讥呵、传谒、揲脉等词,许注如竞驱、偃覆、绕匝、错梧等词,或许能够补其所缺。

3. **反映了中古学者对于语法和修辞现象的认识**

在《马氏文通》诞生以前,古人对于语法现象的认识都是不成体系、零散肤浅的。尽管两汉训诂之学大盛,但有关语法方面的解释仍可谓凤毛麟角。许慎在《说文》中指出"只,语已词也"、"者,别事词也"、"皆,俱词也",表明他已经熟悉虚词这类词的性质。可惜的是,他注《淮南子》并未体现出来。高诱解《淮南》则对这类词给予了一定的关注。例如《精神训》"不识天下之以我备其物与",高注:"与,耶,辞也。"显然意识到了"与"作为疑问语气词的作用。又如《原道训》"得一之道而以少正多",高注:"而,能也。"陆德明说:"而,辞也,郑读而曰能。"①知汉代"而"、"能"皆可作转语之辞。同时,高诱还通过释文显示了他对词类活用、句法成分等语法现象的理解。这种情况甚多,今之学者已有研究,兹不赘述。② 至于修辞,古人同样很早就有认识。《毛诗大序》总结出《诗经》赋、比、兴的手法,即是一个很典型的例子。高诱似乎对修辞现象比较敏感,他在注文里一再明示了《淮南子》所用的比喻、互文等修辞手法,这在前文已有论及。③ 许慎有时亦揭示文中的比喻手法,例如《道应训》"此所谓《筦子》'枭飞而维绳'者",许注:"言为士者上下无常,进退

---

① 陆德明《经典释文》,上海古籍出版社 1985 年版,第 77 页。

② 详见罗国强《〈淮南子〉高诱注训诂研究》中"明语法以说义"一节内容,湖南师范大学 2002 届硕士学位论文,第 9 ~ 10 页。

③ 详见本书第三章第二节。

无恒，不可绳也，以喻飞枭，从下绳维之，而欲翺翔则不可也。”显然指明了该句的寓意。综上可知，中古学者虽然没有语法、修辞的学科意识和理论，但他们关于这些现象的点滴认知，对构建汉语语法学、汉语修辞学有着不可轻视的启示作用。

4. 为后世训诂著作和字书编撰提供了重要的参考价值

基于许高二注所取得的训诂成就，后世学者为书作注或编撰字书，大都取之以为资鉴。从比较重要的注疏著作看，《史记集解》、《经典释文》、《汉书注》、《文选注》、《史记索隐》、《列子释文》、《大藏经音义》等书，皆大量引述了许高二注的成果。从纯粹的训诂著作看，《匡谬正俗》、《尔雅翼》、《续方言》、《别雅》等书，亦时见采纳二注之训义。从字书的编撰看，许慎自采其注以入《说文》，是字书采掇《淮南子》训释成果的开始。后来，顾野王撰《玉篇》，徐锴撰《说文系传》，戴侗撰《六书故》，张玉书等编《康熙字典》，均大量吸取了许高二注的训义。除此之外，古代类书、个人著述等书籍引用许高二注之例恐怕难以计数。由此充分说明，许高二注确实为后世学术的发展提供了不可否认的价值。

总之，《淮南子》许高二注在古代学术史上具有承前启后的地位，同时所蕴藏的学术价值也不能被忽视。这里不具有笔者人为拔高的意图，乃是其学术成就所决定的。当然，我们对于许高二注中所存在的失误也不能视而不见。对此，前贤硕儒多有驳正，如王念孙《读书杂志》、俞樾《淮南内篇平议》、马宗霍《淮南旧注参正》、吴承仕《淮南旧注校理》时有客观翔实的辨驳和纠正，为学者全面认识和评价许高二注拨开了另外一个视野。

结　语

本书各章之间以“总—分—总”的思路架设，每章各节之间也不是杂乱无序，主要按问题产生的先后和轻重来铺列。但由于《淮南子》许高二注摘注、琐细、不连贯的行文特点，很容易使本书的研究结论陷入多点和分散的表述之中。为此，我们将从许高二注的文献状况、许注的总体特征及其思想性、高注的总体特征及其思想性、许高二注异同及其学术地位等方面对本书加以总结。

《淮南子》许高二注历时久远，二者又掺合成书，其文献质量令人堪忧，明茅一桂即憾言：“惜也，高注繁芜脱谬，且多鱼鲁之文。”(《重校淮南鸿烈解引》)尽管清代治《淮南子》者甚众，犹不能全理而正之，仍需要后学者的不断补充和完善。仅许高二注的文献状况而言，就很有必要做一番较为系统、全面的调查与考校。关于二注的相杂及区分，则是首当其冲的问题。根据历朝史志和私家书目的著录，同时参以历代著述所引二注之情形，再辨其真伪，论其是非，我们发现，许高二注相杂一书应是发生在北宋太宗和真宗朝，其起因可能缘于一场宫廷大火，而此前两者一直并行别传。二注相杂后不久，即被仁宗朝苏颂发现并区分，但他的成果湮没不闻，大约过了800年才重新为清代陶方琦等人分开。清人的区分主要立足于苏颂所写的《校淮南子题序》、历代诸书所引《淮南子》注文以及注文的形式特征这三个方面，其实从注文内容如互见法的使用、重复释文的出现等方面也可以得到有力的支撑。在分辨许注八篇与高注十三篇时，陶方琦过分夸大了许注羼入高注的现象，然证据表明他的说法并不符合客观事实。许高二注相杂及区分这一复杂情况得到成功清理后，二者近 2000 年的流传历史就比较容易勾勒了。同时，要全面追踪许高二注的保存状况，辑佚工作又是必不可少的。清代学者花费很大精力辑佚许注，却未能重视高注佚文。通过搜罗和考究历代文献所引《淮南子》注文，我们认为大概有 70 余条引文应属高注佚文，又有 100 余条引文疑是许注佚文，为清人所遗漏。漫长的流传过程不但使许高二注残缺不全，而且也造成了《淮南子》许高二本的文字差异和错综复杂的版本源流。如今，由高诱所做的校勘、诸书所引《淮南子》正文及注、许高篇目重复的文句等方面，还能掠得表现其版本差异的吉光片羽。而今所存的 60 余个古代版本，都是以刻于宋仁宗朝的北宋本和刻于明英宗朝的道藏本为宗。

许慎为《淮南子》作注皆因机缘所促成，因为习读《淮南子》既非他的家学师承，又非他的兴趣所在。汉安帝永初四年(110)，许君以太尉掾属的身份被征诏参加盛大的东观校书活动，即是以校注《淮南子》为务，一年后书成并上呈朝廷。虽然许慎的《淮南子注》已无完本，但现所存八篇亦能管中窥豹，反映全书的大致面貌。总的说来，许慎注解《淮南子》，重视对原书各篇大意的概括，偏重字词、名物、史事的解释，比较注意正文中楚语的使用，而且行文追求简朴明了，很少使用训诂术语。尽管许注相对简略疏阔，但我们并不能轻视它在了解许慎思想及其学术方面的作用。由许注八篇中的一些相关注文看，许慎对于《五经》有许多自己独到的见解，既相信明经致用的经学传统，又敢于正视原著批判《五经》的言论，同时不排斥诸子尤其是老庄的观点，表现出通达的思想认识。在许君学术生涯中，《淮南子注》也扮演了重要的角色。关于《五经》与各派解经之说的研究成果，许慎把它诉诸《五经异义》一书，而在注解《淮南子》时则明显利用了其中某些成果。从这方面说，《淮南子注》体现了他作为一位经学家的主张。更为重要的是,许君呕心沥血的名作《说文解字》与《淮南子注》之间还存在相融互补之关系。一方面,许慎注《淮南子》很方便地利用了他草创《说文》形成的训义成果;另一方面,又以注解《淮南子》获得的新成果、新发现进一步修订《说文》。两者相互取用,共同促进了许君学术的发展。

与许慎正好相反,高诱为《淮南子》作注,既是承继马融、卢植的家学师法,又是自身兴趣和责任感所在。《淮南子注》前后花去高诱八年时光,是他勤苦治学的结晶,也最能反映其学术水平,可惜已亡八篇。由仅存的十三篇看,高注涵盖非常广博,但着重从解释字词、训解名物典章、考述史传典故、阐发文句义理等方面下工夫。同两汉其他注书相比,高注还体现出注重篇名题解、细化注音方式、广罗方言俗语以及校勘、阙疑并重的训释特色。作为一位具有忧患意识和变通精神的经学家,高诱还有意把大量富有儒家色彩的思想言论植入到《淮南子》的注释中,以期将原书纳入辅翼儒家经传的范畴。而且,他疏解字词文意又多以儒家经传所言为准的,对原著批评儒家圣人及其学说的言辞也有意曲解,以达到维护和尊崇儒家学术的目的,由此表现出强烈的宗经、崇儒意识。这种意识直接导致高诱在注解《淮南子》道家派言论时好用仁义之道、王道政治以及孟子的性善论等学说,有意将其导向儒家义旨,一定程度上形成了以儒解道的倾向。以儒解道,无疑展现了高诱富有改造性的诠释能力,对于原书思想来说是一种偏离,对于当时思想界来说却又是一种创新,具有不能忽视的思想史意义。当然,汉末道家思潮涌动,高诱并没有无视这股力量,他本人也深知老庄无为与有为、无形与有形、养形与养神、贵柔贱言等思想主张,同时加以采纳、发挥,存有会通儒、道的意图。除了能够窥测高诱思想外,高注十三篇还为我们了解其学术源流打开了入口。通过分析高诱引述儒家经传的情况和论述

《五经》的言论,其经学架构与受学渊源皆能得到疏理,从而探知高氏的群经之学。高诱注解《淮南子》的上述种种特点,也在他的《吕氏春秋注》中得到了体现。由此可以看出,高诱注释子书,深怀着"诸子辅经"的学术动机。

同为东汉名公硕儒,许慎和高诱二人选择《淮南子》为其校注对象,本身就是一件耐人寻味的事,后来二注又相杂一书,更是结下了不解之缘。许注产生于东汉中期,而高注出现在汉之末世,整整相隔百年。虽然这100年依旧是经学一统的时代,但社会机体的内层却在悄悄发生变革和转型。就政治面貌看,国家正由平稳兴旺转入混乱衰败。就学术格局看,经学正由昌明鼎盛转入昏暗式微。就社会思潮看,老庄思想正由微弱潜伏转入渐强显豁。时代背景的不同,造就了士人治学方向和态度的不同。许慎忽子书,故注解疏阔;高诱重子书,故注解精详。相对《淮南子》来说,这一百年又是幸运的一百年,不但流布甚广,而且不乏研究者。许慎是始作俑者,高诱则是总结者。此种情况决定了高注对许注存在直接的承袭关系。不过,高诱毕竟是一位卓出的注疏家,在注解体例和诂训释义等方面尽管有袭用许注的痕迹,但更多的是出于自己的研究心得。与许注相比,高注的体例更加丰富,解题、释义、注音、引书、存异、校勘、阙疑一应俱全,并且形成了一套相对固定的训义体系。这可以反映出汉末学术重视集成、总结和求变的特点。

古籍汉注离今久远,任何一部传世之作都堪称宝藏,值得我们珍视,《淮南子》许高二注同样如此。就是从中国古代学术发展的历史看,许高二注也有着不容轻视的地位和价值。许高二注,尤其是高注,总结和吸取了以往注书的体例和各派的学术成果,同时又对魏晋学者的注疏风格、注疏视野、注疏方式等方面产生了广泛影响,具有承上启下的学术地位。并且,许高二注还包含了多方面的学术价值。就文献价值观之，许高二注于《淮南子》有保存和整理之功，可借以校正原书正文和考证他书文字之用，也可借以窥见某些古籍的流传情况。就训诂价值观之，许高二注产生了有别于前的新义项，显示了汉魏词汇发展变化的情况，体现出中古学者对于语法和修辞现象的认识，并为后世训诂著作和字书编撰提供了重要参考。

以上带有总结性的叙述，便是本书所要表达的主要观点，也是经过系统研究才得来的绵薄成果。对于包罗万象的许高二注而言，本书还必然存在许多遗漏和未尽之处，如高诱的《吕氏春秋注》、《战国策注》与其《淮南子注》之间有着怎样的关系，即是一个值得探讨的问题。另外，通过本书的撰写，笔者对两汉《淮南子》之学已有一个通观和把握，接下来魏晋南北朝、隋唐、宋元、明、清、民国，直至当下的《淮南子》之学，都可以借此做一推进性的研究，从而勾勒上下两千年学者研习《淮南子》的基本脉络。此算是本书的课题展望和延伸，笔者希望以后能够付诸实践。

附录一　《淮南子》许、高注本版本源流图

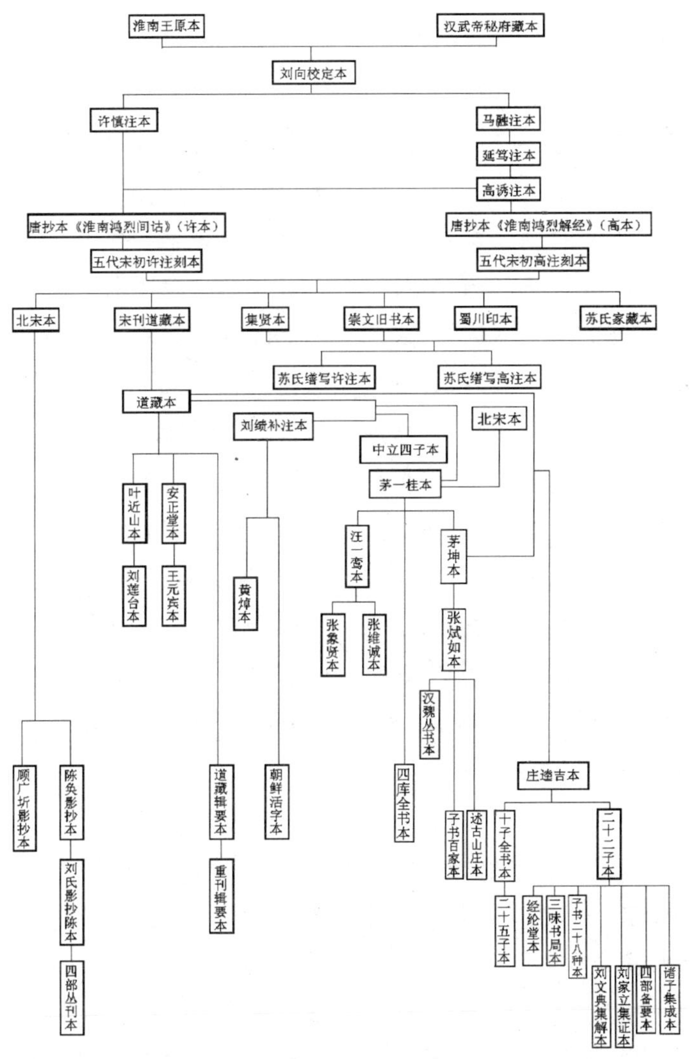

附录二　两千年来《淮南子》研究资料辑目

书名	作者	备注
淮南鸿烈间诂	（汉）许慎	《史记集解》最早见录，今存八卷
淮南子注	（汉）马融	《后汉书·马融列传》见录，今亡
淮南子注	（汉）延笃	《文选·嵇叔夜〈养生论〉注》引，今亡
淮南鸿烈解	（汉）高诱	完成于建安十七年，今存十三卷
淮南子治要	（唐）魏征	《群书治要》卷四十一收录
淮南子要语	（唐）马总	《意林》卷二收录
校淮南子	（宋）苏颂	仅存《校淮南子题序》
淮南子辨	（宋）周必大	《古今图书集成·经籍典》载录
读淮南子	（宋）高似孙	《子略》卷四载录
读淮南子	（宋）黄震	《黄氏日抄》卷五十五载录
新刊淮南鸿烈解	（宋）谭叔端	吴则虞《淮南子书录》著录
读淮南子随识	（元）陶宗仪	《说郛》卷六载录
淮南子辨	（明）宋濂	《文宪集》卷二十七载录
淮南鸿烈解补注	（明）刘绩	严灵峰《无求备斋》藏
校订淮南鸿烈解补注	（明）黄焯	台湾中央图书馆藏
淮南子校正	（明）王蓥	北京图书馆、台湾中央图书馆藏
淮南子前后集	（明）黄凤翔	收录在《续名文珠玑》
删校淮南子	（明）吴仲	《淮南子书录》著录，北京、上海图书馆藏
淮南子类纂	（明）沈津	收录在《百家类纂》卷三十至三十二

淮南子选	(明)施观民	《古四家选》录,美国普林斯顿大学图书馆藏
淮南鸿烈解批评	(明)茅坤	北京图书馆、南京图书馆藏
淮南鸿烈解参补	(明)张登云	收录在朱东光《中立四子集》
淮南鸿烈校订	(明)茅一桂	严灵峰《无求备斋》藏
鼎镌注释淮南鸿烈解	(明)刘莲台	台湾中央图书馆藏
删订淮南鸿烈集解	(明)叶近山	《淮南子书录》著录
淮南子玄言评苑	(明)陆可教	收录在《诸子玄言评苑》
读淮南子	(明)胡应麟	《少室山房集》卷一百三载录
校订淮南鸿烈解	(明)汪一鸾	吉林图书馆、台湾中央图书馆藏
重订淮南鸿烈解	(明)汪一鸾	台湾中央图书馆藏
再订淮南鸿烈解	(明)汪一鸾	台湾中央图书馆藏
翻刻淮南鸿烈解	(明)张维城	上海图书馆藏
淮南子摘奇	(明)申时行	《中国古籍善本书目》著录,湖北图书馆藏
淮南子品节	(明)陈深	收录在《诸子品节》卷三十九至四十五
评注淮南鸿烈解	(明)王宗沐	台湾中央图书馆藏
鸿烈解	(明)何允中	收录在《广汉魏丛书》
重刊淮南鸿烈解	(明)刘宗器	《淮南子书录》著录,与道藏本同
校定淮南子	(明)吴勉学	收录在《二十子》
重刻淮南子校正	(明)黄之宷	收录在《十九子全集》,无注文
校刊淮南鸿烈解	(明)王元宾	《淮南子书录》著录
淮南子片檀	(明)王祚昌	日本《尊经阁文库汉籍分类书目》著录

淮南鸿烈辑略	（明）张榜	《淮南子书录》著录
淮南鸿烈解删	（明）张榜	《古今图书集成·经籍典》见录
淮南鸿烈解评点	（明）阙名	台湾中央图书馆藏
淮南鸿烈解集评	（明）阙名	台湾中央图书馆藏
翻刻淮南鸿烈解	（明）张象贤	《淮南子书录》著录
淮南子品汇释评	（明）焦竑	收录在《二十九子品汇释评》卷八
淮南子类编	（明）李元珍	收录在《诸子纲目类编》
淮南子汇函	（明）归有光	收录在《诸子汇函》卷十五
淮南子奇赏	（明）陈仁锡	收录在《诸子奇赏·后集》
淮南子拔萃	（明）李云翔	收录在《新镌诸子拔萃》
淮南子注	（明）韦际明	《福建通志·经籍志》见录
淮南鸿烈解集评	（明）张烒如	中科院图书馆、台湾中央图书馆藏
删刻淮南鸿烈解	（明）汪氏	《淮南子书录》著录
淮南子粹言	（明）陈继儒	收录在《古今粹言》
淮南子类语	（明）陈继儒	收录在《诸子类语》
淮南鸿烈补注	（明）仙作舟	《安徽通志·艺文志》见录
增定淮南鸿烈解别解	（明）叶绍泰	收录在《增定汉魏六朝别解》
淮南子删评	（明）汪明际	二卷,《淮南子书录》著录
淮南子节阅	（明）薛宏绎	收录在《诸子近编正集》
淮南鸿烈解选	（明）张运泰	收录在《汉魏六十名家文乘》
淮南子注	（清）王夫之	《衡阳县志》、《湖南通志》见录
淮南存隽	（清）傅山	《霜经龛集》见录
淮南子评注手稿	（清）傅山	香港中文大学图书馆藏
淮南子批校	（清）姜宸英	天一阁文物保管所藏
淮南鸿烈校本	（清）何焯	上海图书馆、复旦大学图书馆藏

淮南子汇考	（清）陈梦雷	《古今图书集成·经籍典》载录
手校淮南子	（清）惠栋	上海图书馆藏
校刘注本淮南鸿烈	（清）萧江声	台湾中央图书馆藏
校淮南子	（清）沈大成	《淮南子书录》著录
淮南鸿烈解考证	（清）王太岳	收录在《四库全书考证》
校宋本淮南鸿烈解	（清）阙名	《铁琴铜剑楼藏书目录》著录
淮南子校语	（清）赵曦明	《淮南子书录》著录
淮南天文训补注	（清）钱塘	两卷，有崇文书局本和指海丛书本
手校茅本淮南鸿烈解	（清）钱塘	《淮南子书录》著录
淮南子校刊	（清）庄逵吉	清乾隆五十三年初刻
手校庄本淮南子	（清）梁玉绳	上海图书馆藏
重校旧抄本淮南子	（清）黄丕烈	北京图书馆藏
点校淮南鸿烈解	（清）黄锡禧	吉林图书馆藏
校道藏本淮南鸿烈解	（清）卢文弨	《淮南子书录》著录，中国社会科学院图书馆藏
庄本淮南子校语	（清）梁履绳	上海图书馆藏
淮南鸿烈解评点	（清）鲁九	《淮南子书录》著录
淮南子校本	（清）周广业	《淮南子书录》著录
手校茅坤本淮南鸿烈解	（清）江声	北京图书馆藏
淮南子校本	（清）孙冯翼	《淮南子书录》著录，上海图书馆藏
许慎淮南子注	（清）孙冯翼	一卷，有丛书集成初编排印本
淮南万毕术	（清）孙冯翼	一卷，收录在《问经堂丛书》
校庄本淮南子	（清）孙志祖	严灵峰无求备斋藏

书名	作者	著录/收藏
注本淮南鸿烈解批校	（清）钱大昕	北京图书馆藏
淮南子补校	（清）刘台拱	收录在《刘端临先生遗书》卷五
手校淮南子	（清）钱坫	《淮南子书录》著录
校道藏本淮南子	（清）袁廷梼	宁夏图书馆藏
淮南子述记	（清）任兆麟	一卷，清嘉庆十五年遂古堂刊本
淮南子选	（清）张道绪	严灵峰无求备斋藏
校中立四子本淮南子	（清）王念孙	浙江图书馆藏
读淮南子杂志	（清）王念孙	收录在《读书杂志》之九
校淮南子	（清）翁方纲	《增订四库简明目录标注》著录
精校庄刻淮南子	（清）许宗彦	《增订四库简明目录标注》著录
淮南校勘记	（清）顾广圻	一卷，《清史稿·艺文志》著录
校北宋小字本淮南子	（清）顾广圻	《淮南子书录》著录
校庄本淮南子	（清）顾广圻	手校本，台湾中央图书馆藏
校读北宋本淮南鸿烈解	（清）顾广圻	杨绍和《楹书隅录》著录
节录淮南子	（清）童翼驹	三十八则，南京国学图书馆藏
校刻道藏本淮南鸿烈解	（清）蒋元庭	收录在《道藏辑要·虚集》
淮南子校本	（清）劳格	《淮南子书录》著录
淮南子杂记	（清）王绍兰	收录在《读书杂记》
淮南子正误	（清）陈昌齐	收录在《赐书堂全集》
淮南子考证	（清）陈昌齐	《广东通志·艺文略》著录
顾校淮南子	（清）王引之	收录在《读书杂志》

庄本淮南子校语	（清）顾逵	《淮南子书录》著录
淮南子丛录	（清）洪颐煊	收录在《读书丛录》卷十六
校淮南天文训补注	（清）洪颐煊	两卷，台湾中央图书馆藏
淮南天文训存疑	（清）罗士林	一卷，北京图书馆藏传抄本
淮南朝夕图解	（清）丁杰	北京图书馆藏
淮南万毕术	（清）茆泮林	补遗、再补遗各一卷，收录在《十种古逸书》
淮南万毕术	（清）丁晏	收录在《南菁书院丛书》第三集
校正淮南子	（清）牟庭	《山东通志》著录
校宋小字本淮南子	（清）陈奂	《淮南子书录》著录
周易淮南九师道训	（清）马国翰	收录在《玉函山房辑佚书》卷二
淮南子许高二注	（清）劳格	收录在《读书杂识》卷二
许慎淮南子注	（清）黄奭	收录在《黄氏逸书考·子史钩沉》
淮南万毕术	（清）黄奭	收录在《黄氏逸书考·子史钩沉》
淮南子评	（清）王闿运	《淮南子书录》著录
淮南内篇平议	（清）俞樾	收录在《诸子平议》卷二十九至三十二
校淮南子高注本	（清）吕贤基	《北京图书馆由沪运回中文书目》著录
淮南杂识	（清）闻益	四卷，香港中文大学图书馆藏
过录王校淮南子	（清）胡澍	江苏图书馆旧藏
淮南子读书录	（清）曾国藩	收录在《求阙斋读书录》卷五
淮南子杂志	（清）徐时栋	收录在《烟屿楼读书志》卷十五
略校淮南子	（清）李慈铭	手校本，北京图书馆藏
淮南释音	（清）□璟	《淮南子书录》著录
读淮南子	（清）蒋超伯	收录在《南漘楛语》卷七

淮南鸿烈解圈点	(清)蒋超伯	一卷,抄本,台湾中央图书馆藏
淮南鸿烈解辑要	(清)蒋超伯	未刻手稿,收录在《续窥豹集》
许叔重淮南子注	(清)蒋曰豫	收录在《蒋侑石遗书》
淮南子高许二注考	(清)陆心源	收录在《仪顾堂集》卷二
淮南万毕术	(清)黄以周	《黄氏自序》见录
淮南许注异同诂	(清)陶方琦	四卷,清光绪七年初刻
淮南许注异同诂补遗	(清)陶方琦	一卷
淮南许注异同诂续补	(清)陶方琦	一卷
淮南许注存疑	(清)陶方琦	两卷,未刊,《淮南宋本道藏本校正序》见录
淮南参正	(清)陶方琦	二十余卷,未刊,《淮南宋本道藏本校正序》见录
淮南许八篇征	(清)陶方琦	四卷,未刊,《淮南宋本道藏本校正序》见录,仅存序文
淮南子随笔	(清)张文虎	收录在《舒艺室随笔》卷六
读淮南子札记	(清)陶鸿庆	收录在《读诸子札记》之四
淮南子校本	(清)杨沂孙	《淮南子书录》著录,上海市文献图书馆藏
手校道藏本淮南子	(清)赵之谦	上海图书馆藏
淮南子许注钩沉	(清)易顺鼎	收录在《宝瓠斋杂俎》之五
淮南子点勘	(清)吴汝纶	收录在《桐城吴先生群书点勘》
淮南子校勘记	(清)汪文台	一卷,《清史稿·艺文志》著录
淮南子校本	(清)谭献	《淮南子书录》著录
淮南鸿烈间诂	(清)叶德辉	二卷,光绪二十一年初刻

淮南万毕术	（清）叶德辉	二卷，收录在《郎园全书》
读淮南子扬榷	（清）王仁俊	手稿本，《淮南子书录》著录
淮南子诸家校语	（清）王仁俊	二十一卷，首二册藏北京图书馆
淮南子佚文	（清）王仁俊	收录在《经籍佚文·子编》
淮南许注异同诂校补	（清）王仁俊	稿本，未完，北京图书馆藏
淮南许注异同诂三续	（清）王仁俊	稿本，未完，北京图书馆藏
淮南许注考证	（清）王仁俊	稿本，未完
淮南万毕术辑证	（清）王仁俊	一卷，未刊
淮南子校本	（清）许克勤	浙江图书馆藏
淮南子文粹	（清）李宝泾	收录在《诸子文粹》
校录淮南子	（清）许在衡	校录本，台湾中央图书馆藏
淮南修务训补注	（清）唐咏裳	收录在《特健药斋外编》
校淮南子	（清）张鸣珂	《淮南子书录》著录，南京图书馆藏
淮南周易古义	（清）胡兆鸾	二卷，稿本，《贩书偶记》著录，中国社会科学院图书馆藏
淮南子校本	（清）诸可宝	《淮南子书录》著录
淮南鸿烈注笺校	（清）唐百川	抄本，《四川图书馆藏古籍目录》著录
淮南子许慎高诱注	（清）孙诒让	收录在《札迻》卷七
淮南子正谬	（清）沈湛钧	于大成《淮南王书考》著录
淮南鸿烈解评点	（清）秦树声	手批本，《淮南子书录》著录
淮南鸿烈解校本	（清）吴广霈	手校本，《淮南子书录》著录
万毕术注	（清）吴广霈	于大成《六十年来之淮南子学》见录
校录淮南子注	（清）朱邦衡	《北京图书馆善本书目》著录

淮南校文	(清)向承周	数十则,《淮南子书录》著录
校淮南子	(清)单不厂	手校本,浙江图书馆藏
批校淮南子	(清)赵熙	四川图书馆《古籍目录》著录并藏
淮南子校书	(清)于鬯	一卷,收录在《香草续校书》之十五
淮南子札记	(清)章太炎	收录在《膏兰室札记》
校庄本淮南子	(民国)缪荃孙	《淮南子书录》著录
校异本淮南子	(民国)王秉恩	手校本,上海市文献图书馆藏
淮南子精华	(民国)阙名	二卷,1915 年初刊
王秦淮南子校语	(民国)朱孝臧	手校本,潘氏著砚楼藏
淮南子评注	(民国)张之纯	收录在《评注诸子菁华录》卷十七
校淮南鸿烈解	(民国)王国维	《北京图书馆由沪运回中文书目》著录
校刘卯生钞本淮南子	(民国)王国维	手校本,北京图书馆藏
读淮南子	(民国)卢锡烚	《东陆大学丛书》之三
淮南鸿烈集解	(民国)刘文典	1923 年初版
淮南子校补	(民国)刘文典	一卷,收录在《三馀札记》卷一
淮南子逸文	(民国)刘文典	一卷,收录在《三馀札记》卷二
淮南子校录拾遗	(民国)刘文典	一卷,收录在《三馀札记》卷四
淮南训义疏补	(民国)李哲明	严灵峰无求备斋藏
淮南子校本	(民国)邵瑞彭	《淮南子书录》著录
淮南子许慎高诱注音辨证	(民国)吴承仕	三十八条,收录在《经籍旧音辨证》卷六
淮南旧注校理	(民国)吴承仕	三卷,1924 年初版

淮南旧注校理之余	(民国)吴承仕	一卷,附于《旧注校理》后
淮南内篇集证	(民国)刘家立	二十一卷,1924 年初版
淮南子选注	(民国)沈雁冰	收录在《学生国学丛书》
淮南子斠补	(民国)吕传元	一卷,收录在《戴庵丛书》之一
淮南子治要	(民国)张文治	收录在《诸子大纲》
淮南子要略篇释	(民国)方光	收录在《国学别录》,方山山馆 1928 年版
淮南一得	(民国)谭戒甫	《六十年来之淮南子学》见录
淮南旧注参正	(民国)马宗霍	原名《淮南高注参正》
淮南王书	(民国)胡适	一卷,1931 年初版
淮南子证闻	(民国)杨树达	七卷,1936 年初版
读淮南子管见	(民国)金其源	收录在《读书管见》
淮南子通检	中法汉学研究所编	1944 年初版
淮南子十二律数之正误	(民国)郑心南	学艺 1922 年第 9 期
定购淮南鸿烈集解诸君鉴		北京大学日刊 1923 年第 1334、1335 期
读刘文典君淮南鸿烈集解	(民国)杨树达	太平洋 1924 年第 6 期
读淮南子	(民国)黄漱庵	学生文艺丛刊 1924 年第 1 期
淮南子的乐律学	(民国)杨没累	民铎杂志 1925 年第 8 卷 1 号
淮南子许注汉语疏	(民国)刘盼遂	国学论丛 1927 年第 1 卷第 1 期
淮南集解补正	(民国)胡怀琛	一卷,收录在《朴学斋丛书》,并载于《青鹤》1934 年第 10 ~ 12 期

淮南九州之前身后影

（民国）马培棠　禹贡半月刊1935年第3卷第5期

老子与淮南子　（民国）朱锦江　1936年初稿，后收录在陈新雄《淮南子论文集》

淮南王书中的哲理

（民国）姚章　光华1936年第4卷第1～3期

西汉淮南三国考　（民国）史念海　禹贡半月刊1937年第7卷第1、2、3合期

庄、荀、淮南、马、班论列诸子异同考

（民国）萧奚煢　金陵大学文学院季刊第2卷第1期

淮南子校记　（民国）王瀣　收录在《冬饮庐读书记》

顾校淮南子笺记　（民国）沈祖绵　《淮南子书录》著录

双剑誃淮南子新证

（民国）于省吾　四卷，收录在《双剑誃诸子新证》

淮南子补注　（民国）杨昭俊　未刊

淮南子教育学说　（民国）陈炳焜　新时代第1卷第2期

淮南子札记　（民国）陈淮　图书馆学季刊第3卷第3期

淮南补正　（民国）沈延国　齐鲁学刊1941年第2期

淮南子注本考略　（民国）郭翠轩　河南大学文学院学术丛刊1941年第1期

胡适的新著：淮南王书

（民国）张岱年　收录在《淮南子论文集》

逸周书时训、吕览十二纪、礼记月令、淮南时则异文笺自序

（民国）沈延国　制言半月刊第3期

读淮南子杂录　（民国）沈延国　制言半月刊第8、11、13、16、17期

题名	作者	出处
淮南书中修养之要旨		
	(民国)管道中	原载《光华大学》半月刊,收录在《淮南子论文集》
淮南子所代表的政治思想		
	(民国)江振羽	编录于《中国政治思想史》上册,人民出版社 1943 年版
淮南鸿烈论道与治术(续)		
	(民国)郭□霖	中兴周刊 1947 年第 7 期
淮南天文训札记二则		
	(民国)金德建	厦大圕声第 3 卷第 7 ~9 期
读淮南子偶书	(民国)陈锐	国学丛选第 1 卷第 2 期
同胡适之先生讨论淮南子"吉祥受福"句		
	(民国)不失	鞭策周刊第 1 卷第 24 期
淮南鸿烈中之宇宙论		
	(民国)冯友兰	编录于《中国哲学史》
淮南子集释	吴则虞	手稿本,未刊,《淮南子书录》著录
淮南子故事选编	陈广忠	黄山书社 1985 年初版
淮南子与刘安的法律思想		
	段秋关	收录在《中国法律思想史丛书》,群众出版社 1986 年初版
吕氏春秋淮南子思想研究		
	牟钟鉴	收录在《中国传统思想研究丛书》,齐鲁书社 1987 年初版
点校吕氏春秋、淮南子		
	杨坚	岳麓书社 1988 年初版

淮南子译注	陈广忠	收录在《中国古代名著今译丛书》，吉林文史出版社 1990 年初版
评析本白话淮南子	陈广忠	北京广播学院出版社 1992 年初版
淮南子:说仙论道	刘治	春风文艺出版社 1992 年初版
淮南子箴言录	沈晋华	北京广播学院出版社 1992 年初版
淮南子兵略训译注	祝融	军事科学出版社 1992 年初版
神仙道家——淮南子	吕凯	收录在《中国历代经典宝库》，中国三环出版社 1992 年初版
淮南子校注译	陈一平	广东人民出版社 1994 年初版
刘安评传:集道家之大成	陈广忠	广西教育出版社 1996 年初版
圣贤智谋淮南子篇	李建胜	华龄出版社 1996 年初版
淮南子校释	张双棣	北京大学出版社 1997 年初版
刘安评传	王云度	收录在《中国思想家评传丛书》，南京大学出版社 1997 年初版
汇集各家学说的巨著:淮南子	陈一平	中国文联出版社 1997 年初版
新译淮南子	熊礼汇	台北三民书局 1997 年初版
白话淮南子	胡安顺	三秦出版社 1998 年初版
淮南子集释	何宁	收录在《新编诸子集成》，中华书局 1998 年初版
白话淮南子	吴广平	岳麓书社 1998 年初版
淮南子科技思想	陈广忠	安徽大学出版社 2000 年初版
淮南子注释	阮青	华夏出版社 2000 年初版

综合与重构:淮南子与中国传统文化
　　雷健坤　开明出版社 2000 年初版
淮南子直解　刘康德　复旦大学出版社 2001 年初版
新道鸿烈:淮南子与中国文化
　　杨有礼　收录在《元典文化丛书》,河南大学出版社 2001 年初版
淮南子译注　赵宗乙　收录在《二十二子详注全译丛书》,黑龙江人民出版社 2003 年初版
淮南子天文研究——从数术史的角度
　　陶磊　齐鲁书社 2003 年初版
淮南子物语　张春晓　天地出版社 2003 年初版
自由与秩序的困惑——淮南子研究
　　陈静　云南大学出版社 2004 年初版
淮南子治道思想研究
　　戴黍　中山大学出版社 2005 年初版
淮南子研究　孙纪文　学苑出版社 2005 年初版
淮南子快读:神仙道家的传说
　　吕凯　海南出版社·三环出版社 2005 年版
吕氏春秋、淮南子校注
　　杨坚　岳麓书社 2006 年初版
淮南子译注　王浩红　广州出版社 2006 年初版
刘安儒道教育思想与淮南子选读
　　冯克诚　中国环境科学出版社 2006 年初版
白话彩图全本淮南子　陈惟直　重庆出版社 2007 年初版
淮南子哲学思想研究　王雪　陕西人民出版社 2007 年初版
淮南子斠诠　陈广忠　黄山书社 2008 年初版

淮南子故事(汉英对照)　金好　安徽人民出版社 2008 年初版

淮南子的自然哲学思想　王巧慧　科学出版社 2009 年初版

淮南子札记　赵宗乙　黑龙江人民出版社 2009 年初版

淮南子建构的道经　邓俊庆　上海古籍出版社 2009 年初版

淮南子考论　马庆洲　北京大学出版社 2009 年初版

淮南子译注　顾迁　中华书局 2009 年初版

觅策淮南子　李黎　经济日报出版社 2009 年初版

淮南子启示录　墨樱　京华出版社 2009 年初版

淮南子思想类说　孙明材　黑龙江人民出版社 2009 年初版

淮南子用韵考　张双棣　商务印书馆 2010 年初版

文学视野中的淮南子研究　杜绣琳　中国社会科学出版社 2010 年初版

神话叙事与集体记忆:淮南子的文化阐释　黄悦　南方日报出版社 2010 年初版

淮南子研究(第一卷)　安徽省淮南子研究会编　黄山书社 2006 年初版

淮南子研究(第二卷)　安徽省淮南子研究会编　黄山书社 2008 年初版

淮南王安及其作品　朱东润　光明日报 1954 年第 35 期

淮南子校记　蒋礼鸿　浙江师范学院学报人文版 1957 年第 1 期

淮南鸿烈集中的子学及其学术　侯外庐　编入《中国思想通史》第二卷,人民出版社 1957 年版

淮南子在天文学上的贡献
　　吕子方　安徽史学 1960 年第 1 期
论淮南子书的思想　周辅成　安徽史学 1960 年第 2 期
淮南子天文训述略　席泽宗　科学通报 1962 年第 6 期
淮南子书录　吴则虞　一卷，刊于《文史》第二辑，中华书局 1963 年版
论汉武帝粉碎刘安阴谋集团的斗争
　　石坚　西北大学学报（哲社版）1974 年第 3 期
淮南子中有关西门豹治邺的记载
　　竺柏岳　语文战线 1974 年第 6 期
是墨子引老子还是淮南子引老子
　　田宜超　文物 1975 年第 9 期
秦末汉初农民起义和儒法斗争讨论：淮南子出笼和淮南王谋反（读史札记）
　　潘铁民　文汇报 1975 第 26 期
复辟派刘安及其淮南子
　　力谷　吉林师大学报（哲社版）1976 年第 2 期
试论淮南子的宇宙观
　　于首奎　文史哲 1979 年第 5 期
略论淮南子的哲学思想
　　于首奎　中国哲学史研究集刊 1980 年第 1 期
淮南鸿烈中的唯物主义哲学思想
　　任继愈　编入《中国哲学史》第二册，上海人民出版社 1979 年版

论淮南王刘安之死　雍国泰　历史知识 1980 年第 1 期
淮南子社会历史观初探
　鲁人　齐鲁学刊 1980 年第 1 期
从博采群书看淮南子的成书立意——兼说对淮南子的评价问题
　杜宝元　吉林师范大学学报(社科版) 1980 年第 3 期
淮南子　孙叔平　编入《中国哲学史稿》(上),上海人民出版社 1980 年版
淮南子的倾向性和淮南王之死
　陈广忠　江淮论坛 1981 年第 1 期
从吕氏春秋到淮南子——论秦汉之际的新道家
　熊铁基　文史哲 1981 年第 2 期
刘安和淮南子　谷方　编辑之友 1981 年第 2 期
西汉刘安淮南子"六禽戏"的考释与研究
　沈寿　中华医史杂志 1981 年第 1 ~ 4 期
淮南王刘安生于何年
　吴方桐　齐鲁学刊 1981 年第 5 期
淮南子对官方哲学和政治的批判
　孙实明　编入《简明汉唐哲学史》,黑龙江人民出版社 1981 年版
评淮南子的无为思想　谢天佑　收录在《中华文史论丛》1981 年第 1 辑
略谈淮南子中的神话和传说
　杨荫深　民间文学论坛 1982 年第 1 期
管子地员篇和三分损益法以及淮南子的"参弹复徽"
　冯文慈　中国音乐 1982 年第 1 期

淮南子主术训　余雄　贵州环保科技 1982 年第 2 期
略论淮南子、王充及其他——兼答周桂钿同志
冯憬远　郑州大学学报(哲社版) 1982 年第 3 期
评淮南子的心理学思想
燕国材　心理学报 1982 年第 3 期
淮南鸿烈思想的剖析
祝瑞开　西北大学学报(哲社版) 1982 年第 3 期
淮南子有关生产力发展问题的论述
丁文辉　经济学术资料 1982 年第 5 期
论淮南子的无为而治
陈广忠　淮南师范学院学报 1983 年第 1 期
淮南子法思想初探　段秋关　法律科学 1983 年第 1 期
简论淮南子的法律思想
王应瑄　法学评论 1983 年第 Z1 期
再谈淮南子中的生物进化观
苟萃华　自然科学史研究 1983 年第 2 期
淮南子的文艺思想——汉初黄老思想在文艺领域的集中反映
徐寿凯　阜阳师范学院学报(社科版) 1983 年第 2 期
淮南子中朴素的唯物史观
齐夫　江汉论坛 1983 年第 3 期
论淮南子关于神形、知行的心理思想
高汉声　南京大学学报(哲社版) 1983 年第 4 期

淮南鸿烈集中的医学思想

龚纯　　中华医史杂志 1983 年第 1 ~4 期

论淮南子宇宙观的唯心主义性质

钟肇鹏　　晋阳学刊 1983 年第 5 期

论淮南子的文采　　张啸虎　　中国古代近代文学研究 1983 年第 12 期

先秦道家言论集老子古注之一——文子述略——兼论淮南子与文子

江世荣　　收录在《文史》第 18 辑，中华书局 1983 年版

淮南子美学思想初探

黎孟德　　四川师范大学学报(社科版) 1984 年第 1 期

吕氏春秋与淮南子的比较分析——兼论秦汉之际的学术思潮

牟钟鉴　　哲学研究 1984 年第 1 期

论淮南子关于性、欲、情的心理学思想

高汉声　　江西师范大学学报(哲社版) 1984 年第 1 期

淮南子的无为哲学　　吴方桐　　华中师范大学学报(社科版) 1984 年第 2 期

淮南子律数之谜　　陈应时　　沈阳音乐学院学报 1984 年第 3 期

离骚决不是刘安的作品——再评何天行楚辞作于汉代考

汤炳正　　求索 1984 年第 3 期

关于黄老哲学的性质问题——对黄老帛书和淮南子道、气理论的剖析

吴光　　学术月刊 1984 年第 8 期

论楚辞与刘安、淮南子之关系

陈广忠　　甘肃社会科学 1984 年第 4 期

淮南子的政治思想及其与吕氏春秋的比较分析
　　熊铁基　编入《秦汉之际新道家略论稿》，上海人民出版社 1984 年版
淮南鸿烈中的美学思想
　　李泽厚　编入《中国美学史》先秦两汉卷
读淮南子偶拾　何宁　西南民族大学学报(社科版) 1985 年第 1 期
淮南子认识论思想初探
　　袁春华　复旦学报(社科版)1985 年第 1 期
淮南子推理论　董志铁　北京师范大学学报(社科版) 1985 年第 2 期
淮南子故事选编序言
　　欧远方　安徽史学 1985 年第 2 期
淮南子法律思想刍议
　　华友根　学术月刊 1985 年第 3 期
试论淮南子的本体论思想
　　黎振德　江西师范大学学报(哲社版) 1985 年第 3 期
刘文典淮南鸿烈举证
　　何宁　中华文史论丛 1985 年第 4 辑
怎样读淮南子的文学特色
　　张啸虎　文史知识 1985 年第 7 期
谁是刘安作离骚论的始作俑者
　　黄中模　中国古代近代文学研究 1985 年第 11 期

淮南子的文学特色　张啸虎　中国古代近代文学研究 1985 年第 15 期

淮南子——西汉道家思潮的理论结晶
任继愈　编入《中国哲学发展史》秦汉卷，人民出版社 1985 年版

集大成的黄老之学著作淮南子
吴光　编入《黄老之学通论》，浙江人民出版社 1985 年版

中国哲学史上第一个宇宙论体系——论淮南子的宇宙论
顾伟康　上海社会科学院学术季刊 1986 年第 2 期

淮南鸿烈中的几个美学理论命题
张文勋　思想战线 1986 年第 3 期

淮南王刘安与淮南子
张南　历史教学 1986 年第 4 期

论淮南子的唯物主义自然观
杨曾文　哲学论丛 1986 年

淮南子的名实观与推理论
蔡伯铭　湖北师范学院学报（哲社版）1987 年第 1 期

淮南律辩——评淮南子在历史中的作用
郑荣达　武汉音乐学院学报 1987 年第 1 期

淮南子的人才辩证观
张祥浩　赣南师范学院学报 1987 年第 3 期

淮南子和五经　曹道衡　河北师院学报（哲科版）1987 年第 3 期

淮南子阴阳之神与两性同体崇拜
　　龚维英　衡阳师范学院学报 1987 年第 4 期
本体论和个体论的结合——淮南子在批评史上的贡献之一
　　潘世秀　兰州大学学报(社科版)1987 年第 4 期
千秋疑案——淮南子与西汉削藩
　　王越　暨南学报(哲社版)1987 年第 4 期
淮南子的艺术创作论和审美鉴赏论
　　党圣元　文学遗产 1987 年第 4 期
论淮南子之形神观与练功的关系
　　李葛西　气功 1987 年第 3 ~ 12 期
淮南子的思想特点及其在政治上的消极倾向
　　金春峰　编入《汉代思想史》,中国社会科学出版社 1987 年版
吕氏春秋的儒家思想倾向及其与淮南子基本倾向的区别
　　金春峰　收录在《汉代思想史》附录一
淮南子之道　王德有　编入《道旨论》,齐鲁书社 1987 年版
刘安庄子解说辑要　江世荣　收录在《文史》第 27 辑,中华书局 1986 年版
再评淮南子的心理思想
　　燕国材　心理科学 1988 年第 1 期
淮南子论人性与教育
　　高汉声　南京大学学报(哲社版)1988 年第 1 期

从史记、汉书看淮南子的成书年代(节译)

池田知久　湘潭大学学报(哲社版)　1988年第2期

淮南子人才思想初探

魏实　人才研究1988年第2期

淮南鸿烈原道补疏　蒋礼鸿　文献1988年第2期

淮南子中的犯罪心理学思想

艾永明　苏州大学学报(哲社版)　1988年第3期

引用淮南子篇名辨误

张涛　文献1988年第3期

淮南王刘安与八公　徐昊晶　气功与体育1988年第4期

为淮南子正名　于首奎　齐鲁学刊1988年第5期

淮南子的辩证法思想

陈远宁　求索1988年第6期

淮南子的伦理主题述略

柴文华　江汉论坛1988年第6期

应该正确评价刘安——刘安传疑惑

牟怀川　收录在《楚辞研究》

淮南子的社会政治主张和哲学思想

杨宪邦　编入《中国哲学通史》第2册,中国人民大学出版社1988年版

淮南子的哲学思想　刘宏章　编入《中国哲学史教程》,中央党校出版社1988年版

淮南子思想的基本倾向

陈远宁　衡阳师范学院学报1989年第2期

淮南子与黄老之学理论体系的最后完成

赵吉惠 中国哲学史研究 1989 年第 2 期

论淮南子对吕氏春秋推类理论的继承和发展

董志铁 人文杂志 1989 年第 3 期

淮南子形而上学探研

董平 杭州大学学报(哲社版) 1989 年第 3 期

读淮南子札记 傅亚庶 东北师大学报(哲社版) 1989 年第 3 期

淮南子物理知识初探

洪震寰 首都师范大学学报(自然科学版) 1989 年第 3 期

论淮南子与春秋繁露的思想同异

李宗桂 中国哲学史研究 1989 年第 4 期

淮南子政治思想刍议 于首奎 东岳论丛 1989 年第 5 期

试论淮南王刘安对学术文化事业的贡献

陈化新 社会科学研究 1989 年第 5 期

吕氏春秋与淮南子对黄老两派思想的继承

余明光 编入《黄帝四经与黄老思想》,黑龙江人民出版社 1989 年版

刘安与庄子 孙以楷 安徽大学学报(哲社版) 1990 年第 1 期

淮南子的文艺心理学思想

刘伟林 佛山科学技术学院学报(社科版) 1990 年第 1 期

淮南子音乐美学思想初探
赵为民　中国音乐学 1990 年第 3 期

文子与淮南子究竟谁抄谁的
王三峡　长江大学学报(社科版)1990 年第 3 期

论淮南子天体演化学说的历史地位
李道湘　兰州大学学报(社科版)1990 年第 3 期

淮南子:汉初黄老之治的理论总结
黄钊　武汉大学学报(人文版)1990 年第 4 期

日本古写本淮南鸿烈兵略间诂第二十校证
王利器　古籍整理与研究 1990 年第 5 期

淮南子的音乐美学思想(上)
蔡仲德　西安音乐学院学报 1991 年第 1 期

淮南子的音乐美学思想(下)
蔡仲德　西安音乐学院学报 1991 年第 2 期

对淮南子运用易学的思考
杨默玄　周易研究 1991 年第 2 期

高诱注淮南子吕氏春秋的“急气言”与“缓气言”
平山久雄　古汉语研究 1991 年第 3 期

试谈老、庄及淮南子的审美思想
王宜峨　中国道教 1991 年第 3 期

淮南子的政治哲学　杨守戎　安徽大学学报(哲社版)1991 年第 3 期

淮南子与文心雕龙　马白　文史哲 1991 年第 6 期

淮南子的风俗论　　丁毅华　　学术月刊 1991 年第 6 期

淮南子的人生观和养生思想

　　胡奂湘　　孔子研究 1992 年第 2 期

文选注引许慎淮南子注辑录

　　蒋礼鸿　　温州师范学院学报 1992 年第 4 期

生命的自我审视——淮南子精神训探微

　　魏敦友　　湖北大学学报（哲社版）1992 年第 4 期

论尚黄老与淮南子　　潘雨廷　　收录在《道家文化研究》第 1 辑，上海古籍出版社 1992 年版

淮南子的易道观　　周立升　　收录在《道家文化研究》第 2 辑，上海古籍出版社 1992 年版

试论淮南子的法律思想

　　汪汉卿　　安徽大学学报（哲社版）1993 年第 1 期

史记屈原列传与刘安离骚传——兼谈及围绕楚辞文学的汉初文化情况

　　谷口洋　　云梦学刊 1993 年第 1 期

论淮南鸿烈的道儒整合

　　陆玉林　　中国人民大学学报 1993 年第 2 期

从兵略训看齐文化对淮南子成书的影响

　　谷中信一　　管子学刊 1993 年第 3 期

刘安释离骚"有娀佚女"

　　阙名　　四川师范大学学报（社科版）1993 年第 3 期

淮南子许、高注辨正　许匡一　　江汉大学学报（人文版）1994 年第 1 期

论淮南子的文艺创作观	崔希星	临沂师专学报 1994 年第 1 期
淮南子:绝代奇书	孙以楷	华夏文化 1994 年第 Z1 期
淮南子校注献疑	许匡一	江汉大学学报(人文版) 1994 年第 2 期
论淮南王刘安政治上的失败	陈化新	西南民族学院学报(哲社版) 1994 年第 2 期
刘安淮南子的文艺观	曹晋	西南民族学院学报(哲社版) 1994 年第 3 期
淮南子思想内容述评	许匡一	江汉大学学报(人文版) 1994 年第 4 期
淮南子分音词三例	许匡一	古汉语研究 1994 年第 4 期
淮南子哲学思想述评	王德裕	重庆师院学报 1994 年第 4 期、中国哲学史 1995 年第 2 期
淮南子时务篇“赏有功”辨正	傅亚庶	古籍整理研究学刊 1994 年第 5 期
淮南子写作时间新考	熊礼汇	武汉大学学报(哲社版) 1994 年第 5 期
淮南子译注辨误	马建智	西南民族学院学报(哲社版) 1994 年第 6 期
文子与淮南子思想之异同	丁原明	文史哲 1994 年第 6 期、中国哲学史 1995 年第 1 期
淮南子道论新探	丁原明	齐鲁学刊 1994 年第 6 期

淮南子的军事思想 许匡一 江汉大学学报(人文版)
1995 年第 1 期

淮南子论摄养与寿夭
周一谋 长寿 1995 年第 1 期

淮南子与墨家 陈广忠 孔子研究 1995 年第 2 期

淮南子对管子四篇哲学思想的继承和发展
丁原明 管子学刊 1995 年第 3 期

刘安与董仲舒——略论他们政治上的分歧
王德裕 中华文化论坛 1995 年第 3 期

刘安生平事迹辨析 王云度 扬州师院学报(社科版)
1995 年第 3 期

淮南子对道范畴的理论深化
张运华 西北大学学报(哲社版)
1995 年第 4 期

淮南子论养生 王云度 南都学坛 1995 年第 4 期

论淮南子中的“内圣”与化民思想——兼就“内圣外王”之道的归属问题与庄万寿先生商榷
陈剑昆 淮阴师范学院学报(哲社版)
1995 年第 4 期

淮南子兵略训今译指瑕
许匡一 江汉大学学报(人文版)
1995 年第 5 期

淮南鸿烈与春秋繁露
张国华 收录在《道家文化研究》第 6 辑,上海古籍出版社 1995 年版

“因”与“化”——淮南子中的教化思想及道学与儒学的贯通方法研究之二

陈剑昆　淮阴师范学院学报(哲社版)1996年第1期

淮南子:汉代逻辑思想的璀璨明珠——徐州古代逻辑人物系列研究之一

王克喜　徐州师范大学学报(哲社版)1996年第2期

淮南子天文训“太昭”说再探

李鹏举　自然科学史研究1996年第2期

无为思想的发展——从老子到淮南子

陈静　中华文化论坛1996年第2期

论淮南子中道儒互补的教学思想

陈剑昆　淮阴师专学报1996年第2期

淮南子的成书、传播与影响

陈广忠　船山学刊1996年第2期

淮南子中的音乐理论

周振锡　武汉音乐学院学报1996年第2期

淮南子的无为理论　张运华　西北大学学报(哲社版)1996年第2期

淮南子儒道结合的养生论

何国庆　吉首大学学报(社科版)1996年第3期

淮南子校勘一则　许学东　重庆师院学报1996年第3期

研究淮南子的力作　刘金海　北京社会科学1996年第3期

淮南鸿烈集解跋　张文勋　思想战线1996年第5期

刘安评屈骚辨——兼对史记引刘安语的认识
孙克强 信阳师范学院学报(哲社版)1997年第1期

论淮南子的用人思想 张维慎 石油大学学报(社科版)1997年第1期

淮南子中的宇宙起源思想
李晓林 陕西教育学院学报1997年第2期

文化一统的自觉追求与淮南子的文学思想
刘怀荣 西藏大学学报(汉文版)1997年第2期、东方论坛1998年第4期

论列子书先于淮南子——马叙伦列子伪书考匡正之一
马达 常州工学院学报1997年第3期

略论淮南子与"黄学"的关系
陈剑昆 淮阴师范学院学报(哲社版)1997年第4期

淮南子的民俗学价值
曹晋 民俗研究1997年第4期

试论淮南子中的测量思想
粟新华 邵阳学院学报(社科版)1997年第5期

西汉刘安论养生 张永芳 长寿1997年第5期

淮南子感应观新探 温韧 哲学研究1997年第12期

试论竹简文子与今本文子的关系——兼为淮南子正名
张丰乾 中国社会科学1998年第2期

评淮南子校释 胡双宝 北京大学学报(哲社版)1998年第4期

淮南王刘安的黄老之学
冯友兰　编入《中国哲学史新编》
淮南子对吕氏春秋的继承和发挥
牟钟鉴　收录在《道家文化研究》第14辑，生活·读书·新知三联书店1998年版
追索汉文化的思想真谛:初读刘安评传
王健　徐州师范学院学报(哲社版)1999年第1期
淮南子在历法上的创见及其来源
白光琦　史学集刊1999年第1期
从现代领导学的角度读淮南子主术训
张海平　楚雄师专学报1999年第2期
知人论世 探源溯流——初读刘安评传
王健　中国史研究动态1999年第2期
淮南子易学思想探析　张涛　孔子研究1999年第3期
老子无为思想探微——兼论淮南子对老子无为思想的扬弃
丁文宏　安徽大学学报(哲社版)1999年第3期
秦汉思想史研究的新成果:评刘安评传
晋文　江苏社会科学1999年第4期
淮南子军事哲学思想探微
丁文宏　江淮论坛1999年第5期
淮南子人力管理的心理学思想
朱永新　心理科学1999年第5期

淮南子自然哲学述论
钱善刚　安徽教育学院学报 2000 年第 1 期
淮南子历史观新论　张秋升　安徽史学 2000 年第 1 期
文心雕龙与淮南子　陈良运　文史哲 2000 年第 3 期
论楚辞、刘安与淮南子
陈广忠　中国文化研究 2000 年第 4 期
淮南子——黄老道学的集大成
陈广忠　（台）鹅湖 2000 年第 25 卷第 10 期
淮南子历史哲学三论　汪高鑫　安徽教育学院学报 2000 年第 4 期
性自命出与淮南子缪称论"情"
刘乐贤　中国哲学史 2000 年第 4 期
从淮南子说到易经　黄椒　咬文嚼字 2000 年第 9 期
淮南子心理学思想及其现代意义
吕锡琛　自然辩证法研究 2000 年第 11 期
论淮南子的道德教育思想
吕锡琛　道德与文明 2001 年第 1 期
淮南子哲学与社会发展思想新论
张为民　东岳论丛 2001 年第 1 期
淮南子的学习心理思想
刘晓红　心理科学 2001 年第 2 期
淮南子对庄子的积极阐释
方勇　漳州师范学院学报（哲社版）2001 年第 2 期
略谈刘文典对淮南鸿烈的贡献
彭君华　安徽师范大学学报（人文版）2001 年第 3 期

从创世神话看淮南子的天、人观
熊开发　海南师范学院学报(人文版)2001年第4期

淮南子生命哲学论　钱善刚　安徽教育学院学报2001年第5期

从淮南子到太平经中的墨学——异端沉浮与汉代学术政治变迁
秦彦士　南都学坛2001年第5期

淮南子对道家文艺观的秉承与悖离
孙纪文　宁夏大学学报(人文版)2001年第6期

哲理的综合:从吕氏春秋到淮南子
葛兆光　编入《中国思想史》第一卷

淮南子易学思想简论
高新民　陕西师范大学学报(哲社版)2002年第1期

论淮南子对道家无为观的创造性诠释
雷健坤　中共中央党校学报2002年第2期

史记与淮南子　陈桐生　东南大学学报(哲社版)2002年第2期

魏晋玄学与吕氏春秋和淮南子
许建良　学海2002年第2期

淮南子庄逵吉注音读考
王军　安徽广播电视大学学报2002年第2期

淮南子中的量词　马芳　临沂师范学院学报2002年第2期

淮南子道德认知图式省察
　　唐劭廉　道德与文明 2002 年第 2 期
淮南子"有以"浅析　齐瑞霞　济南大学学报(社科版) 2002 年第 2 期
淮南子之"道"是生存之道
　　唐劭廉　茂名学院学报 2002 年第 2 期
从淮南子注谈高诱的自然观
　　王军　安徽警官职业学院学报 2002 年第 3 期
淮南鸿烈集解补正四则
　　肖旭　古汉语研究 2002 年第 3 期
淮南子文艺创作观念研究
　　孙纪文　固原师专学报 2002 年第 4 期
淮南子中的音乐美学思想
　　王志成　音乐探索 2002 年第 4 期
淮南子的中心思想及其理论架构
　　雷健坤　天府新论 2002 年第 5 期
刘安神仙形象探源　丁美霞　中国道教 2002 年第 5 期
淮南子与春秋繁露的思想比较
　　雷健坤　晋阳学刊 2002 年第 6 期
淮南子引易论易考义
　　梁韦弦　吉林师范大学学报(人文版) 2003 年第 1 期
淮南子作者考　陈静　中国哲学史 2003 年第 1 期
淮南子的养生理论　唐赤蓉　宗教学研究 2003 年第 1 期

性合于道:淮南子人性论探析
唐劭廉　茂名学院学报 2003 年第 2 期
吕氏春秋和淮南子的军事思想比较
龚留柱　河南大学学报(社科版)
2003 年第 3 期
淮南子对成教德育教育的启示
龙国智　继续教育研究 2003 年第 3 期
淮南子文艺思想四论
孙纪文　宁夏大学学报(人文版)
2003 年第 3 期
淮南子自然观:继承和超越——淮南子与先秦道家自然观的比较研究
唐劭廉　船山学刊 2003 年第 4 期
国外的淮南子研究　戴黍　哲学动态 2003 年第 4 期
论淮南子的伦理美思想
李翔德　晋阳学刊 2003 年第 4 期
淮南子社会哲学论　钱善刚　安徽教育学院学报 2003 年第 4 期
淮南子与中国文论精神
袁济喜　宝鸡文理学院学报(社科版)
2003 年第 5 期
淮南子用人伦理思想探微
吕锡琛　湘潭大学社科报 2003 年第 5 期
简论淮南子思想的矛盾现象
庄大钧　山东行政学院、山东省经济管理干部学院学报 2003 年第 6 期
淮南子缪称训所见子思累德篇考
郭沂　孔子研究 2003 年第 6 期

简论淮南子对文心雕龙的影响
　　郭鹏　南阳师范学院学报 2003 年第 8 期
淮南子高诱注析疑　罗国强　株洲师范高等专科学校学报 2004 年第 1 期
"老庄"并称始于淮南子辨正
　　若水　孔子研究 2004 年第 2 期
淮南子文艺接受思想的现代阐释
　　孙纪文　厦门教育学院学报 2004 年第 2 期
新书、淮南子等所见西汉前期的墨学流传——"墨学中绝"说的再检讨
　　郑杰文　山东大学学报(哲社版) 2004 年第 2 期
淮南子天人观浅析　李岩　白城师范学院学报 2004 年第 2 期
论淮南子生命观的深层意蕴
　　唐劭廉　西南交通大学学报(社科版) 2004 年第 3 期
论中国思想儒道互补基本格局的形成——从淮南子的杂说起
　　陈静　云南大学学报(社科版) 2004 年第 3 期
论天问对淮南子的影响
　　马庆洲　清华大学学报(哲社版) 2004 年第 3 期
尊天保真,贱物贵身,外物反情——淮南子道德心理学思想解读
　　唐劭廉　自然辩证法研究 2004 年第 4 期
淮南子释义辨正　罗国强　湖南城市学院学报 2004 年第 4 期
从淮南子、内经"行、明"二字与阳耕押韵看内经成书时代
　　黄作阵　北京中医药大学学报 2004 年第 4 期

淮南子简论　　陈静　　南京师范大学文学院学报 2004 年第 4 期
论淮南子的律数　　王红　　中国音乐学 2004 年第 4 期
简论淮南子“民本”思想
张德广　　社会科学家 2004 年第 5 期
简论淮南子“无为而治”政治观的基本特征
张德广　　理论建设 2004 年第 5 期
向道而游——淮南子“遨游神话”探析
杜磊等　　兰州学刊 2004 年第 5 期
淮南子和谐发展生态论
张弘　　济南大学学报(社科版) 2004 年第 5 期
淮南子的音乐审美观
魏萌　　安徽农业大学学报(社科版) 2004 年第 6 期
淮南子艺术鉴赏论探赜
刘松来　　西南民族大学学报(人文版) 2004 年第 8 期
简论淮南王刘安法哲学思想
张德广　　广西社会科学 2004 年第 8 期
淮南子中关于音乐的“无有”、“本末”美学思想
邹丽霞　　阜阳师范学院学报(社科版) 2005 年第 1 期
淮南子天文与古代数术
陶磊　　徐州师范大学学报(哲社版) 2005 年第 2 期

音乐审美中主体的接受差异——兼论淮南子中的音乐美学思想
陈彤　南京艺术学院学报（音乐与表演版）2005年第2期

淮南子许慎注、高诱注中的双音节新词
赵奇栋　徐州师范大学学报（哲社版）2005年第2期

淮南子重言词研究　王淑怡　湖南科技学院学报2005年第2期

淮南子思想的基本逻辑
金容燮　经济与社会发展2005年第2期

淮南王刘安谋反论略
周文龙　淮南师范学院学报2005年第2期

思想尚“无为”，平生欲“有为”——刘安与淮南子
陆荣　学术界2005年第3期

淮南子中的文体形态及其深层意义
孙纪文　福州大学学报（哲社版）2005年第3期

试论管子、淮南子等中国古代典籍中的朴素唯物主义哲学思想——兼与古希腊哲学的对话
翟江月　管子学刊2005年第3期

淮南子道家道教美学思想研究
潘显一　四川大学学报（哲社版）2005年第4期

淮南子神话演变状态的文化意味
孙纪文　宁夏大学学报（人文版）2005年第4期

淮南子高诱注之注音研究
吴先文　合肥学院学报(社科版)
2005 年第 4 期
淮南子对诸子思想整合的初步考察
张科　青海民族学院学报 2005 年第 4 期
“因循”与“治道”——淮南子中“因”的四重涵义
戴黍　江淮论坛 2005 年第 5 期
读淮南子札记六则
林方明　泉州师范学院学报 2005 年第 5 期
关于淮南子集释引吕氏春秋一条文献的校定
大明　四川师范大学学报(社科版)
2005 年第 5 期
经典的源流及其意义——从思想史的角度看淮南子
戴黍　学术研究 2005 年第 6 期
淮南子中的性情观　马育良　淮南师范学院学报 2005 年第 6 期、(台)孔孟月刊 2006 年第 46 卷第 1 期
淮南子的推类理论解析
刘霖　邵阳学院学报(社科版)
2005 年第 6 期
淮南子人性与治道思想论析
戴黍　华南师范大学学报(社科版)
2005 年第 6 期
淮南王刘安谋反案之再分析研究
康清莲　江西社会科学 2005 年第 6 期

从“德性”到“德行”:析淮南子中作为治国之本的“德”

戴黍　　学海 2006 年第 1 期

音乐艺术审美关系初探——兼论淮南子中的音乐审美观念

陈彤　　南京航空航天大学学报(社科版) 2006 年第 1 期

刘安及宾客著述考略

漆子扬　　古籍整理研究学刊 2006 年第 1 期

淮南子中的“道”的生命美学意蕴

吴家荣　　安徽警官职业学院学报 2006 年第 2 期

试析淮南子中所见的“法”

戴黍　　江淮论坛 2006 年第 2 期

吕氏春秋、淮南鸿烈合论

刘康德　　南京师范大学文学院学报 2006 年第 2 期

汉初时代转型与淮南子的学术境遇

戴黍　　深圳大学学报(人文版) 2006 年第 2 期

一部研究淮南子的力作——读陈静自由与秩序的困惑——淮南子研究

牟钟鉴　　哲学动态 2006 年第 2 期

淮南子叙事要素研究

薛秀艳　　西南农业大学学报(社科版) 2006 年第 2 期

论淮南子的新道家文艺观

漆子扬　　中州学刊 2006 年第 2 期

淮南子人性论中儒、道融合的路径
刘爱敏　　管子学刊 2006 年第 2 期
淮南子中的无为及其思想史意义
戴黍　　哲学研究 2006 年第 3 期
试论淮南子中齐地的五行思想
朱新林　　管子学刊 2006 年第 3 期
刘安与淮南子关系考论
马庆洲　　清华大学学报(哲社版) 2006 年第 3 期
淮南子高诱注与许慎注的区分
王明春　　赤峰学院学报(汉文哲社版) 2006 年第 3 期
淮南子、乐记音乐观点比较
郭秀岭　　绥化学院学报 2006 年第 3 期
论淮南鸿烈对汉大赋审美倾向的影响
韩高年　　中国韵文学刊 2006 年第 3 期
刘安法律思想评析　张帆　　贵州民族学院学报(哲社版) 2006 年第 3 期
试析淮南子关于"权"的思想
戴黍　　孔子研究 2006 年第 4 期
淮南子的情感论　周远斌　　南都学坛 2006 年第 4 期
淮南子的法律思想　李国锋　　河南省政法管理干部学院学报 2006 年第 5 期
九歌为刘安及其门客所撰考
周远斌　　云梦学刊 2006 年第 5 期

淮南子中神话的道家色彩
　　郭树青　安徽文学 2006 年第 11 期
淮南子设计思想探议　郭廉夫　装饰 2006 年第 11 期
从清静无为到奋发进取——淮南子思想研究
　　王国良　安徽史学 2006 年第 6 期
“淮南”与“淮南文化”
　　王传旭　淮南师范学院学报 2006 年第 6 期
淮南子的“自然无为”说及其后现代意义——兼与任继愈、李泽厚两先生商榷
　　赵妙法　安徽大学学报(哲社版)
　　2006 年第 6 期
淮南子“精神之和”价值论
　　张俊相　齐鲁学刊 2006 年第 6 期
淮南子俶真训语辞管见
　　赵宗乙　泉州师范学院学报 2007 年第 1 期
淮南子俶真训语辞札记
　　赵宗乙　集美大学学报(哲社版)
　　2007 年第 1 期
唐前淮南子流传略考
　　马庆洲　鲁东大学学报(哲社版)
　　2007 年第 1 期
淮南子文艺理想观　方国武　安徽农业大学学报(社科版)
　　2007 年第 1 期
淮南子文艺观的儒道混融分析
　　薛秀艳　重庆文理学院学报(社科版)
　　2007 年第 1 期

淮南子与老子“道生万物”模式之比较

潘存娟　陕西教育学院学报 2007 年第 1 期

论淮南子的文学价值　吕书宝　东北师大学报(哲社版) 2007 年第 2 期

淮南子原道训语辞管见

赵宗乙　漳州师范学院学报(哲社版) 2007 年第 2 期

淮南子二论　马汉钦　东疆学刊 2007 年第 2 期

淮南子审美理想论　方国武　安徽大学学报(哲社版) 2007 年第 2 期

道·人·史:淮南子的论治维度及思想史意义

戴黍　现代哲学 2007 年第 2 期

试论淮南子对“法”、“德”、“风俗”的糅合

戴黍　伦理学研究 2007 年第 2 期

汉代思想家刘安的新道家治国理念

漆子扬　科学经济社会 2007 年第 2 期

淮南子天文训语辞管见

赵宗乙　闽西职业技术学院学报 2007 年第 3 期

王念孙对淮南子高诱注质疑之探析

郑莉　承德民族师专学报 2007 年第 3 期

淮南子“德”范畴之意蕴探析

于欣　长春工业大学学报(社科版) 2007 年第 3 期

淮南王刘安谋反冤案辨析

漆子扬　新学术 2007 年第 3 期

淮南子“大美”之境论
　　方国武　安徽师范大学学报(人文版)2007年第4期
淮南子与黄老学　丁原明　安徽大学学报(哲社版)2007年第4期
淮南子未见于史记及作者问题
　　漆子扬　淮南师范学院学报2007年第4期
淮南子要略与近世章胡诸子学论争
　　马育良　淮南师范学院学报2007年第4期、中华文化论坛2007年第4期
庄子早期流传情况一辨——从淮南子修务训注文谈起
　　黄威　船山学刊2007年第4期
试析刘安冤案　陈广忠　安徽大学学报(哲社版)2007年第4期
淮南子论“道”　许抗生　安徽大学学报(哲社版)2007年第4期
淮南子思想主旨新探　张允熠　安徽大学学报(哲社版)2007年第4期
简论淮南子的人学思想
　　丁原明　中共济南市委党校学报2007年第4期
淮南子对老庄融合的贡献
　　徐飞　绍兴文理学院学报哲社版2007年第5期
淮南子缪称训征引子思累德篇考
　　杨颉慧　史学月刊2007年第5期

圣王与治道——试论淮南子的圣王史观
戴黍　天津社会科学 2007 年第 5 期
“治国有常，利民为本”——谈淮南子的理政治国思想
高巍然　中国党政干部论坛 2007 年第 9 期
浅谈淮南子阴阳五行学说及其对医学的影响
潘秋平　吉林中医药 2007 年第 10 期
从淮南子到诫子书——“淡泊明志，宁静致远”解读
刘诚言　襄樊学院学报 2007 年第 10 期
从淮南子的“君本”、“民本”思想看构建现代企业和谐关系
李营　东方企业文化 2007 年第 11 期
淮南子研究初探　陈丽华　兰台世界 2007 年第 20 期
淮南子许注与说文解字字义之比较（一）
郭向敏　新乡师范高等专科学校学报 2007 年第 6 期
论淮南子的美学新蕴涵及其成因
孙纪文　福建师范大学学报（哲社版）2007 年第 6 期
淮南子的自然价值观　章晓丹　华中科技大学学报（社科版）2007 年第 6 期
论淮南子对黄老思想的贡献
刘守强　郑州航空工业管理学院学报（社科版）2007 年第 6 期
淮南子文艺学范畴的自在状态
孙纪文　淮南师范学院学报 2008 年第 1 期
淮南子引战国策用意之探析
程水龙　淮南师范学院学报 2008 年第 1 期

史记未著录淮南子原因及作者问题考论
漆子扬　兰州大学学报(社科版)2008年第1期

试析淮南子所述的"法"
戴黍　淮南师范学院学报2008年第1期

以治为重心:试析淮南子之道
戴黍　江淮论坛2008年第1期

二十世纪淮南子研究　杨栋　古籍整理研究学刊2008年第1期

今本楚辞与刘安的关系及其版本源流新探
漆子扬　淮南师范学院学报2008年1期、青海师范大学学报(哲社版)2008年第1期

淮南子的自然整体主义世界观
章晓丹　西北大学学报(哲社版)2008年第2期

道:假设抑或承诺——胡适淮南子研究初论
钱善刚　合肥师范学院学报2008年第2期

对淮南子律数的思考
赵玉卿　中国音乐2008年第2期

淮南子与运气学说　潘秋平　中华中医药学刊2008年第2期

新时期大陆学界淮南子研究综述
高晓荣　安徽文学(下半月)2008年第2期

淮南子的战争观　林飞飞　辽宁教育行政学院学报2008年第3期

"御"意象与淮南子　杜绣琳　沈阳工程学院学报(社科版)2008年第3期

徐复观对淮南子的解释
刘国民　首都师范大学学报(社科版)2008年第3期

淮南子的养生之道撷菁
萧志才　养生月刊2008年第3期

刘安养生论　郭振东　养生大世界2008年第3期

淮南子的哲学精神和美学思想
周来祥　山东大学学报(哲社版)2008年第4期

淮南子融合老庄的思想及其后世影响
徐飞　石河子大学学报(哲社版)2008年第4期

淮南子散文艺术略论
王琳　青海社会科学2008年第4期

淮南子儒道融合的人性论
刘爱敏　中国典籍与文化2008年第4期

浅谈淮南子的养生观　陆耿　淮南师范学院学报2008年第4期

从淮南子看中国哲学思想及其特点
金春峰　淮南师范学院学报2008年第4期

淮南子中的教育思想　廖军和　淮南师范学院学报2008年第4期

淮南子天地形成神话考释
杨建军　西北民族研究2008年第4期

淮南子地形训语辞札记
赵宗乙　漳州师范学院学报(哲社版)2008年第4期

淮南子中的神游意象　杜绣琳　北方论丛2008年第5期

淮南子和乐记的“物感说”比较

洪永稳　安徽农业大学学报(社科版) 2008年第5期

淮南子要略与书序体文章体例的定型

杜绣琳　社会科学辑刊2008年第5期

淮南子中所见秦汉时人疾病观

孙文祝　新学术2008年第6期

论淮南子“无为”思想的哲学内涵

刁梦洲　西藏民族学院学报(哲社版) 2008年第6期

图与书:先秦两汉时期有关山川神怪类文献的分析——以山海经、楚辞、淮南子为例

江林昌　文学遗产2008年第6期

淮南子论“无为而治”许抗生　安徽大学学报(哲社版) 2008年第6期

淮南子治国“同”、“异”论

陈广忠　安徽大学学报(哲社版) 2008年第6期

淮南子主术训的治国思想

金春峰　安徽大学学报(哲社版) 2008年第6期

刘安治国三要素:天、人与“器物”

刘康德　安徽大学学报(哲社版) 2008年第6期

淮南子道应训对韩诗外传说理方式的承继与创新

杜绣琳　理论界2008年第8期

修辞、语言行动与政治合法性——淮南子札记
费振钟　书城 2008 年第 9 期
女神——女性——女人——从山海经淮南子到致橡树看中国女性意识的演变　阳卓军　今日南国(理论创新版)2008 年第 11 期
淮南子神话故事特色浅析
杨文芳　考试周刊 2008 年第 15 期
从淮南子看汉初意识形态由黄老之术到独尊儒术的转变
高建立　商丘师范学院学报 2009 年第 1 期
淮南子语录体论说文的说理分析
杜绣琳　沈阳师范大学学报(社科版) 2009 年第 1 期
淮南子的人生意义哲学
马香品　榆林学院学报 2009 年第 1 期
儒道互补后的美学创生——淮南子中的音乐美学思想
轩小杨　沈阳工程学院学报(社科版) 2009 年第 1 期
淮南子的御艺事象　杜绣琳　沈阳工程学院学报(社科版) 2009 年第 1 期
淮南子中的惠民思想及其现实意义
赵清文　淮南师范学院学报 2009 年第 1 期
论刘安的命运悲剧——兼及淮南子浓烈的祸患意识成因
王启才　阜阳师范学院学报(社科版) 2009 年第 2 期
秦汉杂家道法思想述论——以吕氏春秋和淮南子为考察文本
王志林　法学杂志 2009 年第 2 期

析淮南子中的情感论音乐美学思想

张良宝　　民族艺术研究 2009 年第 3 期

论淮南子高诱注的宗经、崇儒意识

李秀华　　广西大学学报(哲社版)
2009 年第 3 期

论淮南子的生死观

王雪　　西北大学学报(哲社版)
2009 年第 3 期

淮南子时则训语辞札记

赵宗乙　　泉州师范学院学报 2009 年第 3 期

从淮南子看中国古代神话的历史化轨迹

闫孟莲　　洛阳师范学院学报 2009 年第 3 期

刘安对屈原评价的两重特点及其在汉代的影响

王启敏　　阜阳师范学院学报(社科版)
2009 年第 3 期

“因性循情”、“原心反本”——淮南子中的音乐教育思想

刘新巧　　中国音乐 2009 年第 3 期

淮南子中的音乐表演艺术论

张良宝　　音乐探索 2009 年第 3 期

淮南子对上古神话的整理

赵自勇　　安徽史学 2009 年第 4 期

淮南子的艺术至情论及其对后世文艺的影响

洪永稳　　黄山学院学报 2009 年第 4 期

淮南子书名演变考论

李秀华　　西南交通大学学报(社科版)
2009 年第 5 期

并存不废，会通所长——淮南子治国思想论析
李秀华 辽宁大学学报（哲社版）2009年第5期

淮南子的和谐思想及其启示
李秀华 大庆师范学院学报2009年第5期

淮南子的和谐教育思想及现实意义
杨玉帅 西南农业大学学报（社科版）2009年第6期

高诱巧注淮南子之“禽”
邬文清 齐齐哈尔大学学报（哲社版）2009年第6期

淮南子的得失观 严铭 时代文学（下半月）2009年第6期

淮南子的寓言说理
赵红宇 安徽文学（下半月）2009年第7期

淮南子中孙叔敖事例考证
李勇兵 青年科学2009年第7期

浅谈淮南子与道、儒、法家思想的关系
朱远俊 大众文艺（理论）2009年第9期

淮南子艺术管窥 董小政 安徽文学（下半月）2009年第10期

淮南子的艺术风格浅析
欧阳昌雄 大众文艺（理论）2009年第10期

淮南子兵学思想探析
田照军 学理论2009年第31期

论淮南子的生命美学精神
赵国乾 学术论坛2009年第11期

浅谈胡适对淮南子的研究
陈小霞　　重庆科技学院学报(社科版)
2009 年第 11 期

浅谈淮南子神话的仙话化
孙玲　　现代语文文学(研究版)
2009 年第 11 期

论刘安以儒家诗教评离骚
沈邦兵　　作家 2009 年第 12 期

冲突与医治:淮南子化解危机的哲学
张立文　　江海学刊 2010 年第 1 期

淮南子昆仑神话源自离骚
宋小克　　中南民族大学学报(人文版)
2010 年第 1 期

淮南子对庄子逍遥游思想的改铸
邓联合　　人文杂志 2010 年第 1 期

论从宗教学视域诠释淮南子的可能性
李建光　　湖南科技大学学报(社科版)
2010 年第 1 期

论刘安淮南子兵略训的民本思想
李明山　　韶关学院学报 2010 年第 1 期

淮南子中的神话解读　孙纪文　　淮南师范学院学报 2010 年第 1 期

淮南子正义思想探究　陈延斌　　淮南师范学院学报 2010 年第 1 期

一座学术丰碑——论淮南子的时代特征
姚治中　　淮南师范学院学报 2010 年第 1 期

胡适与安乐哲对淮南子中“道”的不同解读
陈小霞　　淮南师范学院学报 2010 年第 1 期

淮南子论孔子　邱维寅　淮南师范学院学报 2010 年第 1 期

从淮南子对“无为”的新诠释看汉初道家的思想转向

余铭　淮南师范学院学报 2010 年第 1 期

简明古汉语字典引淮南子指瑕

郑春怡　长江师范学院学报 2010 年第 1 期

论淮南子之“圣人”观

李建光　职大学报 2010 年第 1 期

论淮南子对老学无为论的“三大改造”

王险峰　理论月刊 2010 年第 2 期

淮南子高诱注佚文辑考

李秀华　古籍整理研究学刊 2010 年第 2 期

试论淮南子的君主观

张小宁　重庆交通大学学报(社科版) 2010 年第 2 期

淮南子“无为”与“因”论关系之探究

冷金兰　传奇·传记文学选刊(理论研究) 2010 年第 3 期

淮南子音乐美学思想研究述评

张静亚　安徽文学(下半月)2010 年第 3 期

淮南子中的法律思想　王兰香　和田师范专科学校学报 2010 年第 3 期

淮南子和论衡的艺术学思想

凌继尧　杭州师范大学学报(社科版) 2010 年第 3 期

论淮南子的“真人”信仰及其证明

李建光　湖南社会科学 2010 年第 3 期

淮南子法律思想探析

康宁　长江大学学报(社科版)2010 年第 3 期

淮南子对老学的继承与发展

王险峰　河北大学学报(哲社版)2010 年第 3 期

淮南子的汉赋化言道方式及其美学意义

戴勇　社科纵横(新理论版)2010 年第 3 期

淮南子社会控制论初探

李少波　青海师范大学学报(哲社版)2010 年第 4 期

浅论淮南子文本的时空特性

胡铃凤　西南农业大学学报(社科版)2010 年第 4 期

淮南子中“同”与“异”的艺术特征论

杜绣琳　淮北煤炭师范学院学报(哲社版)2010 年第 4 期

淮南子的社会变迁论李少波　青海民族大学学报(社科版)2010 年第 4 期

浅析淮南子的经济思想

林飞飞　邯郸学院学报 2010 年第 4 期

论淮南子神仙与阴阳汇流的神仙道家思想

李建光　职大学报 2010 年第 4 期

淮南子许高二注相杂一书之历史探原

李秀华　台州学院学报 2010 年第 5 期

试论淮南子中的战争观
闫孟莲　作家 2010 年第 6 期

淮南子管理思想探求　闫楷文　改革与开放 2010 年第 6 期

论淮南子的修辞美学取向
丁秀菊　山东大学学报(哲社版)2010 年第 6 期

论淮南子的语言思想　丁秀菊　山东社会科学 2010 年第 6 期

淮南子的历史叙事与审美社会的构建
戴勇　枣庄学院学报 2010 年第 6 期

淮南子的历史思想　许殿才　古籍整理研究学刊 2010 年第 6 期

六十年来淮南子研究的回顾与反思
马庆洲　文学遗产 2010 年第 6 期

淮南子女娲补天"四极废"之"极"为"柱"代用字
许廷桂　重庆师范大学学报(哲社版)2010 年第 6 期

浅议淮南子的执法思想
李青青　金卡工程(经济与法)2010 年第 7 期

淮南子的生态自然观及其现代启示
张维新　前沿 2010 年第 9 期

淮南子"因"论刍议　冷金兰　辽宁行政学院学报 2010 年第 9 期

淮南子论艺术感应发生的规律及主体关系
杜绣琳　广西社会科学 2010 年第 10 期

淮南子"众适"思想的现实意义——兼谈群众文化工作
毛洪生　大众文艺 2010 年第 10 期

浅析淮南子的政治思想多元化
毛洪生　大众文艺 2010 年第 12 期

日常生活与社会治理——试析淮南子中所见风俗观
戴黍　　学术研究 2010 年第 12 期
淮南子论孙子兵法　邸维寅　　魅力中国 2010 年第 14 期
论淮南子神仙修炼论的特征
李建光　　前沿 2010 年第 20 期
简论淮南子的生态环境观
徐茜　　传承 2010 年第 24 期
中原神话与淮南子神话比较初议
赵丽敏　　中国校外教育 2010 年第 S2 期
淮南子审美思维对民族审美范型的影响
方国武　　合肥师范学院学报 2011 年第 1 期
采借与整合——淮南子的整体阐释
钱善刚　　湖南师范大学 1997 年硕士学位论文
淮南子复音词研究　赵立明　　南京师范大学 1998 年硕士学位论文
淮南子的教育心理思想研究
刘晓红　　上海师范大学 1999 年硕士学位论文
淮南子高诱注训诂研究
罗国强　　湖南师范大学 2002 年硕士学位论文
淮南子审美理想论　方国武　　安徽大学 2002 年硕士学位论文
淮南子副词研究　齐瑞霞　　山东师范大学 2002 年硕士学位论文
淮南子介词“以”、“于”、“於”、“乎”研究
马静恒　　新疆大学 2002 年硕士学位论文
淮南子天人观之探析　吴蕊　　山东大学 2002 年硕士学位论文
淮南子行政伦理思想研究
龙国智　　中南大学 2003 年硕士学位论文
淮南子庄逵吉注研究　王军　　安徽大学 2003 年硕士学位论文

淮南子东汉注研究	赵奇栋	华东师范大学2004年硕士学位论文
淮南子文艺思想论纲	尹雪华	江西师范大学2004年硕士学位论文
淮南子文艺思想研究	李世桥	郑州大学2004年硕士学位论文
淮南子的生态世界观简论	章晓丹	西北大学2004年硕士学位论文
淮南子高诱注训诂研究	吴先文	安徽大学2004年硕士学位论文
论淮南子的德育思想	杨敏	华南师范大学2004年硕士学位论文
论淮南子的律历、律数和旋宫	王红	中国艺术研究院2004年硕士学位论文
淮南子合成词构词法初探	赵静莲	陕西师范大学2005年硕士学位论文
淮南子动宾语义关系研究	陈会文	中国社会科学院2005年硕士学位论文
淮南子中的孔子形象	李素卿	中山大学2005年硕士学位论文
淮南子反义词语研究	刘绽霞	广西师范大学2006年硕士学位论文
淮南子阴阳五行思想研究	朱新林	山东大学2006年硕士学位论文
淮南子生命哲学研究	刘妤	河北大学2006年硕士学位论文
淮南子助动词研究	王淑怡	西南大学2006年硕士学位论文

黄帝四经与淮南子治道法律思想比较研究论
李云　　中国政法大学2006年硕士学位论文

吕氏春秋与淮南子孔子观之比较
马文戈　　曲阜师范大学2006年硕士学位论文

论淮南子的军事思想
徐剑　　华中师范大学2007年硕士学位论文

淮南子生命美学思想初探
刘中元　　安徽大学2007年硕士学位论文

淮南子政治思想研究
李耀　　安徽大学2007年硕士学位论文

诸子叙事研究——以韩非子、吕氏春秋、淮南子为中心
薛秀艳　　西南大学2007年硕士学位论文

二十世纪淮南子研究
杨栋　　东北师范大学2007年硕士学位论文

淮南子单音节实词同义词研究
蒋洪峰　　曲阜师范大学2007年硕士学位论文

淮南子对老学的继承与发展
王险峰　　河北大学2007年硕士学位论文

淮南子文艺美学观念与散文艺术价值研究
窦硕栋　　曲阜师范大学2008年硕士学位论文

淮南子美学思想研究
李黎　　首都师范大学2008年硕士学位论文

淮南子政治哲学研究
黄建跃　　湖南师范大学2008年硕士学位论文

淮南子伦理思想研究
高晓荣　　曲阜师范大学2008年硕士学位论文

理想与现实的冲突与融合:淮南子社会秩序思想探析
高俊玲　河北大学 2008 硕士学位论文

淮南子美学思想研究:天人合一“四象”分析
李黎　首都师范大学 2008 硕士学位论文

淮南子“精神”探微　张霏　中山大学 2008 硕士学位论文

淮南子的音乐审美主体论
刘甜添　南京艺术学院 2009 年硕士学位论文

淮南子工艺造物思想研究
孙磊　南京艺术学院 2009 年硕士学位论文

淮南子中的生态意蕴及其现代解读
梅磊　武汉科技大学 2009 年硕士学位论文

淮南子双音节动词研究
王琦　首都师范大学 2009 年硕士学位论文

淮南子中的法律思想
林超　西南政法大学 2009 年硕士学位论文

淮南子的治国思想研究
林飞飞　山东师范大学 2009 年硕士学位论文

淮南子思想艺术特色的融通研究
欧阳昌雄　湖南师范大学 2009 年硕士学位论文

淮南子连词研究　赵琴　苏州大学 2010 年硕士学位论文

淮南子生态伦理思想新探
庞昕　河北大学 2010 年硕士学位论文

淮南子“道”论及其文艺观
王英娜　辽宁师范大学 2010 年硕士学位论文

论淮南子对诸子思想的继承和批判
殷素仪　安徽大学 2010 年硕士学位论文

淮南子复音词研究　肖金香　湖南科技大学2010年硕士学位论文
淮南子三女神研究　程静　安徽大学2010年硕士学位论文
淮南子音乐美学思想的矛盾统一性
　　张静亚　河南大学2010年硕士学位论文
淮南子神话研究　孙玲　曲阜师范大学2010年硕士学位论文
淮南子与黄老思潮　邹丽燕　北京大学1994年博士学位论文
淮南子新探　雷健坤　南开大学1999年博士学位论文
淮南子与汉初的庄学
　　朴胜显　北京大学1999年博士学位论文
淮南子研究　马庆洲　北京大学2001年博士学位论文
淮南子天文研究　陶磊　中国社会科学院2002年博士学位论文
黄帝内经与淮南子比较研究
　　林琳　辽宁中医药大学2003年博士学位论文
淮南子研究　孙纪文　福建师范大学2004年博士学位论文
淮南子哲学思想研究
　　王雪　西北大学2005年博士学位论文
刘安与淮南子　漆子扬　西北师范大学2005年博士学位论文
淮南子道论探微　刘爱敏　山东大学2006年博士学位论文
秦汉杂家法律思想研究:对吕氏春秋和淮南子的解读
　　夏道虎　北京大学2007年博士学位论文
淮南子医学思想研究
　　潘秋平　北京中医药大学2008年博士学位论文

书名	作者	出处
淮南子认识论研究——以把握本质的方法为中心	川津康弘	西北大学 2008 年博士学位论文
淮南子神话研究	黄悦	中国社会科学院 2008 年博士学位论文
淮南子思想研究	尹志源	北京大学 2008 年博士学位论文
淮南子的宇宙论、生命论、艺术论研究	赵欣	山东大学 2010 年博士学位论文
淮南子许高二注研究	李秀华	华东师范大学 2010 年博士学位论文
淮南子斠证	王叔岷	二卷，收录在《诸子斠证》，并载于台湾大学《文史哲学报》第 5、6 期
淮南子斠证补遗	王叔岷	收录在《诸子斠证》，并载于台湾大学《文史哲学报》第 7 期
淮南子斠证续补	王叔岷	收录在《诸子斠证》，并载于台湾大学《文史哲学报》第 8 期
淮南子译注	王维庭	编入《中国哲学史料选辑》
淮南子通论	郑良树	台湾大学海洋书社 1963 年版
淮南子斠理	郑良树	七卷，油印本，香港中文大学图书馆藏
淮南子逐字索引	刘殿爵	香港中文大学图书馆藏
读淮南子	陈直	收录在《摹庐丛书七种·读子日札》
淮南子校释	于大成	油印本，香港中文大学图书馆藏
淮南子今注今译	于大成	台湾商务印书馆初版
淮南子细义	张严	成功大学 1977 年版
刘安	于大成	编入《中国历代思想家丛书》，商务印书馆 1978 年版

淮南子辨正	徐仁甫	手稿本
淮南子神话寓言研究	刘淑贞	建华出版社 1990 年初版
淮南子哲学思想研究	李增	台北洪叶文化有限公司 1997 年初版
淮南子的哲学	陈德和	台湾嘉义南华管理学院 1999 年初版
淮南子与文子考辨	丁原植	台北万卷楼图书有限公司 1999 年初版
淮南子与老子参证	刘德汉	台北乐学书局有限公司 2001 年初版
新编淮南子	陈丽桂	台北市国立编译馆 2002 年初版
唐宋类书征引淮南子资料汇编	何志华	香港中文大学出版社 2005 年初版
高诱注解发微:从吕氏春秋到淮南子	何志华	香港中国古籍研究中心中国文化研究所 2007 年初版
淮南子天道观之研究	黄淑贞	台北花木兰文化出版社 2008 年初版
淮南论文三种	于大成	台北文史哲出版社 1975 年初版
淮南子论文集	陈新雄	收录在《国学论文荟编》
淮南子思想之研究论文集	李增	台北华世出版社 1985 年初版
淮南鸿烈论文集	于大成	台北里仁书局 2005 年初版

淮南子的政治思想	韩爝	反攻 1953 年第 80 期
文王四世累善辨	黄宝实	大陆杂志 1954 年第 8 卷第 3 期
淮南子与庄子之关系	周骏富	大陆杂志 1957 年第 14 卷第 2 期

淮南子与庄子	王叔岷	大陆杂志 1957 年第 14 卷第 2 期、清华学报 1960 第 2 卷第 1 期
先秦诸子与淮南的无为思想	吴怡	建设 1960 年第 9 卷第 6 期
集黄老学说大成的淮南子	韩逋仙	编入《中国中古哲学史要》,台北正中书局 1960 年版
从淮南子兵略看其谋略	曹国霖	黄埔月刊 1961 年第 111 期
论尔雅、淮南子、史记之岁阳岁阴	叶芝生	大陆杂志 1961 年第 23 卷第 12 期
淮南子的兵学思想	黄浩然	黄埔月刊 1962 年第 117 期
淮南子札迻	阮廷焯	香港中文大学联合书院学报 1964 年第 6 期
淮南子引用先秦诸子佚文考	阮廷焯	收录在《先秦诸子考佚》
论淮南子与先秦诸子佚书之关系	阮廷焯	编入《饶宗颐教授南游赠别论文集》
淮南子注家疑似及版本得失平议	张严	大陆杂志 1965 年第 30 卷第 8 期
淮南子二十一卷论次得失平议	张严	大陆杂志 1965 年第 31 卷第 6 期
文子剽窃淮南子与文子佚文考	于大成	思想与时代 1966 年第 139 期
读淮南鸿烈解札记	刘殿爵	香港中文大学联合书院学报 1968 年第 6 期

读胡适的淮南王书　费海玑　大陆杂志 1967 年第 34 卷第 1 期
淮南子传本知见记　郑良树　“国立中央”图书馆馆刊 1967 年第 1 卷第 1 期
刘绩本淮南子斠记　郑良树　幼狮学志 1967 年第 6 卷第 3 期
淮南子校注诸家述评（上）　郑良树　“国立中央”图书馆馆刊 1968 年第 2 卷第 2 期
杂家与淮南子　戴君仁　幼狮杂志 1968 年第 7 卷第 3 期
淮南子浅谈　林瑞钦　史苑 1968 年第 11 期
刘安政治思想　王云五　东方杂志 1968 年第 2 卷第 5 期
淮南子校注诸家述评（下）　郑良树　“国立中央”图书馆馆刊 1969 年第 2 卷第 3 期
淮南王书考　于大成　中山学术文化集刊 1969 年第 4 期
刘安与淮南子　郑良树　书和人 1969 年第 101 ~ 102 期
淮南杂志补正　于大成　中山学术文化集刊 1970 年第 5 期
论淮南子与扬雄的哲学思想　周世辅　革命思想 1970 年第 29 卷第 4 期
淮南子的综合思想　周弘然　幼狮学志 1970 年第 9 卷第 4 期
主术训注　冯大纶　《国语日报》（古今文选版）第 283 期
淮南鸿烈原道校阅　于大成　中山学术文化集刊 1971 年第 7 期
淮南子道应训书后　吴天恩　文讯 1971 年第 14 期
淮南子道应篇探微　叶佩华　文讯 1971 年第 14 期
淮南子的政道与治术　贺凌虚　思与言 1971 年第 9 卷第 1 期
淮南子修务训的教育论（上）　沈丰茂　教师之友 1971 年第 12 卷第 4 期

淮南子修务训的教育论(下)		
	沈丰茂	教师之友 1971 年第 12 卷第 6 期
淮南鸿烈地形校释	于大成	中华学苑 1971 年第 8 期
淮南鸿烈时则校释	于大成	淡江学报(文学部)1971 年第 10 期
淮南鸿烈览冥校释	于大成	文史季刊 1972 年第 2 卷第 2 期
淮南鸿烈俶真校释	于大成	中山学术文化集刊 1972 年第 9 期
淮南鸿烈齐俗校释	于大成	中华学苑 1972 年第 10 期
淮南子校释提要	于大成	木铎 1972 年第 1 期
淮南鸿烈天文篇校释	于大成	中山学术文化集刊 1972 年第 10 期
淮南王刘安	周绍贤	编入《两汉哲学》,台北文景出版社 1972 年版
淮南鸿烈本经校释	于大成	淡江学报(文学部)1973 年第 11 期
淮南鸿烈精神校释	于大成	实践家政学报 1973 年第 4 期
淮南子与其作者	方祖燊	中央月刊 1973 年第 5 卷第 10 期
刘安的时代与淮南子	徐复观	大陆杂志 1973 年第 47 卷第 6 期
淮南鸿烈说山校释	于大成	淡江学报(文学与商学部门)1974 年第 12 期
淮南鸿烈说林校释	于大成	“国立”政治大学学报 1974 年第 29 期
淮南鸿烈人间校释	于大成	中华学苑 1974 年第 14 期
淮南鸿烈诠言校释	于大成	“国立中央”图书馆馆刊 1974 年第 7 卷第 2 期
淮南鸿烈兵略校释	于大成	“国立”台湾大学文史哲学报 1974 年第 23 期
淮南鸿烈修务校释	于大成	“国立”政治大学学报 1974 年第 30 期

题目	作者	出处
六十年来之淮南子学	于大成	编入《六十年来之国学》(四),《淮南子论文集》亦载录
淮南鸿烈汜论校释	于大成	淡江学报(文学部)1975年第13期
淮南鸿烈泰族校释	于大成	中华学苑1975年第16期
刘绩本淮南子出于藏本考	于大成	“国立”政治大学学报1975年第32期
淮南子解题	于大成	学粹杂志1976年第18卷第3期
淮南鸿烈主术校释	于大成	淡江学报(文学部)1976年第14期
屈赋与淮南子	郑良树	大陆杂志1976年第52卷第6期
淮南子与豆腐	李乔萍	中央日报第十版1977年
刘安叙离骚传新解	苏瑩辉	木铎1977年第5、6期合刊
评介拉布兰博士淮南子的感应观	王煜	中华文化复兴月刊1980年第13卷第11期
淮南子	韦政通	编入《中国思想史》第16章,台湾水牛出版社1980年版
淮南子与老学	周力行	中国与日本1981年第241期
淮南鸿烈要略校释	于大成	编入《汉学论文集》
从杂家思想说到淮南子	于大成	中文季刊第8卷第2期
淮南子的文学价值	于大成	中华文化复兴月刊1982年第15卷第10期
淮南子的无为思想	李增	“国立”政治大学学报1983年第48期

尹文、淮南政治思想之目的(一)

杨汝舟　中华易学 1984 年第 5 卷第 1 期

淮南子对先秦法家之法之批判

李增　大陆杂志 1984 年第 68 卷第 4 期

尹文、淮南政治思想之目的(二)

杨汝舟　中华易学 1984 年第 5 卷第 2 期

尹文、淮南政治思想之目的(三)

杨汝舟　中华易学 1984 年第 5 卷第 3 期

尹文、淮南政治思想之目的(四)

杨汝舟　中华易学 1984 年第 5 卷第 4 期

淮南子修养论之研究

李增　"国立"编译馆馆刊 1984 年第 13 卷第 1 期

淮南子校释补　于大成　木铎 1984 年第 10 期

淮南多楚语——论淮南子的文字

陈丽桂　汉学研究 1984 年第 2 卷第 1 期

尹文、淮南政治思想之目的(五)

杨汝舟　中华易学 1984 年第 5 卷第 5 期

尹文、淮南政治思想之目的(六)

杨汝舟　中华易学 1984 年第 5 卷第 6 期

淮南王两世谋反研议

陈丽桂　中国书目季刊 1984 年第 18 卷第 2 期

尹文、淮南政治思想之目的(七)

杨汝舟　中华易学 1984 年第 5 卷第 7 期

尹文、淮南政治思想之目的(八)

杨汝舟　中华易学 1984 年第 5 卷第 8 期

淮南子之道论　李增　大陆杂志 1984 年第 69 卷第 6 期
刘安的政治思想(一)　谢秀琴　民主宪政 1984 年第 56 卷第 4 期
刘安的政治思想(二)　谢秀琴　民主宪政 1984 年第 56 卷第 5 期
刘安的政治思想(三)　谢秀琴　民主宪政 1984 年第 56 卷第 6 期
刘安的政治思想(四)
　谢秀琴　民主宪政 1984 年第 56 卷第 7 期
淮南鸿烈的内容、体系与价值
　陈丽桂　中华文化复兴月刊 1985 年第 18 卷第 4 期
淮南子之政治思想研究
　吴顺令　“国立”台湾师范大学国文研究所集刊 1985 年第 29 期
淮南子之知识理论:淮南子对先秦儒道法知识理论之平议
　李增　“国立”编译馆馆刊 1985 年第 14 卷第 1 期
淮南子与法家的法论比较
　王赞源　国文学报 1985 年第 14 期、中华文化复兴月刊 1989 年第 22 卷第 3 期
汉易阐微(10):周易淮南道训(一)
　徐芹庭　中华易学 1985 年第 6 卷第 8 期
汉易阐微(10):周易淮南道训(二)
　徐芹庭　中华易学 1985 年第 6 卷第 10 期
淮南子论政　陈丽桂　“国立中央”图书馆馆刊 1985 年第 18 卷第 2 期
汉易阐微(10):周易淮南道训(三)
　徐芹庭　中华易学 1985 年第 6 卷第 11 期

淮南子祛疑五则　　施炳华　　收录在《庆祝无锡施之勉先生九秩晋五诞辰论文集》
淮南子论修养　　陈丽桂　　"国立中央"图书馆馆刊 1987 年第 20 卷第 1 期
淮南子的道论——淮南道论的渊源、调和与转化
　　陈丽桂　　收录在《第一次世界道学会议论文集》及《第四届老庄易学大会论文集》
淮南子的无为论　　陈丽桂　　国文学报 1988 年第 17 期
淮南高注"私钘头"唐解试议
　　张以仁　　中央研究院历史语言研究所集刊 1988 年第 59 卷第 4 期
淮南子的辩证思想
　　陈远宁　　中国文化月刊 1989 年第 114 期
淮南子与春秋繁露的同异沈浮——兼论西汉中期统治思想的转变
　　李宗桂　　鹅湖 1989 年第 15 卷第 10 期
淮南子论兵　　陈丽桂　　教学与研究 1990 年第 12 期
杂家的基本思想初探——以吕氏春秋和淮南子为例
　　林明昌　　问学集 1990 年第 1 期
淮南子道德论　　李增　　"国立"政治大学学报 1991 年第 63 期
八十年来的淮南子研究目录
　　陈丽桂　　中国书目季刊 1991 年第 25 卷第 3 期
论淮南子高诱注与"文子"之关系
　　何志华　　中国文化研究所学报 1992 年第 1 期
淮南子里的黄老思想
　　陈丽桂　　中国学术年刊 1993 年第 14 期

淮南子之人生修养论研究
　　刘醇鑫　辅大中研所学刊 1994 年第 3 期
淮南子的天地演化说
　　温韧　中国文化月刊 1995 年第 186 期
淮南子认识论探析　丁原明　哲学与文化 1995 年第 22 卷第 6 期
淮南子的整体和谐说——试析淮南子“和”、“天和”、“太和”之意
　　简松兴　辅大中研所学刊 1995 年第 5 期
淮南子主术的政治思想
　　陈秀玲　屏中学报 1995 年第 5 期
淮南子研究八十年　陈丽桂　编入《汉学之回顾与前瞻》(史学哲学卷),中华书局 1995 年版
淮南子韵读　刘殿爵　人文中国学报 1996 年第 2 期
淮南子、吕氏春秋、战国策三书高注互异集证
　　何志华　人文中国学报 1996 年第 2 期
从出土竹简文子看古、今本文子与淮南子之间的先后关系及几个思想论题
　　陈丽桂　哲学与文化 1996 年第 23 卷第 8 期
试就今本文子与淮南子的不重袭内容推测古本文子的几个思想论题
　　陈丽桂　收录在《道家文化研究》第 18 辑
淮南子中的人学思想
　　袁信爱　哲学与文化 1996 年第 23 卷第 8 期
道家抑制君权的两大著作——简析吕氏春秋及淮南王书中相关思想
　　封思毅　中国国学 1996 年第 24 期
淮南子俶真韵读　刘殿爵　人文中国学报 1996 年第 3 期
论淮南子修务训一篇中的教育思想
　　张银树　哲学与文化 1996 年第 23 卷第 12 期

淮南子缪称、齐俗韵读

刘殿爵　　人文中国学报 1997 年第 4 期

论淮南子主术之错简

刘殿爵　　中国文化研究所学报 1997 年第 6 期

试论淮南子道家思想的类属——以徐复观之观点为中心的展开

陈德和　　鹅湖 1997 年第 22 卷第 7 期

释淮南子中“道”的意义与“道”的效用

胡楚生　　文史学报 1997 年第 27 期

重探淮南子的流衍史——评罗斯著淮南子的版本史

曾达辉　　中国书目季刊 1997 年第 31 卷第 2 期

淮南子高诱注校释　何志华　　中国文化研究所学报 1998 年第 7 期

淮南子“道”之形象思维

朱书萱　　中国学术年刊 1998 年第 19 期

淮南子的论声律之“比不比正音”问题

魏子云　　复兴剧艺学刊 1998 年第 23 期

淮南子中的自然思想与环保理念

孙长祥　　哲学与文化 1998 年第 25 卷第 9 期

淮南子的哲学王序　王邦雄　　鹅湖 1998 年第 24 卷第 4 期

淮南子的哲学自序　陈德和　　鹅湖 1998 年第 24 卷第 4 期

淮南子引庄举偶　　王叔岷　　收录在《道家文化研究》第 14 辑

中国学者对淮南子认识论的认识刍议

陈正凡　　哲学与文化 1999 年第 26 卷第 1 期

先秦汉初思想的终结者——淮南子

陈丽桂　　国文天地 1999 年第 14 卷第 11 期

淮南道家与黄老道家的对比性考察——淮南子性格的再标定

陈德和　　鹅湖 1999 年第 25 卷第 2 期

黄帝四经与荀、韩、淮南子“法、刑名”理论的比较

高龄芬　　鹅湖2000年第25卷第8期

试论淮南子中的天地人之道

陈兆珍　　中国文化大学中文学报2000年第5期

从吕氏春秋到淮南子:论道家在秦汉哲学史上的地位

陈鼓应　　“国立”台湾大学文史哲学报2000年第52期

楚辞、淮南、文子三书楚语探究——再论淮南、文子两书因袭关系兼与王利器教授商榷

何志华　　人文中国学报2001年第8期

宇宙生成与社会衰亡之神话思维——淮南子之混沌神话初探

陈忠信　　文明探索丛刊2001年第27期

淮南子与老子无为观念转变之探讨

蔡家玮　　辅大中研所学刊2001年第11期

吕氏春秋与竹简本、传世本文子相合书证疑义:再论淮南、文子两书因袭关系

何志华　　中国文化研究所学报2002年第11期

淮南子主术训中君主统御观之初探

吴淑真　　辅大中研所学刊2002年第12期

淮南子的形神观与养生论

李美燕　　中华学苑2003年第56期

今本文子诠释淮南考

何志华　　中国文化研究所学报2003年第12期

淮南子齐俗训与老庄关系之探索

林敬文　　德霖学报2005年第19期

淮南子人与环境关系说及其当代意义

曾春海　　辅仁学志(人文艺术之部)2005年第32期

追求圆满生命——淮南子的养生论

李汉滨　　高雄道教学院学报2006年第2期

论淮南子的教育主张

林敬文　　德霖学报2006年第20期

吕氏春秋与淮南子的感应思维

陈平坤　　"国立"台湾大学哲学论评2006年第32期

道家养生观在汉代的演变与转化——以淮南子、老子指归、老子河上公章句、老子想尔注为核心

陈丽桂　　国文学报2006年第39期

论淮南子之"圣人"观——兼及其对老庄的承继与新诠

王奕然　　思辨集2007年第10期

道器之间:淮南子天文训以"气"为枢的道物历程

黄玉麟　　哲学与文化2007年第34卷第8期

哲人与明君——淮南子中的老学开展及其哲学史地位的考察

许朝阳　　辅仁国文学报2007年第25期

汉语大词典漏收淮南子山川地理词目辑证

何志华　　语文建设通讯(香港)2007年第88期

杂家淮南子阴阳军事思想析探

王智荣　　陆军学术双月刊2008年第44卷第499期

淮南子高诱注音读斠证
何志华　诸子学刊(第二辑)上海古籍出版社2009年6月版
淮南子道论试析——以“存有论”和“宇宙论”的理域契入
陈德兴　哲学与文化2010年第37卷第10期
淮南子俶真篇校补　萧旭　书目季刊2010年第44卷第2期
淮南子的养生思想　罗因　华梵人文学报2010年第13期
淮南子引用先秦诸子考
麦文郁　台湾大学1960年硕士学位论文
淮南子之政治思想研究
吴顺令　台湾师范大学1984年硕士学位论文
淮南内篇与老庄思想之关系
邹丽燕　台湾大学1985年硕士学位论文
吕氏春秋十二纪纪首、淮南子时则训及礼记月令之比较研究
曾锦华　“国立”政治大学1987年硕士学位论文
淮南子无为思想之研究
刘智妙　高雄师范大学1988年硕士学位论文
淮南子“道”之研究——天、人、治道之贯通
黄琪　东海大学1994硕士学位论文
淮南鸿烈文学思想研究
唐瑞霞　“国立”成功大学1994硕士学位论文
淮南子天道观之研究
黄淑贞　高雄师范大学1996年硕士学位论文

黄老思想治身治国一体之理论研究——以淮南子为中心
王璟　台湾师范大学 1998 年硕士学位论文

黄老思想治身治国一体之理论研究——以《淮南子》为中心
王璟　台湾师范大学 2000 年硕士学位论文

淮南子兵略训战争观之研究
温年昌　东海大学 2002 年硕士学位论文

淮南子地形的地理观
庞静仪　台湾师范大学 2002 年硕士学位论文

淮南鸿烈中"无为"概念之探讨
陈怡君　台湾大学 2003 年硕士学位论文

淮南子中理想帝王之形象
邱美慧　东海大学 2006 年硕士学位论文

吕氏春秋与淮南子的思想融合与历史意识
陈婷姿　"国立"清华大学
2007 年硕士学位论文

淮南子中的故事研究　黄怀民　彰化师范大学 2007 年硕士学位论文

淮南鸿烈气论思想研究
杨婉羚　中国文化大学 2008 年硕士学位论文

淮南子校订　于大成　台湾师范大学 1970 年博士学位论文

淮南鸿烈思想研究　陈丽桂　台湾师范大学 1983 年博士学位论文

淮南子政治思想之研究
郭立民　"国立"政治大学
1988 年博士学位论文

淮南子高诱注斠证　何志华　香港中文大学 1995 年博士学位论文

淮南子哲学之研究:以"道"、"气"、"人"为核心的展开
陈德和　中国文化大学 1996 年博士学位论文

西汉天人思想研究——以淮南子、春秋繁露、史记为中心
　　简松兴　辅仁大学 1997 年博士学位论文

淮南略　［日］阙名　一卷，藤原佐世宽平年间编纂《日本国见在书目》著录

手校淮南鸿烈解
　　［日］根逊志　手校本，严灵峰无求备斋藏

淮南子考　［日］涩井孝德　两卷，日本《汉学者传记及著述集览》著录

淮南指迷　［日］恩田维周　抄本，台湾故宫博物院藏

淮南子考　［日］恩田维周　两卷，《汉学者传记及著述集览》著录

淮南鸿烈集解训点
　　［日］鹈饲信之　日本宽文四年京都前川兵卫刊本，收录在严灵峰《无求备斋诸子文库》

淮南子考　［日］久保爱　十二卷，《淮南子书录》著录

淮南子校正　［日］猪饲彦博　一卷，《淮南子书录》著录

标注淮南鸿烈集解
　　［日］宇野东山　二十一卷，日本宽政十年河内屋茂兵卫刊本，收录在严灵峰《无求备斋诸子文库》

标注改正淮南鸿烈集解
　　［日］阙名　《京都大学文学部藏汉籍目录》著录

淮南子考　［日］萩原万世　《汉学者传记及著述集览》著录

淮南子考　［日］永井袭　两卷，《淮南子书录》著录

淮南子考　［日］田园雄　《汉学者传记及著述集览》著录

增注淮南子　［日］诸葛晃　二十一卷，《淮南子书录》著录

淮南鸿烈解摘注	[日]诸葛晃	一卷,《淮南子书录》著录
淮南子音义	[日]诸葛晃	一卷,《淮南子书录》著录
淮南鸿烈解考证	[日]藤川贞	两卷,《汉学者传记及著述集览》著录
淮南子考	[日]铃木弘	一卷,《汉学者传记及著述集览》著录
淮南子疏证	[日]冈本保孝	二十一卷,抄本,台湾故宫博物院藏
淮南子纂评	[日]冈本保孝	抄本,台湾故宫博物院藏
淮南子重言重意考	[日]冈本保孝	抄本,台湾故宫博物院藏
淮南子音读出典考	[日]冈本保孝	抄本,台湾故宫博物院藏
校淮南子	[日]冈本保孝	《日本上野图书馆藏汉籍目录》著录
淮南子讲义	[日]阙名	一卷,《支那文学全书》著录
新刊淮南子笺释	[日]涩谷启藏	日本明治十八年大野尧运报告堂书馆排印本
淮南出典考	[日]岛田翰	收录在岛氏《古文旧书考》
淮南鸿烈解旧书考	[日]岛田翰	收录在《古文旧书考》
和译淮南子	[日]田冈佐代治	一卷,收录在《和译汉文丛书》
淮南子	[日]服部宇之吉	楠山春树《淮南子注释目录》著录,收录在《有朋堂汉文丛书》

书名	作者	出处
校订眉评淮南子	［日］服部宇之吉	编入东京富山房《汉文大系》
淮南子国字解	［日］菊池三九郎	收录在东京早稻田大学《汉籍国字解全书》
淮南子笺释	［日］竹添光鸿	《淮南子书录》著录
国译淮南子	［日］后藤朝太郎	收录在国民文库刊行会《国译汉文大成》
现代语译淮南子	［日］小野机太郎	收录在《支那哲学丛书》
老庄的世界:淮南子の思想	［日］金谷治	平乐寺书店 1959 年初版
淮南子に现われた气の研究	［日］平冈祯吉	东京理想社 1961 年改定版
淮南子(节译)	［日］楠山春树	明德出版社 1971 年版
淮南子索引	［日］铃木隆一	手稿本,京都大学人文科学研究所 1974 年
淮南子、说苑抄	［日］户川芳郎	平凡社 1979 初版
淮南子:知の百科	［日］池田知久	东京讲谈社 1989 年初版
淮南子の政治思想	［日］有马卓池	东京汲古书院平成十年刊本
淮南子と诸子百家思想	［日］向井哲夫	朋友书店 2002 年初版
淮南子	［日］楠山春树著,本田千惠子编	明治书院 2007 年初版

淮南子に见えたる金目に就いて
[日]那波利贞　支那学 1922 年第 3 卷第 8 号
吕氏春秋以及淮南子
[日]津田左右吉　编入《道家思想と其の展开》第一篇，岩波书店 1939 年版
淮南子　[日]宇野哲人　编入《支那哲学讲话》第二篇第三章
淮南子の一面
[日]本田济　人文研究 1953 年第 418 期
淮南子の研究　[日]金谷治　编入《秦汉思想史の研究》，日本学术振兴会 1961 年版
淮南子的言之意识
[日]冈阪猛雄　收录在《内野博士还历纪念东洋学论文集》，1964 年
淮南子主术训的政治思想与其理论结构
[日]宫本胜　中国哲学 1967 年第 4 号
淮南子　[日]板野长八　编入《中国古代にずにる人间观之展开》第 16 章，岩波书店 1972 年版
邹衍的思想观和淮南子
[日]田中柚美子　东方宗教 1973 年第 41 期
淮南子的人间观——以原道为中心
[日]田中麻沙巳　纪要 1974 年第 4 号
关于淮南子的道家倾向与儒家倾向
[日]泽田喜多男　东海大学纪要(大学部)24 号 1975 年

淮南子的自然について——前汉道家思想的一方面
　　[日]田中麻沙巳　集刊东洋学1976年第36号
淮南子の总合とその整合管见
　　[日]宇野茂彦　收录在《名古屋大学文学部研究论集》1988年第35号
作为杂家的淮南子
　　[日]田中麻沙巳　九州中国学会报1989年第27号
陆贾、道家思想与淮南子
　　[日]田中麻沙巳　戴黍《国外的淮南子研究》见录
淮南子地形训的基础研究
　　[日]薄井俊二　中国哲学论集第10号(秦汉特辑)1984年
淮南子的精神、神、精
　　[日]马场英雄　东洋文化1985年第55号
淮南子的自然について
　　[日]马场英雄　汉文学会报1986年第32期
淮南子原道训の位置——因循思想をめぐって
　　[日]有马卓也　日本中国学会报1987年第39号

淮南子的治国治身论与世界观——以精神为核心
　　[日]小井理惠　集刊东洋学1988年第60号
中国古代的地理思想之思想史研究——淮南子地形训与汉书地理志
　　[日]薄井俊二　中国——社会と文化1989年第4号
淮南子与墨家
　　[日]向井哲夫　戴黍《国外的淮南子研究》见录

道家的气论与淮南子的气
[日]福永光司　戴黍《国外的淮南子研究》见录
淮南子考　[日]仓石武四郎　戴黍《国外的淮南子研究》见录
淮南子の历史
[日]仓石武四郎　支那学第315卷第6号
淮南子　[日]楠山春树　一卷,收录在《中国古典新书》
淮南子　[日]泽谷昭次　《中国古典文学大系总目》著录
淮南子与庄子联系之成立
[日]楠山春树　戴黍《国外的淮南子研究》见录
淮南王庄子略要庄子后解考
[日]楠山春树　戴黍《国外的淮南子研究》见录
关于淮南子论法的考察
[日]铃木喜一　戴黍《国外的淮南子研究》见录
淮南子十二律数之正误
[日]田边尚雄　学艺杂志第3卷第9期
淮南鸿烈　[美]爱文摩根　台北成文出版社1966年版
主术——中国古代政治艺术之研究
[美]安乐哲撰,(中)滕复译
北京大学出版社1995年6月初版
淮南子·主术篇中法的概念
[美]Ames Roger T.　大陆杂志1970年第61卷第4期
淮南子——汉初思想的哲学综合
[加拿大]白光华　香港大学出版社1985年版
我对淮南子的一些看法
[加拿大]白光华　收录在《道家文化研究》第6辑,上海古籍出版社1995年版

The "Chu Shu" chapter of *the Huai Nan Tzu*: the sources and orientation of its political thought, Roger Thomas Ames, British Library Document Supply Centre, 1979.

Le traite Ⅶ du *Houai nan tseu*: les esprits legers et subtils animateurs de lence: analyse de, Claude Larre, Institut Ricci, 1982.

Huai – Nan Tzu: Philosophical synthesis in early Han thought, Charles Le Blanc, Hong Kong University Press, 1985.

The Tao of politics: lessons of the masters of *Huainan*, translations from the Taoist classics *Huainanzi* by Thomas Cleary, Shambhala, 1990.

The Textual History of the Huai – nan Tzu, Harold D Roth, Ann Arber: AAS Mongraph Series, 1992.

The book of leadership and strategy: lessons of the Chinese masters, translations from the Taoist classic *Huainanzi* by Thomas Cleary, Shambhala, 1992.

Heaven and Earth in Early Han Thought: Chapters Three, Four, and Five of the *Huainanzi* (SUNY Series in Chinese Philosophy and Culture), John S. Major, State Univ of New York Press, 1993.

The art of rulership: a study of ancient Chinese political thought, Roger T. Ames, State University of New York Press, 1994.

Yuan Dao: tracing Dao to its source, translated by D. C. Lau and Roger T. Ames; with an introduction by Roger T. Ames, Ballantine Books, 1998.

The *Huai nan zi* and Liu An's Claim to Moral Authority (SUNY Series in Chinese Philosophy and Culture), Griet Vankeerberghen, State

University of New York Press, 2001.

Philosophes tao? stes. Ⅱ, Huainan zi/texte traduit, présenté et annoté sous la direction de Charles Le Blanc et de Rémi Mathieu. Paris: Gallimard, 2003.

The Dualistic Cosmogony of *Huai Nan Tzu* and Its Relations to the Background of Chinese and of European Alchemy, Tenney L. Davis, I-SIS, No. 2, Vol. 25, 1936.

A Chinese Eratosthenes of the Flat Earth: A Study of a Fragment of Cosmology in *Huai Nan tzu*, C. Cullen, Bulletin of the School of Oriental and African Studies, University of London, No. 1, Vol. 39, 1976.

"The Art of Rulership" Chapter of the *Huai Nan Tzu*: a Practicable taoism, Roger T. Ames, *Journal of Chinese Philosophy*, No. 2 , Vol. 8, 1981.

Wu－wei in "The Art of Rulership" Chapter of *Huai Nan Tzu*: Its Sources and Philosophical Orientation, Roger T. Ames, *Philosophy East and West*, No. 2, Vol. 31, 1981.

The Concept of Human Nature in the *Huai Nan Tzu*, h. d. roth, *Journal of Chinese Philosophy*, No. 1, Vol. 12, 1985.

"*Huai Nan Tzu*: Philosophical Synthesis in Early Han Thought" (Book Review), Wallacker Benjamin e le blanc, *Journal of Asian Studies*, No. 2, Vol. 46, 1987.

Huang Lao Thought and the *Huai Nan Zi*, Michael Loewe, *Journal of the Royal Asiatic Society of Great Britain & Ireland* (Third Series) , No. 3 , Vol. 4, 1994.

The *Huai Nan Tzu* Alteration, *Journal of Chinese Philosophy*, wayne alt, No. 1, Vol. 20, 1993.

Emotions and the actions of the sage: recommendations for an orderly heart in the *Huai Nan Zi*, Vankeerberghen, *Philosophy East and West*, No. 4 , Vol. 45, 1995.

The *Huai Nan Zi* and Liu An's Claim to Moral Authority, Wyatt Don J, *China Review International*, No. 2, Vol. 9, 2002.

Wen Zi xin lun, and: *Wen Zi* ziliao tansuo, and: *Huai Nan Zi yu Wenzi* kaobian, Els Paul van, *China Review International*, No. 1, Vol. 9, 2002.

征引及参考文献

一、古籍抄刻本(含影印本)

十三经注疏　(清)阮元校刻　中华书局1980年影印本

六韬　(周)太公望撰　四部丛刊本

邓析子　(周)邓析撰　上海古籍出版社1990年影印明刊本

京氏易传　(汉)京房撰　四部丛刊本

吴越春秋　(汉)赵晔撰　四部丛刊本

道德真经指归　(汉)严君平撰　上海涵芬楼影印明正统道藏本

老子想尔注　(汉)张鲁　英国国家图书馆藏敦煌写本

淮南子　(汉)刘安撰,(汉)许慎、高诱注　四部丛刊本

淮南子　(汉)刘安撰,(汉)许慎、高诱注　明正统十年道藏刊本

孔丛子　(汉)孔鲋撰　上海古籍出版社1990年影印杭州叶氏藏明翻宋本

蔡中郎集　(汉)蔡邕明撰　嘉靖二十七年任城杨贤刊本

广雅　(魏)张揖撰,(隋)曹宪音　商务印书馆1936年影印本

嵇中散集　(魏)嵇康撰　四部丛刊本

原本玉篇　(梁)顾野王撰　清光绪十年黎庶昌古逸丛书本

文选　(梁)萧统编　中华书局1977年影印胡刻本

五行大义　(隋)萧吉撰　清阮元宛委别藏刻日本佚存丛书本

玉烛宝典	(隋)杜台卿撰	清光绪十年黎庶昌日本东京使署刻古逸丛书本
经典释文	(唐)陆德明撰	上海古籍出版社 1985 年影印宋元递修本
一切经音义	(唐)玄应撰	清道光二十五年海山仙馆丛书本
一切经音义	(唐)慧琳撰	日本元文三年洛东狮谷白莲社刻本
高士传	(唐)皇甫谧撰	台北新文丰出版公司 1985 年影印明吴琯古今逸史本
群书治要	(唐)魏征撰	日本元和二年铜活字印本
意林	(唐)马总撰	台北新文丰出版公司 1985 年影印清武英殿聚珍本
唐开元占经	(唐)瞿昙悉达撰	文渊阁四库全书本
古本蒙求	(唐)李瀚撰	台北新文丰出版公司 1997 年影印日本佚存丛书本
北堂书钞	(唐)虞世南编	天津古籍出版社 1988 年影印清光绪十四年南海孔氏刊本
白孔六帖	(唐)白居易原撰,(宋)孔传续撰	台北新兴书局 1969 年影印明嘉靖年间覆宋刻本
说文解字系传	(南唐)徐锴撰	中华书局 1987 年影印清道光年间祁嶲藻刻本
广韵	(宋)陈彭年编	四部丛刊本
大广益会玉篇	(宋)陈彭年编	四部丛刊本
集韵	(宋)丁度编	上海古籍出版社 1985 年影印述古堂影宋钞本

尔雅翼	（宋）罗愿撰	民国十一年上海涵芬楼影印清张海鹏学津讨原本
六书故	（宋）戴侗撰	清乾隆四十九年西蜀李鼎元刻本
宋名臣奏议	（宋）赵汝愚编	文渊阁四库全书本
崇文总目辑释	（宋）王尧臣撰，（清）钱东垣辑释，（清）钱侗补遗	清嘉庆刻汗筠斋丛书本
宋本东观余论	（宋）黄伯思撰	中华书局1988年版影印古逸丛书三编本
靖康缃素杂记	（宋）黄朝英撰	民国十年上海博古斋影印清张海鹏墨海金壶本
黄氏日抄	（宋）黄震撰	清乾隆三十二年新安王佩锷刊本
太平御览	（宋）李昉编	中华书局1960年重印上海涵芬楼影宋本
古今事文类聚	（宋）祝穆编	明万历三十二年唐富春刻本
古今合璧事类备要	（宋）谢维新编	文渊阁四库全书本
玉海	（宋）王应麟撰	江苏古籍出版社·上海书店1987年影印清光绪九年浙江书局刊本
道乡集	（宋）邹浩撰	文渊阁四库全书本
东坡诗集注	（宋）王十朋撰	清康熙三十七年朱从延文蔚堂刻本
韩集举正	（宋）方崧卿撰	文渊阁四库全书本
苕溪渔隐丛话	（宋）胡仔撰	清道光二十六年海山仙馆丛书刻本

文献通考	（元）马端临撰	中华书局1986年影印商务印书馆万有文库缩印本
内阁藏书目录	（明）孙能传编	台北新文丰出版社公司1989年影印张均衡适园丛书本
万卷堂书目	（明）朱睦㮮编	台北新文丰出版公司1989年影印罗振玉玉简斋丛书本
百川书志	（明）高儒编	台北新文丰出版公司1989年影印叶德辉郎园先生全书本
澹生堂藏书目	（明）祁承㸁编	清宋氏漫堂钞本
徐氏家藏书目	（明）徐𤊹编	清道光七年刘氏味经书屋抄本
世善堂藏书目录	（明）徐𤊹编	清乾隆六十年鲍氏刻知不足斋丛书本
天中记	（明）陈耀文撰	清光绪四年听雨山房重刻本
同姓名录	（明）余寅撰，（明）周应宾补	文渊阁四库全书本
三家诗遗说考	（清）陈寿祺撰，（清）陈乔枞述	清刻左海续集本
古文尚书疏证	（清）阎若璩撰	清光绪十四年江阴南菁书院刊本
春秋左传诂	（清）洪亮吉撰	清光绪四年授经堂刻本
五经异义疏证	（清）陈寿祺撰	清嘉庆十八年刻本
礼记纂言	（清）吴澄撰	文渊阁四库全书本
周礼汉读考	（清）段玉裁撰	清嘉庆三年刻本
陈氏礼记集说补正	（清）纳兰性德撰	文渊阁四库全书本
论语异文考证	（清）冯登府撰	清道光十四年广东学海堂刻本
群经平议	（清）俞樾撰	清光绪二十五年刻春在堂全书本

经义述闻	（清）王引之撰	江苏古籍出版社1985年影印清道光七年重刊本
说文解字注	（汉）许慎撰，（清）段玉裁注	上海古籍出版社1981年影印经韵楼原刻本
说文解字义证	（清）桂馥撰	清道光三十年至咸丰二年杨墨林刻连筠簃丛书本
说文校议	（清）严可均、姚文田撰	清嘉庆二十三年冶城山馆刻四录堂类集本
广雅疏证	（清）王念孙撰	中华书局1983年影印清嘉庆王氏家刻本
后汉书补注	（清）惠栋撰	清嘉庆九年冯集梧刻本
廿二史考异	（清）钱大昕撰	清乾隆四十五年刻本
隋书经籍志考证	（清）姚振宗撰	民国开明书局铅印师石山房丛书本
读通鉴论	（清）王夫之撰	清同治四年湘乡曾氏金陵节署刻船山遗书本
传是楼书目	（清）徐干学编	清道光八年刘氏味经书屋抄本
四库全书总目	（清）永瑢编	中华书局1965年影印浙江杭州本
天一阁书目	（清）范邦甸编	清嘉庆十三年扬州阮氏元文选楼刻本
日本访书志	（清）杨守敬撰	清光绪二十三年杨氏邻苏园刻本
淮南天文训补注	（清）钱塘撰	清道光八年刻本
淮南许注钩沉	（清）易顺鼎撰	清光绪十六年琴志楼丛书本
淮南鸿烈间诂	（清）叶德辉辑	清光绪二十一年叶氏郎园刻本

淮南许注异同诂 （清）陶方琦辑 清光绪七年刻本

淮南万毕术 （清）茆泮林辑 民国六年潮阳郑氏刻龙溪精舍丛书本

读书杂志 （清）王念孙撰 江苏古籍出版社1985年影印王氏家刻本

拜经日记 （清）臧庸撰 清嘉庆二十四年武进臧氏拜经堂刻本

读书杂识 （清）劳格撰 清光绪四年月河精舍丛钞本

汉孳室文钞 （清）陶方琦撰 清光绪十八年徐氏铸学斋刻本

御定渊鉴类函 （清）爱新觉罗·玄烨编 清康熙四十九年钦定四库全书荟要本

戴东原集 （清）戴震撰 清乾隆五十七年段玉裁刻本

仪顾堂集 （清）陆心源撰 清光绪二十四年刻本

俞楼杂纂 （清）俞樾撰 清光绪二十五年刻春在堂全书本

观堂集林 （清）王国维撰 中华书局1959年影印商务本

全上古三代秦汉三国六朝文 （清）严可均校辑 中华书局1958年影印清光绪二十年王毓刻本

玉函山房辑佚书 （清）马国翰辑 清光绪九年长沙嫏嬛馆刻本

唐钞本 ［日］大阪市美术馆编，中田勇次郎监修 同朋舍昭和五十六年影印本

日本国见在书目 ［日］藤原佐世编 台北新文丰出版公司1985年影印黎氏古逸丛书本

甘肃藏敦煌文献
段文杰编 甘肃人民出版社 1999 年影印本
北京图书馆藏珍本年谱丛刊
北京图书馆编 北京图书馆出版社 1999 年影印本

二、古籍点校与集注本

逸周书汇校集注
(周)无名氏撰，黄怀信等集注 上海古籍出版社 1995 年 12 月版
穆天子传汇校集释
(周)无名氏撰，王贻梁等集释 华东师范大学出版社 1994 年 4 月版
国语集解 (周)左丘明撰，徐元诰集解，王树民等点校 中华书局 2002 年 6 月版
世本八种 (周)无名氏撰，(汉)宋衷注，(清)秦嘉谟等辑 商务印书馆 1957 年 12 月版
山海经校注 (周)无名氏撰，袁珂校注 巴蜀书社 1993 年 4 月版
老子校释 (周)老聃撰，朱谦之校释 中华书局 1984 年 11 月版
帛书老子校注 (周)老聃撰，高明校注 中华书局 1996 年 5 月版
列子集释 (周)列御寇撰，杨伯峻集释 中华书局 1979 年 10 月版

庄子集释	(周)庄周撰， (清)郭庆藩集释， 王孝鱼点校	中华书局1961年7月版
荀子集解	(周)荀卿撰， (清)王先谦集解	中华书局1988年9月版
韩非子集解	(战国)韩非撰， (清)王先谦集解， 钟哲点校	中华书局1998年7月版
吕氏春秋新校释	(秦)吕不韦撰， 陈奇猷校释	上海古籍出版社2002年4月版
韩诗外传集释	(汉)韩婴撰， 许维遹集释	中华书局1980年6月版
大戴礼记解诂	(汉)戴德撰， (清)王聘珍解诂	中华书局1983年3月版
白虎通疏证	(汉)班固撰， (清)陈立疏证， 吴则虞点校	中华书局1994年8月版
方言笺疏	(汉)扬雄撰， (清)钱绎笺疏， 李发舜等点校	中华书局1991年11月版
史记	(汉)司马迁撰， (宋)裴骃集解， (唐)司马贞索隐， (唐)张守节正义	中华书局1959年9月版
汉书	(汉)班固撰， (唐)颜师古注	中华书局1962年6月版

前汉纪	（汉）荀悦撰， 张烈点校	中华书局 2002 年 6 月版
战国策	（汉）刘向辑录	上海古籍出版社 1985 年 3 月版
战国策注释	（汉）刘向辑， 何建章注释	中华书局 1990 年 2 月版
东观汉记校注	（汉）刘珍等撰， 吴树平校注	中州古籍出版社 1987 年 3 月版。
淮南鸿烈集解	（汉）刘安撰， （民国）刘文典集解	中华书局 1989 年 5 月版
淮南子校释	（汉）刘安撰， 张双棣校释	北京大学出版社 1997 年 8 月版
淮南子集释	（汉）刘安撰， 何宁集释	中华书局 1998 年 10 月版
盐铁论校注	（汉）桓宽撰， 王利器校注	中华书局 1992 年 7 月版
说苑疏证	（汉）刘向撰， 赵善诒疏证	华东师范大学出版社 1985 年 2 月版
新序校释	（汉）刘向编著， 石光瑛校释， 陈新整理	中华书局 2001 年 1 月版
法言义疏	（汉）扬雄撰， （清）汪荣宝义疏， 陈仲夫点校	中华书局 1987 年 3 月版
太玄集注	（汉）扬雄撰， （宋）司马光集注， 刘韶军点校	中华书局 1998 年 9 月版

论衡校释	（汉）王充撰， 黄晖校释	中华书局1990年2月版
楚辞章句疏证	（汉）王逸撰， 黄灵庚疏证	中华书局2007年9月版
王弼集校释	（魏）王弼撰， 楼宇烈校释	中华书局1980年8月版
三国志	（晋）陈寿撰， （宋）裴松之注， 陈乃乾校点	中华书局1959年12月版
华阳国志校注	（晋）常璩撰， 刘琳校注	巴蜀书社1984年7月版
古今注	（晋）崔豹撰， 焦杰校点	辽宁教育出版社1998年3月版
抱朴子外篇校笺	（晋）葛洪撰， 杨明照校笺	中华书局1997年10月版
搜神记	（晋）干宝撰， （民国）胡怀琛标点	商务印书馆1931年2月版
西京杂记	（晋）葛洪撰	中华书局1985年1月版
谢灵运集校注	（晋）谢灵运撰， 顾绍伯校注	中州古籍出版社1987年8月版
后汉书	（宋）范晔撰， （唐）李贤等注	中华书局1965年5月版
宋书	（梁）沈约撰	中华书局1974年10月版
金楼子	（梁）萧绎撰	商务印书馆1939年12月丛书集成本
南齐书	（梁）萧子显撰	中华书局1972年1月版

增订文心雕龙校注	(梁)刘勰撰, 杨明照增订校注	中华书局 2000 年 8 月版
水经注校证	(北魏)郦道元撰, 陈桥驿校证	中华书局 2007 年 7 月版
齐民要术校释	(北魏)贾思勰, 缪启愉校释	中国农业出版社 1998 年 8 月版
颜氏家训集解	(北齐)颜之推撰, 王利器集解	中华书局 1993 年 12 月版
刘子校释	(北齐)刘昼撰, 傅亚庶校释	中华书局 1998 年 9 月版
隋书	(唐)魏征等撰	中华书局 1973 年 8 月版
晋书	(唐)房玄龄等撰	中华书局 1974 年 11 月版
北史	(唐)李延寿撰	中华书局 1974 年 10 月版
通典	(唐)杜佑撰, 王文锦等点校	中华书局 1988 年 12 月版
史通通释	(唐)刘知几撰, (清)浦起龙释	上海古籍出版社 1978 年 4 月版
酉阳杂俎	(唐)段成式撰, 方南生点校	中华书局 1981 年 12 月版
龙筋凤髓判	(唐)张鷟撰, (明)刘允鹏注	商务印书馆 1939 年 12 月版
艺文类聚	(唐)欧阳询撰, 汪绍楹校	上海古籍出版社 1982 年 1 月版
初学记	(唐)徐坚等著	中华书局 1962 年 1 月版

元和姓纂	(唐)林宝撰， 岑仲勉校记	中华书局 1994 年 5 月版
韩昌黎文集校注	(唐)韩愈撰， (清)马其昶校注， 马茂元整理	上海古籍出版社 1986 年 12 月版
柳宗元集	(唐)柳宗元撰	中华书局 1979 年 10 月
刘禹锡集	(唐)刘禹锡撰， 卞孝萱校订	中华书局 1990 年 3 月版
旧唐书	(后晋)刘昫等撰	中华书局 1975 年 5 月版
四书章句集注	(宋)朱熹撰	中华书局 1983 年 10 月版
新唐书	(宋)欧阳修等撰	中华书局 1975 年 2 月版
资治通鉴	(宋)司马光编撰， (元)胡三省音注	中华书局 1956 年 6 月版
通志二十略	(宋)郑樵撰， 王树民点校	中华书局 1995 年 11 月版
郡斋读书志校证	(宋)晁公武撰， 孙猛校证	上海古籍出版社 1990 年 10 月版
直斋书录解题	(宋)陈振孙撰， 徐小蛮等点校	上海古籍出版社 1987 年 12 月版
南部新书	(宋)钱易撰， 黄寿成点校	中华书局 2002 年 6 月版
容斋随笔	(宋)洪迈著	上海古籍出版社 1978 年 7 月版
太平寰宇记	(宋)乐史撰， 王文楚等点校	中华书局 2007 年 11 月版

子略	(宋)高似孙撰	商务印书馆1939年12月丛书集成本
蒙求集注	(宋)徐子光撰	商务印书馆1940年12月丛书集成本
事物纪原	(宋)高承撰,金圆等点校	中华书局1989年4月版
事类赋注	(宋)吴淑撰,冀勤等校点	中华书局1989年12月版
楚辞补注	(宋)洪兴祖撰,白化文等点校	中华书局1983年3月版
乐府诗集	(宋)郭茂倩编	中华书局1979年11月版
苏魏公文集	(宋)苏颂撰,汪同策点校	中华书局1988年9月版
宋史	(元)脱脱等撰	中华书局1977年11月版
孟子杂记	(明)陈士元撰	商务印书馆1937年6月丛书集成本
七国考	(明)董说撰	中华书局1956年10月版
菉竹堂书目	(明)叶盛编	商务印书馆1935年12月丛书集成本
本草纲目	(明)李时珍撰	人民卫生出版社1975年12月版
诗三家义集疏	(清)王先谦撰,吴格点校	中华书局1987年2月版
经义考	(清)朱彝尊著,许维萍等点校	中央研究院中国文哲研究所筹备处1997年6月版
续方言新校补	(清)杭世骏等撰,(民国)张慎仪校补,张永言点校	四川人民出版社1987年5月版

经学历史　（清）皮锡瑞著，
周予同注释　中华书局 2004 年 7 月版
清史稿　（清）赵尔巽等撰　中华书局 1977 年 12 月版
士礼居藏书题跋记续
（清）黄丕烈撰　商务印书馆 1936 年 6 月丛书集成本
四库全书简明目录
（清）永瑢等编　古典文学出版社 1957 年 9 月版
补后汉书艺文志
（清）侯康撰　商务印书馆 1939 年 12 月丛书集成本
补三国艺文志（清）侯康撰　商务印书馆 1937 年 12 月丛书集成本
补晋书艺文志（清）丁国钧撰　商务印书馆 1939 年 12 月丛书集成本
绛云楼书目　（清）钱谦益撰　商务印书馆 1935 年 12 月丛书集成本
光绪顺天府志（清）周家楣等编纂，
左笑鸿点校　北京古籍出版社 1987 年 12 月版
河北通志稿　（民国）张国淦编撰，
河北省地方志编纂委员会办公室整理点校
北京燕山出版社 1993 年 11 月版
许慎淮南子注（清）孙冯翼辑　商务印书馆 1937 年 12 月版
校雠通义　（清）章学诚撰，
刘公纯标点　古籍出版社 1956 年 12 月版
日知录集释　（清）顾炎武撰，
黄汝成集释　上海古籍出版社 1985 年 6 月版

马王堆汉墓帛书·经法

马王堆汉墓帛书整理小组编

文物出版社 1976 年 5 月版

三、现代学术专著

新著训诂学引论　白兆麟撰　上海辞书出版社 2005 年 6 月版

训诂学要略　周大璞撰　湖北人民出版社 1984 年 10 月版

原本玉篇文字研究

朱葆华撰　齐鲁书社 2004 年 9 月版

战国策文新论　郑杰文撰　山东人民出版社 1998 年 10 月版

四库提要辨正　余嘉锡撰　中华书局 1980 年 5 月版

目录学发微　余嘉锡撰　中国人民大学出版社 2004 年 9 月版

郑学丛著　张舜徽撰　齐鲁书社 1984 年 6 月版

汉书艺文志通释

张舜徽撰　湖北教育出版社 1990 年 3 月版

中国文献学　张舜徽撰　上海古籍出版社 2005 年 9 月版

周秦汉魏诸子知见书目

严灵峰编撰　中华书局 1993 年 4 月版

陈垣史源学杂文　陈垣撰　人民出版社 1980 年 10 月版

中国近三百学术史

梁启超撰　东方出版社 1996 年 3 月版

中国通史　范文澜撰　人民出版社 1978 年 6 月版

中国哲学史　冯友兰撰　中华书局 1961 年 4 月版

中国史探研　齐思和撰　中华书局 1981 年 4 月版

汉代思想史　金春峰撰　中国社会科学出版社 1997 年 12 月版

中国人性论史(先秦篇)		
	徐复观撰	上海三联书店 2001 年 9 月版
庄子学史	方勇撰	人民出版社 2008 年 10 月版
许慎年谱	张震泽撰	辽宁大学出版社 1986 年 8 月版
刘安评传	王云度撰	南京大学出版社 1997 年 5 月版
淮南王书	胡适撰	上海新月书店 1931 年 12 月版
淮南旧注校理	吴承仕撰	北京师范大学出版社 1985 年 2 月版
淮南旧注参正	马宗霍撰	齐鲁书社 1984 年 3 月版
淮南子证闻(杨树达文集之十一)		
	杨树达撰	上海古籍出版社 1985 年 8 月版
淮南论文三种	于大成撰	台北文史哲出版社 1975 年 7 月版
自由与秩序的困惑——淮南子研究		
	陈静撰	云南大学出版社 2004 年 11 月版
三余札记	刘文典撰	黄山书社 1990 年 11 月版
魏晋玄学论稿	汤用彤撰	上海古籍出版社 2005 年 4 月版
先秦两汉道家思想研究		
	张运华撰	吉林教育出版社 1998 年 12 月版
六十年来之国学	程发轫主编	台北正中书局 1974 年 6 月版
问学集	周祖谟撰	中华书局 1966 年 1 月版
先秦两汉魏晋南北朝诗		
	逯钦立辑校	中华书局 1983 年 9 月版

The Textual History of the Huai Nan Tzu, by Harold David Roth, Assn for Asian Studies Inc, Monographs of the Association for Asian Studies, 1992.

四、学术学位论文

淮南子书录　吴则虞　文史（第二辑）中华书局 1963 年 4 月第 1 版
许慎史料拾遗　张汝鲤　河南师大学报（社科版）1984 年第 2 期
许慎为东汉召陵郎里人补证
　张汝鲤　复旦学报（社科版）1987 年第 1 期
许慎生卒年和说文解字写作经过新考
　谢文学　许昌师专学报（社科版）1987 年第 4 期
高诱思想述要　丁原明　东岳论丛 1988 年第 3 期
许慎故里考辨　顿嵩元　郑州大学学报（哲社版）1989 年第 3 期
唐宋蜀刻版本述略
　刘少泉　四川大学学报（哲社版）1989 年第 4 期
高诱注淮南子与吕氏春秋的“急气言”与“缓气言”
　［日］平山久雄撰，
　曲翰章译　古汉语研究 1991 年第 3 期
东汉时代的私学
　张鹤泉　史学辑刊 1993 年第 1 期
许慎生平系年　潘天烈　四川教育学院学报 1994 年第 4 期
敦煌本修文殿御览残卷考释
　黄维忠、
　郑炳林　敦煌学辑刊 1995 年第 1 期
许慎的方言研究
　李恕豪　天府新论 1995 年第 4 期
世本析论　陈建梁　史学史研究 1996 年第 1 期
尔雅训诂术语浅探
　林寒生　厦门大学学报（哲社版）1997 年第 4 期

开元占经:三百八十年前的“出土文物”

江晓原　　中国典籍与文化 1998 年第 3 期

淮南子引庄举偶

王叔岷　　道家文化研究(第十四辑),生活·读书·新知三联书店 1998 年 7 月第 1 版

经典释文成书年代新考

孙玉文　　中国语文 1998 年第 4 期

萧吉与五行大义

钱杭　　史林 1999 年第 2 期

司马贞生平著述考

李梅训　　安徽师范大学学报(人文社科版)2000 年第 1 期

慧琳一切经音义成书年代考实及其他

文亦武　　古籍整理研究学刊 2000 年第 4 期

从淮南子注谈高诱的自然观

王军　　安徽警官职业学院学报 2002 年第 3 期

敦煌研究院藏李翰蒙求试解

张丽娜　　敦煌研究 2002 年第 5 期

颜氏家训成书年代论析

朱明勋　　社会科学研究 2003 年第 4 期

许慎生平事迹考辨(二)

顿嵩元　　漯河职业技术学院学报 2004 年第 2 期

经典释文成书年代释疑

王弘治　　语言研究 2004 年第 2 期

古、今文经学之争与许慎的说文解字

康国章　　殷都学刊 2004 年第 3 期

崇文总目繁本系统散佚探源
罗凌　图书与情报 2004 年第 5 期

淮南子许慎注、高诱注中的双音节新词
赵奇栋、华学诚　徐州师范大学学报(哲社版)2005 年第 2 期

孔丛子真伪辨　孙少华　古典文学知识 2006 年第 6 期

周礼书名流变考　王雪萍　南京社会科学 2007 年第 2 期

赵岐、高诱诗经学渊源再考
金前文　天中学刊 2007 年第 4 期

试析刘安冤案　陈广忠　安徽大学学报(哲社版)2007 年第 4 期

周书·月令异名考
王连龙　沈阳师范大学学报(社科版)2008 年第 1 期

陆心源仪顾堂集的版本
张燕婴　浙江大学学报(人文社科版)2009 年第 1 期

上古楚方言性质考论
杨建忠　湖南师范大学社会科学学报 2009 年第 2 期

有关经子与传统文化答问
张舜徽　诸子学刊(第二辑),上海古籍出版社 2009 年 6 月第 1 版

淮南子书名演变考论
李秀华　广西大学学报(哲社版)2009 年第 3 期

并存不废,会通所长——淮南子治国思想论析
李秀华　辽宁大学学报(哲社版)2009 年第 5 期

论衡引书研究　　岳宗伟　　复旦大学 2006 年博士学位论文

淮南子高诱注训诂研究
　　罗国强　　湖南师范大学 2002 年硕士学位论文

吕氏春秋高诱注研究
　　徐志林　　安徽大学 2003 年硕士学位论文

高诱训诂术语研究
　　王明春　　山东师范大学 2004 年硕士学位论文

后　记

即将出版的这本小书，是在我的博士学位论文《〈淮南子〉许高二注研究》的基础上修改而成。《淮南子》一书大概完成于汉武帝建元元年（前140），正是统治者以儒术统制思想界的前夜。此书之中，尚能见到先秦汉初各种学术流派齐头并进的景象，嗅到思想自由的芬芳。说它是思想竞争与思想融合的结晶，实不为过。但从思想创新这一点看，并不能令人称道，旧腔频现而新声难闻，拾人牙慧是常见的事儿。当然，《淮南子》的价值或许不在思想观念的制造上，而在它所保留的信息材料以及“读之使人断气”的文章修辞上。在先秦两汉文献中，我于《淮南子》并无特殊的偏好，选择研究《淮南子》，是服膺它那吸纳百家、贯通天人的气势，是甘心接受它内容复杂而带来的挑战。《淮南子》距今已有2000余年的历史，其深奥难识有目共睹。东汉许慎、高诱的注释，为我们走进《淮南子》架起了一座桥梁。考虑到许高二注仍有不少问题值得探讨，于是我又把研究许高二注作为研究《淮南子》的第一步。另外，考虑到文献与训诂之学乃传统学术的基石，而我在这方面的能力非常薄弱，选择许高二注这个课题正好能够加以训练和提高。因此，我的这本小书犹如初出茅庐，也可能是粗制滥造，谬误和不足在所难免，恳请师长、同仁拨冗赐教，感激之至。

“君子积志委正，以趣明师；励节亢高，以绝世俗。”这是淮南王刘安砥砺自勉之言。他延请九师以通《周易》，俯身八公而求仙道，终留不朽名作《淮南子》于世间。此所谓道之所存，师之所存也。

2007 年 9 月，我有幸忝列华东师范大学方山子方勇先生门下，跟随先生笃志旧学。先生为人真实、清简，嗜学如命。他常常教导我们，治学要宽眼界，长计划，要不随时俗，不为名利所拘，方能有所大成。可惜我天质粗浅，毅力不济，无法领悟和践行先生箴言。三年的学习和写作，对我来说，犹如肩扛千斤之鼎，步履蹒跚。一张方桌，一把椅子，一台电脑，一堆书籍，几乎构成了我生活的全部。窗外，几番寒暑，几多变迁，在眼前掠过。所幸，最终还是坚持了下来，并草成本书，心里不免长舒一口气。

本书能够如期完成，首先得益于先生的悉心指导。从论文选题、材料收集、章节设置，乃至细微的用语，先生皆不厌其烦地予以指点。先生常夸奖我思辨能力好，但我知道，他这是反话正说，暗示我文献基础不够扎实。在先生的启发下，我由是肆力古籍文献，以研究《淮南子》旧注为务，希望能够夯实自己材料整理和运用的功夫。三年下来，自以为略有所进，益知学问之大，唯在门路。这必将对我以后的治学生涯产生深深的影响。

本书能够如期完成，还得益于华东师范大学中文系朱惠国、黄人二两位先生的帮助。他们在细化论文选题、提挈论文纲领等方面提出了不少真知灼见，使我受益匪浅。当然，本书的完成还参考了许多前贤达人的研究成果。就在本书杀青之时，“国立”台湾师范大学文学院陈丽桂教授惠赐《八十年来的〈淮南子〉研究目录》一文，为《附录二》的进一步完善提供了诸多帮助。在此，一并表示最诚挚的谢意！

我还要感谢我的爱人。她不远千里来到上海，如同游兵散勇，不停地找工作，换工作，再找工作，只为养家糊口，甘心陪伴我度过了三年最艰难的时光。如今，她又一次远离亲戚朋友，跟着我来到这东南海陲之地工作和生活，任劳任怨。她的恩德与真情，实是我一生最可宝贵的财富。

学苑出版社的领导一直重视提携后学,奖掖新俊。这部小书能够出版,也得益于他们的这种理念。同时,台州学院科研处、台州学院人文学院古代文学重点学科建设基金为本书的出版伸出了援手。在此,一并致以最深挚的谢意!

李秀华

2011 年季春之月谨记于浙江临海